CB127261

PLANOS PARA O BRASIL PROJETOS PARA O MUNDO

CONSELHO EDITORIAL
Ana Paula Torres Megiani
Andréa Sirihal Werkema
Eunice Ostrensky
Haroldo Ceravolo Sereza
Joana Monteleone
Maria Luiza Ferreira de Oliveira
Ruy Braga

Planos para o Brasil Projetos para o Mundo

O novo imperialismo britânico e o processo de Independência (1800-1831)

JOSÉ JOBSON DE ANDRADE ARRUDA

alameda

Copyright © 2022 José Jobson de Andrade Arruda

Grafia atualizada segundo o Acordo Ortográfico da Língua Portuguesa de 1990, que entrou em vigor no Brasil em 2009.

Edição: Haroldo Ceravolo Sereza e Joana Monteleone
Projeto gráfico, diagramação e capa: Maria Beatriz de Paula Machado
Assistente acadêmica: Tamara Santos
Revisão: Alexandra Colontini e Paulo Frederico Telles Ferreira Guilbaud
Imagem da capa: AGUIAR, João José de. *D. João VI.* 1801-1823. Original em mármore. Lisboa: Hospital da Marinha; e Sailboat by Ishum from NounProject.com.

CIP-BRASIL. CATALOGAÇÃO NA PUBLICAÇÃO
SINDICATO NACIONAL DOS EDITORES DE LIVROS, RJ

A817p

Arruda, José Jobson de Andrade
Planos para o Brasil, projetos para o mundo : o novo imperialismo britânico e o processo de Independência (1800-1831) / José Jobson de Andrade Arruda. - 1. ed. - São Paulo : Alameda, 2022.
356 p. ; 23 cm.

Inclui bibliografia
ISBN 978-65-5966-107-7

1. Brasil - História (1800 - 1808). 2. Império britânico - História - Brasil. 2. Brasil - História - Abertura dos portos, 1808. I. Título.

22-77446 CDD: 981.033
CDU: 94(81)"1800/1808"

ALAMEDA CASA EDITORIAL
Rua 13 de Maio, 353 – Bela Vista
CEP 01327-000 – São Paulo, SP
Tel. (11) 3012-2403
www.alamedaeditorial.com.br

A Inglaterra tomará os Açores, o Brasil e arranjará penhores que nas suas mãos valerão mais do que o continente português nas mãos da França.

Lorde Hawkesbury, *Carta à José Hume*, 1801.

Dez mil [homens], incluindo infantaria, devem prosseguir [...] diretamente para o Rio de Janeiro.
A intenção de se dirigir àquele lugar não deve ser divulgada. A expedição deverá adentrar a baía e as tropas desembarcadas com a menor impressão de hostilidade possível, de modo a tomar posse do lugar de surpresa.

Dropmore Papers, British Library Manuscripts Room, 1806/1807.

A frota portuguesa poderia ser capturada por um súbito e audacioso ataque das forças terrestres e marítimas de sua Majestade Britânica. [...] O mais rigoroso bloqueio deveria ser imposto à embocadura do Tejo [...]. Seria a consequência da recusa ou hesitação em cumprir os compromissos assumidos para com sua Majestade Britânica.

Canning a Strangford, *Foreign Office*, 63, 56, 1807.

O objeto essencial [...] é o de impedir que nem as colônias, nem a marinha militar e mercante de Portugal, no todo ou em parte, caiam nas mãos da França.

Convenção Secreta, 22 de outubro de 1807.

A vinda da Corte deriva do conjunto de circunstâncias que assinalam o agitado momento por que então atravessava a Europa. Mas, em última análise, representa muito mais uma hábil manobra da diplomacia britânica.

Caio Prado Júnior, *Evolução Política do Brasil*, 1933.

Sumário

Contextualização da obra

Esta obra é uma reedição revista e ampliada do livro *Uma Colônia entre Dois Impérios*, EDUSC, 2008, expandida em sua parte final pela reprodução e análise de dois planos produzidos na época essenciais à compreensão da temática em tela: o *Plano Sábio* e o *Plan to Open New Sources of Commerce,* atribuídos, respectivamente, a William Pitty e George Canning. Suas inclusões alteraram de tal forma o conteúdo e a extensão temporal do texto, que acabaram por se transformar em um novo livro cujo título passa a ser *Planos para o Brasil, projetos para o mundo: o novo imperialismo britânico e o processo de Independência (1800-1831)*. Mudança necessária, para que se possa refletir sobre a extensão e a intensidade da tutela que a Inglaterra passa a exercer sobre Império português, no período absolutamente crucial que medeia entre a abertura efetiva dos portos (1800) e a abdicação de D. Pedro I (1831), eventos marco da nacionalidade brasileira e do projeto britânico para alçar-se à hegemonia mundial. Reflexão absolutamente necessária, no ensejo das comemorações motivadas pelo bicentenário da Proclamação da Independência, que vê nascer um novo Império na América tropical, de matriz europeia e raiz mestiça. Contamos, nesta empreitada, com o suporte logístico indispensável de Nelson Alves Caetano e a colaboração inestimável dos Professores Drs. Pablo Oller Montserrat e Eduardo Holderle Peruzzo: na revisão técnica, preparação editorial, elaboração de tabelas e gráficos e sugestões diversas. Não faltou, como sempre, a presença necessária, amorosa, culta e instigante de Armindinha. E, muito especialmente, de seu irmão, o erudito historiador da arte e da cultura, José Leonardo do Nascimento.

Prefácio

Em um momento paradigmático de nossa história, em um mundo em crise, sob ameaças de destruição biológica e nuclear, de extinção de direitos democráticos e de autonomias políticas e que aponta o retorno de autoritarismos, é fundamental entender, através do processo da Independência, a formação do Brasil.

O tema da Independência sempre esteve nas preocupações do autor. Em 1972, em seu doutorado, ao expor a importância do comércio colonial, defendeu a prosperidade efetiva da economia do Brasil, nesse contexto. Esse trabalho, referência obrigatória no estudo da economia brasileira, foi gestado na reflexão que marcava os anos 60 e 70, sobre a dependência, tendo por centro o processo e paradoxos do surgimento da Nação, dentro da crise do Antigo Sistema Colonial.[1]

Este estudo, que aprofunda discussões apresentadas em *Uma Colônia entre dois Impérios*, contextualiza a separação formal de 1822, em seus intrincados antecedentes: ações diplomáticas, políticas e econômicas que colocaram, no centro, as estratégias do imperialismo inglês.[2]

A aliança Inglaterra e Portugal remonta ao século XIV, na ascensão da casa de Avis, momento essencial para a autonomia, em relação à Castela Em 1640, o auxílio inglês sustentou a Restauração Bragantina, resultando em acordos matrimoniais, estratégicos e comerciais. No âmbito da Guerra da Sucessão, a assinatura do Tratado de Methuen, tem sido apontada como um dos elementos do "atraso industrial" português.

---

1 ARRUDA, José Jobson de Andrade. *O Brasil no Comércio Colonial*. São Paulo: Ática, 1980.

2 Idem. *Uma Colônia entre Dois Impérios*. Bauru: Edusc, 2008.

Na segunda metade do século XVIII, no esforço para a revitalização da economia, a Coroa incentivou a diversificação agrícola do Brasil, que, além de alimentar incremento manufatureiro na Metrópole, fez crescer a Colônia. O Brasil tornara-se, a partir da segunda metade do século XVIII, importante produtor de algodão, cujas reexportações alimentavam as manufaturas inglesas. Inserido na política pombalina de fomento industrial, o "renascimento agrícola", estimulou a produção diversificada e o alargamento das pautas exportadoras.

Esse incremento alinhava-se às necessidades crescentes da industrialização e colocava as relações coloniais dentro de um novo "padrão de colonização", como proposto pelo autor em trabalhos anteriores.[3] A diversificação, que deveria estimular a indústria metropolitana resultaria, porém, a médio prazo, em conexão primordial com a economia inglesa, mas não sem antes apontar resultados nas manufaturas de Portugal. Como o livro aponta, gradativamente, a partir de 1785, a balança comercial de Portugal em relação à Inglaterra foi favorável e as exportações portuguesas para os portos ingleses superaram as importações, "espécie de revanche tardia, mas efetiva do projeto pombalino contra a Inglaterra".[4]

A produção colonial tornou-se alvo desejável para a Inglaterra tendo, porém, no monopólio português, empecilho aos seus interesses imperialistas no Atlântico. Ao final do século XVIII, a balança comercial inglesa apontava significativos déficits em relação a Portugal. Mais que isso, a maciça importação, cerca de 65%, de produtos dos portos portugueses era de mercadorias do Brasil, sobretudo o algodão. Controlar essa fonte era fundamental para eliminar o déficit comercial, enfraquecer as manufaturas portuguesas e as francesas que dependiam do algodão brasileiro[5]. As conexões coloniais eram, nesse contexto, fundamentais, pois, além de consumirem os manufaturados, delas dependia o fornecimento de insumos e matérias primas. Tornara-se imperioso,

---

3 Idem. Decadência ou crise do Império Luso-Brasileiro: o novo padrão de colonização do século XVII. *Revista da USP*. São Paulo, 2000, p. 66-79.

4 Vide abaixo.

5 ARRUDA, José Jobson de Andrade. O algodão brasileiro na época da revolução industrial. *América Latina en la Historia Económica* [online]. 2016, vol.23, n.2, p.167-203. ISSN 2007-3496. https://doi.org/10.18232/alhe.v23i2.712.

para a Inglaterra, quebrar o monopólio de Portugal sobre o Brasil e estabelecer o comércio direto.

Nessa narrativa, o autor, grande conhecedor da Revolução Industrial Inglesa, destaca a rápida e irreversível expansão industrial, com profundas consequências na economia, na política e na sociedade britânica, dando base a uma agressiva ação diplomática, destacada em seus textos, ao longo do livro. As ações inglesas objetivavam esse mercado e a partir de 1800, as exportações de produtos portugueses para o Brasil declinaram irreversivelmente como já apontado por Arruda no clássico *O Brasil no Comércio Colonial* e aqui detalhadamente analisado, anunciando o fim do monopólio, chancelado em 1808 e 1810.

O movimento da Independência insere-se, portanto, na alteração estrutural da economia do ocidente, com a hegemonia marítima, política, cabendo à monarquia de Bragança preservar o que fosse possível do Império Português.

O domínio do importante mercado colonial sul-americano era alvo central da política inglesa. Os planos da diplomacia inglesa evidenciam como o domínio atlântico da América do Sul era fundamental para a economia britânica, para o suprimento de insumos e o escoamento de suas mercadorias. Nesse sentido, já em 1806 e em 1807, forças inglesas não oficiais ocuparam Buenos Aires e Montevideo, mas enfrentaram a resistência dos colonos, o que demonstrou a importância de pôr em ação a pressão política e econômica que trouxe a Corte ao Brasil.

A transferência da Família Real, para o Brasil, representou mais que a preservação da Monarquia Portuguesa e de seus domínios. Ao inverter os polos da dominação portuguesa, romper com o exclusivo comercial e consolidar a que teria preponderância inglesa, transformou o Brasil e encaminhou a autonomia da Colônia.

O processo, porém, não foi linear e de mera submissão aos interesses ingleses. As determinações de Londres eram duras e cabia ao Príncipe Regente, a decisão que traria implicações profundas nos destinos de Portugal e seu Império. A exploração minuciosa, pelo autor, da documentação diplomática, em especial, do Convenção Secreta de 1807, que estabeleceu a pauta da transmigração da Corte e as medidas econômicas adotadas a partir de 1808, colocou em foco a figura de D. João. Apresentado muitas vezes pela historiografia, desde Oliveira Martins, como hesitante, o livro aprofunda a análise do governante, trazendo à tona elementos de sua formação e principalmente de suas ações. Dessa forma lança luz sobre o controvertido monarca, explorando, inclusive, a estatuária e as imagens do período e apontando aspectos positivos de seu governo.

Ao ampliar a análise, focando as articulações entre Portugal, Brasil e Inglaterra, Arruda nos leva ao contexto geral, centrando-se nas tramas da política inglesa que transformariam o mapa político, marcando, em seu movimento, os rumos do capitalismo, nos dois séculos seguintes.

O estudo detalhado do período revela o complexo processo de pressão e tutela inglesa, a transmigração da Corte, os dilemas da Coroa, as opções da Monarquia, a consolidação do poder imperial luso-brasileiro, indicando novos elementos para a compreensão da Independência e da formação do Brasil.

Vera Lucia Amaral Ferlin
Maio de 2022.

Introdução

A abertura dos portos brasileiros, decretada pela Carta Régia de 28 de janeiro de 1808, bem como os eventos anteriores e posteriores que cercam a monumental transferência do Trono português para o Brasil iniciada em 1807, e os Tratados de Comércio, Aliança e Amizade, assinados em 1810, são partes inarredáveis de um mesmo processo no bojo do qual a Metrópole portuguesa e a Colônia brasileira atuam como figurantes rendidos, no qual o *locus* de poder decisório, das determinações históricas decisivas, situa-se fora da Colônia e para além dos limites do próprio Império português, pois se aloja no *Foreign Office*, a máquina pulsante da política exterior do Império Britânico.

Sua originalidade histórica explicita-se por duas singularidades de alta significação. Primeiro, porque sua concretização efetiva foi precedida por decisões tomadas com grande anterioridade, urdida na Convenção Secreta de Londres, assinada entre o plenipotenciário português D. Domingo de Sousa Coutinho e o primeiro-ministro britânico George Canning, no dia 22 de outubro de 1807, pois previa o deslocamento da Corte portuguesa para o Brasil e delineava o perfil das futuras relações comerciais entre a anglo-luso-brasileiras. Frutos da mente arguta e calculista de Canning, que diligenciou perseverantemente no sentido de transformar os dispositivos inclusos na Convenção Secreta em manual de conduta política, seguido à risca pela diplomacia britânica, foi o enredo prévio de uma história a se consumar, uma expressão candente de transtemporalidade da relação entre experiência histórica e horizonte de expectativa, uma expectativa do futuro que se tinha naquele momento, o futuro passado, como pensado por Koselleck, a busca por "investigar a forma pela qual, em um determinado tempo presente, a dimensão temporal do passado entra em relação de reciprocidade com a dimensão temporal do futuro".[1]

Segundo, porque assinala uma abrupta mudança de direção na política externa da Grã-Bretanha, uma guinada na corrente dos acontecimentos que apontava para concomitantes transformações de natureza estrutural na economia e na sociedade inglesa, redirecionadoras da política imperialista tradicionalmente aplicada pelo Império britânico ao Império português, o de se beneficiar indiretamente dos efeitos coloniais e empenhar-se no sentido de estabelecer uma ligação direta com suas valiosas colônias e territórios insulares. Era o desejo incontido de desvencilhar-se da incômoda intermediação dos portos ibéricos e, no fundo, inaugurar uma política imperialista inspirada no liberalismo econômico, ao invés do imperialismo inscrito nos parâmetros do mercantilismo, regido pelos princípios do monopólio e do protecionismo, que avançava naquele momento rumo a um estágio inovador e nada sutil na direção do imperialismo do comércio livre. Nesse contexto, as lideranças britânicas divergiam entre as opções representadas pelo *controle formal* ou *influência informal* sobre as áreas de interesse econômico e político. A abertura dos portos do Brasil se encaixaria nesta última alternativa, mas os Tratados Comerciais de 1810 ofereceram uma nova possibilidade, absolutamente conveniente, para o exercício criativo de *influência formal*, preservadora da soberania dos antigos aliados, de sua boa vontade e cooperação, mas também poupadora dos pesados investimentos exigidos pela manutenção de domínios formais. Complementarmente, facultava aos ingleses se eximirem das armadilhas típicas do comércio livre, presente na clássica *influência informal*, menos estável e previsível, pois dependia da cooperação das novas elites governamentais mal chegadas ao poder nos países recém-nascidos das entranhas do Império espanhol na América Ibérica, nem sempre confiáveis.

Se essas proposituras são minimamente defensáveis, seu desdobramento lógico aponta no sentido da cristalização do espaço colonial como território reflexo, cujo movimento histórico não se autodetermina, pois ondula ao sabor das vagas de ocasião. É esta exatamente a sensação que a tradução dos fatos

1 KOSELLECK, Reinhart. *Futuro Passado. Contribuição à Semântica dos Tempos Históricos.* Rio de Janeiro: Contraponto; PUC-Rio, 2006, p. 15.

parece oferecer à sensibilidade do historiador, desde que enfeixados na curtíssima duração dos anos 1807-1808.

Mas esta é apenas uma face da verdade. Se a temporalidade for alongada percebe-se nitidamente que a colônia brasileira somente se tornou atraente e, por decorrência, alvo privilegiado da agressiva diplomacia inglesa, ao se transformar em moeda de troca oportuna para a monarquia portuguesa, pois a defesa de seus interesses europeus – a preservação da integridade territorial do Reino e a continuidade dinástica dos Braganças – somente se tornou viável em função da diversificação econômica alcançada pela colônia, especialmente nas últimas décadas do século XVIII, fato que açulou a cobiça inglesa. Em decorrência, antes mesmo da abertura oficial dos portos brasileiros há longo tempo por eles desejada, uma espécie abertura informal, mas efetiva, cumpriu-se, reflexo da ação devastadora dos contrabandistas ingleses, cuja agressividade obriga-nos a estabelecer duas datas como referenciais simbólicos para a abertura dos portos brasileiros: 1800 e 1808. A primeira, porque demarca o arranque incontrolável da operação contrabando estimulada pelos ingleses; a segunda, porque a transferência da Corte, sob o acicate da explosiva conjuntura internacional, obriga à oficialização da abertura dos portos da colônia brasileira, agora convertida em uma colônia que se esgueirava entre dois Impérios, o britânico e o português.

Este é um daqueles momentos privilegiados da história em que, sob a aparência de continuidade – a do Império português agora em sua nova sede tropical – instala-se a ruptura, a revanche colonial, caso único na história da colonização dos povos modernos, aquele no qual a colônia torna-se centro político e administrativo de todo o Império, assenhora-se do mando decisório, endogeneizando o processo de acumulação de capital por canalizar para seus cofres todas as rendas geradas pelo sistema tributário, inclusive da arrecadação realizada no território metropolitano, assombrado e assoberbado com sua nova condição, a de ser periferia do próprio Império. Mais do que nunca, avulta a especificidade da condição colonial, "onde as contradições são particularmente exacerbadas, as convergências ou coincidências de práticas e interesses são, não raro, antes forma que conteúdo".[2]

---

2 SOUZA, Laura de Mello. *O Sol e a Sombra. Política e Administração na América Portuguesa do Século XVIII*. São Paulo: Companhia das Letras, 2006, p. 60.

Talvez seja esta a principal virtude das comemorações, a de ensejar a oportunidade para o exercício crítico da reflexão sobre os problemas postos pelas ondulações históricas, ou seja, pôr em dúvida as certezas dogmáticas, oxigenar o campo do conhecimento com novas perspectivas interpretativas embasadas no avanço da pesquisa documental. Se não for assim, a publicação ou republicação de novos livros apenas mumificam os vivos, sem ressuscitar os mortos, nos termos lapidarmente sintetizados pelo grande historiador Vitorino Godinho Magalhães. Obra produzida sob o amparo da Bolsa de Produtividade 1A do CNPq.

Capítulo I
O choque franco-britânico e a Convenção Secreta de Londres

Conquistar o mar pelo poder da terra

Durante os dois primeiros séculos da época moderna, as relações internacionais caracterizam-se pela política de equilíbrio entre os principais Estados europeus sendo, gradativamente, substituída por uma relação bipolar no decurso do século XVIII, quando se defrontavam dois grandes blocos, dois poderosos Impérios: o francês e o britânico, que passaram a arrastar, em seus confrontos, qual ímãs gigantescos, uma miríade de astros de variadas grandezas, Senhorias, Principados, Repúblicas, Reinos e, sobretudo, Impérios periféricos decadentes, outrora hegemônicos, que passaram a gravitar em suas órbitas de influência via política de alianças. Essa polarização começa a se delinear nos fins do século XVII, com as guerras movidas por Luís XIV em busca da hegemonia continental, inaugurando um longo período de conflitos com seu principal oponente, a Grã-Bretanha, que os historiadores especializados têm chamado de segunda Guerra dos Cem Anos. Sua duração, à semelhança da primeira Guerra dos Cem Anos, também ultrapassa os limites de um século, pois se inicia em 1689, quando a Inglaterra encerra seu carma revolucionário iniciado em 1640, e finda em 1815, com a derrota definitiva de Napoleão Bonaparte e a convocação do Congresso de Viena, empenhado na reorganização do mapa político da Europa convulsionado pelo Corso, dominado por uma orientação restauradora e conservadora. Nesse longo período, França e Inglaterra envolveram-se em nove conflitos de variadas magnitudes, intercalados por reduzidos momentos de paz, tréguas passageiras que preparavam a retomada das hostilidades.[1] Tratava-se, no fundo, de "um embate de impérios, uma luta pela supremacia do comércio global, uma batalha em que Portugal, um pequeno Estado europeu com vastas possessões imperiais, viu-se entre a Grã-Bretanha e a França, as duas superpotências da época".[2]

A batalha naval de Trafalgar, em 21 de outubro de 1805, representa um momento crucial no embate pelo controle dos rumos do mundo ocidental. O Almirante Nélson, ao aniquilar a esquadra francesa, afligiu-lhe perdas tão avassaladoras que, a partir de então, os vasos de guerra que lhe restavam não ousavam aventurar-se em mar aberto, resguardando-se nos portos protegidos pela artilharia dos fortes, reduzidos a navegações de cabotagem e surtidas esporádicas. Não podiam receber provisões por via marítima, comboiar seus navios mercantes, manter contatos com suas colônias, receber e reexportar seus produtos. Mais grave ainda, forçou Napoleão a mudar seus planos de guerra por longos anos acalentados, pois foi obrigado a desmobilizar seu quartel-general sediado em Boulogne, onde erguera estaleiros improvisados nos quais tinha a intenção de construir a frota destinada a transportar o exército que realizaria o tão sonhado desembarque na Inglaterra, uma frota constituída por vasos de guerra e de transporte, estimada em 2.140 embarcações, capazes de transportar um portentoso exército de 167 mil homens![3]

Sem acesso aos oceanos, viu-se constrangido a formular uma nova estratégia militar, que pode ser sintetizada neta frase: "Eu quero conquistar o

---

1 Cf. BLACK, Jeremy. *A System of Ambition. British Foreign Policy, 1660-1793*. London: Longman, 1991; RANGER, Robin, "The Anglo-French Wars, 1689-1815". In: GRAY, C. S.; BARNETT, R. (eds.). *Seapower and Strategy*. Annapolis: Naval Institute Press, 1989, p. 157-185. Sobre o Sistema Continental o melhor estudo continua a ser de MELVIN, F. E. *Napoleon's Navigation System: a Study of Trade Control During the Continental Blockade*. New York: D. Appleton, 1919. E o clássico de HECKSCHER, Eli. F. *The Continental System: An Economic Interpretation*. Oxford: Clarendon Press, 1922. Um dos estudos mais abrangentes sobre bloqueios navais é de DAVIS, L. E.; ENGERMAN, S. L. *Naval Blockades in Peace and War. An Economic History Since 1750*. Cambridge: CUP, 2006.

2 Cf. WILCKEN, Patrick. *Império à Deriva. A corte Portuguesa no Rio de Janeiro, 1808-1821*. Rio de Janeiro: Objetiva, 2005, p. 18.

3 Cf. LIGHT, Kenneth H. *The migration of the Royal Family of Portugal to Brazil in 1807/08*. Rio de Janeiro: Edição do Autor, 1995.

mar pelo poderio da terra".[4] Anúncio eloquente e hostil, fruto de uma grande derrota, que se traduz na necessidade de se valer de armas econômicas contra a Inglaterra. Na prática, correspondia à blindagem do mercado europeu para as mercadorias francesas visando, com esta medida, produzir em sua rival uma crise de vastas proporções, pois imaginava que ela poderia levar a insurreições o operariado inglês e, mais compensador ainda, reservar o abastecimento do mercado continental para as novas indústrias têxteis francesas, então em ritmo acelerado de crescimento, inclusive por contar com o apoio explícito de Napoleão. Isso significava aperfeiçoar o controle sobre os mercados dominados ou tutelados pela França, na forma de um Bloqueio Continental, decretado em 1806, uma espécie de sistematização das práticas competitivas que tinham marcado, até então, a relação entre os dois contendores que, frequentemente, se traduziam em fechamento de portos, restrições alfandegárias, guerra tarifária, bloqueios e contrabloqueios.[5]

O Bloqueio Continental, portanto, não era uma prática isolada. Inscrevia-se no âmbito do Sistema Continental, um conjunto mais amplo de medidas de caráter político-institucional imposto aos países subjugados por Napoleão que, assim, atendia à sua finalidade precípua de açambarcar o mercado europeu, cujo fechamento em termos absolutos passava por uma condição *sine qua non*, ou seja, o fechamento definitivo das três únicas vias de acesso das mercadorias britânicas para o continente, escoadouros de mercadorias que passavam a ser consideradas contrabando de mercadorias inglesas por parte dos franceses: a saber, os portos suecos, dinamarqueses e portugueses, que daria à Napoleão uma estratégica vantagem suplementar, o apresamento de suas marinhas de guerra e mercante, que lhe permitiria se ressarcir das enormes perdas de Trafalgar e retomar o projeto de invadir a "pérfida Albion".

O *Foreign Office* britânico tomou a iniciativa antecipando-se a Napoleão. George Canning não temia a Suécia, dada a insignificância de sua esquadra e o fato de utilizar-se de seu território para introduzir contrabando na Europa,

4 SOBOUL, Albert. "La reprise économique e la stabilisation sociale, 1797-1815". In: BRAUDEL, Fernand; LABROUSSE, Ernest. *Histoire Économique et Sociale de la France*. Paris: PUF, 1976, v. 3.

5 Cf. DUFRAISSE, R. "Regime Douanier, Blocus, Système Continental: essai de mise au point". *Revue d'Histoire Économique et Sociale*, v. XLIV, n. 4, p. 534-535, 1966.

mas temia a Dinamarca, razão pela qual não hesitou um momento sequer em atacar um país neutro, até então aliado precioso na introdução do contrabando inglês no continente, determinando que uma poderosa força naval exigisse do governo dinamarquês a entrega imediata e incondicional de todos os navios componentes de sua esquadra, um sequestro temporário, diziam, pois ela ficaria sob controle da Inglaterra até o fim do conflito com a França.

A ousadia da operação exigia oficiais de comando com grande experiência em ações militares. Isto explica por que o comando da esquadra foi entregue ao Almirante James Gambier; as forças terrestres ao General Wellesley que, mais tarde, seria aclamado herói em Portugal, por liderar o exército anglo-luso na expulsão dos franceses, todos sob o comando de Lorde William Cathcart, mais tarde agraciado com o título de visconde.

A razão principal para o deslanche da operação contra a Dinamarca era o perigo iminente de que a esquadra dinamarquesa viesse a cair em mãos francesas, ameaçando a segurança das ilhas britânicas. O segundo motivo era o temor de que a Dinamarca pudesse ser forçada a fechar o acesso ao mar Báltico, e cortar o fluxo de mercadorias inglesas que por seu território transitava. De imediato, porém, o motivo decisivo foi a fala de Lorde Hawkesbury, em janeiro de 1807, na Câmara dos Lordes, que afirmava ter informações seguras segundo as quais fora firmado um tratado secreto, inspirado por Napoleão, entre a Rússia, a Dinamarca e Portugal, como desdobramento do Tratado de Tilsit, visando à formação de uma liga marítima entre seus membros. Para testar a veracidade dessas informações ditas confidenciais, cujo autor Hawkesbury recusara-se a nomear, o que deixa no ar um certo clima de conspiração, Canning enviou Francis Jackson em missão secreta a Copenhague com duas propostas que eram, na verdade, ultimatos. Primeiro, solicitava-se à Dinamarca a entrega de toda a sua esquadra à Inglaterra; segundo, oferecia-se em recompensa um tratado de aliança e defesa mútua, propostas que o reino dinamarquês se recusou a aceitar em nome da preservação da neutralidade que mantinha em relação a Napoleão, decisão que selaria sua sorte nas mãos da Inglaterra.

Canning escolheu o momento certo para atacar. Sua decisão encerrava uma perfídia incomum, demonstrando que os ingleses eram absolutamente inconfiáveis para qualquer um de seus aliados. Os dinamarqueses haviam deslocado a maior parte de seu exército para a fronteira sul do país com a finalidade de conter os avanços franceses naquela região, atendendo aos interesses dos próprios ingleses, deixando sua capital, Copenhague, sob a proteção de contingentes militares reduzidos, situação que favoreceu a perfídia inglesa. Sem um ato formal de declaração de guerra, os dinamarqueses foram surpreendidos por forças militares muito superiores. Como o governo recusou-se a render-se, a cidade foi impiedosamente bombardeada. Os comandantes ingleses fizeram do ataque um laboratório experimental para as novíssimas armas recentemente incorporadas ao arsenal inglês. Caso dos foguetes Congreve, originários da Índia e aperfeiçoados pelos ingleses num programa de pesquisa e desenvolvimento realizado no Arsenal Real, sob a supervisão de Sir William Congreve. Salvas de canhões se sucederam por três noites consecutivas, às quais se juntaram a barragem de 300 foguetes incendiários que queimaram 30% das habitações da cidade e mataram dois mil civis, eficiência que transformou os ditos foguetes, inspirados em armas semelhantes utilizadas pelos exércitos indianos, na arma preferencial das batalhas travadas posteriormente no continente europeu contra Napoleão.

Em 7 de setembro de 1807, contrariando as ordens reais que determinavam o afundamento da esquadra, o General Peymman rendeu-se a Lorde Cathcart, entregando as embarcações e a própria cidade. Excluindo sete embarcações destruídas, 68 unidades navais foram apresadas,[6] a quase totalidade da frota dinamarquesa, e, a seguir, integradas à Royal Navy, das quais apenas os ditos navios de linha, equipados com 74 canhões ou mais, entraram em serviço ativo.[7] No dia 21 de outubro de 1807 a esquadra inglesa zarpou para a Inglaterra. Exatos dois anos haviam se passado desde a batalha de Trafalgar. No dia seguinte, 22 de outubro, em Londres, seria assinada a Convenção Secreta entre a Inglaterra e Portugal e, com toda a certeza, o exemplo de Copenhague pesaria como um cutelo sobre a Corte portuguesa e, muito especialmente, sobre seu plenipotenciário, Domingos de Sousa Coutinho, naquele preciso momento reunido com George Canning, *Foreing Secretary* do segundo governo do Duque de Portland, que sucedera a William Pitt, depois de sua morte.

---

6 Os números da frota apreendida podem ser maiores. Um total de 84 embarcações, dentre as quais 18 navios de linha, 15 fragatas, 31 brigues e 19 canhoneiras. Cf. STAPLETON, A. G. *George Canning and his Times*. London: John W. Parker, 1859, p. 129.

7 As naus-capitanias da frota britânica já eram equipadas com um poder de fogo devastador, até 110 canhões.

Numa ação rápida e arrojada, Canning havia eliminado um dos pilares fundamentais da estratégia elaborada por Napoleão para os Reinos de Espanha e Portugal, a de transformá-los em peças-chave das pretensões francesas na Europa e na área dos seus Impérios coloniais, colocando-os sob a atenção privilegiada dos agentes britânicos.

> Satélites na órbita de influência das grandes potências, Portugal e Espanha gravitavam ao sabor das conveniências estratégicas dessas mesmas potências e a independência política que gozavam não passava de um arremedo jurídico, elaborado apenas para efeito externo, já que as linhas mestras dos seus destinos estavam diretamente ligadas aos governos de Paris e de Londres.[8]

Com a diferença que, nos dizeres de Jorge Borges de Macedo, foi muito mais "difícil enfrentar a hegemonia econômica da Grã-Bretanha, do que a tentativa de domínio militar francês".[9] Mesmo que houvesse uma certa condescendência em relação à Portugal por parte da diplomacia britânica, mesmo que isso se traduzisse numa política cavilosa por seu oportunismo, um jogo incessante de persuasão e ameaças, em relação à Espanha – que, instigada pela França declarara guerra à Inglaterra em 1804 –, a política era de intervenção direta e agressiva, de apoio aberto aos anseios de emancipação das colônias, com a finalidade explícita de pôr fim ao Império espanhol e promover a criação de numerosos Estados independentes no continente na América Hispânica.[10] Estados estes que, libertos dos grilhões ibéricos se tornariam, com toda probabilidade, hostis à ex-mãe pátria, susceptíveis à tutela inglesa, territórios nos quais poderiam exercer influência direta ou indireta, constituir uma hegemonia formal ou informal, possibilidades que os ataques frontais a Buenos Aires e Montevidéu, realizados entre 1806 e 1807, viriam a confirmar.

---

8 FREITAS, Caio de. *George Canning e o Brasil. Influência da Diplomacia Inglesa na Formação Brasileira.* São Paulo: Companhia Editora Nacional, 1958, p. 22.

9 MACEDO, Jorge Borges de. *O Bloqueio Continental. Economia e Guerra Peninsular.* Lisboa: Gradiva, 1990, p. 119.

10 Um retrospecto minucioso e qualificado dessa dependência a partir do Tratado de Methuen encontra-se em FALCON, Francisco C. "O Império Luso-Brasileiro e a Questão da Dependência Inglesa. Um estudo de Caso", In: *Estudos de Teoria da História e Historiografia.* v. III – História Luso-Brasileira. São Paulo: Hucitec, 2017, p. 319-342.

Descortinava-se para o Império britânico uma nova política externa para o mundo das ex-colônias, com nitidez visualizada, há décadas, pelo primeiro-ministro Pitty, achegado que era aos circuitos financeiros da *City*; suscetível que era aos apelos dos novos empresários ligados à banca, às finanças e às fabricas de algodão. De fato, o bloqueio do mercado europeu para as manufaturas inglesas representara um duro golpe na economia inglesa, sobretudo no setor têxtil do algodão, pois este correspondia a cerca de 50% de todas as exportações inglesas destinadas ao exterior,[11] impondo-se uma alternativa urgente, pois se o comércio de contrabando realizado através dos países neutros era altamente compensador – porque as mercadorias eram caras e pagas em metal sonante –, era também muito instável, incapaz de garantir o ritmo de crescimento industrial que a Inglaterra necessitava para sustentar seu esforço de guerra, papel que o mercado latino-americano poderia suprir, senão como opção permanente, pelo menos como válvula de escape temporária, tanto do lado da oferta de matéria prima, a fibra de algodão, quanto do consumo dos têxteis acabados.

Nem as críticas acerbas vocalizadas no Parlamento, nem a mobilização da opinião pública contra a escalada na Dinamarca, considerada descabida por violar o direito de neutralidade, abalaram a determinação de Canning. Herdeiro de Pitty, cônscio das vantagens comparativas da Inglaterra em relação à França, da proteção garantida pela insularidade, que a situava ao mesmo tempo próxima e distante do continente; do poderio naval que a punha em contato com todos os portos do mundo, multiplicando sua presença econômica e eficiência militar; da preservação de sua rede de tráfico mercantil que viabilizava o escoamento de um volume crescente de bens industriais; por todos esses motivos explica-se por que o alvo preferencial de suas atenções passou a ser o sequestro da frota portuguesa, iniciativa que reduziria em muito a última possibilidade que ainda restava a Napoleão para tornar realidade seu plano de invasão da Inglaterra: ter uma força naval compatível com o gigantismo da tarefa a ser desempenhada.

---

11 De modo persistente, durante todo o século XVIII, diminuíram as exportações britânicas para a Europa. De 72,3%, no quinquênio 1701-1705, reduziu-se para 57%, entre 1786-1790. MITCHEL, B. R.; DEANE, P. *Abstract of British Historical Statistics*. Cambridge: Cambridge University Press, 1971, p. 279 et seq.

Conquistar a terra pelo poder do mar

Ao assumir, pela primeira vez, o *Foreign Office*, em 25 de março de 1807, George Canning pôs em execução o projeto minuciosamente escrutinado. Em hipótese alguma o reino português e seu imenso império colonial poderiam cair sob a dominação napoleônica, possibilidade simplesmente desastrosa a curto e a longo prazo. Polo distribuidor de uma vasta rede mercantil, os portos lusitanos viabilizavam o escoamento da produção industrial britânica, por vias legais ou ilegais, alimentava seu parque industrial com matérias-primas insubstituíveis, especialmente o algodão. No futuro, apresentava-se como alternativa atraente pela vastidão dos mercados controlados na esfera colonial, um horizonte de possibilidades que se ajustava perfeitamente ao projeto de conquista dos mercados mundiais que a Inglaterra deslanchara desde que baixou o Primeiro Ato de Navegação, século e meio antes.[12]

As autoridades portuguesas tornaram-se, a partir de então, figurantes passivos, ardilosamente manipulados pela diplomacia inglesa sob a liderança do cerebrino Canning. Permanentemente ameaçados de invasão pelas tropas francesas acantonadas na Espanha de um lado; colocados diante do fato concreto apresentado pelo bombardeio de Copenhague, um retrato cruel do que poderia ser a sua sina, do outro, o que restava a D. João, regente do trono português, senão o adiamento permanente de suas decisões, contemporizar, procrastinar, na vã expectativa de que algum fato inesperado pudesse mudar a corrente dos acontecimentos, uma ação racional, considerando-se os estreitos limites impostos pelas urgências do tempo ao qual o natural temperamento do monarca vinha, oportunamente, ajustar-se.

Os acontecimentos se precipitaram. Em 1806, diante da ameaça feita por Bonaparte de tomar posse de Portugal, os ingleses ofereceram ao seu tradicional aliado dez mil soldados para fazer frente ao perigo iminente, prontamente recusado pelos portugueses que não queriam dar aos franceses a oportunidade que esperavam para invadir o Reino. Em 1807, chega a Portugal o ultimato franco-espanhol exigindo o fechamento dos portos aos navios ingleses; o cancelamento das representações diplomáticas recíprocas; a prisão

12 Cf. DICKERSON, Oliver Morton. *The Navigation Acts and the American Revolution*. New York: Octagon Books, 1975.

dos súditos ingleses residentes em Portugal e o confisco de seus bens. Acuado, o Príncipe Regente ofereceu aos ingleses um estado de guerra simulado, prometendo que não atenderia às exigências a não ser que uma invasão de fato tivesse início e que, no limite, aguardaria autorização britânica para proceder ao fechamento dos portos aos navios ingleses,[13] o que não deixa de ser risível. A angústia dos portugueses, contudo, não arrefecia os interesses maiores dos representantes diplomáticos britânicos na Corte portuguesa. O Visconde de Strangford sugere a Canning que se tirasse proveito da difícil situação para sacar vantagens comerciais aos aliados portugueses, deles exigindo "direito de estabelecer casas comerciais no Brasil, [...] e exportar tecidos de algodão para os domínios portugueses",[14] explicitando os reais objetivos da diplomacia inglesa em Portugal naquele contexto, ou seja, garantir vantagens comerciais na colônia brasileira.

É nesse contexto, extremamente grave para a sobrevivência de Portugal como Reino soberano, e até mesmo como Império, que o plenipotenciário português residente em Londres, Domingos de Sousa Coutinho, sob o acicate dos eventos de Copenhagen, em representação do Regente de Portugal, assinou com o Secretário de Estado dos Negócios Estrangeiros, George Canning, a Convenção Secreta de 1807,[15] que, diga-se de passagem, não permaneceu por muito tempo tão secreta assim, porque uma matéria publicada pelo jornal *The London Chronicle*, de 29-30 de outubro do mesmo ano, noticiava, sem mais detalhes, a possível mudança do Trono português para os seus domínios ultramarinos. Fazia uma descrição física do território, clima e atividades comerciais, conferindo especial destaque à cidade de Salvador que, presumivelmente, segundo o jornal, se tornaria a sede do governo português nos tró-

---

13 *Foreign Office*, 63/55, Portugal, Domingos de Sousa Coutinho a Canning, 28 de agosto de 1807.

14 *Foreign Office*, 63/55, Portugal, Strangford a Canning, n. 47, em 20 de agosto de 1807.

15 Convenção Secreta de 1807 entre o Príncipe Regente, o Senhor D. João, e Jorge III, Rei da Grã-Bretanha, sobre a transferência para o Brasil da sede da Monarquia Portuguesa e ocupação temporária da ilha da Madeira pelas tropas britânicas, assinada em Londres, a 22 de outubro e ratificada por parte de Portugal em 8 de novembro, e pela Grã-Bretanha em 19 de dezembro, com retificações e artigos adicionais. Cf. ALMADA, José de. *A Aliança Inglesa. Subsídios para o seu estudo*. Lisboa: Imprensa Nacional, 1946. v. I, p. 111-118.

picos. A notícia da transferência da Corte portuguesa para o Brasil vazou na imprensa britânica, mas não as condições realmente leoninas insertas em seu conteúdo, fatos que os portugueses demorariam um lapso razoável de tempo para conhecer, um mês, talvez, tempo suficiente para que o General Junot já se apresentasse às portas de Lisboa.

No preâmbulo da Convenção, o Príncipe Regente justificava suas necessidades, pois, pressionado pelos franceses, que exigiam a prisão dos súditos ingleses residentes em Portugal, o confisco de seus bens, o fechamento dos portos aos navios britânicos e a declaração de guerra aos ingleses, propunha tão-somente fechar os portos, uma medida paliativa para evitar a guerra com os franceses. Mas reconhecia que esse ato de hostilidade poderia justificar represálias britânicas, fosse pela ocupação militar da ilha da Madeira, ou por qualquer outra colônia de Portugal, bem como o ataque aos portos portugueses e ações militares contra a marinha mercante e de guerra. George Canning, em nome de Jorge III, promete conciliar tanto quanto possível com seu tradicional aliado, desde que o Príncipe Regente confirmasse sua disposição de "transferir a sede da Monarquia Portuguesa para o Brasil" e atender ao objetivo essencial dos súditos ingleses que era o de "impedir que nem as colônias nem a marinha militar e mercante de Portugal, no todo ou em parte, caiam nas mãos da França". Equivale dizer, em troca de praticamente nada, pedia que a Coroa portuguesa transferisse a sede do Reino e, portanto, do Império para o Brasil, que significaria, bem sabiam, a abertura dos portos brasileiros há tempos desejada.

O temor expresso na Convenção pelo Regente, de que os ingleses poderiam retaliar ocupando as colônias portuguesas, não era sem razão. Essa tinha sido a política de conquista de partes dos Impérios coloniais desde o início das hostilidades com a França, quando se apossaram da ilha francesa de Guadalupe, em 1795, e com todas as colônias dos países que caíram sob dominação francesa na Europa: aos holandeses subtraíram as colônias do Cabo, Ceilão, Molucas e Curaçao; aos espanhóis, Trinidad; aos suecos e dinamarqueses, as colônias antilhanas.[16]

---

16 STEVENS, W. O.; WESTCOTT, A. *História do Poderio Marítimo*. São Paulo: Companhia Editora Nacional, 1958, p. 221.

O conjunto das concessões aos ingleses era de tal ordem que comprometiam a soberania portuguesa e a sobrevivência do Império. Em seus nove artigos, explicitava-se a unilateralidade das relações que envolviam o Império frágil e a potência em ascensão. No caso de a França dar início às hostilidades contra Portugal, os ingleses ficavam autorizados a ocupar a ilha da Madeira, comprometendo-se, em troca, a proteger o embarque da Família Real e a escoltá-la até a América, devendo, para tanto, "aprestar imediatamente nos portos da Inglaterra uma esquadra de seis naus de linha... e um exército de cinco mil homens pronto a embarcar-se", parte dos quais deveriam permanecer na ilha da Madeira a caminho do Brasil. Obrigavam-se, os portugueses, no caso de se passar ao Brasil, a levar consigo a sua marinha militar e mercante, nas condições de aparelhamento que tivessem, ou deveriam transferi-la para depósito nos portos ingleses; em contrapartida, os ingleses reconheciam nos Braganças os únicos e legítimos herdeiros do Reino português. E, finalmente, o Artigo VII, que garantia aos ingleses, tão logo o Governo português se instalasse no Brasil, a negociação de um tratado de auxílio e comércio entre os dois países.

Constava ainda um Artigo Adicional, que foi excluído quando da ratificação da Convenção Secreta por D. João, em 8 de novembro de 1808, comprovação inequívoca do real interesse inglês. O artigo vetado referia-se à concessão de direitos preferenciais aos ingleses para se estabelecer comercialmente no Brasil, pelo qual reservavam-se "um porto na ilha de Santa Catarina ou em qualquer lugar da costa do Brasil", onde suas mercadorias teriam livre trânsito em embarcações inglesas e gozariam dos mesmos direitos alfandegários usufruídos em Portugal, uma eufêmica compensação a ser dada aos ingleses pelas perdas decorrentes do fechamento dos portos portugueses. A explicação dada por D. João para a não ratificação desse era outro eufemismo, pois dizia que não pretendia "irritar as duas potências aliadas do continente", França e Espanha, pois se predispunha a "convir com a Inglaterra um meio mais disfarçado para se fazer este comércio, para o que se tratará com o governo britânico quando ele queira", o que efetivamente aconteceu, pois que essa concessão foi incluída nos Tratados de 1810, que cedeu aos ingleses um porto na Ilha de Santa Catarina.

A transferência da Corte para o Brasil transformava-se, pouco a pouco, na forma pela qual se viabilizaria a hegemonia inglesa no Brasil independentemente dos circunstanciamentos de ordem política e militar, todos eles secundarizados em função dos ganhos da política sistemática de expansão econômica, pois aproximariam, de modo irreversível, os mercadores ingleses dos portos brasileiros, eliminando, consequentemente, o entreposto que havia se tornado excessivamente complicado nos últimos tempos. George Canning, à testa do *Foreign Office*, diligenciou para que as meras hipóteses da Convenção Secreta de Londres se transformassem em realidade. Força os acontecimentos, pressiona, exorta o Príncipe Regente a não se sujeitar ao jugo francês, a preservar a independência da monarquia, reconstituindo-a "na sua colônia americana, em bases que nenhuma ameaça teria força para abalar". Argumenta que, se o Regente se decidisse pela viagem, isto significaria "oportunidades para a salvação da mais valiosa parte do reino, ativo membro de um grande e poderoso império."[17] Não fazê-lo, seria correr o risco de perdas incalculáveis, pois os luso-brasileiros, já descontentes com a administração portuguesa, poderiam "agarrar, com sofreguidão, qualquer oportunidade que se lhes apresentasse para se separarem da mãe-pátria",[18] exatamente como os súditos do Império espanhol começavam a fazer. Mais do que a hegemonia britânica, a Convenção Secreta de Londres delineava com nitidez a tutela que, passo a passo, ia se estabelecendo, por parte dos britânicos, sobre o Reino e o Império português.[19]

O segredo dos segredos: o projeto secreto por detrás da Convenção Secreta de Londres

Se a Convenção Secreta de Londres se define por ser o acordo secreto entre as altas autoridades portuguesas e britânicas, um segredo a todo custo preservado em relação aos seus inimigos de ocasião, sequer desconfiava o plenipotenciário português e, por decorrência, o próprio Príncipe Regente de Portugal, que havia um plano secreto atrás deste segredo. Um projeto secretíssimo, urdido pela cúpula do Governo britânico entre a segunda metade de 1806 e a primeira metade de 1807, que preconizava o envio de um poderoso

17 *Foreign Office*, 63/56, Portugal, Canning a Strangford, n. 9, 22 de outubro de 1807.

18 *Foreign Office*, 63/56, Portugal, Strangford a Canning, n. 80, 28 de outubro de 1807.

19 Cf. RAMOS, Rui. "Invasões francesas, tutela inglesa e monarquia brasileira (1807-1820)", In: RAMOS, Rui; SOUSA, Bernardo Vasconcelos e; MONTEIRO, Nuno Gonçalo (coords.). *História de Portugal*. Lisboa: Esfera dos Livros, 2012, p. 454-456.

contingente militar ao Brasil, e a outros destinos da América do Sul, com ou sem a anuência da Corte de Lisboa, com a finalidade de conter possíveis insurreições que viessem a se precipitar na colônia, à semelhança do que já se anunciava na América hispânica. Argumento capcioso, pois o que se pretendia efetivamente era a tutela ou, opcionalmente, a posse efetiva do território. Desconfiava-se da existência deste projeto, mas não havia provas documentais substantivas que lhe dessem sustentação. Mas, decorridos dois séculos dos eventos aos quais se refere, a pista sobre um documento inédito, anônimo e sem datação explícita, surgiu. Quem o localizou na *Manuscript Room* da *British Library* – mas dele não fez uso em seu livro sobre a transmigração da Família Real para o Brasil –, foi o historiador e jornalista Patrick Wilken,[20] um documento fantástico por revelar a frialdade do *Foreign Office* ao lidar com as questões relacionadas a política externa britânica. Um plano que as autoridades portuguesas jamais poderiam sequer imaginar, urdido para o caso de Portugal não aceder à pressão britânica para que o Trono fosse transferido para o Brasil. Nos dizeres de Patrick Wilcken, esse plano contingencial constitui-se num caso de *arrepiante exercício de realpolitik*.

O corpo do documento em apreço, intitulado *Plan to Open New Sources of Trade*, doravante nomeado *Plan to Open*, contendo 50 páginas, compõe o último capítulo deste livro, reproduzido, comentado e comparado com o *Plano Sábio*, atribuído a William Pitt, produzido no mesmo contexto, exatamente sobre a mesma temática, compondo ambos o capítulo final desta reedição, sob o título *Planos para o Brasil, projetos para o mundo.* Deste corpo textual separamos o *Apêndice* de 5 páginas, que especifica com algidez os planos de ocupação militar das possessões lusas e espanholas na América do Sul pelo exército britânico, transportado por duas armadas da *Royal Navy.*

20 Dropmore Papers, v. CCCCXXXI, Add. 59285 [held at the British Library Manuscripts Room], *An outline of a scheme to transport the Prince Regent of Portugal, or his son, to Brazil and to send a military force to assist the emancipation of Spanish and Portuguese America and the opening up of South America to British trade*, 1805, before 25 June 1806. Devemos o primeiro contato com excertos deste documento à gentileza da jornalista Mônica Sanches, que nos repassou a informação colhida junto a Patrick Wilcken, a quem penhoradamente agradecemos.

Se o corpo do texto é mais genérico em suas abordagens, o apêndice é um plano de guerra, de estratégia militar, pois detalha a

"força necessária para as expedições diferentes e de vários pontos contra os quais devem ser direcionadas", especificando que "todo o armamento militar deve ser constituído conjuntamente de: Infantaria quinze mil; Cavalaria sete mil; Artilharia ligeira seis tropas; [e] uma devida proporção de Artilharia pesada".

"Propõe-se que oito mil dessas tropas devem, em primeira instância, mover-se para Portugal e, dali para o Brasil, deixando em seu poder ali [na Madeira] uma pequena guarnição de mil e quinhentos homens".

"Dez mil homens, incluindo Infantaria e Cavalaria, deve proceder a partir daí diretamente para o Rio de Janeiro. A intenção de ir para este ponto não deve ser divulgada. A expedição deve entrar no porto e as tropas desembarcarem com a mínima aparência de hostilidade possível de modo a obter a posse do palácio, por assim dizer, de surpresa. Essa força não deve tentar de início penetrar no país, mas esperar no Rio de Janeiro até a expedição de Lisboa chegar ao Brasil".

"Rio de Janeiro é um lugar muito importante para se obter posse e é um desses pontos os quais nós devemos usar todos os meios para reter depois, pois é capaz de ser mantido inexpugnável tanto por mar quanto por terra. Na presente situação, será impossível para nós forçar a entrada no porto, pois a barra dele, que é muito estreita, é totalmente controlada por três séries de baterias pesadas, uma acima da outra, e não há local de desembarque, além de um, no lado norte, entre o qual é São Sebastião temos um grande rio a passar. A Guarnição é dito ser composta de sete mil regulares, a maioria estrangeiros, algumas milícias e os Paulistas famosos por serem excelentes atiradores. Estes últimos podem, se necessário, ser facilmente ganhos para nossa causa porque não são amigáveis com os portugueses. As terras circundantes são montanhosas ao extremo. Talvez seja prudente deixar que os moradores entendam que uma segunda expedição seja esperada acompanhada pelo Governo Português, no entanto caso determinem-se a opor-se à nossa entrada, seria aconselhável que a expedição siga para a ilha de St. Catarina, deixando a redução do Rio de Janeiro para uma oportunidade futura. Quando os habitantes daquele lugar

–que são principalmente comerciantes –, perceberem que os outros portos do Brasil têm o livre comércio, e que o deles é bloqueado, eles logo nos receberão. Na verdade, seria aconselhável que um Manifesto declaratório de nossas intenções amigáveis, em ambos os idiomas, espanhol e português, fosse preparado e impresso para distribuir entre os nativos da América do Sul".

"Caso a corte acompanhe a expedição de Lisboa para o Brasil, pode ser também que uma parte das tropas deva ir para o Rio de Janeiro e o restante para a Bahia/São Salvador, neste caso, não devemos encontrar qualquer resistência com toda possibilidade. Mas, se o Governo permanecer em Lisboa, e se conclua que as operações de ofensiva contra o Brasil são necessárias, é melhor que toda a força de Lisboa siga, nesse caso, para a Bahia, onde acredita-se que o local possa ser tomado sem muita dificuldade".

"Estariam então no Brasil dezoito mil soldados, dos quais uma parte estaria na Bahia e o restante no Rio de Janeiro ou em St. Catarina".

"Há muitas razões para sentir confiança de que uma tal força como a proposta para ser empregada, apoiada por um armamento Naval suficiente poderia em muito breve organizar todos os assuntos no Brasil, mesmo que haja oposição a nós, do que, dificilmente deveremos temer, pois os habitantes de boa vontade abraçarão as vantagens de um comércio livre e aquecido, o qual eles sabem que não poderão gozar sem a nossa permissão. Sob tais circunstâncias, não haveria necessidade de manter uma grande força no país. A proporção necessária para manter a posse de posições que deveremos manter não pode ser agora definida, pois dependerá das circunstâncias, mas há muito boas razões para acreditar que uma pequena força será necessária para todos os efeitos, especialmente porque a parte Naval da expedição estaria à mão e pode encontrar-se lá".

"Haveria, então, uma força muito considerável disponível no Brasil, a ser dirigida contra as Colônias Espanholas. É muito desejável que o ataque a elas seja feito em três pontos diferentes, quase ao mesmo tempo, que seria dentro de seis semanas, um após o outro, mas isso é recomendável não porque tenhamos qualquer receio de que vamos enfrentar qualquer oposição efetiva, mas para evitar insurreições incontáveis em um quadrante, quando vierem a saber que a chegada do inglês tenha ocorrido em outro".

"A expedição principal deve ser dividida contra Buenos Aires, um ponto altamente favorável para o desembarque de tropas e para imediatas operações ofensivas, caso se considere necessário".

"O ataque em três pontos como determinado acima deverá ser feito da seguinte forma". "Um em concerto com Miranda a Caracas"; "Um em Buenos Aires como acima, e um terceiro no Oceano Pacífico, no Peru Central ou em Lima"; "O último ponto mencionado de ataque não é pensado para ser exigido como sendo absolutamente necessário, mas apenas como aconselhável".

"Se as circunstâncias forem de tal ordem no Brasil, como a não permitir o envio dali de uma força grande o suficiente para compor as duas expedições, em Buenos Aires e no Peru, se a época do ano não permitir passar pelo Cabo Horn, ou se as operações distantes no Oceano Pacífico devam ser consideradas como muito especulativas, em todos os casos os pontos de ataque deverão ser limitados a Buenos Aires e Caracas".

"Supondo por um momento que todos os três serão realizados, os diferentes destacamentos do Brasil devem ser os seguintes"; "Para o Oceano Pacífico: Infantaria quatro mil, Cavalaria mil, uma tropa de Artilharia ligeira"; "Para Buenos Aires: Infantaria seis mil, Cavalaria três mil, duas tropas de Artilharia ligeira"; "Deixando no Brasil: Infantaria dois mil, Cavalaria dois mil, Artilharia ligeira duas tropas".

"A força de Miranda, que está incluída no armamento inicialmente previsto como necessário para a América do Sul, deverá ser enviada diretamente da Europa, não destacada da do Brasil. Será composta por Infantaria três mil, Cavalaria mil, Artilharia ligeira uma tropa".

"No caso de três ataques diferentes serem feitos, aquele do Pacífico deve ter lugar no Peru Central; tão perto quanto possível da linha que separa os Vice-Reinos de Lima e Buenos Aires; por esse meio, ameaça-se o último em relação ao qual a preocupação principal deve ser observada em dois pontos extremos e materiais. Se for considerado necessário confinar as operações a Buenos Aires e Caracas, então a força que compõe a primeira deve ser: Infantaria oito mil, cavalaria quatro mil; Artilharia ligeira três tropas".

"Deixe-se no Brasil seis mil homens, mas, neste caso, será necessário, imediatamente após a tomada de posse de Buenos Aires, destacar Infantaria de dois mil, Cavalaria de dois mil e um batalhão de Artilharia ligeira em direção ao Peru por via terrestre para evitar os efeitos de insurreição. A extensão da marcha pode dar a sugestão de aparente impraticabilidade, mas, em geral, não se sabe que existe uma excelente estrada de Correio através da qual passam carruagens continuamente até aos confins do Peru. Provisões deverão ser reunidas em abundância e um número suficiente de cavalos poderá ser imediatamente recolhido, em primeira instância, e trocas deles obtidas na estrada, para monta todo o exército se necessário".

"Recomenda-se que uma esquadra Naval de pequeno porte deve ser assentada ao redor do Cabo Horn para tomar posse da ilha de Chiloc, para exercício naqueles mares e prevenir que nossos inimigos enviem forças da Europa para o Peru".

"A força consistindo de três mil soldados de Infantaria, mil de Cavalaria e um batalhão de Artilharia destinada à assistência de Miranda deve ser enviada da Inglaterra, sem perda de tempo, pode ser trocada em Barbados por tropas habituadas ao clima que poderão então proceder até Caracas".

"Há uma razão para acreditar que as vistas de Miranda se confinem de momento a Caracas e, a partir daí, para o sul até o rio Orinoco, e para o oeste em direção a Lima, incluindo o Vice-Reino de Santa Fé, o que combina perfeitamente bem com as nossas operações previstas no Brasil, Buenos Aires e Peru".

"Não se deve supor que essa força é considerada suficiente para conquistar a América do Sul, apesar dos nativos. É necessário desconsiderar de todo tal projeto, tudo o que se pretende é subjugar os frágeis remanescentes de um Governo de ódio, para ajudá-los a livrarem-se de seu jugo, e influenciar a sua parte incivilizada para observar os direitos da humanidade".

O Plano fala por si. É suficientemente explícito; dispensa elucubrações. Revela a firme decisão britânica de refazer-se das perdas nos mercados continentais pela conquista *manu militare* da América do Sul, fosse da área pertencente à Espanha, com quem não tinha compromisso porque lhes haviam declarado guerra; fosse na parte portuguesa, fiéis aliados, que tudo fizeram para manter seus portos abertos à navegação britânica, apesar da enorme pressão de Bonaparte. A razão de Estado falava mais alto. E o *Plan to Open* a explicita por inteiro. Deixa claro que, na hipótese de Portugal cair sob o Império napoleônico, a Inglaterra mandaria um esquadrão de sua armada para o Brasil, "quer a Corte de Lisboa aceite nossa oferta ou não".[21] Não sem antes propor a transferência do Trono para o Brasil, caso em que poderiam "oferecer proteção à Família Real".[22] Condições estas que o Governo britânico por várias vezes já havia oferecido à Corte de Lisboa e que, prevista neste *Plan to Open*, figuraria na Convenção Secreta. Imaginava o articulador do plano que a chegada da armada britânica na colônia, com ou sem a Família Real, "seria o suficiente para prevenir as consequências que poderiam advir de insurreições mal orientadas, ao passo que o Brasil poderia, se necessário, formar um governo conforme seus desejos". Para cumprir tais objetivos, duas expedições foram programadas: uma velejaria diretamente para o Brasil; outra se dirigiria para Lisboa com a finalidade de recolher a Corte portuguesa, rumando a seguir para o Rio de Janeiro, ou seja, neste caso, a Corte seria praticamente sequestrada e obrigada a se instalar na colônia.

O plano não ficou apenas em suas linhas mais gerais. Foi esmiuçado em seus detalhes. Isto tudo na hipótese de que a Corte portuguesa aceitasse transferir-se para o Rio de Janeiro, pois, do contrário, o alvo das forças britânicas seria a conquista do porto de Salvador, a partir do qual seriam atacados, simultaneamente, os portos de Buenos Aires, Lima e Caracas, considerados estratégicos para o escoamento das mercadorias britânicas na América do Sul. Um relato impressionante que expõe as vísceras da diplomacia britânica, sua impiedade e completa algidez. Deixando-nos entrever que, de fato, os portos do Rio de Janeiro, Salvador e Santa Catarina estiveram no limiar dos destinos reservados a Goa, Macau e Ilha da Madeira, ocupados por tropas inglesas com maior ou menor grau de violência, pouco faltando para que os petardos despejados sobre Copenhague se reproduzissem em Lisboa e ecoassem em nosso longínquo refúgio tropical.

A prova de que não eram meros exercícios de estratégia e logística militar, meros delírios diplomáticos, foram os ataques realizados por forças expedicionárias britânicas que partiram do Cabo da Boa Esperança e ocuparam Buenos Aires e Montevideo, entre os meses de junho de 1806 e agosto de 1807, prelúdio do que se antevia para o Rio de Janeiro na sequência destes eventos, que tiveram enorme importância na conscientização dos *criollos* locais

21 "...whether the Court of Lisbon accepts our offer or not". *Dropmore Papers*, op. cit., p. 5.

22 "...may offer protection to the Royal Family". *Dropmore Papers*, op. cit., p. 3.

sobre sua real capacidade para enfrentar tanto a dominação hispânica quanto a tutela britânica. A motivação britânica para tentar o controle de Buenos Aires, mesmo que não oficialmente, era uma resposta à declaração de guerra à Inglaterra feita pelos espanhóis em 1804, instigados por Bonaparte. Uma espécie de retaliação com vantagens efetivas, pois a conquista de Buenos Aires abriria as portas da América do Sul para as mercadorias britânica, que vinham sofrendo com as restrições no mercado Europeu arquitetadas pela França. Uma expedição não oficial, mas certamente subvencionada pelo Almirantado, partiu do Cabo da Boa Esperança rumo ao estuário do Rio da Prata, onde tomou Buenos Aires em 27 de junho de 1806, mas foi rapidamente rechaçada pelas milícias *criollas* constituída por voluntários comandada por Santiago de Liniers, oficial francês a serviço do Rei de Espanha que aderira aos locais, demonstrando que os expedicionários haviam subestimando a disposição dos colonos espanhóis na defesa de seu território, sendo forçados a retirar-se.

No ano seguinte, 1807, uma nova expedição foi enviada ao Rio da Prata, ainda em caráter privado, mas contando com o apoio oficial do governo britânico, que lhe agregou reforços de linha. Montevideo foi capturada em 3 de fevereiro e transformada em base operacional para atacar Buenos Aires com mais consistência. Uma vez mais foram surpreendidos. Os colonos estavam decididos a resistir e começaram por depor o vice-rei, considerado incompetente, colocando em seu lugar Santiago Liniers, nomeado agora capitão-general, para comandar as milícias *criollas,* cuja tenaz resistência foi decisiva para a vitória sobre os invasores que, capturados, mortos, ou encurralados, foram forçados à rendição e à retirada do território em condições vexatórias. A denodada resistência da população de Buenos Aires é um marco na história da resistência contra os países colonizadores na América do Sul. Demonstraram que os "hispano-americanos não pretendiam trocar um domínio imperial por outro", pois os espanhóis haviam exibido suas fragilidades administrativas e militares, ressaltando, em contraposição, o seu próprio valor no campo de batalha contra as tropas britânicas, que lhes deu a oportunidade de experimentar o exercício do poder e "adquirir novo senso de identidade e mesmo de nacionalidade".[23] Experiência que poderia ter sido a mesma do Brasil, se a

23 LYNCH, John. "As origens da independência da América Espanhola", In: BETHELL, Leslie (org.). *História da América Latina*, v. III. São Paulo: EDUSP, 2009, p. 44.

mudança da sede do governo português para o Rio de Janeiro não tivesse mudado o rumo dos acontecimentos, fato que, certamente, atrasou o movimento de emancipação no Brasil e deu-lhe uma feição diferenciada em relação ao mundo hispânico, uma transição pacificada. Mostra também que o projeto britânico de exercer sua tutela por via econômica e política era mais palatável, pois a primeira tentativa de posse encontrara forte resistência, ensinamento que aprenderam nas lições de Buenos Aires.

O ultimato inglês: a invasão de Portugal

Mas o projeto de Canning de criar um vasto império no Brasil sob a liderança da Casa de Bragança, protegido pela esquadra britânica, esbarrava na aparente indecisão do Príncipe Regente. Se os afagos não eram suficientes para estimulá-lo a tomar as medidas que agradariam aos ingleses, ameaças severas de uma ação militar nos moldes de Copenhague pareciam ser a única solução, tarefa confiada por Canning ao Almirante Sir William Sidney Smith que, à frente de uma poderosa força-tarefa, apresenta-se em Portugal para impor a efetivação dos dispositivos constantes da Convenção Secreta de Londres, especialmente a de "proteger e comboiar, até o Brasil, Sua Alteza Real, o Príncipe Regente, que embarcasse na frota portuguesa".[24] Mas na hipótese de que os portugueses já tivessem fechado seus portos para a navegação inglesa, conforme exigências de Napoleão, um bloqueio naval rígido deveria ser imposto à barra do Tejo, seguido pela exigência de rendição total dos navios portugueses e brasileiros ancorados no porto, assumindo-se o compromisso de posterior devolução.

As ordens de Sidney Smith exaradas por Canning, contudo, não se resumiam ao bloqueio marítimo e ao sequestro dos navios de guerra e mercantes atracados no porto. Autorizava o desembarque de tropas em Lisboa, um exército de 5 mil homens, e a tomada dos fortes que guarneciam o Tejo, exatamente como fora previsto na Convenção Secreta de Londres. Mas não era tudo, pois determinava ainda, no caso extremo de o projeto de transferência para o Brasil ser abandonado pelas autoridades portuguesas, que Sir Sidney Smith e Strangford adotassem medidas extremas, a começar pelo ataque frontal à

24 *Foreign Office*, 63/56, Portugal, Canning a Sir Sidney Smith, 6 de novembro de 1807.

esquadra portuguesa, sua captura ou destruição, contando para tanto, caso fosse necessário, com o apoio das tropas inglesas de reserva estacionadas em Gibraltar sob o comando de Sir John Moore, efetivos de sete mil homens aí mantidos em prontidão.[25]

Forças de desembarque totais superiores a 12 mil homens, mais do que suficientes para defender Portugal da vanguarda do exército francês que se aproximava de Lisboa e garantir a permanência da Corte em Portugal, se esse fosse o desejo de George Canning. Mas não era. Queria a Família Real fora de Portugal e das Ilhas, Madeira ou Açores, onde poderiam se refugiar por um tempo determinado. Queriam-na sob tutela da esquadra inglesa a caminho do Brasil, onde sua dependência tornar-se-ia ainda maior. Do contrário, Lisboa seria bombardeada, sua frota aprisionada ou destruída, seu território invadido, ameaças que em nada se diferenciavam das que eram feitas pelos franceses, colocando o governo português e seu povo sob o signo de Copenhague.

Ironicamente, a decisão francesa de invadir o território português a partir de suas bases na Espanha acelerou o projeto inglês que, para desgosto de Canning, vinha sofrendo um permanente retardamento graças à política de contemporização do governo português. O aquartelamento de tropas francesas em Salamanca prenunciava a invasão, aumentando o volume e o valor das propinas, sob a forma de diamantes, que os intermediários portugueses ofereciam a Napoleão e a membros influentes de sua Corte, prática que o Príncipe Regente pensava ser capaz de adiar indefinidamente as ordens de Napoleão para que as tropas cruzassem a fronteira. O que Canning não havia percebido é que o bem de maior valor em Portugal, para o Corso, era sua esquadra, agora seriamente comprometida com a chegada de Sir Sidney Smith à barra do Tejo firmemente decidido a conquistá-la ou destruí-la, tornando o sonho de invasão da Inglaterra mais distante. Isso explica o Tratado de Fontainebleau, de 27 de outubro de 1807, pelo qual Napoleão decretava a extinção de Portugal, a divisão de seu território em três partes e o Império colonial repartido entre a França e a Espanha, assumindo o Rei espanhol o título de Imperador das Duas Américas, atos tornados públicos pela entrevista concedida por Napoleão à gazeta oficial do Império francês, o *Le Moniteur*, publicado no dia 11 de no-

25 *Foreign Office*, 63/56, Portugal, Canning a Strangford, n. 13, 9 de novembro de 1807.

vembro, da qual o Príncipe Regente somente tomou conhecimento no dia 24 de novembro, ao ler o exemplar trazido pelo navio inglês Plantagenet.

O tempo da diplomacia havia passado. As operações militares tiveram início praticamente no mesmo dia, 24 de novembro de 1807. Os ingleses decretaram oficialmente o bloqueio do porto de Lisboa; as tropas francesas cruzaram a fronteira do Alentejo. Finalmente, no dia 29 de novembro, o Príncipe Regente, convicto de que não podia mais adiar o inevitável, embarcou rumo ao Brasil, levando consigo os 36 navios da frota ambicionada por Napoleão. Eram, segundo estimativas da época que não raro se contradizem, 18 navios de guerra entre naus, fragatas, brigues e uma escuna, todos armados com canhões de diferentes calibres, destacando-se as 8 naus equipadas com baterias de canhões que poderiam conter 84 peças, um poder de fogo incomum para a época.

Ao núcleo armado, agregavam-se numerosos navios mercantes, não menos do que 25, igualmente armados, todos eles lotados pela elite da Corte, funcionários e militares, com seus pertences de valor e de estima, nos limites impostos pelas circunstâncias, espaço reduzido, água e alimentos racionados. Até mesmo a imensa e valiosa biblioteca real, bem simbólico conferidor de prestígio, foi cuidadosamente preparada para a viagem, mas esquecida num canto do porto em função do azáfama da partida que, pela chegada dos franceses, transforma-se em fuga.[26] Na barra do Tejo, na boca do oceano, o almirante Sidney Smith aguardava para comboiar a cúpula do Império português e seu séquito de serviçais até o Rio de Janeiro, tendo designado quatro naus para dar-lhes proteção.

Enquanto isso o General Junot, em marcha forçada rumo a Lisboa, deixara para trás a grande maioria de seus homens, enfraquecidos ou dizimados pela travessia forçada em terreno inóspito através da meseta espanhola. Do contingente de 1.200 homens, restava-lhe não mais do que duas centenas. Um simulacro de exército, desmoralizado pela fome e cansaço, abatido pelas moléstias, uma tropa avançada que os esquadrões ingleses não teriam dificuldade alguma em dizimar, se assim o desejassem.

Partir, contudo, não seria uma decisão fácil. Não era uma ou duas pessoas, era toda uma Corte, muito diferente do destino de muitas das casas rei-

26 Cf. SCHWARCZ, Lilia (org.). *A longa Viagem da Biblioteca dos Reis. Do Terremoto de Lisboa à Independência do Brasil.* São Paulo: Companhia das Letras, 2002.

nantes destronadas por Napoleão que foram obrigadas a emigrar. Para os que ficavam, que teriam que se haver com o desatino das tropas francesas, nobres, fidalgos, mercadores, clérigos, artesãos, camponeses, desqualificados, povo em geral, a decisão seria considerada uma atitude louvável de sabedoria política ou deserção covarde? Os argumentos mobilizados para justificá-la apelam às invocações legitimadoras do passado, nas quais, relembrando que em situação de extrema gravidade, "sempre que a independência nacional estivesse ameaçada",[27] o Brasil fora lembrado como um porto seguro, em condições de sediar momentaneamente o poder, memória política até então inócua, mas que os ardis da história se incumbiram de validar. Na colônia tropical, poder-se-ia "criar um poderoso Império no Brasil, donde se volte a reconquistar o que se possa ter perdido na Europa", como vaticinara D. Rodrigo de Sousa Coutinho. Daí seria possível avançar para a conquista das colônias espanholas e "aterrar em pouco tempo as de todas as potências da Europa", como supunha ser possível D. Pedro, marquês de Alorna. Ir ao Brasil significava, sobretudo nas palavras de D. João, "poupar o sangue dos seus povos" e dar nascimento a "um novo Império",[28] argumentos em prol da partida que os representantes ingleses na Corte portuguesa, sob instrução direta de Canning, não deixaram de martelar na cabeça aturdida do Regente D. João.

Tanto D. Rodrigo de Sousa Coutinho, identificado com o partido inglês, quanto D. António de Araújo de Azevedo, ao partido francês, não divergiam nas questões mais relevantes quando se tratava da preservação da soberania da casa de Bragança, que ambos, em momentos diferentes, atrelaram à preservação do Império e, muito especialmente, à defesa do Brasil.[29] Os argumentos esgrimidos, no afã de legitimar a partida, destinados a exorcizar o estigma da fuga, incompatível com a imagem do soberano que pretendia dar continuidade ao seu reinado e ao seu Império; que não abdicara de seus legítimos direitos e já anunciava o retorno, reverberaram os princípios legitimadores da razão

27 MELLO, Evaldo Cabral de. *Um Imenso Portugal: História e Historiografia*. São Paulo: Editora 34, 2002, p. 66.

28 Respectivamente, *Coleção Linhares*, lata 2, Biblioteca Nacional do Rio de Janeiro, 1803; *Carta de 30 de maio de 1801*, Arquivo Público do Rio de Janeiro; *Manifesto de 1.º de maio de 1808*, Arquivo Público do Rio de Janeiro.

29 SILVA, Ana Rosa Cloclet. *Inventando a Nação*. São Paulo: Hucitec, 2006, p. 194-196.

que norteara as reflexões encetadas pelos portugueses nos meados do século XVIII, quando mobilizaram o pensamento crítico no anseio de conter a crise e reformar o Estado, alçando, o Brasil, a condição de refúgio da razão.

A meta principal fora alcançada, o desejo de Canning consumado. A combinação entre pressão militar e diligências diplomáticas teve êxito. Um excelente exemplo dessa alquimia reportada por Caio de Freitas[30] são as reflexões de Strangford, ao rememorar a maneira pela qual buscara influir subliminarmente na decisão do Príncipe Regente, ao dizer que seu

> dever era destruir no espírito de Sua Alteza Real todas as esperanças de uma acomodação com os invasores do seu país; aterrorizá-lo com descrições dramáticas da situação na capital, que eu acabava de atravessar e, então, deslumbrá-lo, de súbito, com todas as brilhantes perspectivas que o aguardavam; orientar todos os seus temores contra o exército francês e dirigir as suas esperanças no sentido da proteção que lhe poderia oferecer a esquadra britânica; não permitir que duvidasse, por um momento sequer, da recepção que iria ter da parte da última, e, finalmente, ao fazê-lo esperar tudo da Amizade e da Magnanimidade do melhor e do mais generoso dos Soberanos, reconciliá-lo consigo mesmo, varrendo-lhe do espírito, tanto a humilhante recordação de que havia agido mal, como o temor das consequências que, de sua atitude, lhe pudessem resultar.[31]

Arguto diplomata, Strangford buscava esconjurar os temores de D. João, oferecendo-lhe a perspectiva de um futuro seguro e promissor, cuja finalidade última era a consecução do projeto que a todos mobilizava no *Foreign Office*, a transferência da Corte portuguesa para o Brasil, tanto que, reflete Strangford, o conhecimento do Soberano português lhe permitia cogitar que, "habituado às oscilações do espírito do Príncipe e aos seus sentimentos de gratidão e respeito em relação à Sua Majestade Britânica", estava seguro de que, ao relembrá-lo, defendia para a Inglaterra o direito de "esta-

---

30 Citado por FREITAS, Caio de. *George Canning e o Brasil...*, p. 93. O mesmo documento já fora citado por MANCHESTER, Alan K. *Preeminência Inglesa no Brasil*. São Paulo: Brasiliense, 1973, p. 71.

31 *Foreign Office*, 63/56, Portugal, Strangford a Canning, n. 103, 30 de novembro de 1807.

belecer com o Brasil relações de soberano e vassalo e exigir obediência a ser paga como o preço da proteção".[32]

A tanto não chegamos. A Inglaterra não se tornou soberana e o Brasil vassalo, mas pagou um alto preço pela proteção, econômica e política.

> A abertura do imenso mercado colonial à exploração dos seus homens de iniciativa não somente iria lhe proporcionar os elementos de sustentação bélica de que necessitava para prosseguir na guerra contra a França, mas, também, assinalaria – pelo fornecimento de bens de produção agrícola de que tinham fome as suas fábricas – uma época de extraordinário progresso na sua expansão industrial, orientada no sentido da consolidação da sua hegemonia, tanto política quanto comercial, em toda a extensão do Novo Mundo.[33]

32 *Foreign Office*, 63/56, Portugal, Strangford a Canning, n. 103, 30 de novembro de 1807.

33 FREITAS, Caio de. *George Canning e o Brasil...*, p. 96.

Capítulo 2
O Brasil entre dois imperialismos: do mercantilismo ao comércio livre

A nova política britânica de expansão imperialista

Não foi somente a complexidade da conjuntura política internacional nem a sagacidade da política externa inglesa que produziram, em cadeia, a transferência da Família Real para o Brasil, a abertura dos portos e aos tratados preferenciais de comércio. Foram decisivos, nesse processo, as transformações da estrutura produtiva na Inglaterra e o consequente reordenamento das forças sociais representativas com força política; e o impacto do novo padrão de colonização implantado pelo governo português no Brasil sobre o balanço de pagamentos anglo-luso, evento absolutamente surpreendente e inesperado pelos ingleses.[1]

Os anos 1780 assinalam uma mudança qualitativa na composição das exportações realizadas pela Inglaterra, emblematizada pela rápida expansão do setor manufatureiro, indicativa de que a indústria atingira um patamar de crescimento irreversível e arrastava consigo uma avalanche de transformações sociais que, simplesmente, mudara a feição da sociedade inglesa.[2] Os interesses da aristocracia rural prevalecentes desde a Revolução Inglesa de 1640, consubstanciados na *gentry*, movimentam-se no sentido de acomodar

---

1 "It was an astonishing change of policy". MAXWELL, Kenneth. "The Atlantic in the Eighteenth Century: a southern perspective on the need to return to the Big Picture". *Transactions of the Royal Historical Society*, 6th series, v. 3, 1993, p. 230.

2 ARRUDA, José Jobson de Andrade. *A Grande Revolução Inglesa*. São Paulo: Hucitec, 1996, p. 96 et seq.

os novos interesses sem abrir mão de suas posições de mando. O estímulo às exportações adquire níveis de alta prioridade por sua capacidade de expandir as rendas públicas, incrementar a riqueza privada e gerar empregos que atendiam aos menos favorecidos, originando uma política de exportação agressiva, combinada com a preservação da estabilidade do mercado interno, cujo resultado foi uma política externa mais cosmopolita nas ações fora do Império.[3] Os grandes empresários do setor manufatureiro

> não se mantinham graças a um monopólio, tanto de matérias-primas como de comércio, adquirido artificialmente por meio de leis protetoras de seu país, e de concessões especiais no exterior. Em virtude de suas novas máquinas, podiam produzir mais artigos a menor custo para vender a preços mais baixos do que os de qualquer concorrente.[4]

A aliança fundamental nesse contexto foi o estreitamento dos laços entre os interesses da aristocracia agrária e dos setores financeiros, cada vez mais poderosos, simbolizados na *City*, que acabaria por ter um papel decisivo na expansão britânica durante todo o século XIX. Iniciava-se a era do *gentlemanly capitalism*, assim denominado por Cain e Hopkins. Feliz denominação para conceituar a poderosa simbiose social entre homens endinheirados da *City*, fossem eles banqueiros ou comerciantes focados na obtenção de lucros, mas bem aceitos pela aristocracia, com a qual acabaram por se fundir e revitalizar. Eram, ao mesmo tempo, *gentlemen e capitalistas*, agregação original que facilitava tanto a inovação quanto a preservação da cultura econômica, amálgama do qual resultava a estabilidade consistente dos oitocentos vitorianos, refletida no notável crescimento e desenvolvimento do Império Britânico. Segmento social que poderia envolver-se com os ganhos auferidos nas práticas econômicas *gentlemen* tradicionais, mas que tinham seus olhos postos nos pingues lucros que poderiam ser prodigalizados pelas finanças, sobretudo aquelas provenientes do ultramar em sua escala planetária, o que os tornava dependentes das conexões internacionais realizadas, sobretudo, na escala dos Impérios,

---

3 CAIN, P. J.; HOPKINS, A. G. "The Political Economy of British Expansion Overseas, 1750-1914", *Economic History Review*, second series, v. XXXIII, n. 4, nov. 1980.

4 MANCHESTER, Alan K. *Preeminência inglesa no Brasil...*, p. 54.

comportamento econômico que preservava sua condição de classe, a um só tempo capitalista e aristocrática, permitindo-lhes usufruir de um singular *life style*, evitando identificar-se com os tradicionais capitães da indústria.

Isto explica a potência da rede financeira da *City*, capaz de agenciar capitais internos e externos que bancavam as guerras mais dispendiosas que preservavam e ampliavam os mercados coloniais, estruturas coloniais estas que, em tempos de paz, também eram financiadas na instalação de suas infraestruturas básicas. Por sua competência, na oferta de serviços financeiros ao Estado, a *City* amenizava a carga tributária sobre os contribuintes, criando igualmente condições para que a aristocracia rural adotasse uma política de redução de impostos. "Por financiar a defesa sem sacrificar a opulência, a *City* legitimou suas demandas para integrar-se no corpo político".[5] Ao prover fundos para financiar as operações comerciais, dar suporte à expansão industrial, prover capitais para a expansão urbana e transportes internos, sistema portuário, dívida pública, os grandes comerciantes britânicos tornaram-se empresários reconhecidos, banqueiros e até membros do Parlamento. "Eles fizeram *lobby* junto ao governo aristocrático para criar as condições fiscais, legais e institucionais para a mobilização mais eficiente das mercadorias, capital e mercado de trabalho".[6] Essa máquina financeira que tem seu papel realçado no transcurso do século XIX, e até mesmo por sua maturidade, preserva a hegemonia econômica britânica para além de sua superioridade industrial, tem igualmente "seus inícios antes da Revolução Industrial",[7] mas, de toda evidência, sem o parque industrial desenvolvido pelos ingleses jamais teria adquirido a expressão alcançada como setor líder da economia internacional da Inglaterra no século XIX.[8]

---

5 CAIN, P. J.; HOPKINS, A. G. "The Political Economy of British Expansion Overseas, 1750-1914"..., p. 469.

6 O'BRIEN, Patrick; ESCOSSURA, Leandro Prados. "Balance sheets for the Acquisition, Retention and Loss of European Empires Overseas". *Itinerário*, n. 23, p. 25-52, p. 29, 1999.

7 CAIN, P. J.; HOPKINS, A. G. *British Imperialism: Innovation and Expansion, 1688-1914*. London: Longman, 1993, p. 470.

8 Cf. O'BRIEN, Patrick K.; ESCOSURA, Leandro Prados de la. "The Costs and Benefits for European from their Empires Overseas", *Revista De Historia Económica / Journal of Iberian and Latin American Economic History*, Madrid: Marcial Pons, v. 16(1), p. 29-89, 1998.

A nova correlação das forças sociais em presença traduziu-se na renovada política de expansão. Os mercados periféricos da Europa já não eram suficientes. A expansão da indústria francesa ocupava espaços outrora disponíveis no continente. Restava como alternativa os mercados transoceânicos, na América Latina, na Ásia e na África.[9] Pela primeira vez, o mercado europeu deixava de ser majoritário para as exportações inglesas, gradativamente substituído pelos mercados ditos coloniais.[10] O mundo atlântico passava a ser a compensação mais desejada para a estagnação do mercado europeu. Sem ele, seria absolutamente impossível dar vazão ao crescimento acelerado da indústria têxtil, sobretudo da indústria algodoeira, responsável por 53% do crescimento total das exportações inglesas no período entre 1786 e 1816. Num momento crucial das contendas militares com a França, entre 1804 e 1806, a exportação de tecidos de algodão atingiu 42% e, no biênio seguinte, 66% de toda a produção de tecidos de algodão foi exportada,[11] demonstrando a importância deste setor fabril no esforço de guerra.

Seria absolutamente impossível manter o ritmo das exportações sem a correspondente importação de matéria-prima, um caso *sui generis*, jamais verificado na história das exportações inglesas, sempre dependentes de insumos internos, cujo resultado é adensar ainda mais a já estratégica importância das áreas coloniais produtoras de matéria-prima, por serem mercados consumidores de importância crescente. A perda recente do controle direto do mercado das colônias norte-americanas, que levou a Inglaterra inclusive

---

9 Cf. INIKORI, Joseph. *Africans and the Industrial Revolution in England: A Study of International Trade and Economic Development*. Cambridge: Cambridge University Press, 2002, p. 482. Inikori demonstra a centralidade do comércio atlântico na Revolução Industrial inglesa.

10 Durante todo o século XVIII, de modo persistente, cresceram as exportações inglesas para o mundo das colônias na América, na África e na Ásia. A retração das exportações para a Europa, já assinalada, foi largamente compensada pelos novos mercados. Em 1701-1705, representavam apenas 10,8%; em 1786-1790, 42,2%, praticamente se igualando, em termos de importância, ao mercado europeu. Cf. MITCHEL, B. R.; DEANE, P. *Abstract of British Historical Statistics*..., p. 279 et seq.

11 Cf. CROUZET, Maurice. "Towards an Export Economy: British Exports During the Industrial Revolution". *Explorations in Entrepreneurial History*, v. XVIII, n. XVIII, p. 63-86, 1980.

a baixar um novo Ato de Navegação em 1786, reforçou a tendência no sentido de estreitar o controle sobre os mercados fornecedores para os quais o acesso passava obrigatoriamente por intermediários, caso do Brasil, colônia de Portugal. Inquestionavelmente, as manufaturas têxteis de algodão começaram e prosperaram na Europa Ocidental através do comércio com a periferia e "teria sido inconcebível sem o suprimento garantido de matérias-primas da Ásia e das Américas".[12] Evidência que Giorgio Riello afirma ser um fato inconteste, certeza que se expressa em seu livro *Cotton, The Fabric that Made the Modern World*, no qual afirma explicitamente que sem algodão e mercados consumidores as inovações tecnológicas teriam pouca potência em si mesmas para promover a Revolução Industrial.[13]

O estado de guerra quase permanente gerado pelas relações conflituosas com a França incrementou o poder militar da Inglaterra, especialmente o poderio naval, em escala jamais vista, um instrumento econômico poderoso por sua capacidade em conquistar e preservar novos mercados de forma permanente, capaz de garantir os mercados requeridos pela expansão industrial, estreitando, de modo indelével, os laços entre guerra e economia, realçando concomitantemente o papel do gasto público. Há, portanto, uma nítida correlação entre a operosidade fiscal do Estado e a geopolítica do imperialismo, realidade que se traduz na elevação persistente dos investimentos públicos na sustentação dos gastos militares, muito especialmente na *Royal Navy*, a arma capaz de alcançar os mais longínquos mercados consumidores, política, paradoxalmente, realizada por ministros aristocratas.

Esta elite política justificava a construção dos navios, seu equipamento e manutenção, pela complementaridade entre investimento público e poderio marítimo, pelo dinamismo econômico gerado pela manutenção dos portos, estaleiros, indústrias siderúrgicas e mecânicas. Tanto que cerca de 90% da totalidade dos gastos públicos nesse período destinavam-se à manutenção do exército e da armada, investimentos considerados pelas lideranças políticas altamente compensadores. A vertiginosa elevação dos impostos foi a conse-

---

12 Cf. O'BRIEN, Patrick. "European Economic Development: The Contribution of the Periphery", *Economic History Review*, segunda série, v. XXXV, n. 1, fev. 1982.

13 RIELLO, Giorgio. *Cotton. The Fabric that Made the Modern World.* Cambridge: CUP, 2013, p. 292.

quência imediata da opção pelo Império, que exigia gastos colossais. Subiram cerca de 15 vezes entre 1688 e 1815, quando sua participação na renda nacional alcançou 18%. Somente o serviço da dívida pública, ao findar das guerras napoleônicas, exigia a transferência de 60% da receita tributária do Estado para a amortização dos débitos junto aos credores.[14] E não poderia ser diferente, pois, durante as quase três décadas consumidas pelo conflito com a França, mantiveram-se em ação entre 600 e 800 navios, armados ou não, para os quais eram necessários 120 mil homens remunerados pelos recursos públicos, despesas plenamente recompensadas por sua eficiência, pois, se nesse mesmo período a Inglaterra perdeu 166 navios, conseguiu capturar mais de 1.200, uma das razões pelas quais sua hegemonia nos mares se tornou absoluta depois das guerras napoleônicas.

Em todos os mares, sobre todos os oceanos, reinava inconteste a *Royal Navy* sepultando, definitivamente, as outrora hegemônicas marinhas portuguesa e holandesa. Se no século XIX as forças militares terrestres na Grã-Bretanha sempre estiveram atrás da Alemanha, França, Rússia e Áustria-Hungria, ocupando um modesto quinto lugar, a "Marinha Real Britânica foi deliberadamente mantida em tamanho maior do que as duas maiores marinhas seguintes juntas e, na realidade, em algumas ocasiões chegou a exceder as quatro seguintes".[15] Este é o instrumento de poder decisivo que a Coroa britânica manejava como arma política na obtenção de vantagens em relação às Nações inimigas, e também em relação a aliados tradicionais, caso da Coroa portuguesa, que foi eufemisticamente "protegida" pela esquadra inglesa em sua epopeica travessia oceânica rumo ao Brasil.

É inquestionável, portanto, o impacto causado pelas duas magnas revoluções originadas na Europa: A Inglesa, de caráter predominantemente econô-

---

14 O'BRIEN, Patrick. "Imperialism and the Rise and Decline of the British Economy, 1688-1989", *New Left Review*, n. 238, p. 51-57, nov./dez. 1999.

15 Cf. MANN, Michael. *O império da Incoerência. A Natureza do Poder Americano*. Rio de Janeiro: Record, 2004, p. 40. O poderio naval foi essencial para o desenvolvimento econômico da Inglaterra e vice-versa. A superioridade nesse aspecto permitiu-lhe ser o fiel da balança de poderes na Europa, mesmo sendo superada por pelo menos cinco outros países europeus, em todos os demais quesitos. Cf. KENNEDY, Paul. *The Rise and Fall of British Naval Mastery*. New York: Amherst; Prometheus Books, 1986.

mico, e a Francesa, de cariz primacialmente político, mas que, mesmo assim, teve notáveis desdobramentos econômicos, como explica Kevin H. O'Rourke. Sustentado nas evidências prodigalizadas pela correlação dos preços internacionais, é possível demonstrar que o conflito teve impactos à volta do mundo, comprovando o surgimento de uma economia internacional altamente interconectada, que prenuncia, por sua vez, a formação de um mercado de *commodities* em escala mundial no século XIX, não somente envolvendo Europa e América do Norte, mas também América Latina, Ásia e África, um segundo ensaio de globalização realizado na esteira dos grandes descobrimentos.[16]

A inversão portuguesa: o fênomeno Brasil

A necessidade de recursos fez as autoridades inglesas olharem com mais atenção o fluxo da Balança de Comércio com as nações estrangeiras, sobretudo para o desempenho do balanço de pagamentos em relação aos países com os quais, historicamente, os *superávits* se traduziam na entrada líquida de recursos monetários altamente compensadores, caso emblemático de Portugal. Em 1760, o saldo alcançado foi de quase um milhão de libras. Em 1780, reduziu-se a 200 mil libras.[17] A contração era o resultado inevitável da política de substituição de importações do Marquês de Pombal, tanto que "as rendas em ouro, resultantes de uma balança comercial favorável, diminuíram em mais de um milhão de libras esterlinas para pouco ou nada".[18] Mas a tendência havia se instalado e o futuro poderia ser ainda pior para os ingleses. Entre 1785 e 1790, o déficit aproximou-se de um milhão de esterlinos. No quinquênio seguinte, 1790 a 1795, pela primeira vez em todo o século XVIII as exportações por-

16 O'ROURKE, Kevin H. "The Worldwide Economic Impact of the French Revolutionary and Napoleonick Wars, 1793-1815", *Journal of Global History*, v. 1, pt. 1, p. 123-149, mar. 2006, p. 123-124. Esta interpretação é questionada por Peter Mathias que prefere, na esteira do entendimento de outros autores, deixar para a última década do século XIX o surgimento de uma economia "internacional reconhecível". Cf. MATHIAS, Peter. "A Formação de uma Economia Mundial 1500-1914", *Ler História*, Lisboa, n. 11, p. 79, 1987.

17 Cf. SIDERI, Sandro. *Trade and Power: Informal Colonialism in Anglo-Portuguese Relations*. Rotterdam: Rotterdam University Press, 1970; FISHER, H. E. S. *The Portugal Trade: Anglo-Portuguese Commerce, 1700-1770*. Cambridge: Cambridge University Press, 1971.

18 MANCHESTER, Alan K. *Preeminência inglesa no Brasil*..., p. 54.

tuguesas para a Inglaterra superaram as importações, obrigando os ingleses a remeterem ouro para Portugal para reequilibrar o balanço de pagamentos, algo absolutamente inusitado. Espanto registrado por Horace Walpole, Conde de Oxford que, em carta dirigida a Lorde William Windham Greenville, em 1791, assim se expressa sobre a excepcionalidade do fato: "It may be looked upon as a kind of phenomenon".[19]

Realmente um fenômeno. O fluxo das transações se inverteu, numa espécie de revanche tardia, mas efetiva, do projeto pombalino contra a Inglaterra. Como por milagre, as moedas cunhadas em puro ouro brasileiro com a efígie de D. João IV, drenadas para o tesouro inglês pelo persistente desequilíbrio da balança comercial, "como aves de arribação, passaram a retornar às arcas portuguesas, peças de ouro reluzente que a colônia brasileira produzira, Portugal esbanjara e o algodão brasileiro trazia de volta à mãe-pátria, diretamente das mãos gananciosas dos onzenários da *City*".[20] Alarmado, o Visconde de Strangford, embaixador da Grã-Bretanha junto a Corte portuguesa, informa a Canning que a média das importações inglesas oriundas de Portugal entre 1788 e 1792 oscilara em torno de 657.510 libras esterlinas anuais, das quais 427 mil correspondiam a mercadorias originárias do Brasil, o equivalente a 65% de todas as importações inglesas vindas de Portugal, o que justificaria plenamente diligenciar no sentido de estabelecer conexões diretas com a colônia brasileira e a eliminação do intermediário português.[21] O estado de guerra quase permanente com a França tornava estas medidas absolutamente urgentes. A pressão sobre as finanças inglesas obrigou William Pitt, o Jovem, a tomar medidas radicais. Proibiu aos particulares a conversão de papel-moeda em ouro para proteger as reservas metálicas e, para aumentá-las, instituiu o imposto de renda sobre os ingleses, a primeira experiência do gênero bem-sucedida da história.

O fenômeno estava certamente no Brasil. Na diversificação de sua produção agropecuária, de alimentos e matérias-primas, que aprovisionavam a

---

19 "Isso é uma espécie de fenômeno". Robert Walpole to Lorde Greenville, 12 de outubro de 1791, PRO: FO 6/14, citado por MAXWELL, Kenneth. "The Atlantic in the Eighteenth Century"..., p. 229.

20 Cf. FREITAS, Caio de. *George Canning e o Brasil*..., p. 114.

21 *Foreign Office*, 63/56, Portugal, Strangford a Canning, n. 67.

metrópole portuguesa, sustentavam o desenvolvimento de sua indústria têxtil e ainda produziam excedentes reexportáveis, muito especialmente a matéria-prima mais valiosa naquela conjuntura de transformações aceleradas: o algodão.[22] O cultivo do algodão brasileiro, produzido no Maranhão, na Bahia, em Pernambuco, transladava-se às capitanias centro-meridionais, Minas Gerais, Rio de Janeiro e São Paulo e alimentava, concomitantemente, três processos de industrialização coetâneos: o inglês, o francês e o português.

O controle direto dessa preciosa fonte de matéria-prima equacionaria de um só vez todos os problemas que vinham inquietando as autoridades inglesas: eliminaria o *deficit* comercial em relação a Portugal; garantiria o suprimento das indústrias têxteis inglesas; abriria o mercado na ex-colônia para as mercadorias inglesas, garantindo, em elação a ela, uma balança de comércio favorável; diminuiria o ritmo de expansão das manufaturas têxteis portuguesas por quebrar o monopólio sobre o mercado brasileiro, aliviando o *deficit* comercial; e, acima de tudo, numa conjuntura de guerra aberta, daria um golpe de morte na indústria têxtil francesa, que dependia inteiramente da matéria-prima brasileira recebida via Portugal, impedindo-a de abastecer, mesmo que precariamente, os mercados continentais fechados para as manufaturas inglesas, o que aumentaria a pressão destes mesmos consumidores para que o bloqueio continental fosse extinto ou amenizado. Razões de sobra para que as autoridades inglesas se decidissem a empurrar o Príncipe Regente de Portugal, seus familiares, sua Corte, rumo ao Brasil.

O Brasil nas exportações britânicas

Os gráficos e as tabelas que seguem dão plena sustentação a esta análise. As exportações diretas para o Brasil, após a abertura dos portos, depois de algumas oscilações iniciais, estabilizaram-se em patamares elevados, comparativamente aos mercados tradicionalmente alcançados pelo comércio exterior da Inglaterra. Em 1812, as exportações britânicas para os Estados Unidos atingiram a cifra de £4.032.445; as Índias Ocidentais Britânicas £4.109.096; a Ásia, incluindo a Nova Holanda, £1.663.277; a América do Sul, £2.470.006; e Brasil,

22 ARRUDA, José Jobson de Andrade. "Decadência ou crise do Império Luso-brasileiro: o novo padrão de colonização do século XVIII", *Actas dos IV Cursos Internacionais de Verão*, Cascais, v. 3, p. 213-218, 1998.

£2.003.253, em valores reais, pelo câmbio de 1696.[23] Por estes números vê-se que o mercado brasileiro correspondia a 50% do grande mercado dos Estados Unidos, igualmente ao mercado das Índias Ocidentais; quase equivalente ao da totalidade do mercado latino-americano que somava todas as colônias hispânicas na América e superava o tradicional mercado asiático, que fora um tradicional sorvedouro de recursos monetários de todos os países ocidentais, índices que justificam colocar a colônia Brasil num patamar de destaque, não somente consumia os produtos manufaturados acabados, fornecia também a matéria prima fundamental para produzi-los, recompensando plenamente os esforços envidados pelos ingleses para tomá-lo de Portugal.

A mudança radical da conjuntura internacional em 1815, com a derrota de Napoleão, altera substancialmente o cenário, pois os Estados Unidos que haviam superado os conflitos com a Inglaterra por conta da Segunda Guerra de Independência, importaram da Inglaterra £12.746.913, triplicando o volume de 3 anos antes; as Índias Ocidentais Britânicas, £6.587.999; a Ásia, £2.930.412; a América do Sul, £2.547.368; e o Brasil, £1.706.000.[24] Apesar de ver diminuída sua importância no mercado consumidor para as mercadorias inglesas, representava ainda dois terços do consumo latino-americano e preservava sua posição privilegiada no comércio de exportação da fibra, mesmo com a retomada das exportações norte-americanas. As cifras demonstram também como o mercado brasileiro fora de vital importante nos anos de conflagração, pois garantiu o escoamento da produção industrial inglesa, e instalou a estrutura de comercialização das firmas inglesas na colônia, onde suas feitorias foram multiplicadas, garantindo a continuidade dos interesses britânicos no futuro país independente. Em 1820, consolidada a volta à normalidade, satisfeita a sede por mercadorias inglesas que propiciara o retorno das exportações inglesas para seus mercados tradicionais, o Brasil de novo ganha relevância. Para os Estados Unidos, as exportações somaram £3.691.365; Índias Ocidentais Britânicas, £3.860.260; Ásia, £3.809.246; América do Sul, £820.271; e, para o Brasil, £2.232.000 em valores reais,[25] demonstrando que o mercado mundial estava em franca expansão.

---

23 Public Record Office, Exportation from Great Britain by Countries, Customs 8/1.

24 Public Record Office, Exportation from Great Britain by Countries, Customs 8/3.

25 Public Record Office, Exportation from Great Britain by Countries, Customs, 8/12.

Tabela 1 – Exportações britânicas para o Brasil (importações brasileiras da Inglaterra), 1808-1821. Valores oficiais em milhares de libras.

	Algodão		Linho		Tecidos de lã		Total		Reexportações britânicas para o Brasil
	Valores declarados*	Valores oficiais**	Valores declarados	Valores oficiais	Valores declarados	Valores oficiais	Valores declarados	Valores oficiais	Valores oficiais
1808		1.413.000		47.000		480.000		2.379.000	172.000
1809									143.000
1810									332.000
1811									136.000
1812		1.557.000		23.800		223.000		2.003.000	86.000
1813									
1814	1.055.000	1.081.000	60.400	44.300	298.000	205.000	1.911.000	1.612.000	93.000
1815	1.053.000	1.200.000	39.500	33.100	353.000	213.000	1.706.000	1.896.000	40.000
1816	950.000	1.225.000	101.000	110.000	343.000	237.000	1.824.000	1.828.000	20.000
1817	1.071.000	1.547.000	137.000	153.000	370.000	279.000	2.035.000	2.269.000	16.000
1818	1.697.000	2.121.000	181.000	194.000	564.000	379.000	3.181.000	3.160.000	32.000
1819	802.000	1.058.000	134.000	152.000	406.000	261.000	1.937.000	1.864.000	32.000
1820	964.000	1.384.000	167.000	201.000	342.000	240.000	2.099.000	2.232.000	46.000
1821	961.000	1.424.000	133.00	152.000	323.000	241.600	1.857.000	2.144.000	22.000

Fonte: Public Record Office, Exports from Great Britain by Countries, Customs 4, 5 to 16. Devo esta tabela à gentileza de Javier Cuenca Esteban.

* Valores declarados: valores declarados pelos comerciantes nas alfândegas britânicas.
** Valores oficiais: valores estabelecidos pelas alfândegas que determinavam uma pauta para as diferentes mercadorias.

Gráfico 1 – Exportações britânicas para o Brasil (importações brasileiras da Inglaterra), 1808-1821. Valores oficiais em milhares de libras.

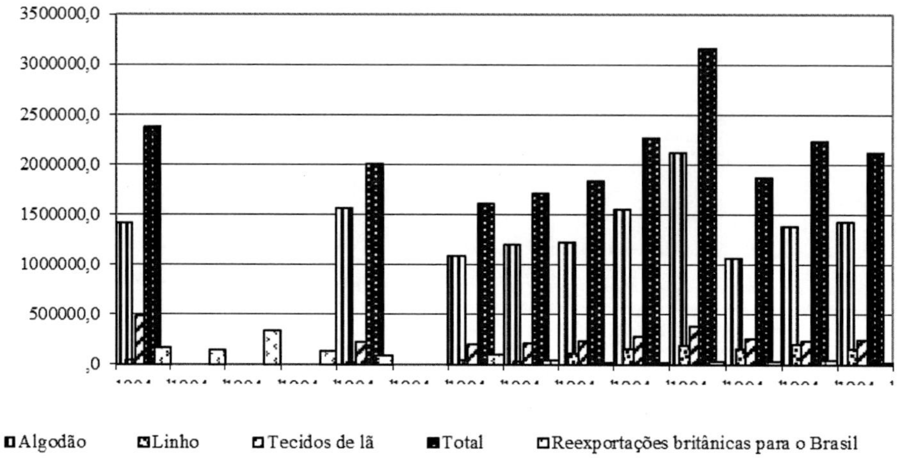

As exportações registradas em valores oficiais, acima de £2.300.000, confirmam as expectativas das autoridades inglesas, no que concerne ao potencial do mercado brasileiro. À euforia do primeiro ano, 1808, segue-se uma estabilização em patamares mais deprimidos até 1815, quando as importações coloniais voltam a ganhar fôlego, alcançando, em 1818, sua máxima expressão no período entre a abertura dos portos e a independência da colônia, acima de três milhões de libras. O principal produto no rol das importações coloniais são os tecidos de algodão, que correspondem a uma significativa porcentagem do total das importações, muito superior aos tecidos de lã ou linho. A preponderância do algodão fica mais evidente quando se compara apenas o algodão em relação às importações totais, em termos absolutos e porcentuais, como se verifica nos gráficos que se seguem.

Tabela 2 – Importações brasileiras de tecidos de algodão da Inglaterra em relação às importações totais. Valores oficiais em milhares de libras.

	Total	Algodão	Percentual
1808	2.379.000	1.413.000	59,39
1809			
1810			
1811			
1812	2.003.000	1.557.000	77,73

1813			
1814	1.612.000	1.081.000	67,06
1815	1.706.000	1.200.000	70,34
1816	1.828.000	1.225.000	67,01
1817	2.269.000	1.547.000	68,18
1818	3.160.000	2.121.000	67,12
1819	1.864.000	1.058.000	56,76
1820	2.232.000	1.384.000	62,01
1821	2.114.000	1.424.000	67,36
		Média	66,30

Gráfico 2 – Importações brasileiras de tecidos de algodão da Inglaterra em relação às importações totais. Valores oficiais em milhares de libras.

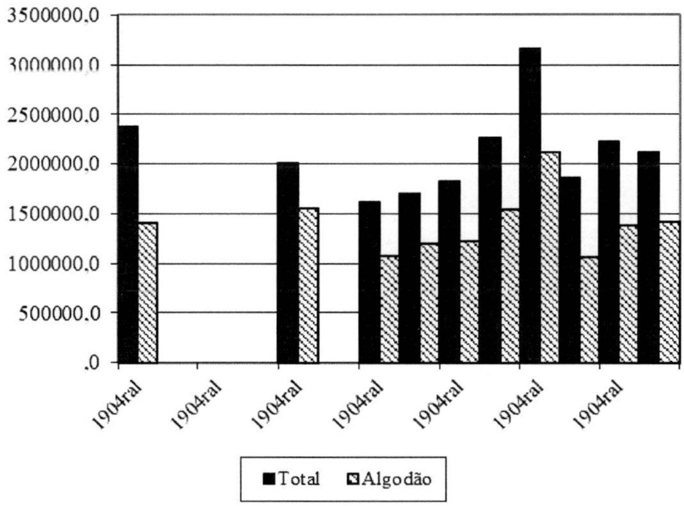

Lamentavelmente, não temos a série completa, por deficiência da documentação ou destruição por incêndio. As cifras que possuímos, contudo, permitem-nos avançar algumas conclusões relevantes. A avalanche de manufaturas de algodão entrada nos portos brasileiros em 1808, procedentes da Inglaterra, fazem com que o total das importações somente seja superado em 1818, prova cabal de que o mercado brasileiro passara a ter um peso significativo nas exportações inglesas, cujo valor estratégico se amplia pelo fechamento dos mercados continentais para as manufaturas inglesas em geral e de algodão em especial. Se o mercado brasileiro era capaz de consumir 1.413 mil libras esterlinas somente em variedades de algodão, num montante de 2.379

mil libras esterlinas, cerca de 60% do total importado, pode-se aquilatar de seu potencial e, acima de tudo, do impacto que tais importações causariam nas indústrias portuguesas que, até o momento, supriam uma parte substancial desse consumo. A tendência delineada no primeiro ano da abertura dos portos segue seu curso até 1821, quando o valor das importações de algodão atinge o expressivo patamar de 67%. Não sem razão, os cronistas portugueses do tempo lamentaram a radical inversão, apontando os números estarrecedores das perdas da indústria portuguesa em sua colônia.

Exportações brasileiras para a Inglaterra

A Inglaterra havia substituído Portugal na condição de principal fornecedor de mercadorias para a colônia brasileira, muito especialmente na rubrica manufaturas de algodão. O segundo passo era torná-la também sua grande fornecedora de matéria-prima, o algodão em rama, cujo significado avulta em relação às demais mercadorias exportadas pela colônia para a Inglaterra que, em função das cláusulas restritivas incluídas nos tratados comerciais, reservava-se o direito de não importar, ou apenas importar para a reexportação, os produtos similares àqueles produzidos em suas próprias colônias, a exemplo do açúcar e do café, cláusula contratual que representava perda de mercado consumidor para seu principal produto de exportação, o açúcar, e do produto com maior potencial de crescimento, o café.

As tabelas e os gráficos que se seguem em valores oficiais e declarados não deixam dúvidas quanto a preeminência do algodão sobre os demais produtos de exportação da colônia, durante todo o período de 1808 a 1821.

Tabela 3 – Exportações brasileiras para a Inglaterra (1807-1821). Valores oficiais em milhares de libras.

	Café	Couros	Açúcar	Gordura animal	Algodão	Colorante	Valores oficiais	Valores declarados
1807		22.000			15.000			141.000
1808	47.714.000	73.816.000	61.369.000	21.420.000	165.337.000	60.000		434.647.000
1809	105.541.000	221.398.000	238.412.000	74.862.000	582.920.000	3.905.000	1.227.038	1.439.700.000
1810	189.446.000	177.087.000	269.048.000	37.691.000	653.574.000	14.856.000	1.341.702	1.454.200.000
1811	110.235.000	148.458.000	141.473.000	19.433.000	623.751.000	158.000	1.083.194	1.149.349.000
1812	15.393.000	34.660.000	19.090.000	7.108.000	500.760.000	22.011.000	599.022	670.548.000
1813								
1814	251.883.000	73.112.000	101.402.000	3.517.000	740.793.000	19.630.000	1.190.337	1.137.543.000
1815	123.857.000	63.928.000	86.401.000	11.822.000	424.962.000	10.697.000	721.667	829.391.000
1816	115.813.000	22.399.000	76.838.000	3.195.000	650.613.000	5.681.000	869.539	957.330.000
1817	155.162.000	9.782.000	69.847.000	35.000	531.496.000	1.958.000	768.280	817.222.000
1818	123.489.000	33.477.000	63.891.000	1.148.000	807.495.000	751.000	1.030.251	1.080.543.000
1819	130.752.000	24.675.000	81.638.000	1.899.000	673.632.000	2.597.000	915.193	952.202.000
1820	182.999.000	8.391.000	110.613.000	888.000	942.857.000		1.245.748	1.294.025.000
1821	285.156.000	11.627.000	145.576.000	20.000	632.714.000		1.075.093	1.181.858.000

Fonte: Public Record Office, Exports from Great Britain by Countries, Customs, 4. Devo esta tabela à gentileza de Javier Cuenca Esteban.

Gráfico 3 – Exportações brasileiras para a Inglaterra (1807-1821). Valores oficiais em milhares de libras.

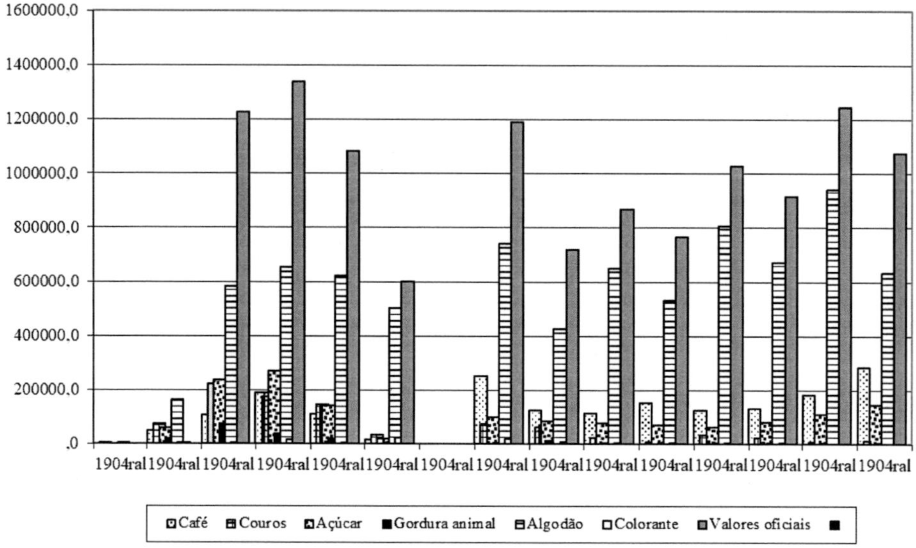

Em 1809, as exportações ultrapassam £500.000, valores que permanecem durante a maior parte do período, para alcançar a expressiva cifra de quase £1.000.000 em 1820. Caracteriza-se, de modo inequívoco, o novo papel assumido pela colônia portuguesa, a de fornecedora de matérias-primas industriais para o complexo fabril inglês. A tabela a seguir estabelece a correlação entre o valor absoluto das exportações de algodão e o valor total das exportações coloniais para a Inglaterra. O Gráfico 3 revela que no ano que se segue à abertura dos portos as exportações coloniais cresceram exponencialmente, atingindo o ápice de todo período considerado em 1810. Os anos que se seguem até 1815 são instáveis, com altos e baixos motivados pela conjuntura conflituosa. A partir de 1815 a tendência real se consolida, com movimento ascensional até o final do período, demonstrando que a colônia brasileira havia se firmado como mercado exportador de *commodities* industriais diretamente conectada ao sistema fabril da Inglaterra.

Tabela 4 – Exportação de algodão em rama para a Inglaterra em relação às exportações globais. Valores oficiais em milhares de libras.

	Total oficial	Algodão	Porcentagem
1807		15.000	
1808		165.337.000	
1809	1.227.038.000	582.920.000	47,51
1810	1.341.702.000	653.574.000	48,71
1811	1.083.194.000	623.751.000	57,58
1812	599.022.000	500.760.000	83,60
1813			
1814	1.190.337.000	740.793.000	62,23
1815	721.667.000	424.962.000	58,89
1816	869.539.000	650.613.000	74,82
1817	768.280.000	531.496.000	69,18
1818	1.030.251.000	807.495.000	78,38
1819	915.193.000	673.632.000	73,61
1820	1.245.748.000	942.857.000	75,69
1821	1.075.093.000	632.714.000	58,85
		Média	60,70

Gráfico 4 – Exportação de algodão em rama para a Inglaterra em relação às exportações globais. Valores oficiais em milhares de libras.

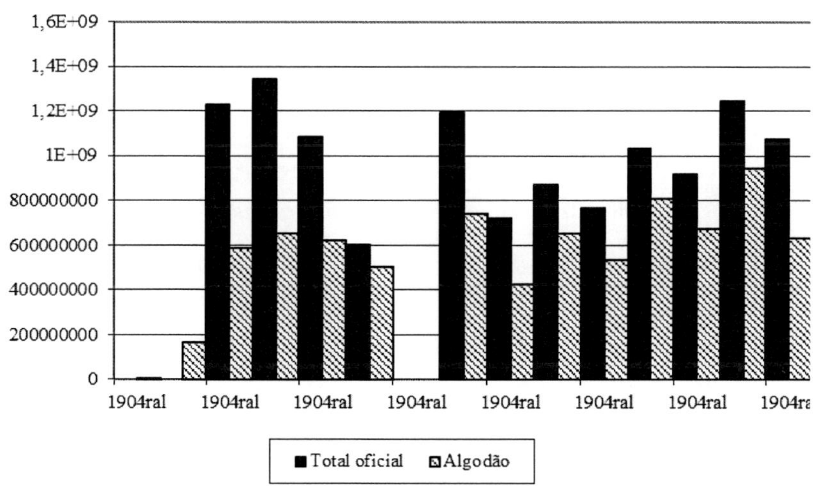

Os livros das alfândegas inglesas registram que, em 1807, a colônia brasileira exportou diretamente para a Grã-Bretanha algodão em rama no valor de 15 mil libras esterlinas. As compras inglesas de algodão procedentes de Portugal integram a balança comercial com esse país. Trata-se, portanto, de uma ligação direta que se estabelece antes mesmo da abertura dos portos em 1808, quando o valor das exportações coloniais dessa matéria-prima subiu 1.102%, número esse que quase quadruplicou no ano de 1809, e preservou sua tendência ascendente até o final do período. A porcentagem do algodão em rama no total das exportações coloniais medeia em 60%, apresentando anos excepcionais como o de 1816 em que a colônia, agora Reino Unido ao de Portugal, exportou quase 75% do valor total em algodão. Esse foi um momento *sui generis* se pensarmos nos termos da *global history*, um enlace transcontinental: os brasílicos instalando grandes plantações de algodão no nordeste da colônia; os ingleses construindo complexos fabris na região noroeste da Inglaterra, um encaixe perfeito entre duas partes distantes do planeta unidas pela segunda globalização, que a abertura dos portos acabou por sincroniza.

O Brasil se define, a partir de então, como uma colônia exportadora de matéria-prima e importadora de manufatura. Exporta algodão em rama e importa tecidos de algodão em suas múltiplas variedades, consumando-se a substituição das fábricas portuguesas pelas inglesas no abastecimento do mercado interno brasileiro. O pioneirismo português nessa nova forma de colonialismo que a agricultura colonial e desenvolvia manufaturas, ensaiado nas últimas décadas do século XVIII, feneceu frente ao imperialismo do comércio livre britânico. Um lugar de honra, neste contexto, vem sendo conferido ao algodão por uma plêiade de renomados historiadores.[28]

---

28 Cf. RIELLO, Giorgio. *Cotton. The Fabric that Made the Modern World*. Cambridge: CUP, 2013; RIELLO, Giorgio; PARTHASSARATHI, Prassanan (eds.). *A Global History of Cotton Textiles, 1200-1850*. Cambridge: CUP, 2009; RIELLO, Giorgio; ROY, Tirthankar. *How India Clothed the World*. Leiden: E.J. Brill, 2009; LEMIRE, Beverly. *Global trade and the Transformation of Consumer Culture. The Material World Remade, 1500-1820*. Cambridge: CUP, 2018; DuPLESSIS, Robert S. *Material Atlantic. Clothing, Commerce, and Colonization in the Atlantic World, 1650-1800*. Cambridge: CUP, 2016.

Esta temática se inscreve perfeitamente no renhido debate entre os historiadores eurocentristas, que descartam qualquer tipo de contribuição dos Impérios coloniais para a promoção do desenvolvimento econômico dos países centro-europeus, e a historiografia que enfatiza o papel das colônias na promoção desse mesmo desenvolvimento. Esta última linhagem ganhou um forte aliado na produção histórica recente identificada com a *Global History*, isto é, a linhagem historiográfica que valoriza as conexões econômico-culturais entre todas as partes do planeta, a troca de mercadorias e experiências produtivas, bem como as trocas civilizacionais, nos termos da cultura material, ou seja, dos objetos e pelos objetos. Ela se exprime não somente pelo domínio das representações mentais, das leis, do pensamento religioso e filosófico, da língua e das artes, mas igualmente por via das estruturas sociais-econômicas, pelas relações sociais e as relações produtivas, que levaram o grande mestre Fernand Braudel a ancorá-las primacialmente no movimento do capitalismo,[29] descolando-as da raiz mais antropológica que lhes dera Marc Bloch.

Balança comercial entre o Brasil e a Inglaterra

O cruzamento entre os valores oficiais alcançados pela exportação e importação do Brasil no período de 1808 a 1821 tem um enorme significado histórico; revelam uma mudança crucial nas relações comerciais da colônia após a abertura dos portos. Até então, quando seu comércio era realizado exclusivamente com Portugal, a colônia tinha *superávits* permanentes. No ano de 1806, tomado como referência, a colônia exportou para Portugal mercadorias no valor de 14.153:752$891 contos de réis e importou 8.426:097$899, deixando um saldo significativo em favor da colônia. Isto só foi possível porque as mercadorias coloniais reexportadas por Portugal produziam lucros compensadores, como aqueles que se verificaram em relação à própria Inglaterra no final do século XVIII. A análise minuciosa das Balanças de Comércio, realizada por Fernando Novais, constata a tendência superavitária da colônia, cujos produtos garantiam os *superávits* de Portugal com a Inglaterra e, de uma forma

29 Cf. BRAUDEL, Fernand. *Civilização Material, Economia e Capitalismo: Séculos XV-XVIII*. São Paulo: Martins Fontes, 1995-1997, 3 vols.

geral, com as demais nações estrangeiras.[30] Foi exatamente dessas vantagens, auferidas durante séculos pelos portugueses, que os ingleses se apropriaram, invertendo novamente a balança em relação a Portugal, passando a ter saldos positivos como por séculos havia se verificado. Os *superávits* da colônia brasileira desapareceram. *Déficits* significativos e crescentes passam a definir a balança comercial anglo-brasílica, consubstanciados nas tabelas e gráficos que se seguem.

Tabela 5 – Cruzamento entre importação e exportação na balança de comércio Brasil-Inglaterra (1808-1821). Valores oficiais em milhares de libras.

	Importação total (valores oficiais)	Exportação total (valores oficiais)	Déficits
1808	2.379.000		
1809		1.227.038	
1810		1.341.702	
1811		1.083.194	
1812	2.003.000	599.022	1.403.978
1813			
1814	1.612.000	1.190.337	421.663
1815	1.706.000	721.667	984.333
1816	1.828.000	869.539	958.461
1817	2.269.000	768.280	1.500.720
1818	3.160.000	1.030.251	2.129.749
1819	1.864.000	915.193	948.807
1820	2.232.000	1.245.748	986.252
1821	2.114.000	1.075.093	1.038.907
Período: 1814-1821	16.785.000	7.816.108	8.968.892

30 NOVAIS, Fernando. *Portugal e Brasil na crise do Antigo Sistema Colonial (1777-1808)*. São Paulo: Hucitec, 1979, p. 287-293. Uma nova edição dessa obra clássica de Fernando A. Novais fora publicada em 2019 pela editora 34, de São Paulo.

Gráfico 5 – Cruzamento entre importação e exportação na balança de comércio Brasil-Inglaterra (1808-1821). Valores oficiais em milhares de libras.

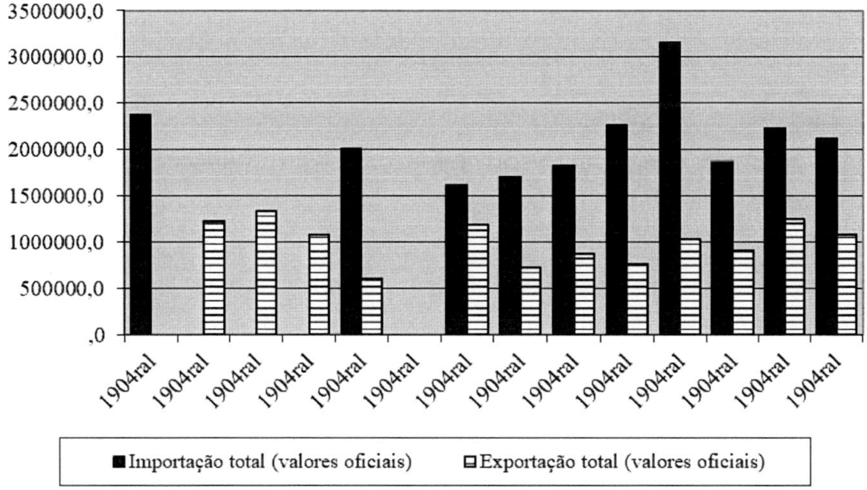

A reconstituição dos valores monetários que envolviam as transações comerciais entre o Brasil e a Inglaterra, no período de 1808 a 1821, a partir dos dados pesquisados nos *customs* ingleses, permite recompor a Balança Geral do Comércio do Brasil, pois todas as avaliações constantes dos textos especializados no Brasil são parciais por terem se baseado no desempenho da Balança de Comércio de Portugal com seus Domínios que, de toda evidência, depois da abertura dos portos, não poderiam mais expressar a realidade do comércio exterior brasileiro, por não registrar o movimento comercial dos seus portos com as nações estrangeiras, uma vez que o Brasil passara a se relacionar com elas diretamente, sem a intermediação de Portugal. Equivale dizer que a verdadeira Balança de Comércio, depois da abertura dos portos, teria que ser composta pelo somatório das importações e exportações para Portugal e aquelas realizadas diretamente para as demais nações com as quais se relacionava. No caso, como a abertura dos portos às ditas nações amigas era uma figura de retórica, porque eram poucas as nações que se enquadravam nesta definição, o comércio colonial ficou restrito à Inglaterra e Portugal. As balanças comerciais com estes dois Impérios correspondiam a quase 100% do total do fluxo de importação e exportação, pelo menos nos primeiros anos da década 1810-

1820, porcentagem gradativamente reduzida à medida em que novos parceiros comerciais, sobretudo do continente americano, passavam a frequentar os portos brasileiros, pois, somente após o colapso do Império napoleônico em 1815, as nações europeias puderam, de fato, retornar ao comércio com o Brasil e efetivamente beneficiar-se da abertura dos portos brasileiros.[31]

Por não ter à sua disposição a balança de comércio do Brasil com a Inglaterra, nem com qualquer outra nação, Caio Prado Jr. se apoia nos dados da balança de comércio com Portugal para avaliar o significado da abertura dos portos, concluindo que a colônia se tornara deficitária ao ser transferida para a zona de influência da Inglaterra. Conclusão acertada sobre equivocada base de dados, prova de sua enorme sensibilidade como historiador.[32] Desde então, todos os livros que trataram dessa matéria seguiram suas conclusões sem se dar conta de que os dados sobre os quais se sustentavam eram parciais e comprometiam a veracidade da interpretação.

A dedução de que Caio Prado se vale dos valores inclusos na Balança de Comércio do Brasil com Portugal se dá por analogia, pois os números por ele indicados são próximos, não exatamente iguais, aos números apontados por Adrien Balbi, em seu *Essai statistique sur le royaume de Portugal et d'Algarve comparé aux autres Etats de l'Europe*, geralmente arredondados. Apesar de afirmar em seu livro que "as estatísticas que possuímos para a época não são completas nem muito seguras", ou seja, ele tem consciência de que suas conclusões baseiam-se em dados parciais, pois espelhavam apenas as relações da colônia com Portugal sem incluir os montantes com outros países e, principalmente, com a Inglaterra, com a qual o grosso do comércio era realizado, já que na página seguinte os toma por confiáveis, pois diz "os dados estatísticos que possuímos o revelam nitidamente",[33] flagrante contradição, uma vez que não pode haver nitidez em interpretações sustentadas por dados sabidamente incompletos.

---

31 Esta problemática foi por nós levantada, pela primeira vez, em 1972, quando da redação da tese O Brasil no comércio colonial. Contribuição ao estudo quantitativo da economia colonial. ARRUDA, José Jobson de Andrade. *O Brasil no Comércio Colonial.* São Paulo: Ática, 1980, p. 621 et seq.

32 PRADO Jr., Caio. *História Econômica do Brasil.* São Paulo: Brasiliense, 1961, p. 135 et seq.

33 Ibidem, p. 135-136.

Mas é a partir desses dados que se passa a tecer considerações sobre o desempenho comercial da colônia após a abertura dos portos. Atesta que "o comércio exterior do Brasil se tornou quase permanentemente deficitário",[34] o que não se confirma pela análise dos dados restantes da Balança que não são por ele reproduzidos. A balança de comércio com Portugal, pois é disto que se trata, continua a ser superavitária. Os *déficits* ocorrem em três anos apenas, com valores expressivos em 1808, o que se explica pela conjuntura absolutamente anormal, e *déficits* insignificantes nos anos de 1816 e 1817, também compreensíveis em função do crescimento das exportações portuguesas para a colônia no período pós-conflito napoleônico. Equivale dizer que a conclusão por ele alcançada, a de que a colônia deixou de ser superavitária para ser deficitária em seu comércio exterior, não se sustenta nos dados por ele mesmo mobilizados em sua argumentação. Ela se torna sim deficitária em relação à Inglaterra, mas permanece superavitária em relação à Portugal.

Porém, se aos números da balança comercial com Portugal somarmos os números referentes à balança inglesa, aí, sim, o *deficit* se confirma e se realiza em toda a extensão do período de exatos 13 anos, 1 mes e 18 dias, de 1808 a 1821, mesmo nos anos em que há lacunas no comércio com a Inglaterra pela queima de documentos. Destaque-se, em primeiro lugar, que os valores alcançados pelas exportações coloniais são muito mais elevados do que aqueles alvitrados por Caio Prado Jr., constatação óbvia, porque seus números não incluem o comércio com a Inglaterra; segundo, comprovam-se perdas líquidas substantivas para a colônia em todo o período cujos valores superam um milhão de libras em vários anos; finalmente, vale a pena lembrar que, mesmo se utilizando dados impróprios, a conclusão final resulta correta quanto à submissão da colônia ao imperialismo inglês, acerto de Caio Prado mesmo que por caminhos ínvios.

A colônia tornou-se deficitária ao passar do monopólio português à hegemonia britânica, expandindo suas importações de produtos manufaturados originários das indústrias britânicas em prejuízo das importações que, antes da abertura dos portos, vinham de Portugal. A observação de um contemporâneo não deixa margem a dúvidas quanto às perdas ruinosas para as manufaturas portuguesas que a abertura dos portos brasileiros provocou.

---

34 PRADO Jr., Caio. *História Econômica do Brasil.* São Paulo: Brasiliense, 1961, p. 136.

> Ainda que pareça insignificante a nossa indústria... os negociantes estavam no costume de embarcarem para o Brasil grande variedade de artigos de nossa mesma produção e manufatura, que os nossos portugueses estabelecidos naqueles climas decididamente preferiam a essas decantadas manufaturas estrangeiras. Consistiam principalmente esses artigos em manufatura de algodão, lã e seda preparadas nas nossas oficinas, galões de ouro e prata, chapéus, fazendas de linho, ferragens e outros objetos de metal, veludo etc.[35]

concluindo que, de 1796 a 1808, somente 13 anos, renderam para Portugal a soma de 84 milhões de cruzados, ao passo que nos primeiros 11 anos após a abertura dos portos somaram apenas 21 milhões, significando, em números redondos, uma perda 63 milhões de cruzados, recursos estes que, certamente, rumaram para a Inglaterra. A abertura dos portos tem um significado que vai para além da simples relação comercial entre Brasil e Portugal. Altera profundamente toda rede mercantil a séculos implantada pelos comerciantes portugueses na Europa. A Inglaterra se interessava apenas pelos produtos que não viessem a concorrer com os congêneres de suas próprias colônias: centrava-se no algodão, e taxava duramente os demais produtos em suas alfândegas. Pode-se admitir, portanto que, eram navios e agentes comerciais britânicos a fazer chegar os bens do Brasil aos portos da Itália e da Espanha, que os distribuíam para vários outros portos da Europa,[36] aniquilando o sistema de transportes que vertebrara o Império português.

35 Citado por D'ANDRADE, Gomes de Freire. *A Dominação Ingleza em Portugal*. Lisboa: João Antonio Rodrigues Fernandes Editor, 1833, p. 146.

36 CAETANO, António Alves. *O Porto de Lisboa e o Bloqueio Continental (1806-1812)*. Lisboa: Academia de Marinha, 2004, p. 151.

Tabela 6 – Comércio exterior do Brasil, 1808-1821, a partir do comércio com Portugal e com a Inglaterra. Valores oficiais em libras esterlinas.

	Importação de Portugal e Inglaterra			Exportação para Portugal e Inglaterra			Déficit
	Portugal	Inglaterra	Total	Portugal	Inglaterra	Total	
1808	419.660	2.379.000	2.798.660	151.880			
1809	954.880			1.338.660	1.228.038	2.566.698	
1810	814.550			1.023.110	1.341.702	2.364.812	
1811	775.660			1.009.220	1.083.194	2.092.414	
1812	684.330	2.003.000	2.687.330	1.107.660	599.022	1.706.682	980.648
1813	996.440			1.332.330			
1814	1.580.880	1.612.000	3.192.880	1.945.990	1.190.337	3.136.327	56.553
1815	2.287.770	1.706.000	3.993.770	2.516.440	721.667	3.238.107	755.663
1816	2.862.220	1.828.000	4.690.220	2.684.330	869.539	3.553.869	1.136.351
1817	2.379.880	2.269.000	4.648.880	2.307.990	768.280	3.076.270	1.572.610
1818	2.205.840	3.160.000	5.365.840	2.679.440	1.030.251	3.709.691	1.656.149
1819	1.818.440	1.864.000	3.682.440	2.087.990	915.193	3.003.183	679.257
1820	1.509.868	2.232.000	3.741.868	1.884.088	1.245.748	3.129.836	612.032
1821	1.344.686	2.114.000	3.458.686	1.706.829	1.075.093	2.781.922	676.764

Gráfico 6 – Comércio exterior do Brasil, 1808-1821, a partir do comércio com Portugal e com a Inglaterra. Valores oficiais em libras esterlinas.

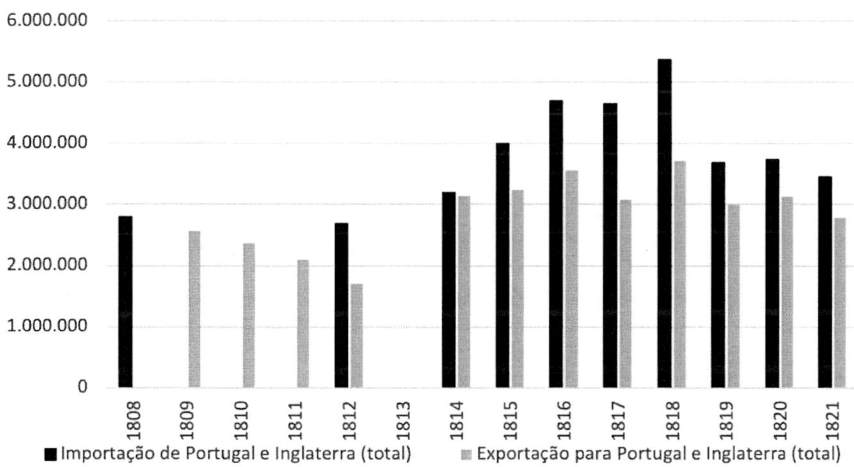

O fim do monopólio brasileiro e o colapso da indústria portuguesa

O segundo grande impacto atingiu a indústria portuguesa. Se a colônia continuava a fornecer as matérias-primas para a indústria portuguesa, o mercado consumidor se perdeu, em larga medida açambarcado pela Inglaterra, que passou a introduzir, como vimos, uma enorme variedade de tecidos de algodão. Por outro lado, as medidas adotadas pelo Príncipe Regente no Brasil, especialmente o decreto de 1.º de abril de 1808, que promovia liberdade para as "manufaturas e indústrias em todo o Estado do Brasil e nos Domínios Ultramarinos", quebrava o monopólio português e invertia a política protecionista de D. Maria I que, ao baixar o Alvará de 1785, nada mais fazia do que dar continuidade à política de defesa da indústria portuguesa erigida pelo Marquês de Pombal.

A derrocada da política protecionista se consumou com as tarifas preferenciais concedidas aos ingleses no próprio ato da abertura dos portos, mais tarde confirmadas no Tratado de Comércio e Navegação de 1810. A mudança foi tão abrupta que exigiu de D. João uma explicação aos súditos portugueses que, à distância, somente poderiam ver nas medidas adotadas um profundo contrassenso. Isto explica o manifesto de 7 de março de 1810, dirigido ao Clero, à Nobreza e ao Povo de Portugal, em que tenta justificar o inexplicável acordo com a Inglaterra, assinado 20 dias antes, ao dizer "não cuideis que a introdução das manufaturas britânicas haja de prejudicar vossa indústria", porque "a manufatura que nada paga pelas matérias-primas que emprega, que tem quinze por cento dos direitos de alfândega a seu favor, só não se sustenta quando ou o país não é próprio para ela ou quando não tem aquela acumulação de cabedais que exige o estabelecimento de uma semelhante manufatura". Seriam, portanto, indústrias fictícias na apreciação regencial, restando aos reinóis "o emprego dos vossos cabedais e, por agora, justamente aplicado na cultura de vossas terras, no melhoramento das vossas vinhas, na entendida manufatura do azeite, na cultura dos prados artificiais, na produção das melhores lãs, na cultura das amoreiras e na produção das sedas", confirmando a vocação agrícola de Portugal, pois as "manufaturas nunca até aqui no Reino prosperaram... apesar dos gloriosos esforços dos senhores Reis meus predecessores". Portanto, enganaram-se os que acreditaram nas possibilidades do desenvolvimento manufatureiro em detrimento da agricultura, o que me leva a ordenar aos "Governadores do Reino que se ocupem dos meios com que se poderão fixar os dízimos, a fim de que as terras não sofram um gravame intolerável".

Sem dúvida, reconhece o iluminado soberano, que a "diminuição dos direitos das Alfândegas há de produzir uma grande entrada de manufaturas estrangeiras", mas contra-argumenta "quem vende muito, também necessariamente compra muito e, para ter um grande comércio de exportação, é necessário também uma grande importação". Além disso, perceberão seus súditos que o incremento da agricultura "não há de arruinar as vossas manufaturas na sua totalidade", mas se por acaso algumas se perderem "é uma prova de que esta manufatura não tinha bases sólidas, nem dava vantagem real ao Estado".[37]

Apesar dos contorcionismos recentes da historiografia portuguesa para relativizar o impacto da perda do mercado monopolizado do Brasil sobre a indústria portuguesa, seja por se afirmar que Lisboa não perdeu sua posição estratégica; porque a concorrência inglesa era imbatível; porque não havia verdadeiras indústrias; porque a estrutura social era essencialmente agrária; porque o ambiente educacional e cultural não era propício,[38] é absolutamente inquestionável o impacto da perda do mercado brasileiro sobre manufaturas e indústrias em Portugal.

O relatório da Junta de Comércio realizado entre 1811 e 1813, reproduzido por José Acúrcio das Neves,[39] avalia que, das 518 fábricas existentes, 183 estavam arruinadas, oito tinham sido fechadas. Das remanescentes 321 fábricas, seis haviam retornado às atividades há pouco tempo, sendo que das manufaturas têxteis de algodão e panos estampados, apenas três não

37 Manifesto de 7 de março de 1810, sobre o tratado de comércio com a Grã-Bretanha, citado por AGUIAR, Pinto de. *A abertura dos Portos. Cairu e os Ingleses*. Salvador: Livraria Progresso Editora, p. 163-166, p. 163-166.

38 Sobre estes pontos ver MACEDO, Jorge Borges de. *Problemas de História da Indústria Portuguesa no Século XVIII*. Lisboa: Associação Industrial Portuguesa, 1963; PEDREIRA, Jorge. *Estrutura Industrial e Mercado Colonial*. Portugal e Brasil (1780-1830). Linda-a-Velha: Difel, 1994.

39 Cf. NEVES, José Acúrcio das. *Variedades sobre Objectos Relativos às Artes, Comércio e Manufacturas consideradas segundo os principios da Economia Politica*. Lisboa: Impressão Régia, 1814-1817, 4 v. t. 1(1814), p. 177 et seq. Disponível em: <https://archive.org/details/variedadessobreo01neve>. Acesso em: dez./2021.

se encontravam em ruínas, equivalendo dizer que 38,30% do que se poderia considerar o parque industrial português estava sucateado pelo impacto das guerras peninsulares e da abertura dos portos brasileiros. Números esses que considera insuficientes para aquilatar o real estado da indústria portuguesa: porque o rótulo "fábricas" não foi apropriadamente delimitado, acolhendo, em seu bojo, como faria José da Silva Lisboa, estabelecimentos e oficinas que operavam "em grande", transformadora dos produtos da terra; porque inúmeras forjarias que poderiam ter sido incluídas não o foram; e, finalmente, porque as manufaturas do Estado, com raras exceções, igualmente não foram arroladas. "Estes dados são suficientes para revelar o estado lamentável da indústria portuguesa em 1811-1813", conclui Vitorino Magalhães Godinho.[40] Eles falam de uma profunda crise industrial, pois as fábricas que não faliram se encontravam impossibilitadas de atualizar seus procedimentos industriais, operando com máquinas antiquadas, cujo resultado eram produtos de qualidade inferior e incapacidade de competir em preço e qualidade com os similares ingleses a quem, além de tudo, D. João havia presenteado com tarifas preferenciais.

Nem sempre a produção histórica mais recente, mesmo que baseada em pesquisas inovadoras, conduz a interpretações históricas mais consistentes. Muitas vezes, os historiadores se opõem às teses ditas tradicionais para arquitetarem suas próprias teses que, ao se definirem por antítese, ganham maior realce, distinção e nomeada. Prova disto é que, escrevendo nos anos 1930, Francisco António Correa concluía:

> Perdido o exclusivo mercado brasileiro, em que a nossa indústria não podia mais competir com a inglesa, com uma proteção insuficiente na metrópole, a nossa atividade fabril estava irremediavelmente condenada e assim desapareceram os efeitos da proteção oficial que lhes havia sido concedida.[41]

---

40 Estes dados são suficientes "para revelar o estado lamentável da indústria portuguesa em 1811-1813". GODINHO, Vitorino Magalhães. *Prix et Monnaies au Portugal.* Paris: Livrairie Armand Colin, 1955, p. 245-246.

41 CORREA, Francisco António. *História Econômica de Portugal.* Lisboa: Empresa Nacional de Publicidade, 1930, p. 205. v. 2.

Não muito diferente do que, 40 anos mais tarde, outro historiador viria a afirmar: "A perda do Brasil em benefício dos interesses ingleses marcou o fim das ambições imperiais portuguesas e eliminou, por sua vez, outra hipótese de industrialização".[42] O que fazer? Retornar às origens, ou seja, ao comércio carreteiro, ao faturamento sobre fretes, seguros marítimos, armazenagens, diferenças de preços, em suma, comércio de reexportação que tinha feito a fama e a fortuna de Portugal nos inícios da expansão marítima?

A minguada presença de navios provenientes do Brasil no porto de Lisboa, média de 98 ancoragens entre 1809 e 1813,[43] forçou a renovação das estratégias. Antigas opções, desgastadas pelo tempo, foram revitalizadas pela perda do rico mercado brasileiro. Entre elas,

> tentou-se engrossar fluxos de mercadorias exóticas, que estavam num regime de exploração estável, e para cuja navegação Portugal apresentava vantagens, enquanto as outras naçoes da Europa Continental que poderiam fazer-nos concorrência nesse comércio, como a Holanda, ainda se não tinham refeito dos estragos provocados pela guerra.[44]

Qual fantasmas redivivos, os navios de carreira do Brasil, que apodreciam no lodo do Tejo, retornariam às origens, onde tudo começou. O mito do Império revivia. Perdido o Império do Brasil, voltava-se a sonhar com a Ásia. Sonhar era preciso. O impacto devastador para o comércio português, que foi a perda do Brasil, fica indelevelmente registrado em sua balança de comércio, tendo por ponto de viragem o ano de 1809-1810. Onde só havia *superávits*, passou a haver apenas *déficits*, alguns dos quais monumentais, como se constata nos anos de 1811 a 1813, logo após a abertura dos portos e, como se vê na

---

42 SIDERI, Sandro. *Trade and Power...*, p. 177.

43 FRUTUOSO, Eduardo et al. *O Movimento do Porto de Lisboa e o Comércio Luso-Brasileiro (1769-1936)*. Lisboa: CNCDP, 2001, p. 50.

44 CAETANO, António Alves. "O Comércio da Ásia e as Invasões Francesas: Encontros e Desencontros com o Brasil, 1803-1812". *Revista de História Económica e Social*, n. 2, segunda série, 2.º sem. 2001. E a já citado *O Porto de Lisboa e o Bloqueio Continental (1806-1812)...*, p. 121.

Tabela 7, em que todo o *superavit* alcançado entre 1800 e 1809 foi dilapidado pelo *deficit* de 99 mil contos de réis entre 1810 e 1819.

Apesar de reticente quanto à importância que teria tido a perda do mercado brasileiro na crise da indústria portuguesa, Valentim Alexandre, em sua detida análise do desempenho comercial português, no Brasil, após a abertura dos portos, no tocante às exportações industriais, reconhece a perda de mercados em todos os setores, com meras resistências pontuais, "como era de se esperar, a crise é mais intensa nos artigos mais expostos à concorrência britânica – os têxteis, e, dentro destes, os lanifícios e os algodões, e, indiretamente, os linhos (que vão sendo substituídos por tecidos de algodão). Sedas e chapéus, e, sobretudo, ferragens, resistem melhor", primazia inglesa que se explica por seu avanço tecnológico,

> mas é ainda facilitada e reforçada pelas condições de privilégio que obtém por meio de pressões políticas: na prática, a abertura dos portos do Brasil funciona apenas a seu favor, até 1814, dada a guerra europeia, o que lhe facilita uns anos de avanço na instalação das novas redes mercantis; por outro lado, as vantagens que o tratado de 1810 lhe confere colocam-na numa posição única, até 1816.[45]

Tabela 7 – Comércio de Portugal com as nações estrangeiras (1800-1819). Valores em mil-réis.

	Importações (em mil-réis)	Exportações (em mil-réis)	Déficits	Superávits
1800	20.031:200$000	20.684:800$000		653:600$000
1801	19.337:200$000	25.103:600$000		5.766:400$000
1802	17.942:000$000	21.405:200$000		3.463:200$000
1803	15.068:000$000	21.258:000$000		6.460:000$000
1804	17.840:800$000	21.060:800$000		3.320:000$000
1805	19.656:000$000	22.654:000$000		2.997:200$000
1806	16.440:800$000	23.255:200$000		6.814:400$000
1807	13.896:000$000	20.999:200$000		7.103:200$000
1808	2.274:400$000	5.810:800$000		3.070:400$000
1809	8.833:600$000	9.858:000$000		1.024:400$000

45 ALEXANDRE, Manuel Valentim. *Os Sentidos do Império. Questão Nacional e Questão Colonial na Crise do Antigo Regime Português*. Porto: Afrontamento, 1993, p. 786.

1810	17.051:600$000	12.521:600$000	4.530:000$000	
1811	38.704:000$000	6.913:600$000	31790:400$000	
1812	34.402:000$000	10.458:4000$000	23943:600$00	
1813	30.980:800$000	9.930:400$000	21.050:400$000	
1814	22.659:200$000	17.566:800$000	5.092:400$000	
1815	22.659:200$000	19.584:400$000	5.150:400$000	
1816	17.869:600$000	16.178:400$000	1.691:200$000	
1817	15.808:400$000	15.770:000$000	48.400$000	
1818	19.680:000$000	16.928:000$000	2.752:000$000	
1819	14.883:600$000	11.291:200$000	3.592:400$000	
			99.641:200$000	47.487:200$000

Fonte: BALBI, Adrien. *Essai statistique sur le royaume de Portugal et d'Algarve comparé aux autres Etats de l'Europe*. Paris: Rey et Gravier Libraire, 1822. t. II.

Gráfico 7 – Comércio de Portugal com as nações estrangeiras (1800-1819). Valores em mil-réis.

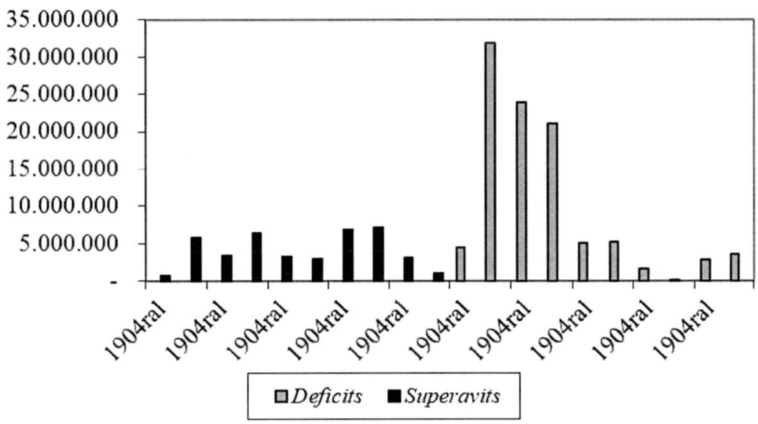

A necessidade de justificar o injustificável produz argumentos insólitos. Pensamos no Manifesto de D. João, anteriormente analisado, só compreensível como razão de Estado. Foi exatamente o protecionismo industrial e o monopólio colonial que barraram as manufaturas inglesas no mercado português, cujos resultados se expressaram nos *superávits* alcançados pela balança comercial até a abertura dos portos. A prosperidade da indústria portuguesa pode ser comprovada pelas importações realizadas pela colônia brasileira, como pode ser conferido na Tabela 8:

Tabela 8 – Importações brasileiras de Portugal (1796-1811).

	Lanifício, linifício, sedas, metais, vários gêneros					Média das regiões	Produtos das fábricas					Média das regiões	Mantimentos, produtos da Ásia, drogas					Média das regiões	Ouro-Prata					Média das regiões
	RJ	BA	PE	MA	PA		RJ	BA	PE	MA	PA		RJ	BA	PE	MA	PA		RJ	BA	PE	MA	PA	
1796-1807	38,7	35,2	31,3	35,4	34,5	**35,02**	32,3	28,9	31,1	23,2	25,6	**28,22**	28,8	34,8	28	31,6	37,7	**32,18**	0,3	1,7	11,5	9,7	2,3	**5,1**
1808-1811	45	46,9	39,1	30,9	41,8	**40,74**	17,2	14,4	10,1	9,3	9,8	**12,16**	33,4	36	27,6	38,7	47,6	**36,66**	4,4	2,7	23,3	21,1	1,5	**10,6**
Média Total	41,9	41	35,2	33,2	38,1	**37,88**	24,7	21,6	20,6	16,3	17,7	**20,18**	31,1	35,4	27,8	35,2	42,6	**34,42**	2,3	2,2	17,4	15,4	1,9	**7,84**

Gráfico 8 – Importações brasileiras de Portugal (1796-1811).

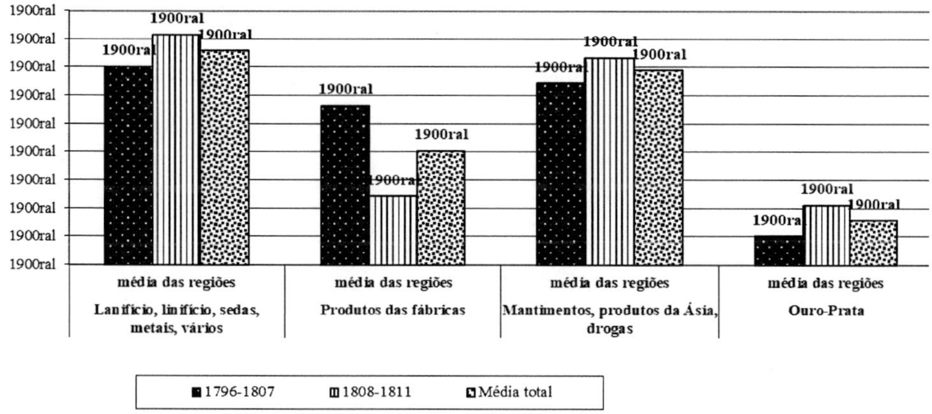

Os gloriosos esforços dos Reis predecessores de D. João não foram em vão. Em todas as regiões brasileiras, os produtos das fábricas portuguesas rivalizavam com os similares importados das nações estrangeiras e introduzidos na colônia por Portugal. Os produtos das fábricas portuguesas correspondem a 28,2% do total das importações coloniais, números extremamente significativos, pois indicam que quase 50% de todas as importações de produtos manufaturados que adentravam o mercado colonial brasileiro procediam das fábricas portuguesas. Em alguns anos, 1798, 1800 e 1801, as manufaturas portuguesas superaram o valor das manufaturas importadas. Mas, com a abertura dos portos, com a invasão das manufaturas inglesas, dá-se uma inversão, pois as manufaturas importadas de outros países, equivale dizer, da Inglaterra, cresceram 40,7%, enquanto as originárias de Portugal declinaram 12,2%.[46] Observando o mesmo fenômeno do ponto de vista da Guerra Peninsular, António Alves Caetano calcula que os produtos brasileiros representavam mais de 54% do comércio exterior de Portugal no período que antecedeu o conflito, posição esta que declinou para 33% no período entre 1810 e 1820; contrariamente, a "Grã-Bretanha tornou-se a potência hegemônica do comér-

46 ARRUDA, José Jobson de Andrade. "Brazilian Raw cotton as a strategic factor in global textile manufacturing during the Industrial Revolution", *America Latina en la Historia Económica*, v. 23, n.2, p. 167-203, maio de 2016.

cio externo português e o Brasil passou a gravitar na sua órbita, abandonando o estatuto de colônia de Portugal muito antes da independência política".[47]

Nada mais contundente, e prenhe de consequências, em sua avaliação dos impactos causados em Portugal por conta da abertura dos portos brasileiros, do que a *Carta dos Governadores do Reino* dirigida a D. João VI, escrita em 7 de abril de 1818. Ela antecede a Revolução Liberal de 1820 e contém os principais motivos que levaram ao desenlace do movimento político que obrigou o Soberano a retornar para Portugal. Refere-se ao despovoamento do Reino, debitado na conta da Guerra Peninsular pela contínua emigração para o Brasil, que contraía o mercado consumidor interno e a oferta de braços para a indústria, resultando em população ociosa e desalentada; a perda de receitas tributárias em favor do Brasil, tornado sede administrativa e tributária do Reino e do Império; as perdas com fretes e comissões por conta da decadência do comércio e dos portos; a decadência da indústria provocada, sobretudo, pela introdução de manufaturas britânicas no setor de vestuário, móveis, carruagens, beneficiadas por tarifas aduaneiras ruinosas que desempregavam milhares de trabalhadores; e o desdobramento natural de todas estas infelicidades, a fuga de capitais outrora produtivos para a Inglaterra, aplicados em fundos bancários a taxas de juros que remuneravam o capital pela metade do que se oferecia em Portugal, mas que davam aos investidores plena segurança.[48] Este é o retrato perfeito, acabado com tintas fortes, do estado do Reino após a instalação da Corte no Brasil, a abertura dos portos e a assinatura dos Tratados comerciais preferenciais com a Inglaterra, arquitetura mentada por George Canning que pôs de joelhos o outrora poderoso Império lusitano.

A asfixia da indústria têxtil francesa

Se o futuro nada auspicioso das manufaturas portuguesas fora anunciado ainda em 1807, com a assinatura da Convenção Secreta de Londres, o mesmo se pode dizer, com mais ênfase ainda, do forte impacto que a abertura dos portos do Brasil teria sobre a nova indústria têxtil francesa. Apoiada por

47 CAETANO, António Alves. *A Economia Portuguesa no Tempo de Napoleão - Constantes e Linhas de Força*. Lisboa: Tribuna, 2008, p. 38.

48 Contas dos Governadores do Reino, op. cit.

Napoleão Bonaparte, beneficiada pelo bloqueio dos portos europeus, protegida contra a concorrência britânica, deslocaram suas fábricas em direção ao centro da Europa, usufruindo de um quase monopólio dos mercados continentais, condições perfeitas para que o acelerado crescimento industrial se consumasse em tempo recorde. Mas havia uma contradição quase insuperável. A França não produzia a matéria-prima essencial: algodão. Seu abastecimento vinha do Oriente Médio, da Turquia, e, principalmente, do Brasil através de Portugal, significando que, se de um lado, o bloqueio continental protegia o mercado consumidor europeu para os têxteis franceses, do outro, constrangia a oferta das fibras essenciais que tinham que vir do exterior por via marítima, pois a França não conseguia cultivá-las em seu território.

Essa dependência, nem sempre lembrada pelos historiadores com a devida ênfase, foi um dos motivos que intensificaram as pressões francesas sobre Portugal, a necessidade ingente de manter aberta a conexão com a colônia brasileira, direta ou indiretamente, através de Portugal ou sem ele, apossando-se do Reino e de seu Império colonial, alternativa esta que trazia consigo um benefício nada desprezível, a posse da esquadra portuguesa que poderia servir aos planos para a invasão da Inglaterra. A interrupção do fluxo da matéria-prima que nutria as fábricas francesas, poderia criar um cataclismo semelhante àquele que Napoleão pretendia instalar no interior da Inglaterra, ao lhe fechar os portos continentais. Tanto que, em 1809, já sentindo o impacto do fechamento dos portos do Brasil aos franceses, sentindo-se asfixiado pela rarefação do fluxo de algodão em rama para as indústrias, afirmou: "seria melhor usar apenas lã, linho e seda, produtos de nosso próprio solo, e prescrever o algodão do continente para sempre, porque nós não temos colônias".[49] Eis o problema: não ter colônias, sem as quais não havia algodão, formulação objetiva que repõe o papel do mundo das colônias no arranque industrial dos países europeus.

Nestes termos, o fechamento dos portos brasileiros para os franceses significou um golpe de morte na experiência pioneira de representada pela tentativa de instalação da grande indústria algodoeira no continente. Em 1807, quando os primeiros sinais de retratação na entrada da matéria-prima

49 HECKSCHER, Eli F. *The Continental System*. Gloucester: Peter Smith, 1964, p. 277.

se anunciaram, os preços sofreram uma alta excepcional, a ponto de comprometer a sobrevivência das novas indústrias, pois registraram-se picos 127% de aumento nas fibras comuns, vindas do Oriente Próximo, e 134% no algodão de fibra longa, originário de Pernambuco. Para competir com os ingleses, os franceses dependiam do mercado protegido, da produção em larga escala que reduzia os preços, da baixa remuneração salarial e, acima de tudo, do preço deprimido da matéria-prima, originária nas plantagens coloniais com base no trabalho escravo que tornava seu custo de produção rebaixado e, portanto, vantajoso para os consumidores europeus. O temor de Napoleão se consumou. As indústrias de fiação começaram a fechar suas portas em 1811. Somente na região de Troyes, dez mil trabalhadores foram reduzidos ao desemprego. A crise industrial se alastrou, transformando-se em crise financeira, exatamente no momento em que os gastos militares adquiriram dimensões incomensuráveis no Império napoleônico.

Como se pode verificar na Tabela e no Gráfico 9, a França expandiu espetacularmente sua participação no comércio português, saindo da estaca zero, em 1800, para se transformar no principal consumidor de efeitos colônias em 1807/1808, quando importou 77,8% de todos os produtos oriundos do Brasil, reexportados por Portugal às nações estrangeiras.

Tabela 9 – Importações francesas de produtos coloniais brasileiros, via Portugal. Valores em milhares de réis.

	Açúcar branco	Algodão	Açúcar mascavo	Tabaco	Couros secos, vaquetas, couros salgados, atanados	Arroz, cacau, café	Exportações francesas para o Brasil	Exportações brasileiras
1796				23.260$800			23.260$800	11.474.863$931
1797			1.888$450		14.631$660		16.520$110	4.258.823$470
1798	6.154$500				8.236$400	1.890$000	16.109$100	10.816.561$028
1799								12.584.505$139
1800	47.508$000	22.291$200	15.552$000			1.760$000	87.531$950	12.528.091$556
1801	82.005$904	234.335$232	12.825$100		141.303$000	32.486$000	618.441$516	14.776.706$549
1802	559.054$600	1.922.211$840	219.638$100	28.821$000	312.973$220	104.457$019	3.271.468$315	10.353.244$931
1803	131.816$760	1.581.360$000	51.114$750	49.462$400	119.943$800	102.767$812	2.064.307$979	11.332.290$669
1804	102.456$450	3.814.846$976	223.200$312	45.892$600	246.495$100	142.676$600	4.197.957$754	11.199.922$858
1805	128.652$090	2.120.286$200	207.854$530	24.367$500	452.543$865	213.682$160	3.282.856$522	13.948.658$601
1806	102.286$890	3.887.374$400	112.119$250	26.553$600	849.657$925	263.392$200	5.045.885$865	14.153.761$891
1807	99.912$450	3.779.400$960	92.757$000	13.399$400	509.921$100	85.175$800	4.432.629$470	13.927.799$336
1808	2.520$000	1.604.920$320			687$600		3.609.544$600	546.930$970
1809								4.819.373$394
1810								3.683.385$085
1811			23.786$815					3.633.586$588
Total	1.256.213$063	18.967.027$128	960.736$307	211.757$300	2.662.585$670	348.287$591	26.610.623$971	154.047.493

Gráfico 9 – Importações francesas de produtos coloniais brasileiros, via Portugal. Valores em milhares de réis.

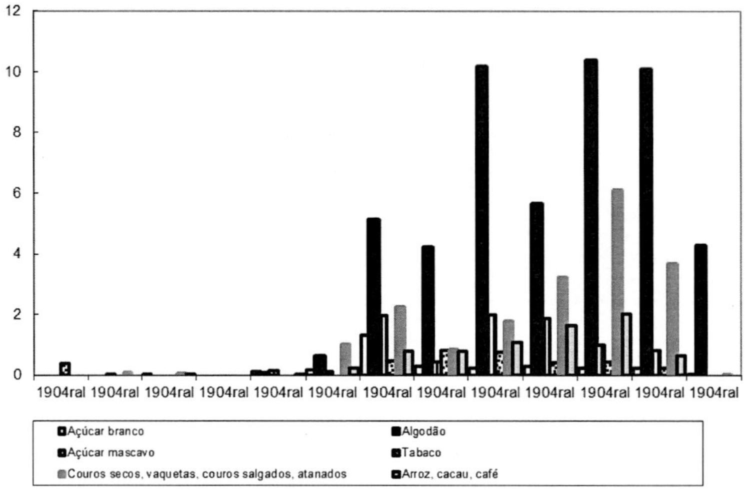

As importações francesas de algodão em rama superam as importações inglesas em 1804, mantendo a tendência ascendente até 1808, quando recebe os últimos carregamentos. Na tabela a seguir, encontram-se arrolados os produtos que foram importados pela França entre 1796 e 1808.

Tabela 10 – Representação absoluta dos principais produtos brasileiros exportados para a França. Valores em milhares de réis.

	Algodão	Couros secos, vaquetas, couros salgados, atanados
1796	–	–
1797	–	14.631:660
1798	–	8.236:400
1799	–	–
1800	22.291:200	–
1801	234.335:232	141.303:000
1802	1.922.211:840	312.973:220
1803	1581.360:000	119.943:800
1804	3.814.846:976	246.495:100
1805	2.120.286:200	452.543:865
1806	3.887.374:400	849.657:925

1807	3.779.400:960	509.921:100
1808	1.604.920:320	6.879:600
1809	–	–
1810	–	–
1811	–	–
Total	18.967.027:128	2.662.585:670

Gráfico 10 – Representação absoluta dos principais produtos brasileiros exportados para a França. Valores em milhares de réis.

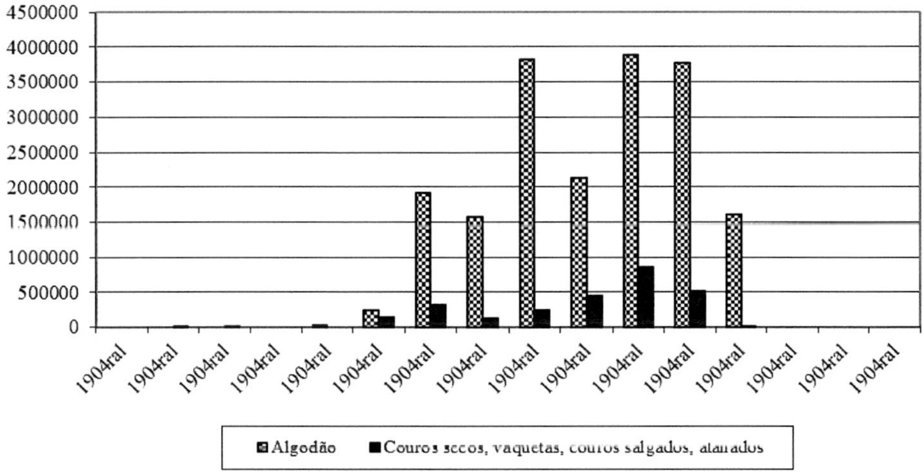

Insignificantes, até 1801, as importações francesas das matérias-primas algodão e couros crescem exponencialmente a partir de 1802 e praticamente dobra entre 1804 e 1807. A primazia era, obviamente, do algodão, parte substancial dos 77,8% de todas as exportações da colônia que eram açambarcadas pela França, que fazia dela o principal parceiro comercial de Portugal. Fato que aumentava a cobiça e a pressão política de Napoleão sobre Portugal e a hesitação de D. João em atender aos apelos do *Foreign Office* para que aderisse integralmente aos insulares contra os continentais, pois dependia dos recursos gerados pelas exportações para compor seu orçamento. Se o algodão era o grande produto de exportação, com 50,5% de tudo que a colônia mandava para Portugal, os couros, em todas as suas variedades, correspondiam a 19,2%. Somados a uma enorme variedade de 70 outros itens com valores insignificantes, completavam os 77,8%, que dava à França a primazia no mercado de exportação colonial e conectava o parque industrial francês à agropecuária brasileira.[50]

Tais números, indicativos de crescimento vertiginoso seguido por abrupta retração do comércio francês, conectado ao Brasil através de Portugal, demonstram que raramente uma decisão política – a de invadir Portugal –, foi tão danosa. Forças incontroláveis disparadas por Napoleão atingiram o próprio sujeito da ação de forma devastadora. Se os franceses tivessem aceitado a neutralidade portuguesa e contemporizado com a aparente dubiedade de sua política externa, teriam preservado o fluxo vital de matérias-primas que nutriam suas indústrias, mesmo que isso significasse manter aberta uma das brechas no bloqueio continental que, provaram os eventos posteriores, seria menos prejudicial do que a infiltração de mercadorias inglesas no continente, agasalhadas pelas autoridades portuguesas. Em última instância, a política contemporizadora de D. João seria benéfica aos franceses, pois barraria aos ingleses o acesso direto aos mercados da colônia portuguesa e manteria aberto o acesso aos produtos coloniais, fatos intuídos por Jorge Borges de Macedo quando afirmou que:

> a França recebeu de Portugal, desde 1804 até 1807, todos os gêneros coloniais e matérias-primas para as suas manufaturas. A Aliança da Inglaterra com Portugal foi útil à França, e na decadência que tiveram as artes e indústrias, em consequência de uma guerra perpétua por terra e de outra desastrosa por mar, em que ela só teve desbaratos, foi sem dúvida de grande vantagem para a França o não ter sido o comércio de Portugal interrompido.[51]

Napoleão não soube aproveitar o cordial relacionamento existente entre ingleses e portugueses, e a experiência sobejamente demonstrada por D. João neste jogo de xadrez internacional, onde aprendera a esgueirar-se entre os poderosos a bem de seu decadente Império. Ao invadir Portugal, os franceses prestaram uma grande ajuda aos ingleses em seu projeto de abrir, a

50 Vê-se, portanto, que o algodão brasileiro conectava, nos termos da *Global History*, três processos coetâneos de industrialização, no contexto que denominamos a época da Revolução Industrial.

51 MACEDO, Jorge Borges de. *O Bloqueio Continental...*, p. 36-37.

qualquer custo, os portos da principal colônia portuguesa causando, como já foi demonstrado, um enorme prejuízo a Portugal e a si mesmos. O Príncipe Regente tinha plena consciência dessa situação, demonstrando lucidez e conhecimento de tudo o que se passava à sua volta, revelando que, por trás da aparência abúlica, era capaz de perceber os complexos problemas de seu tempo e diligenciar no sentido de equacioná-los da melhor forma possível, ao embalo das circunstâncias.

Capítulo 3
A abertura dos portos em perspectiva histórica

Da mãe pobre à madrasta rica

A abertura dos portos é um dos temas mais apaixonantes da história brasileira. Exatamente por isso são raras as interpretações equilibradas sobre seu significado. Varnhagen saudou-a como o advento de "uma nova era", pois escrevia próximo do acontecimento e se identificava com o despertar de um forte sentimento de nacionalidade que instituições formadoras de opinião, como o Instituto Histórico e Geográfico, cultivavam com emoção.[1] Pandiá Calógeras, mais distanciado dos eventos, também saudou a "nova era"; cético, porém, não compartilhava da perspectiva de que ele anunciava um futuro risonho, pois o evento rememorava o passado no qual o Brasil tivera um papel humilhante, "um cofre de fortunas ou uma vaca leiteira".[2]

Mas o olhar confiante no futuro da ex-colônia é o sentimento dominante nas interpretações. Era pensar a abertura dos portos como ponto de partida irreversível da caminhada para a constituição do Estado nacional, formulação que surge, por exemplo, nos escritos do historiador Rocha Pombo, cujos textos exerceram ampla influência sobre os leitores brasileiros, avaliando o episódio como sendo "da maior importância para o desenvolvimento de uma consciência nacional no Brasil".[3] Juízo compartilhado por

---

1 VARNHAGEN, Francisco Adolfo de. *História Geral do Brasil: antes da sua separação e independência de Portugal.* São Paulo: Melhoramentos, 1957, v. 5, p. 38.

2 CALÓGERAS, J. Pandiá. *Formação Histórica do Brasil.* São Paulo: Companhia Editora Nacional, 1960, p. 67.

3 POMBO, José Francisco de Rocha. *História do Brasil.* Rio de Janeiro: W. M. Jackson Inc., 1953. v. 1.

Oliveira Lima, para quem a abertura dos portos representou, "em qualquer sentido, uma grande transformação".[4] Mais pessimistas, como é de sua própria natureza, os historiadores portugueses enfatizavam mais o lado sombrio do acontecimento, mesmo porque, se para o Brasil havia uma perspectiva de futuro alvissareiro criada pela abertura dos portos, para Portugal Brasil dava-se exatamente o oposto, pois era uma perda irreparável, restando para consolo as colônias africanas e entrepostos asiáticos, para os quais não se antevia naquela oportunidade um futuro alvissareiro. Depois de três séculos, seria possível viver sem colônias? Talvez que estes circunstanciamentos possam explicar a acricidade de um Oliveira Martins ao avaliar a abertura dos portos e seu corolário quase natural, os tratados comerciais, uma inversão de capatazia, dizia ele, a substituição do português colonizador e amigo da terra pelo inglês arrogante, ambicioso, que desprezava e insultava os nacionais, deles arrancando, por preço mínimo, o que o solo dava e vendendo-lhes, por preço de usura, o que suas indústrias fabricavam.[5] *Mutatis mutandis*, surpreendemos a mesma formulação, mais espirituosa e menos ácida, no grande historiador do período, Alan K. Manchester, em sua tirada clássica, *ad nauseam* repetida, mas que tem todo cabimento neste contexto: "Em 1808, a colônia foi emancipada economicamente da metrópole decadente; em 1810, ganhou uma rica madrasta."[6]

Sua metáfora ganha tons incisivos no estilo plástico de Gilberto Freyre, que diz:

> Os ingleses, quase tanto quanto os franceses, madrugaram, sob a forma de piratas, aventureiros e negociantes, nas praias da América tropical, descobertas por portugueses e espanhóis. E, distanciando-se dos franceses, por largos anos seus rivais, os ingleses acabaram alcançando entre nós, sob a forma de negociantes e técnicos, uma preponderância econômica ostensiva nos dias de Dom João VI re-

---

4 LIMA, Manuel de Oliveira. *Dom João VI no Brasil*. Rio de Janeiro: Tipografia do Jornal do Comércio, 1908, v. 1, p. 74. Disponível em: <https://archive.org/details/domjoovino-brazio1limagoog>. Acesso em dez./2021.

5 MARTINS, Joaquim Pedro de Oliveira. *Histórias de Portugal*. 3. ed. Lisboa: Palas Editores, 1986, p. 282, v. 2.

6 MANCHESTER, Alan K. *Preeminência inglesa no Brasil*..., p. 93.

gente, depois rei, quando aquela predominância assumiu aspectos francamente imperialistas.[7]

Consolidação da hegemonia inglesa no Brasil

A hegemonia britânica na colônia brasileira, tornada sede do Império português, foi legitimada pelos Tratados realizados no ano de 1810, obedeceu estritamente aos preceitos estabelecidos na Convenção Secreta de Londres, documento que consolidava o domínio do Império Britânico sobre o Império português, especialmente sobre o Reino e a colônia brasileira, epílogo pré-anunciado nas cláusulas nada secretas da Convenção. Apesar de invocar veementemente o princípio da reciprocidade em seu preâmbulo, os tratados representaram, efetivamente, a absurda capitulação da Monarquia portuguesa frente às exigências britânicas. Se, de um lado, as condições históricas momentâneas eram totalmente favoráveis aos ingleses, em condições de força para impor sua vontade política, por outro, a meta principal dos negociadores portugueses, totalmente rendidos, era garantir o retorno dos Braganças ao trono português, mesmo que isto significasse sacrificar a colônia. D. Rodrigo de Sousa Coutinho negociava no Brasil com os olhos postos em Portugal; Strangford, ainda em Londres, conduzia a redação preliminar do tratado com sua cabeça posta no Brasil. A diferença de focos de interesse explica o elenco absurdo de concessões feitas pelos negociadores portugueses. Além de garantir a continuidade das cláusulas contratuais vigentes nos tratados comerciais assinados anteriormente com os portugueses, conseguiram incluir cláusulas que foram muito além da mais otimista expectativa do *Foreign Office* consignada na Convenção Secreta. A ausência de luso-brasílicos no circuito íntimo do poder cerceou toda e qualquer possibilidade de defesa dos interesses da colônia, postura que significava, em última instância, o sacrifício do próprio Império em benefício da continuidade dinástica e da integridade territorial, continental e insular, de Portugal.

As instruções dadas pessoalmente por Canning a Strangford, nomeado Ministro Plenipotenciário junto à corte do Rio de Janeiro,[8] revelam o arco das

---

7 FREYRE, Gilberto. *Ingleses no Brasil. Aspectos da influência britânica sobre a vida, a paisagem e a cultura do Brasil.* São Paulo: José Olympio Editora, 1948, p. 35.

8 *Foreign Office*, 63/59, Canning a Strangford, n. 2, 17 de abril de 1808.

demandas inglesas, o modo sutil pela qual poderiam ser alcançadas, baseado num jogo de reivindicações que fixavam metas ideais e linhas de recuo. O argumento-chave, a ser inculcado nos negociadores portugueses, seria o pretenso direito da Inglaterra em receber na colônia as compensações devidas pelo Regente português aos ingleses pela perda dos rendimentos que tiveram pela interrupção inesperada do comércio com Portugal; e, pelos gastos com a proteção dada à Família Real, na transferência e em sua permanência no Brasil. Exigiam que os tratados firmados séculos antes, de 1661 e 1703, continuassem a ter validade e deveriam ser extensivos ao Brasil; que não somente a esquadra que patrulhava as costas brasileiras tivesse livre acesso aos portos brasileiros, mas também todos os navios ingleses que demandassem seus portos. Caso contrário, D. João ficaria ameaçado de permanecer sem proteção da esquadra inglesa no Brasil. Ficando Strangford incumbido de incutir discretamente na cabeça de D. João a ideia de permanecer no Brasil, fundar um novo Império por aqui, e se esquecer da Europa tão conturbada. Em troca, para amenizar, cumpriria a promessa de não apoiar usurpadores ao trono português, mas não se comprometia em livrar o país dos franceses e a restituí-lo, quando isso viesse a acontecer, aos portugueses. Ou seja, comprometiam-se apenas em garantir o trono em Portugal para um herdeiro de D. João, mas não para ele mesmo, o que os deixava em vantagem para negociar os termos de seu possível reconhecimento ao futuro Rei de Portugal.

Apesar de reconhecer que o *governo brasileiro* de D. João era muito recente e precariamente estabelecido, as negociações para a elaboração do tratado de comércio deveriam começar imediatamente. Ou seja, até aqui estávamos apenas nos prolegômenos do Tratado. Um ponto vital era o problema chave das tarifas alfandegárias que, segundo os ingleses, deveriam ser moderadas, para não estimular o comércio de contrabando, quase impossível de deter em país de costa tão vasta, diziam. Ironia pura, pois eles foram os grandes responsáveis pela introdução voraz do contrabando na colônia e, agora, o invocavam para forçar a baixa das tarifas aduaneiras para facilitar a entrada de mercadorias britânicas na colônia. Mas sua capacidade de argumentar em favor das baixas tarifas não tinha limites. Invocaram o fato dos laços com Portugal estarem rompidos e que, por decorrência, a colônia não poderia ser abastecida com manufaturas oriundas da indústria portuguesa, sendo desejável, nas circunstâncias, que se concedesse estímulos às indústrias locais e se facilitasse a introdução de mercadorias inglesas para suprir o mercado interno, transformando-se os portos brasileiros em empórios de reexportação para a América do Sul, um sonho antigo dos ingleses.

Por outro lado, consideravam que os produtos coloniais brasileiros seriam muito bem-vindos à Inglaterra, sobretudo couros, fumos, tinturas, cânhamo, algodão e as madeiras, cogitando-se mesmo, para estimular sua produção para exportação, baixar as tarifas de importação na Inglaterra, para facilitar o comércio com o Brasil. Mas isso não era favor algum ao Império português, porque algodão e corantes eram o motivo principal de todas as artimanhas praticadas pelo Império britânico nos últimos anos! Mas ainda não acabou, porque se declararam desobrigados de importar todos os produtos produzidos pelo Brasil; aqueles que pudessem concorrer com similares de suas próprias colônias seriam barrados, a exemplo do açúcar, exatamente a mercadoria brasileira mais valiosa, que mais rendimentos dava à colônia e ao Império, seria admitida apenas para reexportação.[9] Incrível!

Mas Canning não se achava satisfeito. Mesmo tendo todos os portos do Brasil abertos para o comércio britânico, com vantagens suplementares jamais concedidas entre nações soberanas, considerava extremamente importante obter um porto franco na ilha de Santa Catarina sob domínio britânico, totalmente livre de taxas, um sonho antigo, serviria de trampolim para introduzir, por vias legais ou ilegais, mercadorias inglesas nas colônias espanholas da América e nas ex-colônias tornadas independentes, demanda que, recordamos, fizera constar como cláusula adicional na Convenção Secreta de Londres e que fora censurada por D. João. Essa cláusula e a garantia de imunidade jurídica da comunidade inglesa no Brasil eram consideradas demandas prioritárias. Enquanto os portugueses na Inglaterra estariam submetidos ao que se considerava a excelência da jurisprudência britânica, no Brasil, os ingleses deveriam gozar de uma justiça especial, pois tinham direito a juiz conservador exclusivo, não estando, portanto, sujeitos ao aparato judiciário português instalado no Brasil. Por todas estas concessões, a moeda de troca oferecida por Strangford a D. João seria a de "não insistir na concessão do direito de

---

9 FREITAS, Caio de. *George Canning e o Brasil...*, p. 179.

estabelecer fábricas inglesas no Brasil", ou seja, os ingleses cogitaram colocar no Tratado o direito de instalar fábricas no Brasil, o que poderia ser tanto uma demanda efetiva ou apenas um instrumento de pressão que serviria para consolar os portugueses por concessões indesejadas.

Munido com as instruções de Canning, Strangford chegou ao Brasil seis meses após o desembarque de D. João. Contando com o apoio do negociador português, o ministro D. Rodrigo de Sousa Coutinho, líder da facção anglófila na corte portuguesa, Strangford confessou-se surpreendido pela facilidade encontrada para aprovar alguns dos itens arrolados como vitais por Canning, todas eles confirmados nas cláusulas consignadas no Tratado de Comércio e Navegação. Sua duração seria ilimitada. Seus artigos somente poderiam ser revisados após 15 anos; e somente modificados se a Corte portuguesa retornasse à Europa. Redigido em inglês e vertido para o português, subdividia-se em três tratados e algumas cláusulas secretas, que D. João ratificou em 19 de fevereiro de 1810.

Em seu preâmbulo, o Tratado fala em amizade e benefícios recíprocos para os súditos dos dois países, tais como livre-trânsito, tarifas equivalentes à de nação mais favorecida, inviolabilidade residencial, direito de indicar e escolher cônsules. Reservava para Portugal o monopólio do marfim, pau-brasil, urzela, diamantes, ouro em pó e tabaco. Excluía do acordo açúcar, café e outros produtos similares aos produzidos pelas colônias inglesas, a não ser para a reexportação; reservando-se aos portugueses o direito de taxar pesadamente os similares oriundos das Índias britânicas.

Três artigos são especialmente significativos na caracterização da assimetria consagrada no Tratado. Pelo Artigo X, concedia-se aos ingleses o privilégio de nomear magistrados especiais para julgá-los, enquanto na Inglaterra os portugueses estariam sujeitos a magistrados ingleses, pois "era reconhecida a equidade da jurisprudência britânica e a superior excelência da constituição britânica", exatamente os termos vazados nas instruções de Canning. Privilégio equivalente era a concessão da liberdade de culto aos ingleses no Brasil em igrejas privadas, colocadas a salvo dos tribunais inquisitoriais, cláusula que provocou a ira do Núncio Apostólico no Rio de Janeiro, que chegou a ameaçar o D. João com a represália do Vaticano e levou Strangford, em contraposição, a enviar um ultimato ao Regente exigindo a assinatura do Tratado sem qualquer alteração nessa disposição, que fora considerada ofensiva pela Igreja Católica.

Do ponto de vista econômico, a concessão mais onerosa para os interesses da colônia foi a tarifa de 15% *ad valorem* a ser cobrada sobre as mercadorias inglesas entradas nos portos brasileiros, em navios ingleses ou portugueses, cláusula sem reciprocidade, pois às mercadorias portuguesas entradas na Inglaterra concedia-se apenas a tarifa conferida à nação mais favorecida, ou seja, sem privilégios. Situação agravada pelo fato de a Carta de Abertura dos portos ter fixado a tarifa de 16% *ad valorem* para os navios portugueses e 24% para todas as demais nações, criando-se uma situação absurda, na qual os ingleses pagariam 1% a menos do que os próprios portugueses!

A reciprocidade anunciada no prólogo do Tratado era um princípio vazio, pois os artigos mais importantes favoreciam diretamente a Inglaterra ou eram formulados de modo que a interpretação, em última instância, a beneficiasse. Enquanto os portugueses se comprometiam a não fazer regulamentos prejudiciais aos ingleses e a admitir em seus portos as manufaturas britânicas sob tarifas módicas, o governo inglês somente se obrigava a tratar Portugal nos termos das nações mais favorecidas, isto é, sem nenhuma preferência.

> Quer dizer, a Inglaterra podia fazer os regulamentos mais vexatórios ou fechar os seus portos às mercadorias estrangeiras, que Portugal nada tinha que dizer contanto que essas medidas vexatórias fossem gerais. Pelo contrário, podia fazer quantos regulamentos quisesse, menos para o comércio inglês; poderia fechar os portos às mercadorias de todas as nações, menos às da Inglaterra.[10]

O Tratado de Aliança e Amizade, assinado na mesma oportunidade, confirmava disposições previstas na Convenção Secreta de Londres, especialmente a promessa inglesa de não reconhecer outro soberano em Portugal que não fosse um legítimo herdeiro da casa de Bragança. Estipulava indenizações recíprocas a serem feitas pelos portugueses aos ingleses em pagamento dos sequestros dos bens determinado em 1807 por exigência dos franceses; e dos ingleses aos portugueses pela captura de Goa, realizada como represália inglesa ao sequestro de

---

10 D'ANDRADE, Gomes de Freire. *A Dominação Ingleza em Portugal...*, p. 143.

1807. Assegurava aos ingleses o direito de cortar madeira para a construção de navios de guerra e prometia que os tribunais inquisitoriais não se instalariam em terras brasileiras. No seu conjunto, dois artigos chamavam especial atenção: pelo Artigo X, ficava proibido o tráfico de escravos praticado por súditos portugueses em toda a África, com exceção das colônias portuguesas; e, absolutamente sintomático da supremacia alcançada pelos ingleses, a autorização para que os navios britânicos de guerra, e não apenas a esquadra incumbida de patrulhar as costas brasileiras, pudessem entrar em qualquer porto do Império português, mesmo em tempo de paz, sem qualquer restrição.

O impacto dos tratados sobre a economia portuguesa pode ser mensurado com precisão. Nunca uma inversão de tendência foi tão explícita, como se pode depreender do artigo "A guerra peninsular e a Economia Portuguesa", de António Alves Caetano.[11] As exportações portuguesas para os seus domínios reduziram-se em 51%, afetando principalmente as exportações de lanifícios (95%); linifícios (52%); sedas (72%); manufaturas das fábricas (74%); produtos da Ásia (81%) e metais (35%). As exportações gerais para o Brasil reduziram-se em 52%, ao passo que as vendas para as nações estrangeiras declinaram 25% porque a reexportação de produtos oriundos do Brasil sofreu um colapso de 54%, consequência imediata de a Inglaterra ter substituído Portugal na função de entreposto das mercadorias coloniais. Em síntese,

> entre importações, exportações e reexportações dos seus produtos, o Brasil representava mais de 54% do comércio externo de Portugal no período que precedeu a guerra peninsular. No período de 1810 a 1820, de igual duração, essa posição baixou para 33%. Ao invés, a Grã-Bretanha, que absorvia menos de 23% do nosso comércio externo, passou a deter 37%. Com a guerra peninsular, a Grã-Bretanha tornou-se potência hegemónica do comércio externo português e o Brasil passou a gravitar na sua órbita, *abandonando o estatuto de colónia de Portugal muito antes da sua independência política*. (Grifo nosso)[12]

---

11 CAETANO, António Alves. "A Guerra Peninsular e a Economia Portuguesa". *Comunicação apresentada no Congresso Internacional Comemorativo da Guerra Peninsular*, 7 a 9 de novembro de 2007, Fundação Calouste Gulbenkian, Lisboa.

12 Ibidem, p. 21.

A proibição do tráfico de escravos por súditos portugueses atingia diretamente a colônia, cujo sistema produtivo dependia fundamentalmente do trabalho escravo, e da sua reposição via tráfico africano, controlado por luso-brasílicos na África, peça fundamental do incremento do capital mercantil no interior da colônia nos fins do período colonial, com a internalização dos "negócios negreiros e o impacto que eles tinham sobre a acumulação de capital mercantil".[13] A concessão portuguesa se inscreve no contexto mais geral das metas prioritárias que privilegiavam a metrópole em detrimento da colônia que, nesse momento, e mais do que nunca, dependia da afluência de mão de obra africana para o desenvolvimento de sua economia, e da continuidade de sua trajetória cada vez mais descolada de Portugal. A prova de que as autoridades portuguesas anteviam a possibilidade de emancipação da colônia e passavam a agir pensando estritamente nos interesses de Portugal, foi a proposta feita pelos negociadores portugueses aos ingleses sobre o tráfico de escravos, nas conversações sobre o Tratado de Viena, em 1815. O plenipotenciário português, Duque de Pamela, Pedro de Sousa Holstein, propôs a Lorde Castlereagh extinguir totalmente o tráfico de escravos no prazo de oito anos, isto é, em 1823, em troca da anulação imediata dos tratados comerciais de 1810, prontamente recusado pelo representante inglês sob o argumento de que não estava autorizado a negociar o cancelamento do Tratado.[14] A resposta é pífia, pura evasiva. Mas revela o alto grau de descontentamento dos portugueses com os termos do tratado, por seus termos leoninos, obtidos numa conjuntura totalmente desfavorável à Portugal, por cuja extinção não relutavam em pagar um altíssimo preço, nada mais nada menos do que a extinção do trabalho escravo no Brasil, proposta arrojada que os ingleses recusaram, não por causa dos escravos, por motivos éticos e morais, mas porque os benefícios econômicos dos Tratados se revelavam excepcionais e garantiram o controle britânico da economia brasileira durante todo o século XIX.

Os tratados de 1810 permaneceram por um longo tempo como um cutelo imperialista a pairar sobre crâneo dos portugueses. Eles, que haviam

---

13 FERNANDES, Florestan. *Circuito Fechado*. São Paulo: Hucitec, 1796, p. 28.

14 Nota diplomática dirigida ao marquês Sá de Bandeira ao ministro inglês Howard de Walden, em 22 de maio de 1838, citado por D'ANDRADE, Gomes de Freire. *A Dominação Ingleza em Portugal...*, p. 153.

resistido ao assédio inglês para que os tratados comerciais entre os dois países assinados respectivamente em 1654 e 1703 fossem renovados em 1788,[15] sucumbiram em 1810, mas transformaram a revogação do tratado numa bandeira de luta contra o que consideravam a transformação de Portugal em colônia da Inglaterra. Isto porque, os tratados, para além de impedir a adoção de "uma política de proteção às atividades mercantis e industriais portuguesas, eram geralmente tidos como ofensivos da dignidade nacional".[16] Lideranças políticas de alta expressão no século XIX portugueses, a exemplo de Mouzinho da Silveira, fizeram causa comum com os liberais e absolutistas na condenação da aliança inglesa e, sobretudo, na crítica feroz aos tratados comerciais de 1810.[17]

Entraves à indústria nacional

As concessões feitas por D. João aos ingleses pelo decreto de 11 de junho de 1808, estabelecendo a módica tarifa de 16 *ad valorem* sobre todas as mercadorias importadas, confirmadas pelos Tratados de 1810, forçaram o Regente D. João a reverter toda política industrialista implementada pela Coroa portuguesa pelo menos desde D. José I, quando o Marquês de Pombal projetou o plano de substituição de importações contra a Inglaterra, ou seja, um projeto que tinha mais de meio século de existência com resultados concretos, traduzidos no abastecimento das necessidades de produtos industrializados por parte da colônia brasileira em condições de quase paridade com os similares oriundos de outras praças europeias, sobretudo da Inglaterra. Mudar esta orientação exigia explicações aos desalentados súditos portugueses, dadas à luz na forma de uma Carta Régia, assinada em 7 de março de 1810, dirigida ao clero, à nobreza e ao povo de Portugal, justificando o Tratado de comércio com a Inglaterra e instruindo sobre a nova política econômica que seria aplicada aos súditos do continente.

---

15 SHAW, L. M. E. *The Anglo-Portuguese Alliance and the English Merchants in Portugal 1654-1810*. London: Ashgate, 1998, p. 108-109.

16 ALEXANDRE, Manuel Valentim. *Op. cit.*, p. 16.

17 Cf. PEREIRA, Miriam Halpern. "Estado e Sociedade: Pensamento e Acção Política de Mouzinho da Silveira". In: *Obras de Mouzinho da Silveira I*. Lisboa: Fundação Calouste Gulbenkian, 1999.

Súditos deserdados da sorte e da presença de seu monarca, tendo que conviver com tarifas de importação rebaixadas, que facilitavam a entrada massiva de produtos fabris estrangeiros, que concorriam vantajosamente com as produções nacionais anulando seus esforços de sobrevivência e praticamente aniquilavam as indústrias existentes, desestimulando iniciativas empresariais que visassem à instalação de novos empreendimentos. Reclamos que os Governadores do Reino assentaram num documento enviado ao Rei em 7 de abril de 1818, baseado em argumentos consistentes, porque assentado na experiência histórica por eles experimentada nos 8 longos anos de aplicação da nova política econômica, instaurada por Carta Régia do então Regente D. João que, em manifesto dirigido aos portugueses, em 7 de março de 1810, procurou justificá-la, declarando de saída que sua decisão era fruto "do amor que vos tenho como bom pai".

Dizendo-se compungido pela necessidade de buscar prosperidade em outras partes do Império para restabelecer-se financeiramente, passara a estimular a expansão da agricultura na colônia, cuja produção gerava recursos valiosos para o Império, mas exigia, em contrapartida, a importação de produtos industrializados que, nas circunstâncias, não poderiam vir de Portugal ocupado pelos franceses, nem serem produzidos na colônia pela rusticidade de sua indústria, praticamente inexistente. Recursos produzidos pelo setor agropastoril indispensáveis para fazer frente às despesas do trono, sobretudo com os dispêndios militares para a reconquista do Reino, razões que, segundo D. João, o conduziram a estabelecer com seu "antigo, fiel e grande aliado, Sua Majestade Britânica", os Tratados de 1810, nos quais "procuramos igualizar as vantagens concedidas às duas nações", e que, portanto, não "cuideis [portugueses] que a introdução de manufaturas Britânicas haja de prejudicar a vossa indústria", pois são indústrias fictícias sendo, destarte, muito mais vantajoso aplicar os vossos cabedais "na cultura das vossas terras", no cultivo das vinhas, dos olivais e na produção de sedas, deixando para depois o desenvolvimento das manufaturas. Apesar de reconhecer os "gloriosos esforços dos senhores Reis meus predecessores" nessa direção, crentes de que "as manufaturas eram tudo, e que para consegui-las o sacrifício da mesma agricultura era útil e conveniente", tornou-se evidente de que ela "não tinha bases sólidas, nem dava uma vantagem real ao Estado", um sistema realmente "danoso à prosperidade nacional".[18]

18 Manifesto de D. João, 7 de março de 1810. Cf. AGUIAR, Pinto de. *A abertura dos Portos...*, p. 163-166.

Mais do que um manifesto, esta Carta Régia é um efetivo libelo contra as indústrias, consideradas inúteis porque necessitavam do apoio governamental para se estabelecer e sobreviver além de canibalizar os recursos gerados pelo setor agrícola. Exortava à desindustrialização. Um absurdo, considerando-se as próprias iniciativas de D. João concernentes à indústria adotadas em 1805, quando concedeu três importantes alvarás para o estabelecimento de novas indústrias, "todas elas constituindo grandes empreendimentos, e onde já está presente a nova tecnologia disponibilizada pela revolução industrial".[19] Forte contradição que representava uma incompreensível convocação ao regresso à política agrária, aos cultivos tradicionais, à abdicação do futuro representado pela industrialização que transformava os Estados em potências, exemplo que D. João tinha diante dos olhos por testemunho com o que se passava na Inglaterra naquele momento, projeto que a França buscava imitar desesperadamente. Absurda conversão ao agrarismo, somente compreensível se pensada nas circunstâncias vivenciadas pela Corte portuguesa naquele momento, exprimida entre duas potências, uma industrializada, a outra em vias de se industrializar, o que lhes prodigalizava recursos materiais e poderio militar para constranger Portugal a submeter-se aos seus desígnios. Impotente, Portugal teve que optar entre os males o menor, ou seja, o Império britânico que, por seu indiscutível controle dos mares, era o único capaz de garantir a integridade do Império português representado por suas colônias, muito especialmente da colônia brasileira que passara a sediar, naquele momento, a capital do Reino e do Império, tendo sobejas condições para proteger a Família Real nestas paragens e, sobretudo, desejo maior da Coroa, promover a reconquista do território continental e restaurar os Braganças ao trono.

Por mais paradoxal que possa parecer, era esta a única opção viável naquele contexto. O que explica a opção escolhida, aparentemente siderada, a nova política anti-industrialista proposta pelo Monarca, ou seja, a curto prazo, a desindustrialização da metrópole e o retorno à essencialidade agrícola na metrópole e a consolidação do agrarismo na colônia, um passo atrás que permitiria, mais tarde, o retorno às indústrias consistentes, porque atreladas ao desenvolvimento agrário. Política que, certamente, não fora produto de suas

---

19 CORDEIRO, José Manuel Lopes. "Economia e Guerra no Período Napoleônico", *Ler História*, Lisboa, n. 36, p. 64, 1999.

próprias reflexões, mas sugerida por seus esclarecidos assessores, inspirados pelo espírito no liberalismo econômico que os grandes pensadores britânicos do tempo não se cansavam de propalar, e dos quais declaravam-se seguidores fiéis, mas que representava a submissão explícita à vontade de seus pretensos protetores. José Luís Cardoso apontou D. Rodrigo de Sousa Coutinho como a iminência intelectual que assinou os diplomas de incentivo à produção manufatureira no Brasil e, contraditoriamente, a mesma que assinou o tratado de 1810 que consagrou os privilégios britânicos no Brasil e o Manifesto que procurava justificar essas medidas,[20] um preço que, a vista da preciosa ajuda britânica para libertar a metrópole, "não podia ser regateado".[21] Flagrante contradição, reveladora de que o contexto histórico se impôs ao grande pensador, ele que em seus *Textos Políticos, Económicos e Financeiros* defendera a especialização produtiva, agricultura na colônia e manufaturas "que devem animar-se na metrópole para segurar estreitar o comum nexo, já que a estreiteza do terreno lhe nega as vantagens de uma extensa agricultura",[22] que terá em Cairu um de seus seguidores. Não obstante, José Luís Cardoso vê aspectos positivos no Manifesto, primeiro, porque "sintetiza e justifica as medidas e compromissos estabelecidos pela corte portuguesa no Rio de Janeiro", segundo, "porque procura minimizar os efeitos do tratado luso-britânico, anunciando um conjunto de providências que garantiriam o desenvolvimento económico do reino, sobretudo na sua componente continental".[23]

A palavra de ordem sobre a matéria é que somente as indústrias autênticas, não fictícias, que não dependessem dos subsídios públicos para sobreviver, deveriam ser estimuladas e até mesmo apoiadas pelo Estado, tanto na metrópole quanto na colônia, fato que encontra sua literalização nos textos de Cairu, posição não muito diferente dos demais ilustrados luso-brasileiros

20 CARDOSO, José Luís. "Nas Malhas do Império: A Economia Política e a Política Colonial de D. Rodrigo de Souza Coutinho". In: CARDOSO, José Luís (Coord.). *A Economia Política e os Dilemas do Império Luso-Brasileiro (1790-1822)*. Lisboa: CNCDP, 2001, p. 99.

21 Idem, ibidem, p. 95.

22 COUTINHO, Rodrigo de Sousa. *Textos Políticos, Económicos e Financeiros (1783-1811)*. Lisboa: Banco de Portugal, 1993, t. II, p. 54.

23 CARDOSO, José Luís. "Nas Malhas do Império: A Economia Política e a Política Colonial de D. Rodrigo de Souza Coutinho"..., p. 99.

"vincados por um estridente ecletismo por misturarem ideias fisiocráticas, mercantilistas e elementos da economia política inglesa". Mas seu discurso se diferenciava, porque buscava um "ajuste de todos os princípios disponíveis às necessidades imediatas do mundo colonial".[24] Se Cairu afirmava a primazia da agricultura, que não tinha privilégios, como seria possível outorgá-los às fábricas? Seria o mesmo que consumir uma parcela significativa da riqueza gerada pela agricultura, ela que não recebia qualquer tipo de subsídio, sem a certeza de que os empreendimentos industriais vingariam.

Mas, diante do desenvolvimento da indústria têxtil de Minas impulsionado pelo vasto mercado representado pela massa escrava, materializado nos panos fabricados em teares rústicos na solidão das fazendas mistas[25] não poderia recusar o potencial das indústrias na colônia, tanto que diz "a nossa indústria ramificou e subiu a considerável altura", e mais, que depois da agricultura, "o emprego de capital mais seguro é o das fábricas, pois o dono tem mais a vista e sob o próprio comando o seu cabedal",[26] nutrindo-se do mercado interno criado pela agricultura que enlaçava campo e cidade, e propiciava o desenvolvimento de manufaturas confiáveis. Equivale dizer, Cairu não era avesso às indústrias, entendia perfeitamente o seu papel no processo de desenvolvimento econômico, pois afirmava que o real ganho de uma nação dependia de haver no país "a mais ativa e a mais bem dirigida indústria e, consequentemente, a melhor, mais vasta e progressiva reprodução e acumulação dos bens da vida".[27] Ao pensar a indústria no Brasil, pensou-a em relação às indústrias portuguesas entendidas como parte integrante de um mesmo espaço, apenas separado pelo oceano. Mas as hierarquizava, porque, segundo ele, não se poderia dar privilégios às fabricas brasileiras em nível superior às portuguesas, por haver aqui "muito menos braços a empregar e mais terras a cultivar",

---

24 ARRUDA, José Jobson. "José da Silva Lisboa: Texto e Contexto". In: *Historiografia: Teoria e Prática*. São Paulo: Alameda, 2014, p. 305-349, p. 319.

25 Os panos de pinas produzidos nas fazendas mineiras com produção diversificada, as fazendas mistas, supriam o mercado local e exportavam os excedentes. Cf. MARTINS, Roberto B. *Crescendo em silêncio. A incrível economia escravista de Minas Gerais no século XIX*. Belo Horizonte: ICAM-ABPHE, 2018.

26 ARRUDA, José Jobson de Andrade. *Historiografia: Teoria e Prática...*, p. 324.

27 Idem, ibidem, p. 326.

e que o melhor para todos seria articular uma especialização produtiva, "na qual a indústria mais avançada se concentrasse em Portugal, tendo em vista a disponibilidade de mão de obra e a escassez de terra, exatamente o inverso do que se passava no Brasil".[28]

As concepções de Cairu são mais compatíveis com a política agrária aplicada ao Brasil, porque o patrimônio industrial era nulo, excepcionando-se os ditos panos de minas. Mas era mais difícil aceitar a reversão agrícola de Portugal, porque, até mesmo, tinha reservado ao Reino um lugar de destaque no seu projeto, o espaço reservado às indústrias. Nesse sentido, não deve ter sido fácil assimilar a política de desmontagem do parque industrial que gerações se esforçaram para construir em Portugal. Se a abertura dos portos tolheu ou não o desenvolvimento da indústria brasileira e, por desdobramento, seu desenvolvimento econômico, foi outro tema mobilizador na reflexão crítica de historiadores e economistas sobre a matéria, pois, ao mesmo tempo em que se buscava estimular a indústria, por via de decretos e alvarás, concediam-se tarifas absurdamente favoráveis à maior nação industrial do planeta.

"O tratado de 1810 aniquilava ainda o surto manufatureiro que se ia verificando no país, após a revogação, em 1808, do célebre decreto de D. Maria I, que proibia as indústrias no Brasil",[29] diz-nos Roberto Simonsen. Argumento semelhante ao desenvolvido por Heitor Ferreira Lima, que outorga ao imperialismo britânico a responsabilidade pelo fato de que nossa indústria nascente não tivesse encontrado clima adequado para se desenvolver.[30]

O desdobramento inevitável desta questão é a polêmica sobre a existência ou não de uma política industrialista no Brasil, agência sistemática dos governos e dos empresários voltada à proteção da indústria, tema tratado pela historiadora Nícia Vilela Luz, que não teve dúvidas em afirmar que as medidas adotadas pelo Príncipe Regente não surtiram qualquer efeito diante da "imposição do mais forte", pois o alvará concedendo liberdade à indústria foi inutili-

---

28 Idem, ibidem, p. 27-28.

29 SIMONSEN, Roberto. *História Econômica do Brasil (1500-1820)*. São Paulo: Companhia Editora Nacional, 1969, p. 397.

30 LIMA, Heitor Ferreira. *História político-econômica e industrial do Brasil*. São Paulo: Companhia Editora Nacional, 1970, p. 126.

zado pelas concessões tarifárias à Grã-Bretanha".[31] Certeza que se transforma em dubiedade quando, na sequência de seus escritos, diz que o problema eram as meias medidas, pois elas acabavam por "cercear os esforços dos que preconizavam um vigoroso protecionismo".[32] O mais sensato, segundo Nícia Luz, seria pôr toda a responsabilidade nas costas dos ingleses, pois

> não importa se a legislação não gerou os efeitos desejados, seja por falta de coerência das autoridades, seja por razões profundas de ordem estrutural. Medidas incentivadoras houve, inclusive inúmeros empreendimentos governamentais. E nisto reside uma diferença importante em relação ao período anterior, até porque algumas fábricas foram realmente criadas e aproveitaram os incentivos.[33]

Celso Furtado vai na mesma direção. Entende que seria um erro supor que aos privilégios concedidos à Inglaterra cabe a principal responsabilidade pelo fato de que o Brasil não se haja transformado numa nação moderna já na primeira metade do século XIX. Raciocinando a partir dos *déficits* comerciais, orçamentários e fiscais resultantes da instalação da corte na colônia e de seu forte impacto sobre o poder aquisitivo da moeda pelas depreciações recorrentes frente à libra esterlina, conclui que esta desvalorização monetária, decorrente do protecionismo indireto concedido às atividades industriais no mercado interno, correspondia, aproximadamente, a uma tarifa de 50% *ad valorem*, valor este que, se somados às tarifas estipuladas nos tratados comerciais, criavam um dispositivo altamente protecionista, em torno de 65%.[34]

Mas há um outro ângulo pelo qual o problema da abertura dos portos pode ser observado. Segundo Pinto de Aguiar, o interesse da Inglaterra deve ser relativizado. Invoca o testemunho de Henry Hill, encarregado dos negócios ingleses no Rio de Janeiro na época, que se mostrou pouco entusiasmado com a medida. Interpretação que confronta a leitura mais atenta dos textos

31 LUZ, Nícia Vilela. *A luta pela industrialização no Brasil*. São Paulo: Difel, 1961, p. 16-17.

32 Idem, ibidem.

33 BEAUCLAIR, Geraldo. *Raízes da Indústria no Brasil*. Rio de Janeiro: Studio F&S Editora, 1992, p. 18.

34 FURTADO, Celso. *Formação Econômica do Brasil*. Rio de Janeiro: Fundo de Cultura, 1966, p. 115 e 122.

de Hill, pois ele considera sim que a ampla abertura dos portos poderia "causar um bom efeito na Inglaterra", mas ressalva que a grande satisfação seria a "admissão de navios e manufaturas britânicas em condições mais vantajosas que as concedidas aos navios e mercadorias de outras nações".[35] Disposição pensada por Canning e que Strangford fez constar das cláusulas do Tratado de 1810, pois pensavam a longo prazo, quando os conflitos cessassem na Europa e nações competitivas voltassem a frequentar os portos brasileiros. Do ponto de vista da Coroa, abrir os portos naquelas condições era uma medida quase natural, dadas as ingentes necessidades fiscais da Monarquia, sobretudo numa época em que as receitas públicas advinham, majoritariamente, das taxas alfandegárias, e os portos portugueses estavam sob tutela, no Reino, da França, no Brasil, da Inglaterra.

Por não ter percebido a complexidade do problema, Francisco Iglésias diz que, "estranhamente, os comerciantes ingleses com interesses aqui não aprovaram a medida".[36] Nada estranho. Muito coerente. Os comerciantes aqui instalados não desejavam concorrência, nem dos estrangeiros, nem dos conterrâneos, nem dos portugueses, nem dos luso-brasílicos. Somente tarifas preferenciais garantiriam sua fortuna. Dariam a segurança necessária para um corpo de mercadores que deixava de operar sob o guarda-chuva protetor do monopólio, típico do Império formal, e ingressavam no terreno cediço do Império informal. Vantagens que desejam para si, mas que recusam aos seus possíveis competidores no mercado interno inglês, pois a essa altura havia 1.150 artigos capitulados no rol das mercadorias sujeitas a impostos de importação na Inglaterra, o que fazia do livre-cambismo inglês uma figura de retórica, desejado pelos ingleses, desde que praticado pelos outros, pelas demais nações.

---

35 AGUIAR, Pinto de. *A abertura dos Portos...*, p. 44. Esta manifestação de Henry Hill é interpretada por Wanderley Pinho como a prova mais contundente da importância de Cairu no convencimento de D. João sobre a necessidade de abertura dos portos. Cf. PINHO, Wanderley. *A Abertura dos Portos*. Salvador: Publicações da Universidade da Bahia, 1961, p. 34 et seq.

36 IGLÉSIAS, Francisco. *Trajetória Política do Brasil, 1500-1964*. São Paulo: Companhia das Letras, 1993, p. 97.

A pressão inglesa no sentido de que se abrissem os portos fora avassaladora. Não somente no plano diplomático, mas na ação concreta, pressão intensificada nos 20 anos que antecedem à abertura formal dos portos brasileiros, diretamente relacionada à conjuntura de guerra na Europa e à "fenomenal" inversão da balança de pagamentos entre Portugal e a Inglaterra, conjunto explosivo de necessidades que explicam a elevação a níveis críticos das operações de contrabando na costa brasileira. Este é um tema que não pode ser tratado como questão secundária, é um tema central neste contexto, inclusive por se apresentar sob a aparência da normalidade, por estar inscrito naturalmente na estrutura do regime mercantilista alicerçado no monopólio. É um tema fundamental, pois de sua adequada percepção pode-se reavaliar o real significado da abertura dos portos, pois pode-se cogitar que os portos brasileiros tenham sido abertos antes mesmo de 1808 pela ação incontrolável do contrabando.

O contrabando e a pré-abertura dos portos

O exclusivo comercial, no Império português, não era uma cláusula pétrea. Era comum a Coroa fazer concessões às nações amigas, de cuja proteção necessitavam, ou por razões estritamente comerciais, de permitir que seus navios visitassem as colônias incorporados em suas frotas. Apesar do enrijecimento do regime, com a transformação das operações mercantis no espaço do Império, monopólio absoluto da Coroa, na última década do século XVI,[37] nem sempre a regra pode ser seguida estritamente. "Alguns países, principalmente a Inglaterra, participaram direta ou indiretamente do comércio colonial português", tanto que "navios ingleses iam incorporados às frotas, quando não faziam investimentos nelas por meio de fretamento de embarcações ou ainda por meio do fornecimento de manufaturas destinadas ao consumo da colônia",[38] vantagens solidificadas com a permissão de residência para comerciantes ingleses, em número de quatro famílias para cada

---

37 RICUPERO, Rodrigo. "O Estabelecimento do Exclusivo Comercial Metropolitano e a Conformação do Antigo Sistema Colonial no Brasil". *História* (São Paulo), v. 35, 2016. Doi: <https://doi.org/10.1590/1980-436920160000000100>. Acesso em: dez./2021.

38 SANTOS, Corcino Medeiros dos. *Relações Comerciais do Rio de Janeiro com Lisboa (1763-1808)*. Rio de Janeiro: Tempo Brasileiro, 1980, p. 204.

um dos três principais portos brasileiros, Salvador, Recife e Rio de Janeiro,[39] prática que não feria o monopólio por ser consentida e regulamentada pela Coroa. Diferente do contrabando, prática clandestina, que se desenrolava sob o olhar complacente e, em certos momentos, estimulador das autoridades governamentais de seus países de origem. "Em vários momentos, os oficiais da Alfândega carioca que deveriam zelar pelo cumprimento das ordens régias e da boa arrecadação eram os mesmos acusados ou complacentes com os contrabandos e descaminhos".[40] O envolvimento dos oficiais que deveriam combater as trapaças com as próprias transgressões era algo inerente à própria natureza do sistema colonial, entranhada na própria venalidade dos ofícios do Antigo Regime.[41]

Não por acaso, o contrabando ganhou realce no clássico estudo de Fernando Novais sobre a crise do antigo sistema colonial, um período em que os especialistas nos estudos sobre contrabando afirmam que o porcentual das práticas ilegais correspondia a 40% do volume total do comércio realizado. Fernando Novais considera que este é um tema árduo, porque os contrabandistas não deixam registros de suas atividades, pois seria um contrassenso fazê-lo, o que dá à documentação existente um caráter fugidio, mas que não deixou de ser registrado pelas autoridades coloniais responsáveis pelo combate ao contrabando, apresamento e punição dos responsáveis, capitães, contramestres, tripulação. No rol dos apresamentos, pontificavam os ingleses, seguidos dos norte-americanos, franceses, suecos e dinamarqueses, que, com suas ações, "iam cada vez mais rompendo as malhas do exclusivo metropolitano português em terras brasileiras".[42]

---

39 Idem, ibidem, p. 202.

40 TRINDADE DE SÁ, Helena de Cássia. *Economia, fiscalidade e comércio: a Alfândega do Rio de Janeiro (ca.1750-ca. 1808)*. (Tese de Doutoramento) - Rio de Janeiro, Universidade Federal do Estado do Rio de Janeiro, 2021, p. 189.

41 Cf. OLIVEIRA JUNIOR, Paulo Cavalcante de. *Negócios de Trapaça: caminhos e descaminhos na América Portuguesa (1700-1750)*. 2002. Tese (Doutorado em História Social) - São Paulo, USP, 2002, p. 28-29. Doi: < https://doi.org/10.11606/T.8.2002.tde-12072006-171102>. Acesso em: mar./2021.

42 NOVAIS, Fernando. *Portugal e Brasil na crise do Antigo Sistema Colonial (1777-1808)*. São Paulo: Hucitec, 1979, p. 185.

Por volta de 1785, a despeito dos esforços das autoridades portuguesas, as atividades de contrabando adquiriram tal intensidade que Martinho de Melo e Castro, ministro da Marinha, recomendou que os direitos alfandegários fossem rebaixados para desestimular o comércio ilegal, sendo que, efetivamente, em 1792, o açúcar brasileiro foi exportado para Hamburgo, Genebra e Veneza, livre dos direitos de exportação.[43] A atividade dos contrabandistas era tão intensa que Melo e Castro, em ofício de 5 de janeiro de 1785, dirigido ao Vice-Rei Luís de Vasconcelos no Rio de Janeiro, se indignava com a ousadia do Cônsul inglês em Lisboa que, por carta "asseverava que doze navios ingleses, o menor de 500 a 600 toneladas, com artilharia proporcionada e 40 a 50 homens de equipagem vão anualmente carregados de manufaturas britânicas para o Brasil".[44] Note-se bem, muito antes da crise político/militar se agravar o contrabando já assolava os portos brasileiros.

Uma esquadra composta por 12 navios, integrada por 600 homens, deslocando no mínimo 7.000 toneladas de mercadorias, atuando com liberdade nos principais portos brasileiros, significava muito mais do que romper as malhas do exclusivo metropolitano, significa que os portos brasileiros estavam abertos para o comércio britânico, uma abertura informal dos portos. Mas isso não teria sido possível sem que a prática do contrabando não tivesse se transformado em parte integrante da sociedade colonial, não sendo observada como contrária às leis ou forma transgressora da ética ou da moralidade pública. A complexidade da legislação colonial, uma pletora de leis, decretos, despachos, memorandos, decisões camarárias, facultava aos funcionários encarregados da aplicação das sanções aos contrabandistas interpretações dúbias, a transgressão das leis, podendo amenizar ou enrijecer as penalidades na dependência dos contrabandistas incluí-los ou não em suas atividades comerciais, legais e ilegais, comportamento escuso que promovia seu enriquecimento e alavancava sua ascensão na escala social, vantagens que a abertura dos portos, de um golpe só, extinguiria.[45]

---

43 *Foreign Office*, Walpole to Carmarthen, 63/6, Lisboa, 3 de agosto de 1785; *Foreign Office*, Hort to Grenville, 63/15, Lisboa, 4 de agosto de 1792.

44 A.H.U. Rio de Janeiro, caixa 1784-1785, instruções para D. Luís de Vasconcelos e Sousa.

45 PIJNING, Ernest. *Controlling Contraband: Mentality, Economy and Society in Eighteenth Century Rio de Janeiro*. 1997. Tese (Doutorado) - Baltimore, Johns Hopkins University, p. 364, 370.

O contrabando propriamente dito, na reflexão balizada de Ernest Pijning, incluía um amplo leque de atividades consideradas ilegais. Assim era o comércio com os estrangeiros, com mercadorias estancadas, ou o pagamento de taxas alfandegárias abaixo dos valores estipulados pela pauta de referência. Nos meados do século XVIII, prevalecia a prática do contrabando nas enseadas, nas proximidades dos grandes portos como o do Rio de Janeiro, nos quais mercadorias eram trocadas por ouro em pó, ouro ilegal por ter saído das regiões de mineração sem pagar os devidos impostos. Se pegos, os contraventores eram submetidos às penas da lei, o que os levou a uma nova modalidade de descaminho, aquela na qual os passageiros dos barcos, donos das mercadorias, repassavam-nas aos compradores que pagavam em ouro em barra, no interior dos próprios navios atracados nos portos, cujo capitão, que presidia as transações, era remunerado com 1% do valor de cada operação, equivalendo dizer que "as autoridades davam consentimento ao contrabando do ouro".[46]

No final do século XVIII, por volta de 1790, dá-se uma mudança significativa. Os comerciantes brasileiros praticavam seu comércio ilegal tanto dentro quanto fora da área de vigilância dos funcionários, isto é, operavam mais amplamente amparados pela conivência daqueles que deveriam vigiar, coibir e punir, a tal ponto que comerciantes ingleses, engajados nas atividades ilegais, diziam abertamente, no ano 1800, que não reconheciam a jurisdição portuguesa sobre os portos brasileiros,[47] um consenso que se generalizava pela intensificação exponencial das práticas de contrabando, fato que, inevitavelmente, enfraquecia o poder dos agentes do governo na intermediação das atividades ilícitas. O foco principal dessas operações era o Rio de Janeiro, capital da colônia, sede do aparato burocrático, que concentrava 34,2% das exportações e 38,1% das importações registrados na Balança de Comércio, mas também lidava, ao arrepio do sistema colonial, diretamente com as transações comerciais interligando África, Ásia e rio da Prata, revelando as apreensões realizadas que cacau, madeira, escravos e ouro eram os principais alvos dos contrabandistas.

---

46 PIJNING, Ernest. "A New Interpretation of Contraband Trade". *Hispanic American Historical Review*, 81 (3-4), p. 733-738. ago. /nov. 2001. Doi: <https://doi.org/10.1215/00182168-81-3-4-733>. Acesso em: dez./2021.

47 Idem, Ibidem.

O ano de 1800 é um marco na história do contrabando no Rio de Janeiro, por vários indicadores que podemos mobilizar. Tornara-se incontrolável. Era praticado abertamente na barra do Rio de Janeiro, "às escâncaras e sob as vistas de autoridades desleixadas e mesmo coniventes", mal disfarçando sua participação no negócio, como já observara Caio Prado Jr.[48] De fato, não se passava um único dia sem que navios surtos na barra realizassem ações de contrabando, revelando a naturalização do procedimento, seu entranhamento nas malhas do tecido social e fímbrias do aparato burocrático. As balanças de comércio, através de seu contador e organizador, oferecem provas quantitativas e qualitativas consistentes para comprovar esta assertiva.

A correlação entre os comentários de Teixeira de Moraes incorporados ao próprio documente e a análise do desempenho da balança comercial em si, dão sustentação a um exercício de quantificação sobre a incidência de contrabando no comércio colonial, que pode ser mensurada a partir do crescimento ou retração das exportações em relação às importações. Em condições monopolísticas, as taxas teriam que ser equivalentes, não necessariamente iguais, mas próximas, e terem os portos portugueses como referência obrigatória. No período de 1796 a 1808, porém, as exportações coloniais cresceram a uma taxa de 6.2% e as importações a uma taxa bem menor, 2,2%. Esta disparidade reflete uma contradição considerando-se as regras do sistema colonial. Isto porque as exportações não poderiam crescer sem o crescimento proporcional das importações, pois todos os meios de produção necessários, ferramentas, equipamentos, insumos, alimentos, vestuário, tinham que vir de Portugal, mesmo que adquiridos em outros países ou em suas outras colônias afro-asiáticas. Com exceção do tráfico de escravos africanos, que não integra a balança e no quarto final do século XVIII passa a ser controlado pelos traficantes brasílicos. Todo potencial de importação da colônia não suprido pela metrópole teria que vir de outros fornecedores e, quaisquer que fossem, seriam contrabandistas ou contrabandos, pelas regras do sistema colonial.[49]

48 PRADO Jr., Caio. *Formação do Brasil Contemporâneo.* São Paulo: Brasiliense, 1961, p. 228-229.

49 Cf. ARRUDA, José Jobson de Andrade. *O Brasil no Comércio Colonial...*, p. 325.

O cruzamento das importações e exportações coloniais, elaborado com a finalidade de evidenciar o mercado potencial para o contrabando na colônia, que nos permitiria fazer uma avaliação indireta da sua significação, pode ser apreciado na Tabela 11 e Gráfico 11. Exibidas a seguir, demonstram que as importações coloniais vinham num ritmo ascensional desde o período anterior a 1796, e assim continuaram até 1799, tendo mesmo superado as exportações coloniais entre 1798 e 1800. Daquela data em diante, as importações sempre se mantiveram muito abaixo das exportações, mantendo um declínio constante, a não ser por um insignificante superávit em 1804. Desse ano, até 1808, as aquisições da colônia em Portugal despencaram, ou, noutros termos, as exportações portuguesas para a colônia brasileira desmoronaram, um processo que vinha se anunciando desde 1799/1800, números que dão sustentação estatística à uma fala usual dos contrabandistas ingleses, citada por Ernest Pijning, que diziam não reconhecer a autoridade portuguesa sobre os portos brasileiros. Não era uma *boutade*. Tinha fundamento sólido, e que pode ser ainda mais reforçado por outras ilações que o referido gráfico e a tabela nos permitem cogitar.

A quantificação dos valores correspondentes ao volume das importações potenciais que deixaram de ser realizadas dos portugueses, soma 17.893.500$000 em relação ao movimento global de importação do período, estimada em 102.929.087$799, um porcentual de 17,38%, indicativo razoavelmente seguro do valor perdido pela metrópole para o contrabando na sua colônia mais rica. A taxa de crescimento das exportações coloniais é constante em todo período de 1796 e 1807. Mas a de importação cresce na mesma taxa de 20% somente entre 1796 e 1800, porque a partir de 1800 tende a declinar numa escala cada vez maior. Calculando-se o valor das importações que teriam que ser realizadas para manter o ritmo das exportações, chega-se ao porcentual e, mais do que isto, ao valor real das importações necessárias para manter o ritmo das exportações, valor este que corresponde ao contrabando introduzido na colônia para suprir o declínio das exportações. Noutros termos, em se tratando de economia monopolista, se a colônia não estava importando de Portugal, e as exportações continuavam no mesmo diapasão, é porque estava recebendo mercadorias estratégicas de outros fornecedores. A taxa de comércio ilegal encontrada, portanto, rondaria 17%. Menos da metade das taxas excepcionais de 40%, cogitadas por vários autores, para o conturbado período que estamos analisando, entre fins do século XVIII e inícios do século XIX, época de guerras sem fim marcadas pelo conflito franco-britânico que atingem em cheio os Impérios coloniais atlânticos, mas bem próximas da média histórica vigente durante o antigo regime, em torno de 20%.[50] O marco cronológico da viragem entre o contrabando endêmico e sua transformação em forma subsidiária de guerra marítima e econômica, entre as nações colonizadoras, é o ano de 1800. Exatamente o ano em que se dá a abertura efetiva dos portos brasileiros, evento cuja significação ultrapassa os limites do Império português. É evento marco de expressão mundial.

Tabela 11 - Exportação versus Importação e mercado potencial para contrabando (Brasil - Portugal, 1796-1811).

Ano	Exportação	Importação
1796	11.474.863.931	6.982.356.248
1797	4.258.823.470	8.525.780.093
1798	10.816.561.028	10.668.177.385
1799	12.584.505.139	15.800.938.555
1800	12.528.091.556	9.432.156.624
1801	14.776.706.549	10.680.059.775
1802	10.353.244.931	10.151.660.235
1803	11.332.290.669	9.928.504.852
1804	11.199.922.858	11.383.279.024
1805	13.948.658.601	9.505.255.996
1806	14.153.761.891	8.426.097.899
1807	13.927.799.336	6.952.957.454
1808	546.930.970	1.511.188.078
1809	4.819.373.394	3.437.735.091
1810	3.683.331.085	2.932.527.927
1811	3.633.586.588	2.792.765.820

Fonte: ARRUDA, José Jobson de Andrade. O *Brasil no Comércio Colonial.* São Paulo: Ática, 1980, p. 324-325; NOVAIS, Fernando. *Portugal e Brasil na Crise do Antigo Sistema Colonial (1777-1808).* São Paulo: Hucitec, 1979, p. 334-335.

50 Cf. COLE, W. A. "Trends in the Eighteenth-Century Smuggling". *The Economic Review*, v. X, n. 3, p. 395-410, 1958.

Gráfico 11

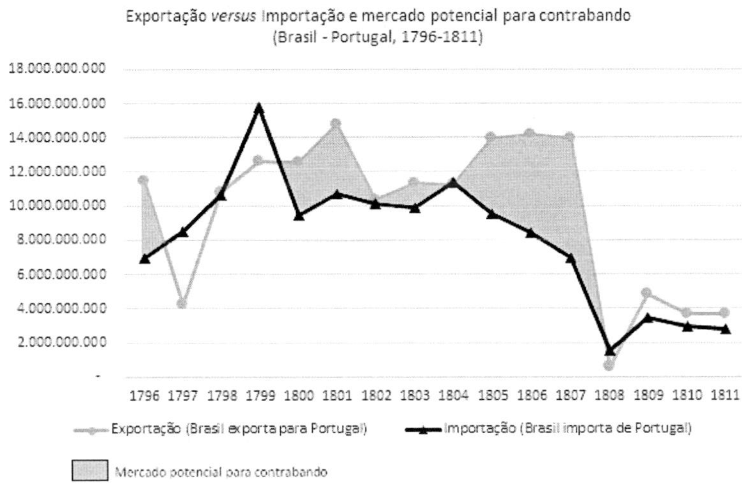

Fonte: ARRUDA, José Jobson de Andrade. O *Brasil no Comércio Colonial*. São Paulo: Ática, 1980, p. 324-325; NOVAIS, Fernando. *Portugal e Brasil na Crise do Antigo Sistema Colonial (1777-1808)*. São Paulo: Hucitec, 1979, p. 334-335.

A Tabela 11 e o Gráfico que lhe corresponde, sobre a balança comercial entre o Brasil e Portugal, demonstram a tendência superavitária das exportações coloniais e a tendência declinante das importações frente ao valor das exportações, deixando entrever a abertura de um mercado potencial para ser preenchido pelo comércio ilegal. O contador geral das balanças, Maurício Jose Teixeira de Moraes, face a estes dados, faz comentários preciosos na abertura de cada volume em todos os anos que cobrem o período analisado, o que lhe dá uma visão geral do comércio exterior, e a constatação de uma verdadeira escalada dos contrabandistas no abastecimento da colônia, um prejuízo crescente para as exportações lusas. A balança comercial converte-se num verdadeiro termômetro do desempenho econômico da parte americana do Império português, permitindo-lhe traduzir, em termos qualitativos, tudo aquilo que as evidências quantitativas estão a nos mostrar.

Em 1802, referindo-se ao movimento comercial do ano anterior, 1801, escreve: "queira a sorte que não suceda o mesmo nos anos futuros pela abundância de contrabando que se introduz na América", mas se repetiram. Três anos após, comenta, "estas diminutas exportações (de Portugal para o Brasil) procedem indubitavelmente do muito contrabando, cuja entrada quase está franqueada naqueles portos, com o mais escandaloso abuso; e, se pelo contrário, as importações neste Reino não tem diminuído, segue-se que o referido contrabando é todo vendido a troco de moeda corrente, resultando deste pernicioso comércio numa extinção continua da moeda girante, de que se originarão as consequências mais ruinosas a uma Nação", ou seja, o contrabando promovia o extravasamento monetário da colônia e do Reino.

Apenas quatro anos depois, em 1806, o contador já fala em estagnação do comércio. Fato que, segundo ele, "provém do ruinoso princípio da introdução clandestina de mercadorias proibidas neste e naquele continente, pela falta de patriotismo de alguns negociantes que, esquecidos das leis que nos regem, procuram somente os seus interesses por este ilícito e ruinoso comércio por favorecer a indústria alheia e impedir a nacional com tanto escândalo, como se verificou no ano próximo passado, pelas grandes tomadias [apresamentos] que se fizeram fora da barra. Sendo, só uma delas, no valor de mais de 500 mil cruzados, não conhecendo [seus praticantes] que a riqueza da Nação, a sua opulência e fortuna é a agricultura e as suas manufaturas". Comentários que estabelecem uma ligação direta entre o contrabando e as indústrias alheias que, no caso, remetem diretamente aos contrabandistas britânicos e suas conexões com as produções das fábricas britânicas que lhes franqueava o tráfico no Atlântico e o acesso aos portos americanos; ao mesmo tempo que bloqueava o acesso às marinhas mercantes de seus principais competidores europeus. Por fim, visivelmente descrente, nosso contador diz que tem "muito pouco a ponderar do estado do nosso comércio, no ano passado de 1807, que não seja uma repetição do que disse nos anos de 1805 e 1806, por ele já caminhar para a sua decadência e abatimento, a vista do estado florescente a que chegou pelos anos de 1798 e 1802".[51] O desalento do contador José Maurício espelha o impacto negativo do contrabando na economia do Império português.

Nestes termos, seria excessivo afirmar que os portos brasileiros foram gradualmente abertos a partir de 1800 e que a abertura de 1808 não passou de uma formalidade?

---

51 Prólogos das Balanças de Comércio do Reino de Portugal com seus Domínios e Nações Estrangeiras, anos de 1802, 1805, 1806 e 1807. Citado em ARRUDA, José Jobson. *O Brasil no Comércio Colonial...*, p. 327.

Se nos valermos dos argutos comentários de José Maurício, vemos que se compassam perfeitamente à análise dos dados referentes ao movimento de navios no porto do Rio de Janeiro entre 1791 e 1810 – presentes na Tabela e Gráfico 13 que se seguem –, ao mesmo tempo que representam, para nós, a prova maior de que o porto do Rio de Janeiro se tornara um porto franco já em 1792. Tendência tornada irreversível a partir de 1800, que é exatamente a data marco que viemos trabalhando ao longo deste texto. Se considerarmos a flexibilidade adotada pela Coroa portuguesa em relação à presença de barcos estrangeiros nas costas brasileiras, sobretudo os britânicos, 9 embarcações estrangeiras no porto do Rio de Janeiro, em 1791, até poderiam ser consideradas normais. O surpreendente é que este número triplica no ano seguinte, passa a 34, flutua neste patamar até 1799, quando atinge 39 embarcações. Mas salta abruptamente em 1800, quando passam a ser 70 as embarcações entradas no porto do Rio de Janeiro, um evento anormal que o Vice-Rei D. Luís da Cunha, a autoridade maior do Império na colônia, não poderia ignorar. Nos anos subsequentes a frequência se reduz, mas conserva-se em nível elevado, 52 embarcações por ano, média elevada, pois 52 navios era uma frota maior do que toda a frota deslocada por Portugal naquele momento, de guerra a mercante. Já dissemos algures que o ano de 1808 é único, porque registra o atracamento de 90 embarcações, dentre elas 36 navios da frota portuguesa acompanhadas pelas naus de guerra britânicas, que comboiavam a Família Real em sua mudança para o Rio de Janeiro. Ou seja, eram 90 unidades num ano absolutamente excepcional, o da abertura dos portos, excepcionalidade que comprova o quão significativo foi o registro de 70 embarcações em 1800, evidência insofismável de que naquela data os portos estavam de fato liberados para os navios estrangeiros considerados amigos ou aliados. A guerra na Europa forçava os governantes portugueses a facilitarem o acesso aos portos de sua grande colônia, pelo contrário ela não seria abastecida, nem poderia dar vazão às suas produções. A excepcionalidade dos 70 navios registrados em 1800, e dos 90 em 1808, se explicita na Figura abaixo, quanto vemos que no ano seguinte à abertura dos portos as presenças de navios estrangeiros reduziram-se a 83 unidades, um número mais próximo ao atingido em 1800.

1791 = 9	1795 = 26	1799 = 39	1803 = 54	1807 = 47
1792 = 34	1796 = 16	1800 = 70	1804 = 54	1808 = 90
1793 = 29	1797 = 24	1801 = 64	1805 = 38	1809 = 83
1794 = 19	1798 = 27	1802 = 51	1806 = 59	1810 = 122

Fonte: Arquivo Nacional do Rio de Janeiro, caixas 492 e 493, códices 156 e 157, citado por PIJNING, Ernest. *Controlling Contraband: Mentality, Economy and Society in Eighteenth Century Rio de Janeiro*. 1997. Tese (Doutorado) - Baltimore, Johns Hopkins University, p. 82; SIMONSEN, Roberto. *História econômica do Brasil (1500-1820)*. São Paulo: Companhia Editora Nacional, 1969, p. 440.

Excessivo sim, mas incorreto não. A frequência média de todo período, de 1791 a 1807, foi de 38 aportagens por ano, elevadíssima para ser considerada normal; sem paralelo na história colonial. As 70 embarcações que adentraram a barra do Rio de Janeiro em 1800 representam, portanto, um salto imprevisto, anormal, indicativo de que mudanças estruturais estavam ocorrendo nas relações entre as Cortes europeias. Se compararmos as 70 presenças em 1800 com as 90 de 1808, fácil é concluir que os portos estavam abertos, pelo menos o do Rio de Janeiro, para o qual temos uma evidência palpável. Mas se a experiência histórica no porto da capital da colônia era essa, o mesmo poder-se-ia esperar para o restante da rede portuária, sobretudo porque, nelas, o aparato repressor era menos eficiente.

Com base no inventário realizado até aqui, seria impróprio afirmar que os portos brasileiros já se encontravam praticamente abertos no ano de 1800, oito anos antes da sua abertura formal? Seria equivocado afirmar que o contrabando foi a arma mortal, utilizada pelo governo britânico, para forçar esta abertura efetiva? Por certo, à audácia, à cupidez insaciável dos contrabandistas, se somaram a impotência do governo metropolitano; a postura cautelosa de D. João; a negligência das autoridades coloniais; a concupiscência do estamento burocrático; a conivência dos receptadores locais, conjunto de fatores suficientes para explicar a abertura dos portos, antes da abertura formal dos portos. Desenlace que, de certa forma, foi pressentido pelo Vice-Rei Marques de Lavradio, ao chegar ao Rio de Janeiro em 1763, quando afirmou em uma de suas cartas: O Rio de Janeiro é "um armazém geral do contrabando",[52] fato que haveria de acelerar a caminhada da colônia rumo à emancipação política.

---

52 LAVRADIO, Marques do. *Cartas do Rio de Janeiro, 1769-1776*. Rio de Janeiro: Instituto Estadual do Livro,1978, nº 244, p. 89.

Tabela 12 - Exportação *versus* Importação e entrada de navios estrangeiros (Rio de Janeiro, 1796-1811).

Ano	Exportação	Importação	Navios
1796	3.702.181.721	2.474.170.036	16
1797	915.718.453	3.721.268.306	24
1798	4.717.688.282	3.413.346.404	27
1799	4.525.553.470	6.574.672.263	39
1800	4.840.455.180	4.080.456.444	70
1801	6.289.887.227	5.331.627.428	64
1802	3.643.419.554	3.578.882.219	51
1803	3.294.712.010	3.493.084.169	54
1804	3.244.545.598	3.959.016.724	54
1805	3.960.238.153	3.150.423.183	38
1806	4.670.310.810	3.015.506.966	59
1807	4.549.505.626	2.277.419.299	47
1808	57.997.640	585.044.543	90
1809	776.712.579	1.111.948.700	83
1810	1.240.297.534	925.898.555	122
1811	1.240.297.534	917.959.110	

Fonte: ARRUDA, José Jobson de Andrade. *O Brasil no comércio colonial*. São Paulo: Ática, 1980, p. 161; Arquivo Nacional do Rio de Janeiro, caixas 492 e 493, códices 156 e 157, citado por PIJNING, Ernest. *Controlling Contraband: Mentality, Economy and Society in Eighteenth Century Rio de Janeiro*. 1997. Tese (Doutorado) - Baltimore, Johns Hopkins University, p. 82; SIMONSEN, Roberto. *História econômica do Brasil (1500-1820)*. São Paulo: Companhia Editora Nacional, 1969, p. 440.

Gráfico 12

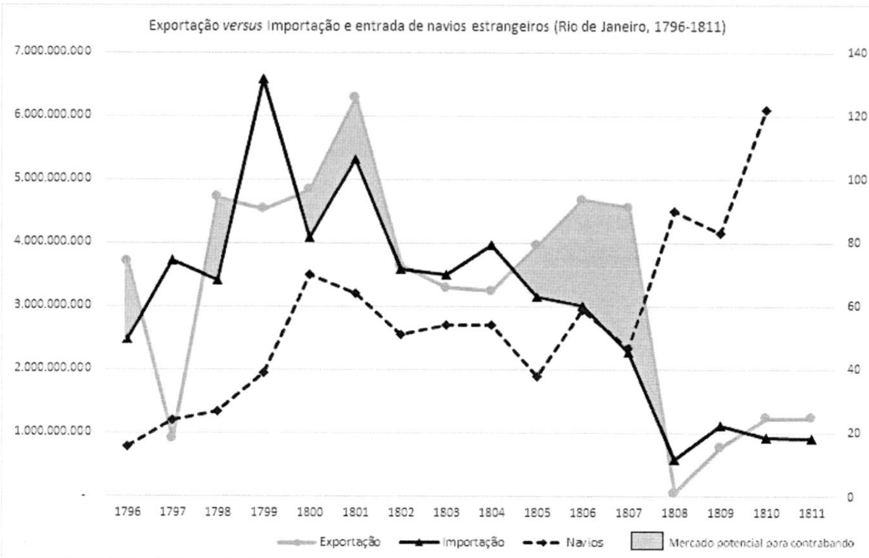

Fonte: ARRUDA, José Jobson de Andrade. *O Brasil no comércio colonial*. São Paulo: Ática, 1980, p. 161; Arquivo Nacional do Rio de Janeiro, caixas 492 e 493, códices 156 e 157, citado por PIJNING, Ernest. *Controlling Contraband: Mentality, Economy and Society in Eighteenth Century Rio de Janeiro*. 1997. Tese (Doutorado) - Baltimore, Johns Hopkins University, p. 82; SIMONSEN, Roberto. *História econômica do Brasil (1500-1820)*. São Paulo: Companhia Editora Nacional, 1969, p. 440.

Seguindo a pista indicada pelo Vice-Rei, analisamos os movimentos de importação do Rio de Janeiro [exportação de Portugal] e exportação do Rio de Janeiro [importação de Portugal] no período de 1796 a 1811, e incorporamos a entrada de navios estrangeiros no porto da cidade, registrados pela alfândega, portanto, entrada legal, autorizada pelas autoridades portuárias, mas estritamente contra as regras do exclusivo metropolitano de acordo com o pacto colonial. Equivale dizer, puro contrabando, cujo impacto no comércio colônia/metrópole, Portugal/Rio de Janeiro, pode ser avaliado e, no limite, quantificado. Nossa hipótese parte da constatação de que sob regime de monopólio tanto as exportações quanto as importações coloniais devem ser feitas com a metrópole portuguesa. Nestes termos, torna-se óbvio que as exportações coloniais, no caso a do Rio de Janeiro, dependem estritamente da importação de insumos essenciais ao processo de produção agropecuário. Ou seja, não há possibilidade de fazer crescer as exportações sem que haja crescimento proporcional das importações, porque importam-se condições de produção e virtualidades. Isto posto, traçamos nos Gráfico e Tabela 12 as linhas de exportação e importação colonial, aduzindo a linha correspondente à entrada de navios no porto. O que elas nos dizem?

Mostram que as linhas de exportação e importação se movem num ritmo compassado, uma dança casada, que às vezes distorce, mas no geral mantém o padrão. Uma situação excepcional aparece no ano de 1799, momento único em que as importações coloniais estão muito acima das exportações, situação anômala explicada por conflitos militares na Europa que impediram o fluxo normal do comércio marítimo, por conta dos bloqueios navais. As cargas retidas em anos anteriores foram transportadas nos anos seguintes, o que explicaria o pico atingido em 1799. Ápice das importações que, a partir daquele ano, embala numa tendência descendente até 1808, ano em que os níveis são irrelevantes. Mas há uma constante fundamental para que a finalidade de nosso propósito aqui se cumpra. O valor das exportações coloniais mantém-se acima do valor das importações no conjunto do período considerado, garantindo à colônia sua condição superavitária em relação à metrópole que, por sua vez, se ressarcia das perdas em relação à colônia ao exportar as mesmas mercadorias para a Europa com valor maior, retendo os lucros, obviamente. Mas, como se vê no gráfico, há momentos em que as importações ficam muito abaixo das exportações, criando um mercado potencial para o contrabando pois, se os portugueses não estavam suprindo as necessidades da colônia, abria-se uma brecha no monopólio pela criação de um mercado potencial para o comércio ilícito romper o exclusivo propiciado pelas conjunturas econômicas favoráveis, regidas pelo longo tempo de fechamento das operações dado o caráter oceânico e transcontinental do empreendimento. Circuito perfeito que se fecha com os polpudos saldos obtidos pela colônia em função dos excedentes de exportação que a colocam em situação de liquidez, de posse de recursos monetários que atraíam os contrabandistas, pois suas mercadorias se vendiam em troca de moeda corrente, de ouro preferencialmente, que as Minas das Gerais ainda produziam, não no nível primevo, mas suficientes para pagar as operações ilegais, que acabavam por promover o extravasamento de meio circulante tão necessário a um Império em tempos de guerra. Exatamente o que aconteceu nos anos de 1796; 1798; 1800-1802; e 1805-1808, acinzentados no gráfico, para melhor visualização, momentos estes nos quais assistimos uma elevação abrupta no número de navios entrados no porto do Rio de Janeiro, majoritariamente britânicos.[53] Observe-se também que, a abertura dos portos em 1808 impulsionou a presença de navios estrangeiros, menos das embarcações portuguesas, visível da queda brusca das importações/exportações de Portugal, levemente recuperadas num patamar rebaixado, mas jamais alçada ao nível que outrora ocuparam.

Uma demonstração contundente de que os portos brasileiros iniciaram sua abertura de modo irreversível no ano de 1800 pode ser apreendida na leitura do gráfico elaborado por Pedro Lains. O historiador o elaborou com a finalidade de provar que a abertura dos portos teve um impacto menor do que pensa a historiografia produzida na ex-colônia – na qual me inscrevo –, sobre as manufaturas portuguesas. O objetivo do autor era demonstrar que a perda foi muito menor no período posterior à abertura dos portos do que no período imediatamente anterior, constatação que lhe permitia concluir sobre a importância relativa dessa perda para o colapso da indústria portuguesa. Os valores que mediavam em torno de 5.500 contos de réis em 1800, regrediram a menos de 500 contos em apenas oito anos, elevando-se, lentamente, no período pós-abertura, sem jamais ultrapassar o limite de 2.500 contos, ou seja, menos de 50% dos valores máximos alcançados. No afã de desvalorizar a abertura dos portos como condição da retração da indústria portuguesa, acaba por nos fornecer subsídios preciosos no sentido de provar o contrário, a começar pela comprovação de que a abertura informal dos portos se dá em 1800; e a formal em 1808. Neste sentido, minimiza o significado econômico do ano 1808, e valoriza 1800, só que para 1808 há um evento inconteste, a abertura dos portos, mas não há uma explicação plausível para a regressão de 1800 que, em termos quantitativos, foi muito mais violenta do que a queda

53 TRINDADE DE SÁ, Helena de Cássia. *Economia, Fiscalidade e Comércio: a Alfândega do Rio de Janeiro (ca.1750-ca. 1808)*. 2021. Tese (Doutorado em História) - Rio de Janeiro, Unirio, p. 245. Observa a autora que "combater o contrabando sem melindrar os contrabandistas ingleses não parecia ser tarefa fácil". Obviamente por conta da tutela britânica a quem temia-se contrariar.

que se produziu após 1808, oferecendo-nos um valioso subsídio para afirmar que, sem dúvida, o contrabando foi o motivo principal para esta *débâcle* tão ruinosa para a indústria portuguesa.

Gráfico 13 – Exportação de produtos industriais portugueses para o Brasil, 1796-1831 (valores correntes em contos de réis).

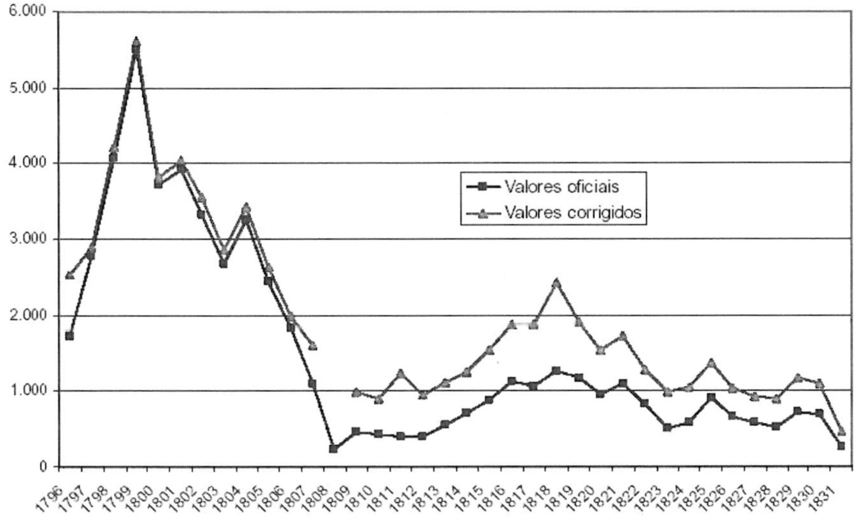

Fonte: LAINS, Pedro. Indústria sem Império: Portugal, 1808-1850. Comunicação preliminar apresentada ao *VII Congresso de História Econômica*. Aracaju, 4 de setembro de 2007.

Este gráfico é uma das provas mais consistentes para atestar o papel do contrabando na crise da indústria portuguesa, e a importância do ano de 1800 no processo de abertura dos portos. Uma comprovação a mais para dar sustentação ao exercício de quantificação do contrabando por nós realizado, e reforçar a interpretação de que ele foi a principal arma usada pelos concorrentes de Portugal no sentido de forçar a abertura dos portos, especialmente por seus grandes aliados britânicos. Equivale dizer que o gráfico em tela deve ser lido numa linha de continuidade entre 1800 e 1831, quando a retração das exportações industriais portuguesas para o Brasil Colônia, primeiro, e Império, depois, revelam-se inexoráveis. Se o gráfico for lido em toda a sua temporalidade, evidencia-se que o apogeu da exportação de manufaturas deu-se em 1799, seguindo-se uma queda vertiginosa que tem seu ponto mais baixo em

1808. Segue-se uma recuperação moderada entre 1818/1819, para de novo mergulhar numa tendência descendente até a finitude em 1831, quando as exportações portuguesas chegam ao fundo do poço, não mais do que 250 contos de reis em manufaturas vendidas para o Brasil, elas que, em 1800, haviam rendido quase 6.000 contos de réis.

Um desastre para a economia portuguesa, para as finanças do Estado, para a elite mercantil, simbolizado pelos navios da carreira do Brasil desmantelados no lodaçal do Tejo.[54] Consequência inevitável da partilha consentida do Atlântico entre Portugal e o Brasil sob o lema da liberdade de comércio, que os Tratados de 1810 legitimaram e a tutela britânica consolidou. Linha divisória que se expressa concretamente em Portugal no declínio de movimento dos portos principais, não compensada pela ativação de portos secundários, Foz, Aveiro e Vila do Conde, nitidamente refletida na inversão da balança de comércio que se torna absurdamente favorável ao Brasil. Prejuízo incomensurável até mesmo para os contrabandistas, obrigados, pelas circunstâncias, a converterem-se em comerciantes normais, o que muitos deles, deveras, nunca tinham deixado de ser.

54 Expressão utilizada por António Alves Caetano, em *O porto de Lisboa e o bloqueio continental (1806-1812)*, 2004, op. cit., p. 164.

Capítulo 4
A figura histórica de D. João

Contextualização historiográfica

É inevitável, nestes momentos em que se avizinha a comemoração do bicentenário da Independência, uma espécie de celebração ritualizada do passado. A reavaliação do papel desempenhado por personagens que o processo histórico distinguiu e se tornaram protagonistas nas narrativas sobre este tema. D. João, o Príncipe Regente de Portugal, é uma dessas figuras emblemáticas e, por isso mesmo, controversas, em torno da qual girou um momento crucial da história europeia e americana, pois culmina, na esfera do Império português, na ruptura dos laços políticos entre Brasil e Portugal, a decisão corajosa de transladar-se para uma das partes mais remotas dos seus domínios, o que lhe permitia justificar-se diante daqueles que o acusavam de ter emigrado para fora de seu Reino, dizendo: "Eu não emigrei; transferi a minha Corte de uma parte do meu Reino para outra",[1] pois não desejava compartilhar o mesmo destino inglório dos soberanos espanhóis que acabaram aprisionados e humilhados por Napoleão.

Tudo girou em torno dele. Um herói improvável cuja relutância ajustou-se perfeitamente a uma circunstância em que as decisões cautelosas, pensadas, eram a condição da sobrevivência. Por certo, um dos momentos mais críticos da história portuguesa, quando decisões complexas precisavam ser tomadas com moderação, bem ao feitio do Regente. Momento no qual, prensa-

---

1 HENRIQUES, Mendo de Castro. "D. João VI, Monarca Luso-Brasileiro". In: LIGHT, Kenneth *et al. A Transferência da Capital e Corte para o Brasil.* Rio de Janeiro: Tribuna da História, 2007, p. 199-243, p.220.

do entre os dois Impérios mais poderosos do mundo naquele contexto, tinha que enfrentar o terrível dilema que era decidir-se entre "Inglaterra ou França, salvaguardar os domínios ultramarinos pondo em risco a sobrevivência da metrópole europeia, ou abandonar as colônias, aderindo à aliança continental para preservar Portugal",[2] como argutamente escreveu Fernando Novais. Se preservasse a metrópole, perderia a colônia; se se decidisse pela colônia, certamente perderia Portugal. Era preciso escolher, mais com a razão do que com a emoção, mais cálculo do que sentimento. Preferir Portugal significaria abandonar o Império comercial, especialmente o Brasil, à sanha do Império Britânico, sem ter qualquer garantia de que em seu Reino continuaria a reinar, que seria mantido no poder por Napoleão, mesmo porque, bem sabia, que sem as matérias-primas coloniais o Reino pouco valia para seus propósitos industrialistas. Escolher a longa travessia oceânica rumo à colônia amedrontava, mas era a única alternativa plausível para impedir que ele fosse apossado pela Inglaterra, cujos recursos poderiam ser a base de sustentação para a expulsão dos franceses e seu possível retorno ao trono de Portugal.

Estaria D. João à altura do dilema? Um grande número de historiadores pensa que não. Muitos deles, na esteira dos argumentos de Pandiá Calógeras, descrevem-no como "astuto e tímido... uma mentalidade tíbia e hesitante, apavorado de tudo, incapaz de seguir uma resolução com energia".[3] Perfil semelhante é traçado por Tobias Monteiro, ao afirmar que D. João fazia jus ao traço dominante da política governamental portuguesa, a força da inércia, que nele se traduzia por vacilações recorrentes, uma espécie de esperteza saloia.[4] A partir daí, avolumam-se as caracterizações depreciativas, indeciso, tíbio, dissimulado, procrastinador, todos elas carregadas por uma tonalidade sombria, depreciativa. Muitas das quais inspiradas no texto oitocentista de Oliveira Martins,[5] responsável por um retrato deplorável de D. João, no qual

---

2 NOVAIS, Fernando. *Portugal e Brasil na crise do Antigo Sistema Colonial (1777-1808)*. São Paulo: Hucitec, 1979, p. 29.

3 CALÓGERAS, J. Pandiá. *Formação Histórica do Brasil...*, p. 61.

4 MONTEIRO, Tobias do Rego. *História do Império*: a elaboração da Independência. Brasília: Instituto Nacional do Livro, 1972, t. I. v. I, p. 23-24, 27.

5 Cf. JOÃO, Maria Isabel. "D. João VI e seu Reinado na Historiografia Oitocentista Portuguesa". *Anos 90: Revista do Programa de Pós-Graduação em História da URGS*, v. 17, n. 32, p. 121-136, dez. 2010.

a continência, a sobriedade, a simplicidade foram transformadas em defeitos de caráter, um contraponto aos excessos, ao luxo, ao desperdício, à ostentação que tipificava o comportamento dos frequentadores da Corte, dos quais certamente D. João destoava, por não ser perdulário como a grande maioria dos que viviam a sua condição social, virtude que o historiador em tela não reconhece,[6] porque não as apreciava, mas que teve enorme influência sobre os historiadores que o sucederam. Qualidades que, se bem pensarmos, foram muito úteis num jogo político emaranhado, num tempo histórico complexo em que se está em desvantagem total, quando a sobriedade aliada à sagacidade poderia fazer toda a diferença. D. João se ajustava perfeitamente a este figurino e jamais deixou de ser o protagonista principal neste tabuleiro de xadrez, tanto que, em meio à balbúrdia generalizada em que se encontrava Lisboa às vésperas da partida, foi capaz de organizar a épica viagem de tal modo que, quando chegou o momento de ingressar a bordo de seu navio, lá se encontrava

> todo o acervo administrativo, arquivos, documentos e papéis de governo, e de tal forma arranjados que ao desembarcar no Rio de Janeiro, nenhuma falta ou dificuldade especial se fez sentir, e a faina de dirigir a monarquia continuou no Novo Continente, tão normalmente como se estivesse o regente em Lisboa.

E quem o diz é o próprio Calógeras![7] Este argumento, em favor de D. João, seria mais tarde retomado por Kenneth Maxwell: "A decisão de transferir a Corte portuguesa para o Brasil não foi, portanto, ditada pelo pânico [...]. Embora forçada, não foi imprevista. A esquadra portuguesa estava pronta e o tesouro, os arquivos e o aparelho burocrático estavam a bordo, a postos para a retirada através do Atlântico".[8]

---

6 MARTINS, Oliveira. *História de Portugal.* Lisboa: Livraria António Maria Pereira, vol. 2, 1880, p. 260-261.

7 COLÓGERAS; J. Pandiá. *Formação Histórica do Brasil.* São Paulo: Companhia Editora Nacional, 1960, p. 62.

8 MAXWELL, Kenneth; SILVA, Maria Beatriz. "Condicionalismo da independência do Brasil". In: SILVA, Maria Beatriz; SERRÃO, Joel e MARQUES, A. H. de Oliveira. *O Império Luso-Brasileiro, 1750-1822.* Lisboa: Estampa, 1986, vol. VIII da Nova História da Expansão Portuguesa. p. 382.

O traço ensimesmado de D. João não correspondia ao de uma personagem isolada no seu próprio mundo e apartada da realidade. Enquanto contemporizava, observa Oliveira Lima – que estabelece um divisor de águas em relação ao alinhamento crítico-depreciativo da historiografia oitocentista –, D. João buscava encontrar a melhor alternativa para a metrópole e para as colônias, organizando-as agora a partir do Brasil. Refletia, como tudo indica, sobre as ponderações feitas por D. Pedro, Marquês de Alorna, e, sobretudo, D. Rodrigo de Sousa Coutinho, pois, afinal de contas, não restava ao Regente do Trono outra alternativa senão fazer o que fez: uma inteligente, feliz e arriscada manobra política ao lançar-se ao oceano Atlântico. Seu temperamento timorato, a decisão lenta eram, no fundo, respeito às normas. Mesmo assim, o resultado de sua obra não pôde ser considerado modesto, pois a brandura do Príncipe serviu, no mínimo, para dar um certo toque de democracia no regime absolutista lusitano. Passageiro contrafeito na nau dos destronados, esforçou-se no limite para estar à altura das exigências portadas pelo futuro.[9] Lúcido o suficiente para esgueirar-se entre gigantes, num contorcionismo político digno dos grandes estadistas do seu tempo.

Seus atos e decisões durante os turbulentos 16 anos em que se manteve à frente do Governo em nome de sua mãe, revelam um gestor bem formado, ao contrário da opinião de Varnhagen, colhida por Lucia Maria Paschoal Guimarães,[10] para quem D. João "não recebera educação apropriada a um herdeiro da Coroa".[11] Um equívoco. D. Maria I de Portugal deu a mesma educação formal aos dois irmãos, D. José e D. João, porque sabia das debilidades físicas de seu primogênito, antevendo seu passamento prematuro, como de fato veio a acontecer, uma educação aprimorada, com os preceptores de mais alto nível que se poderia encontrar naquele momento. A Rainha Mãe, que tendemos a desmerecer por suas faculdades mentais alteradas quando chegou ao Brasil, e que se manifestara de forma aguda a partir de 1792, fora, apesar de sua excessiva religiosidade, uma soberana diligente desde que assumira as rédeas do

---

9 LIMA, Manuel de Oliveira. *D. João VI no Brasil*..., p. 53, 73, 75, 78, 80.

10 GUIMARÃES, Lúcia Maria Paschoal. "A Casa de Bragança nos seus domínios Americanos: abordagens historiográficas". In: BRESSONE, Tania Maria (org.). *D. João VI e o Oitocentismo*. Rio de Janeiro: Contra Capa, 2011, p. 127-140.

11 VARNHAGEN, Francisco Adolfo de. *História Geral do Brasil*..., p. 34.

Governo com a morte de D. Pedro em 1786: Rei consorte, irmão de D. José, filho de D. João V e, portanto, tio de D. Maria. Rainha que, de fato, sempre estivera à frente do governo pelo desinteresse de seu esposo com as coisas da gestão pública, tendo liderado de direito e de fato o Reino por 15 anos, até 1792. Apesar de ter perseguido furiosamente Pombal após a sua queda, em memória de D. José, a quem o Marquês passou a atribuir a responsabilidade última pelos excessos de seu governo autoritário, a Rainha foi suficientemente sábia para preservar a nova estrutura funcional do Estado português erigida por seu desafeto, que beneficiava o seu próprio poder e os interesses do Império. Mas não se acomodou, empreendeu grande atividade legislativa, tornou-se mecenas das ciências e da cultura, tendo enviado missões científicas a Angola, Moçambique, Cabo Verde e Brasil. Sob seu mandato, mesmo que em parte tutelado por seu filho, nasceram instituições fundamentais para a ciência, a cultura e as artes em Portugal: fundou a Academia Real das Ciências de Lisboa, a Real Biblioteca Pública da Corte, a Academia Real de Marinha, alinhada com os pressupostos estabelecidos pelo pombalismo de fortalecimento do Império e do Estado por via do conhecimento ilustrado, como mais à frente se verá.

Se a decisão de atravessar o oceano foi demoradamente pensada, e no último instante decidida, tão logo chegado à Bahia determinou a abertura dos portos brasileiros. Mas não fora uma decisão açodada, apesar de lá se encontrar havia apenas cinco dias, pois tivera uma longa travessia para refletir. Uma decisão tão açodada seria contrária aos costumes da administração pública em Portugal, travada pela rotina dos conselhos e das juntas. E não era uma decisão fácil por ser impregnada de liberalismo econômico e totalmente contrária às práticas monopolísticas até então adotadas. Não foi por impulso que tomou a decisão; ela foi pensada, refletida com seus conselheiros mais próximos, que o acompanharam durante os 54 dias no mar, como D. Fernando Portugal que, mais tarde, já na Bahia, confidenciaria a José da Silva Lisboa que esse era o desejo da Inglaterra, desejo de Canning que o fez chegar ao ministro António de Araújo através de Strangford. O contato de D. João com as necessidades locais, ao chegar à Bahia, pode ter consolidado a decisão. Neste caso, a opinião de José da Silva Lisboa, transmitida diretamente ao Príncipe Regente, possivelmente "tenha concorrido para resolução final, mas não parece capaz de, só por si, havê-la determinado".[12] Avaliação mais sensata, mais consentânea com a trajetória dos acontecimentos, do que a versão corrente entre nós sobre o papel heroicizado atribuído ao futuro marquês de Cairu. Afinal, não fazia tanto tempo assim que D. João havia assinado a Convenção Secreta de Londres, pela qual D. João se comprometia com a abertura dos portos caso a Corte se transladasse ao Brasil, exatamente o que acabara de acontecer.

O ambiente singular da colônia, as ilimitadas possibilidades por ela oferecidas, criaram as condições históricas para que D. João exibisse uma nova faceta de sua personalidade, mais decidida, mais resoluta. Ela se expressa nitidamente nas ordens dadas a D. Rodrigo de Sousa Coutinho para que se dirigisse ao Cabildo de Buenos Aires, com a finalidade de propor o estabelecimento de relações preferenciais, e oferecer a proteção do Império português ao Vice-Reino do Rio da Prata. Iniciativa esta que significava a inauguração de uma política imperialista na América Ibérica, conforme diretrizes apontadas pelo próprio governo britânico, aproveitando-se do vácuo de poder instaurado com a difícil situação da monarquia espanhola frente à avalanche napoleônica.

O projeto de subordinação política da Banda Oriental, extensivo a toda a América do Sul, era a um só tempo uma compensação pela perda do território português e ressarcimento pessoal pelo inevitável sentimento de fuga, incompatível com a dignidade de sua pessoa, atormentado pelas imagens da partida e das agressões verbais de que fora alvo. Em última instância, na avaliação de Evaldo Cabral de Mello, "a construção imperial não passou de figura retórica, com que a Coroa bragantina busca desfazer a penosa impressão criada na Europa por sua retirada súbita para os domínios americanos".[13] A legitimidade do projeto passava por D. Carlota Joaquina, esposa de D. João e filha de Carlos IV de Espanha, destronado por Napoleão. Portanto, legítima herdeira do trono pelo impedimento de seu pai, esquema político que viabilizaria a continuidade da monarquia hispânica na América, coroando-se D. Carlota Rainha da Espanha, ou, no mínimo, Regente do trono espanhol, razão pela qual solicitava a anuência de todos os representantes legais da Coroa na América, em manifesto datado de 18 de agosto de 1808.

---

12 AZEVEDO, João Lucio. *O Marquês de Pombal e a sua Época*. São Paulo: Alameda, 2004, p. 454.

13 MELLO, Evaldo Cabral de. *Um imenso Portugal...*, p. 46.

O que está em jogo, em última instância, é a preservação da

> unidade entre as partes constitutivas dos Impérios ibéricos na América espanhola platina a Portugal por meio do Rio de Janeiro (expressada por D. Rodrigo) quanto ao carlotismo, inscrevendo-se ambas no quadro das relações internacionais envolvendo Inglaterra, França e as metrópoles ibéricas decadentes.... Todas estas alternativas, opostas ou harmônicas no jogo imediato de forças, reclamavam idêntica legalidade e legitimidade: a preservação dos direitos dos monarcas.[14]

Tudo parecia se ajustar aos interesses de D. João no projeto. Menos a imprevisibilidade de D. Carlota, que passou a privilegiar suas próprias demandas, agarrando-se a elas com enorme fervor, pondo a serviço de sua inquebrantável vontade a enorme capacidade de mobilizar todos os meios disponíveis, legítimos ou escusos, a serviço de uma ambição sem limites em sua vontade indômita de prestígio e mando, um retrato incompleto dada a enorme complexidade da personagem,[15] que D. João bem conhecia. Com minguadas palavras e frases certeiras, Oliveria Lima a desvelou. Dona Carlota Joaquina, "um cortejo de caprichos dissolutos e de intrigas políticas" e apontou-lhes a razão de ser: "nunca se resignou a ser aquilo para que nascera – uma princesa consorte. Sentia em si sobeja virilidade para ser ela o Rei".[16]

Perfil obstinado que agravava ainda mais a já complexa situação platina, porque não se avaliou apropriadamente o grau de adesão que os súditos hispânicos da América teriam em relação à sua pessoa ou de sua esposa, figuras monárquicas em processo de erosão acelerada, desfavorecidas em relação às aspirações separatistas. E, acima de tudo, porque este projeto se chocava com a orientação do *Foreign Office* para a América Espanhola, que obrigava Strangford a se esgueirar ante a vontade de D. João e as determinações de Canning, cujo despacho de 1.º de março de 1809 abortou definitivamente o

14 PIMENTA, João Paulo G. *Estado e Nação no fim dos Impérios Ibéricos do Prata (1808-1828)*. São Paulo: Hucitec, 2002, p. 84.

15 Cf. AZEVEDO, Francisca Nogueira de. *Carlota Joaquina na Corte do Brasil*. Rio de Janeiro: Civilização Brasileira, 2003.

16 LIMA, Oliveira. *Dom João VI no Brasil, 1808-1821*..., p. 261.

projeto ao afirmar que a Inglaterra era contrária a "uma interferência na situação política dos domínios espanhóis na América", enquanto se preservassem fiéis a Fernando VII, irmão de Carlota Joaquina, que acabara de assumir o trono espanhol.[17] Mais do que impérios poderosos ou, pior ainda, que pudessem se confederar, interessava ao imperialismo inglês, em sua nova feição livre-cambista, repúblicas independentes na América do Sul, pois seria melhor dominá-las se divididas estivessem.[18] Assim seria mais fácil para transformar as jovens nações em espaços receptivos ao financiamento inglês para a instalação de suas máquinas governamentais, e a consequente subordinação de suas economias exportadoras aos desígnios do livre-cambismo. Afinal, "colônias não cessam de ser colônias porque são independentes", sentenciou Disraeli.[19]

Se o sonho do Império americano de D. João não se tornara realidade, ao menos teve o condão de expor uma faceta renovada de seu caráter que, mesmo em meio a muitas vacilações, nos momentos críticos agiu com decisão, atalhando o projeto ambicioso de sua esposa, solicitando pessoalmente ao Rei da Inglaterra que retirasse da Corte brasileira o Almirante Sidney Smith, seu desafeto, aliado incondicional de Carlota Joaquina e que lhe dava sustentação. O projeto platino e sul-americano falhara, sobretudo porque os ingleses viam nele um imperialismo concorrente, o que não impediu D. João de desafiar o poderio napoleônico mandando tropas ocupar a Guiana Francesa, após declaração formal de guerra à França em 1.º de abril de 1808, iniciativa que a muitos poderia parecer mera revanche inconsequente, mas que fazia parte da construção de um "novo Império", que, mais uma vez, os interesses da Inglaterra atalharam, pois o território foi devolvido à França nas negociações que envolveram o concerto europeu realizado no Congresso de Viena, prova inequívoca da tutela britânica vivenciada pela Corte portuguesa no Brasil.[20]

Se o decreto de 26 de novembro de 1807, pelo qual D. João anuncia e explica aos súditos portugueses os motivos de sua partida, transmite confiança

---

17 *Foreign Office*, 63/68, Canning a Strangford, n. 2, 1º de março de 1809.

18 FREITAS, Caio de. *George Canning e o Brasil*..., p. 254.

19 Frase de Disraeli citada por CAIN, P. J.; HOPKINS, A. G. *British Imperialism: Innovation and Expansion, 1688-1914*..., p. 469.

20 RAMOS, Rui. "Invasões francesas, tutela inglesa e monarquia brasileira (1807-1820)"..., p. 454-456.

na provisoriedade,[21] o manifesto de 1.º de abril de 1808 aponta noutra direção. Indica o propósito de erigir de um novo império,[22] portanto, de permanência definitiva no Novo Mundo, no que, aliás, eram fortemente estimulados e apoiados pela Grã-Bretanha. De toda sorte, a viagem insólita e o projeto imperial são, reconhecidamente, um dos eventos mais raros desse convulsionado momento da história do Atlântico Sul, aquele no qual se aloja, em domicílio tropical, à busca de seu renascer, um decadente império europeu,[23] feito singular que os outrora poderosos impérios não conseguiram sequer tentar.

Esta breve narrativa historiográfica e histórica é suficiente para aquilatar a figura de D. João? Não cremos. Sua trajetória exige um alentado volume. E teria que começar pela fixação dos parâmetros segundo os quais se faria a avaliação de seu desempenho como homem e monarca, porque no contexto das monarquias absolutas, mesmo que esclarecidas, era impossível dissociar o ser da entidade. O Príncipe ao nascer, se primogênito, já era Rei. Mas teria que se transformar em governante, em gestor, no decurso das experiências acumuladas em sua existência. Tinha boa formação e estava interessado em aperfeiçoá-la? Envolvia-se com instituições científicas e culturais? Estava disponível para ouvir a todos os segmentos do corpo social e político: ministros, nobres, fidalgos, embaixadores, mercadores, populares? Era dado, preferencialmente, aos prazeres da vida ou aos afazeres do Estado? Estava bem preparado para o exercício da arte de governar e, mais do que isto, tinha gosto em exercitá-la? Aconselhava-se com seus ministros para tomar as decisões ou eximia-se da tarefa concedendo-lhes autonomia e a última palavra? Em que circunstâncias seu governo se desenrolou? Governou com sobra ou escassez de recursos, pois D. João V nadava em ouro, D. José I enfrentou a escassez e,

---

21 LYRA, Maria de Lourdes Viana. *A Utopia do Poderoso Império. Portugal e Brasil: bastidores da política 1798-1822*. Rio de Janeiro: Sette Letras, 1994, p. 131.

22 Sobre a ereção de um novo império português, Cf. TASSO, Luís Otávio Pagano. *Entre Metrópole e Colônia. O governo Econômico do Império Luso-Brasileiro*. 2018. Tese (Doutorado em História Econômica), USP, São Paulo. Doi: <https://doi.org/10.11606/T.8.2019.tde-13092019-160319>. Acesso em: dez./2021. Especialmente p. 126 et seq.

23 Cf. SCHULTZ, Kirsten. *Tropical Versailles: Empire and the Portuguese Royal Court in Rio de Janeiro, 1808-1821*. New York: Routledge, 2001.

ao contrário de seus antepassados, D. João teve que reinventar a agricultura na colônia e na metrópole e reforçar a política manufatureira herdada de Pombal para sobreviver!

Preliminarmente, é necessário assumir que D. João foi alvo de uma feroz lenda negra. Informações negativas promanavam de círculos próximos de grupos conspiradores radicados na própria Corte ou de informantes subservientes às Cortes de Madrid, Paris e Londres, geralmente constituídas por fidalgos que orbitavam no círculo da Rainha Carlota Joaquina, defensora acérrima dos interesses políticos dos Bourbons espanhóis, contrários à agenda do Reino português, cujo objetivo era denegrir a imagem do soberano, considerado incapaz, louco no limite, que deveria, portanto, ceder a Regência à consorte espanhola. "Paradoxalmente, foi esta a imagem recolhida pela historiografia ultraliberal e republicana cujas finalidades de propaganda se situavam ideologicamente nos antípodas da alta nobreza", imagens recapturadas ao longo do século XIX por "reacionários monárquicos e republicanos radicais", fundamentaram a lenda negra, apresentando-o como "indolente, timorato e indeciso, vítima de timidez, excesso de confiança e falta de interesse, e mesmo glutão, impreparado e preguiçoso".[24]

A infestação da historiografia brasileira por esta lenda negra perdura, penetra o cinema, a televisão, a grande mídia, livros pretensamente científicos e até livros didáticos, que faz de algumas personagens figuras caricatas, estereótipos deformados, mas que, sob novas lentes, podem se revelar sujeitos fascinantes. O filme de Carla Camurati, *Carlota Joaquina, Princesa do Brasil,* de 1995, é um exemplo negativo do desserviço que se presta à cultura histórica brasileira por depreciar a Princesa e o Regente de forma grotesca. Até produções da grande mídia brasileira, a exemplo do seriado produzido pela Rede Globo de Televisão, dirigida por Carlos Lombardi, *O Quinto dos Infernos*, exibida no Brasil entre 2001 e 2002, é um deboche ofensivo à história do Brasil e de Portugal, que não fez jus ao elenco de produções qualificadas já realizadas pela emissora, que só fez salientar a aparência física da personagem, seu semblante abúlico, que deixou de lado sua humanidade, sua benevolência, que se espelha em atos de governo, nas reduzidas perseguições ou execuções, ao con-

24 LIMA, Manuel de Oliveira. *Dom João VI no Brasil.* Rio de Janeiro..., p. 941.

trário de seu avô e seus filhos, que enfrentaram tempos muito menos críticos. D. João sofria com varizes nas pernas, hemorroidas, vertigens, acessos de melancolia, mas, apesar destas restrições físicas, não faltou ao seu compromisso maior com o Reino.

Apesar de ter nascido segundo filho, o Príncipe João Maria Rafael de Bragança recebeu a mesma educação esmerada de seu irmão D. José, herdeiro da Coroa, como já indicamos. Conviveu com jovens da nobreza, como os irmãos Domingos e Rodrigo de Souza Coutinho, cercados de amigos escolhidos entre os membros da burguesia, do baixo clero e do povo, pois não era infenso a comunicar-se com as gentes do povo.[25] Por 10 anos teve por mestre de Ciências Miguel Franzini, matemático, físico e naturalista. Estudou História, latim, francês, italiano, com Frei Manuel do Cenáculo, uma referência na época, revelando preferência pelas Ciências em relação às Letras, nas artes e ofícios dos sistemas de fortificação e máquinas hidráulicas que muito apreciava, havendo ainda tempo para a música sacra ou profana e a prática de equitação.[26] Manteve-se interessado em aprimorar seus conhecimentos vida afora, sobretudo nos ramos da ciência e da literatura. Assistia, na companhia de seus familiares, às sessões da Academia de Ciências de Lisboa e conversava com seus membros sobre as matérias discutidas. Seu apego à ciência se traduziu no apoio à criação da Sociedade Real Marítima e Geográfica, criada por D. Rodrigo de Sousa Coutinho, instrumento de governo que D. João reputava vital para a preservação da unidade do Império.

Com apenas 18 anos, por força dos interesses de Estado, visando reforçar os laços políticos com o Reino da Espanha, casou-se com a Infanta Carlota Joaquina, com apenas 10 anos, cujas núpcias somente foram consumadas cinco anos após. Os nove filhos não foram suficientes para dar coesão ao casal, por conta da personalidade forte da Rainha, vista por seus biógrafos como esperta, determinada, ativa, porém má e vingativa, que não hesitava em agir segundo os interesses dos Bourbons espanhóis, de seu pai Carlos IV. Um peso que D. João teve que arrastar por longos anos, até a conspiração por ela organizada para assumir a Regência em seu lugar, em 1806, que provocou

25 HENRIQUES, Mendo de Castro. "D. João VI, Monarca Luso-Brasileiro"..., p. 204.

26 Idem, ibidem, p. 204-205.

a separação de corpos, cada um em seu palácio, mantendo as formalidades para não tencionar ainda mais as relações com a Espanha e com a França, que passavam por um momento crítico naquela conjuntura. A tensão entre os cônjuges, contudo, não deixou de se estender aos filhos, sentindo-se o futuro D. João VI mais próximo de D. Pedro e a Rainha mais íntima de D. Miguel.[27] O modo pelo qual o Rei conduziu sua vida privada, que nos ambientes de Corte misturava-se aos afazeres públicos, é bem uma marca de sua conduta como estadista: moderação e temperança, traços indeléveis de seu caráter que portaria por toda a vida.

Tendo assumido a direção administrativa do Reino em 1792, por conta do agravamento do estado de insanidade da Rainha Mãe, na condição de Príncipe governante, reduziu o Conselho de Estado aos seus quatro secretários de governo, marginalizando assim os representantes da nobreza que haviam ganhado espaço e poder durante o reinado de D. Maria I, decisão que reforçou seu poder decisório, mas custou-lhe inúmeros dissabores criados pelos desafetos marginalizados do poder. D. João governou por longos 34 anos, até 1826, e demonstrou sempre, em Portugal ou no Brasil, grande responsabilidade e, até mesmo, apego pelos afazeres do governo, intervindo diretamente na condução dos negócios públicos, do mais alto escalão, à supervisão do trâmite burocrático cotidiano. Dizem seus biógrafos que nas reuniões era, entre todos, a fala mais calma, mas também a que se revelava mais informada, e que tinha memória privilegiada.

Levantava-se cedo e passava grande parte do tempo lendo relatórios em cujas margens fazia anotações para despacho com seus ministros sempre apreciados por sua experiência. Não se importava com divergências, mesmo que fossem radicalmente opostas, porque delas se valia para tomar suas decisões. Quando estava fora, em viagem pelo Reino, o que não era frequente, se fazia presente através de seu secretário pessoal que transmitia suas orientações e até mesmo instruções formais por ele redigidas. Informava-se sobre o que se passava no exterior pela leitura dos resumos das principais notícias de todos os jornais europeus, preparados por um funcionário poliglota, bem como pelos relatórios de seus agentes secretos nas cortes mais importantes para Portugal,

---

27 Idem, ibidem, p. 206-207.

Londres, Paris, Madri. Semanalmente recebia para audiências os embaixadores estrangeiros, representações dos fidalgos e populares que o procuravam. Estamos, em suma, diante de um Rei operário, dedicado aos afazeres públicos, o que explica nunca haver confiado totalmente em um único ministro a ponto de transferir-lhe o poder de decidir e executar, como fizera seu avô materno, D. José, com o Marquês de Pombal, preferindo gastar seu tempo a gozar dos prazeres que a vida frívola ofertava.

Quis a história que, desde 1792, D. João passasse a exercer de fato o governo do Reino em nome da Rainha Mãe, por razões de saúde. Regência confirmada 7 anos depois, em 1799, quando a gravidade da moléstia se acentuou e foi considerada pelos especialistas irreversível, data na qual D. João foi formalmente confirmado no título de Príncipe Regente e celebrado no mesmo ano, na cidade do Porto, não sem oposição que o Príncipe não tenha sabido conjurar. A conjuntura econômica de Portugal já não era a mesma dos anos dourados de seu bisavô D. João V, e até mesmo de seu avô, D. Jose I. A conjuntura política de então era desastrosa. Se os jacobinos disseminaram o terror pela França nos anos 1792/1793, após o golpe de Estado de 18 Brumário – 9 de novembro de 1799 –, desferido por Napoleão, o caos se instalou na Europa, o mapa político convulsionado, onde quase todas as casas reinantes foram colocadas sob *judice*, ao arbítrio do Corso.

O desempenho político de qualquer soberano se atrela às condições econômicas por ele experimentadas. D. João não pôde contar com os recursos monetários fantásticos com os quais contara seu avô, D. João V, cujas arcas do tesouro eram fornidas pelo ouro brasileiro, situação privilegiada que lhe deu tranquilidade financeira, mas não prosperidade econômica, pois a balança comercial, termômetro do desempenho econômico-financeiro, manteve-se cronicamente deficitária. Apesar disso, D. João viveu um período de prosperidade por conta da expansão manufatureira e da diversificação produtiva da colônia, que fez a balança se inverter a seu favor, produzindo alguns superávits modestos, porém de alta significação. No quinquênio de 1791 a 1795, quando D. João já havia assumido a Regência efetiva, ocorreu o segundo saldo positivo da história das relações comerciais entre Portugal e Grã-Bretanha, tendência que se firma no quinquênio seguinte e se transforma numa avalanche entre 1801 e 1805, porque em dois dos anos do período o déficit britânico supera

1,3 milhão de esterlinos, tendência repetida no período seguinte, com valores mais reduzidos.[28] Estes números dizem muito, porque não falam de riquezas extrativas finitas por natureza, e sim de uma economia que integrara os espaços coloniais e metropolitanos de forma complementar, enlaçando agricultura e indústria, matérias-primas e produtos alimentares com manufaturas portuguesas num círculo virtuoso. Política econômica não inventada por D. João, mas preservada por ele ao dar continuidade, no plano econômico, à política econômica pombalina de substituição de importações que conferira maior consistência e estabilidade ao sistema econômico como um todo. Foram estas condições econômicas do Império, nesta precisa conjuntura, que possibilitaram a D. João o financiamento da sua política de neutralidade, um verdadeiro sistema, mantido desde o início de seu governo de fato, em 1799, até 1808. Só quebrado por D. João quando, chegado ao Brasil, declara guerra à França. Uma eternidade!

Estrategista sagaz em tempos críticos

A primeira década do século XIX foi uma das mais críticas para a história de Portugal. Em 1798, em fala ao exército no Egito, Napoleão havia prometido a extinção do reinado da Casa de Bragança.[29] Sem alternativa, D. João socorreu-se da proteção britânica, a aliança secular de Portugal. Prensado entre os dois maiores Impérios sobre a face da terra, o Regente teve que exercer toda sua capacidade de equilibrar-se entre os poderosos ou ser eliminado como Reino e como Império. As pressões rondavam o círculo político íntimo da corte, expressavam-se na divisão entre ministros favoráveis à Inglaterra e à França, clivagem da qual sagazmente se apropriava, mudando seguidamente de posição, de modo a ter sempre uma justificativa para procrastinar sempre suas decisões, pairando sobre seus respectivos interesses de modo a fazer prevalecer sua vontade, a de garantir a sobrevivência de Portugal. Nesse quadro tenso, diminuiu o número de ministros concentrando as pastas em secretários

28 SIDERI, Sandro. *Comércio e poder: colonialismo informal nas relações Anglo-Portuguesas*. Lisboa: Edições Cosmos/Livraria Martins Fontes, 1978, p. 332.

29 Cf. VICENTE, António Pedro. "A Lenda Negra de Napoleão em Portugal". In: VENTURA, António (coord.). *Napoleão História & Mito*. Lisboa: Centro de História/Caleidoscópio, 2008, p. 7-24.

de Estado que tinham acesso direto à sua Real pessoa, sobre cujas proposições o Rei decidia depois de sopesar seus argumentos. Sistema de governo que não agradava à alta nobreza porque se via afastada do centro do poder pela marginalização do Conselho de Estado, onde tradicionalmente se fizera representar. A tensão produzida por este ambiente carregado acaba na Conspiração dos Fidalgos de 1805, liderada pelo marquês de Alorna, Vice-Rei do Brasil, em conluio com a Rainha, visando transferir-lhe a Regência, para que o plano de romper com a política de neutralidade que favorecia a Inglaterra fosse reconvertido para um alinhamento formal com a política dos Bourbons espanhóis, identificados com Bonaparte.

A arma mais poderosa da qual dispunha D. João para, ardilosamente, postergar a invasão de Portugal pelos exércitos franco-espanhol eram os recursos provenientes da colônia brasileira, diamantes, sobretudo, além de recursos monetários outros oriundos das reexportações de açúcar, algodão, e venda de pau-brasil, valorizadíssimos no mercado internacional por sua indispensabilidade à indústria têxtil. E contava com a concupiscência do rústico embaixador francês em Lisboa, o engenheiro e general Jean Antoine de Lannes, predisposto a delongar tarefas determinadas por Napoleão – como a de pôr fim à neutralidade portuguesa que beneficiava a Inglaterra –, em troca de vultosas propinas, extorsão à qual o Rei acedia de bom grado, pois era um mal menor face à obrigação de fechar os portos aos ingleses que, em represália, não hesitariam em agredir regiões costeiras do Império ao alcance de sua força naval. Sagaz, D. João preferia se antecipar à demanda e manter, assim, uma relação de cumplicidade com o poderoso embaixador francês, como fez ao servir-lhe como padrinho de seu filho nascido em Portugal, dotando-o com a vultosa soma de 36 mil cruzados,[30] mais do que presente, uma propina vestida de dádiva. Único expediente capaz de conter o ardor de um "homem fogoso, impulsivo, intérprete de uma nação poderosa, embriagada pelos triunfos sobre a Europa e persuadido, como todos os soldados vitoriosos, que nada nem ninguém pode resistir à França, e muito menos a quem a representa",[31]

30 NEVES, José Acúrcio das. *História geral da invasão dos franceses em Portugal e da restauração deste Reino*. Lisboa: Edições Afrontamento, 2008, p. 38.

31 MALAFAIA, Eurico de Ataíde. *A Guerra Peninsular: Da gênese ao seu Termo (1793-1813)*. Braga: Universidade do Minho, 2007, p. 110.

personalidade que D. João fizera questão de receber com pompa e honra no Palácio de Queluz, quando de sua apresentação ao seu Governo Real, o que predispôs o general francês e seu séquito, "não habituado a esta pompa e dignidade", a deixar-se encantar pela Corte de Lisboa.[32]

Agência política que, no contexto, se revelava sábia, urdida por uma figura de aparência pasmada, sob a qual se refugiava, contudo, um Rei astuto. Além das propinas para si mesmo, Lannes impôs a D. João honrar o Tratado de Madrid que proibia a circulação de navios britânicos pelos portos do Reino, e concordar com o pagamento de um subsídio no valor de 16 milhões de francos ao Primeiro Cônsul,[33] tratativas que vinham se alongando desde a chegada de Lannes, em 1802, e somente foram consolidadas em 1804, assim mesmo não plenamente cumpridas por parte de D. João, que pagou, mas não bloqueou os portos para os britânicos, fato que demonstra sua maestria na arte de ganhar tempo, fazer e comprar amizades.[34] Retornando à França em meados de 1804, o embaixador francês recusou-se a voltar para Portugal, e acabou por demonstrar, quatro anos depois, que se afeiçoara a D. João. Provou-o em 1808, quando recusou a honra que Bonaparte lhe fizera ao elegê-lo, dentre os marechais do grande exército, para o comando das forças que invadiriam Portugal, quando afirmou não querer "trair nem os interesses da França nem os do meu amigo Real".[35] Como se vê, D. João sabia ser sedutor, mesmo que para tanto vis pecúnias tivessem que ser despendidas.

Somente nos inícios de 1805 é que chegou a Lisboa o novo embaixador, o general Jean Anloche Junot, exatamente quem, mais tarde, aceitaria o comando das tropas que Lannes recusara. De imediato, exigiu de Portugal a

---

32 Idem, ibidem, p. 111.

33 Pelo Real Decreto de 2 de maio de 1804, o Príncipe Regente encarregou o Barão de Ponte Corvo de entregar ao governo francês 16 milhões de francos, em 16 pagamentos de 1 milhão de francos/ano, preço estipulado por Bonaparte para garantir a neutralidade de Portugal, valor que deveria ser reembolsado pelo Contrato do Pau Brasil até sua completa quitação, cujo contratador era o próprio Barão. Cf. CAETANO, António Alves. *A Economia Portuguesa no Tempo de Napoleão...*, p. 115-116.

34 LUSTOSA, Isabel; PIÑEIRO, Théo Lobarinhas. *Pátria e Comércio. Negociantes Portugueses no Rio de Janeiro Joanino*. Rio de Janeiro: Ouro Sobre Azul, 2008, p. 36.

35 HENRIQUES, Mendo de Castro. "D. João VI, Monarca Luso-Brasileiro"..., p. 216.

declaração de guerra à Inglaterra, tendo ouvido de D. João uma recusa peremptória, atitude que refletia naquele momento a fragorosa derrota da esquadra francesa em Trafalgar, em outubro de 1805, que aplastou o fervor dos franceses. Mas em 2 de dezembro do mesmo ano, o desastre foi parcialmente compensado pela estrondosa vitória francesa em Austerlitz, que voltava a colocar D. João em xeque, porque as tropas agora disponíveis poderiam ser direcionadas a alvos ibéricos, exatamente o que faltava para que a hegemonia francesa na Europa se tornasse completa, mas não tão absoluta quanto a hegemonia nos mares alcançada pela Inglaterra após Trafalgar. Narrativa histórica que poderia ser totalmente outra, se D. João não tivesse seguido seu tino político, seu *feeling*. D. João se revelava um Rei à altura dos tempos difíceis que se vivenciava, pois, eventos históricos de alta relevância se sucediam acelerando o tempo histórico e apressando as decisões. Sem se aquebrantar, o Príncipe Regente continuava a mediar os conflitos cônscio de que não havia saída fora da política de contemporização. Após o Bloqueio Continental ter sido decretado, em 1806, as pressões para que Portugal aderisse à aliança continental se avolumaram. Em 10 de julho de 1807, apresentam-lhe um ultimato: os portos do Reino teriam que ser fechados para os ingleses, os cidadãos residentes em Portugal seriam apreendidos e seus bens confiscados, ordens que teriam que ser executadas até 1° de setembro, no fundo, a mesma demanda que se arrastava por anos graças aos contorcionismos procrastinatórios do Príncipe Regente.

D. João perseverava em negociar. Cedeu no quesito dos portos, mas recusou-se a confiscar os bens, esperando que a negociação continuasse. Conhecedor do enredo, Napoleão não declarou guerra, mas mandou Junot assumir o comando das tropas reunidas em Baione. O decreto de bloqueio saiu no dia 20 de outubro, mas a retaliação inglesa não veio, porque o plenipotenciário português em Londres, Domingos de Souza Coutinho, havia sido autorizado por D. João a assinar a Convenção Secreta que anulava os efeitos do bloqueio, porque ela previa o embarque da Família Real para o Brasil. Quando Napoleão percebeu a trama, informado por seus espiões na Corte londrina sobre o acordo luso-britânico – que acabou por ser noticiado no jornal *The London Chronicle* –, ordenou a Junot que iniciasse a invasão. Às pressas, em 22 de outubro, mandou afixar o edital que Napoleão aguardava havia uma década, no qual declarava aceder à causa do continente unindo-se ao Imperador dos franceses e à Sua Majestade Católica, decretando o fechamento dos portos do Reino para navios britânicos, mercantes ou de guerra, o confisco dos bens e a prisão dos cidadãos britânicos, que foram rapidamente evacuados pelos navios ingleses, sem qualquer retaliação por parte do embaixador britânico em Portugal, Lord Strangford que, compreensivo, dizia entender a difícil situação de D. João, mas sabendo ambos que tinham uma saída prevista para essa situação.

Uma peça fundamental nesse xadrez peninsular foi o Rei de Espanha Carlos IV que, seduzido por Napoleão, pois faria parte do festim que repartiria o butim de guerra representado pela partilha de Portugal, abriu as portas da península para as tropas napoleônicas investirem contra seu vizinho sem se aperceber que seria a próxima vítima, mesmo podendo contar com um exército potencial de 140 mil homens, tudo isto em troca da promessa vaga de que os territórios espanhóis ao sul dos Pirineus seriam preservados, além de receber o ambicionado título de Imperador das Duas Américas, a fusão da América Hispânica com a América Portuguesa, a unificação do continente americano sob uma única Coroa, sonho oculto do próprio Bonaparte, porque era de lá que vinham todas as virtualidades essenciais para a indústria francesa. Realidade descrita por José Acúrcio das Neves na condição de testemunha ocular, ao falar em seu livro de "um grandíssimo número de navios empregava-se nesta carreira, levando aos franceses os gêneros coloniais que não podiam haver por outros caminhos – por conta do bloqueio marítimo –, e trazendo em retorno grãos, fazendas e outros artigos de produção da França, ou das suas fábricas".[36]

D. João, porém, estava prevenido para esta emergência e, mais uma vez, adiantou-se a Napoleão. A política de contemporização havia sido esticada até o limite. Ou quase. Porque D. João fez ainda uma última tentativa quando chegaram a Lisboa os embaixadores portugueses que serviam em Paris e Madrid, dispensados pela chancelaria francesa. Sinal inequívoco de que a guerra estava em marcha, pois, quase ao mesmo tempo, os embaixadores da França e da Espanha retiraram-se de Lisboa. D. João entendeu o recado e lançou o antí-

---

36 NEVES, José Acúrcio das. *História Geral da Invasão dos Franceses em Portugal...*, p. 51.

doto, numa proclamação ao Estado do Brasil, afora Grão-Pará e Maranhão, fez a todos saberem que concedera a seu herdeiro o título de Condestável do Brasil, uma sinalização precisa de que pretendia enviar o Príncipe D. Pedro à colônia, protegendo-o e à Casa Dinástica das incertezas do futuro. Ele que havia acedido ao ultimato de Napoleão no que concerne ao fechamento dos portos, apressou-se em minorar o impacto das medidas tomadas contra os cidadãos ingleses e seus bens e propriedades, instruindo o administrador-geral das alfândegas para que os inventariasse minuciosamente, ficassem em sequestro, não fossem leiloadas, mas preservados e seguros para a eventualidade de terem que ser devolvidos ou indenizados, por perda ou extravio, mesmo que fosse à custa do tesouro público, pois queria provar aos ingleses que não rompera por querer, mas por imposição das circunstâncias e assim precaver-se contra possíveis retaliações britânicas, pois advertências neste sentido não faltaram. Ou seja, acatou as ordens de Napoleão, mas preveniu-se para não desagradar a seus parceiros britânicos, perseverando no caminho da neutralidade. Tinha que ser um artista. E de fato era. Ao mesmo tempo que diligenciava para que nada acontecesse, preparava-se para enfrentar a cena final do que previra poderia ser o desenlace irônico da tão bem-sucedida política de procrastinação, a invasão de Portugal e a fuga para o Brasil.

O inexaurível D. João cuidou da neutralidade assim como cuidou da partida. A esquadra para a viagem estava preparada com todos os seus pertences. "Nada escapou à vigilância do soberano, para auxiliar a retirada de todos os seus vassalos que queriam fugir à escravidão".[37] No dia 26 o Regente anunciou aos súditos os motivos da viagem para o Brasil; no dia 27 embarcou, e graças ao retorno dos ventos, no dia 29, a esquadra zarpou; exatamente quando as tropas francesas, derreadas pela marcha acelerada, chegavam a Secavém, a 2 léguas apenas de Lisboa, para frustração dos comandantes franceses que falharam na missão de capturar o Rei e a frota portuguesa. Desenlace que Bonaparte, mais tarde, prisioneiro dos britânicos, ao escrever suas *Memórias* na ilha de Santa Helena, reconheceria ter sido fundamental para o colapso de seu projeto político-militar. Isto porque, "desse modo, a Inglaterra pôde continuar a guerra, foram-lhe abertos os mercados da América do Sul; cons-

37 Idem, ibidem, p. 63.

tituiu um exército na Península Ibérica e dali pôde tornar-se vitorioso agente, o núcleo temível de todas intrigas forjadas no continente. *Foi o que me perdeu*",[38] disse o Corso. Desabafo histórico porque vai ao cerne da questão. Porque criou as condições indispensáveis para que a Inglaterra pudesse superar o dano criado pelo Bloqueio Continental; porque a ausência dos Braganças no Reino permitiu-lhes assumir a frente de batalha contra os franceses, sem constranger a soberania do Monarca, e, nestas circunstâncias, assumir o comando das operações militares contra os franceses a partir do próprio continente, provando que a mudança da sede do Império se revelara sábia decisão, arquitetada pelos britânicos bem sabemos, mas assumida pelo Regente, que hesitou até o último instante em romper o seu sistema de neutralidade. Para D. João, um Novo Império se anunciava na América Meridional, nascido das entranhas do Reino medieval português e de seu moderno Império mercantil americano, construído por séculos na modernidade, sob os auspícios do poderoso Império Britânico, em relação ao qual Portugal assumiria uma condição de semidependência.[39]

Esta linhagem interpretativa que aposta na revisão histórica de D. João VI, começa a tomar corpo entre os historiadores especializados na temática e já ganha os meios de comunicação, a exemplo do livro recentemente lançado pelo jornalista Armando Seixas Ferreira.[40]

O príncipe regente D. João visto pelo escultor João José de Aguiar

Ao mesmo tempo que o Príncipe Regente enfrentava com as armas da sagacidade, da diplomacia política, o poderoso império napoleônico, no plano da cultura travava-se uma verdadeira batalha imagética, envolvendo a própria representação escultórica da figura pública de D. João.

---

38 Citado por AMEAL, João. *Breve Resumo da História de Portugal*. Lisboa: Editora Tavares Martins, 1939. p. 87 (grifos nossos).

39 BETHELL, Leslie. *The Abolition of the Brazilian Slave Trade*. Cambridge: Cambridge University Press, 1970, p. 7.

40 FERREIRA, Armando S. *1821, O Regresso do Rei: A Viagem de D. João VI e a Chegada da Corte a Portugal*. Lisboa: Planeta, 2021.

Figura 1 – Estátua do Príncipe Regente, futuro Dom João VI, esculpida por João José de Aguiar, originalmente instalada no átrio do Hospital Real da Marinha (1814), e que atualmente se encontra no Museu Nacional de Arte Antiga, em Lisboa

Figura 2 – Detalhe da face

Ao Príncipe Regente D. João coube a hercúlea missão de transladar-se à porção mais vasta e rica de seu Império; moldar as estruturas basilares do futuro Império do Brasil e, de regresso à Portugal, assumir o constitucionalismo que pôs fim ao absolutismo monárquico. Expressão elevada na constelação de Reis portugueses, teve no escultor de sua estátua, João José de Aguiar, um artista exímio, senhor de técnica apurada e enorme sensibilidade. Características que lhe facultaram extrair de um bloco maciço de mármore, sua especialidade, a figura histórica de D. João. Retrato de corpo inteiro, no qual o artista buscava imprimir sua real personalidade e caráter, ao invés de sua realidade morfológica, ou seja, a configuração e a aparência externa do ser reproduzido, nos moldes cultivados pelo neoclassicismo. Concepções que assimilara como aprendiz do consagrado mestre Antonio Canova, em seu ateliê romano. Tendência inovadora, por ele introduzida em Portugal, mas incômoda para a comunidade dos escultores portugueses que, fiéis ao classicismo e detentores dos postos de mando, acabaram por ficar em desvantagem na competição pelos recursos e favores do Estado, do qual todos dependiam para sua sobrevivência, pessoal e profissional, dado que ordens superiores determinaram que as obras a Aguiar consignadas tivessem prioridade no recebimento de instalações, materiais e estipêndios. Vantagens que o beneficiaram por sua inserção no "vendaval neoclássico" que se alastrava pela Europa, embalado pela Revolução Francesa e pelas hostes napoleônicas.[41]

A busca deste ser interior revelou-se por inteiro na arte de Aguiar. Nela resplandece um novo D. João, muito diferenciado em relação aos exemplares pictóricos existentes, modelados no figurino clássico. Nesta estátua, exposta em 1814, percebe-se um relativo despojamento, se comparada às representações coetâneas do Príncipe, e, ao mesmo tempo, uma elevação de sua figura, inspirada na estatuária dos césares. Vestido à romana, envolto numa toga picta que, aprisionada ao peito por uma fíbula, envolve-o e derrama-se pelo chão, liberando os dois braços da figura para dar-lhe volume e movimento. O braço direito apoia-se sobre o leme onde repousam os símbolos maiores do poder, o cetro e a coroa; o esquerdo, descansa sobre a ilharga graciosamente, mas roça de leve o punho da espada, sinal de determinação. Deste conjunto harmônico

41 CARVALHO, Ayres de. *Os Três Arquitectos da Ajuda. Do "Rocaille" ao Neoclássico.* Lisboa: Academia Nacional de Belas Artes, 1979, p. 19.

pleno de significações emerge a criatura real: varonil, esbelto, confiante, cabeça aprumada cingida pelos louros da vitória; mãos firmes sobre o leme do Estado, o Príncipe Regente, ornado com todos os símbolos do poder, o cetro, a espada, as insígnias das ordens militares, que revelam, a um só tempo, um militar destemido, vencedor, e o pleno domínio do artista na representação de figuras humanas heroicizadas.

Pela magia do escultor a estátua conferia a D. João uma nova identidade. Fê-lo renascer. Vez que o mestre teve a perícia técnica, a habilidade e a sensibilidade artística sublimada para sacar da pedra bruta os traços viris de seu representado: a imponência de sua postura, a nobreza de seu semblante, ao invés de eternizar os traços fisionômicos recorrentes e tradicionais. Por certo, trata-se da "melhor escultura portuguesa deste período", di-lo Elza Garrett Pinho,

> delicada e de belas proporções, a estátua mais não é do que um panegírico em pedra, em que os verdadeiros traços fisionómicos do futuro rei foram substituídos pela nobreza de feições e pela imponência da pose. Pela primeira e única vez Aguiar revela-se um verdadeiro discípulo de Canova, imprimindo à estátua a virtude moral e a elegância linear e grave que tão bem traduzem os princípios estéticos do Neoclassicismo. A obra atinge momentos de grande perícia técnica e de elevado sentido estético, expressos particularmente na perfeita adequação da indumentária à anatomia do governante, mas também nas diferentes texturas e no grau de polimento da pedra.[42]

Juízo chancelado por vários outros interpretes, o enlace feliz entre os ensinamentos de uma escola escultórica e a abertura mental de um jovem escultor, que fora capaz de filtrar em suas obras o sentido da história. Líder de um movimento artístico único, breve e fugaz, pois não sobreviveu ao seu brilho e ensinamentos, já que sua obra foi relegada ao esquecimento. Lançada aos porões de uma instituição museológica, não sobreviveu ao seu mentor,

---

42 PINHO, Elza Garrett. "O escultor João José de Aguiar: O breve sopro da Escultura Neoclássica em Portugal", *A Escultura em Portugal. Da Idade Média ao início da Idade Contemporânea.* [Livro de actas do colóquio realizado em Lisboa entre 12 e 13 de março de 2009]. Lisboa: F.C.F.A., 2011, p. 315-316.

mas revive hoje, resgatada por um momento historiográfico que escande a figura do Regente e do Rei João VI, e que no seu retrato eternizado na pedra encontra, do ponto de vista imagético, sua mais sublime expressão interior.

Os retratos contrastados são a melhor forma de avaliação dos artistas que se debruçaram sobre temas similares, em contextos históricos semelhantes. Neste sentido, o texto de Miguel Figueira de Faria sobre Machado de Castro e João José de Aguiar faz um contraponto criativo, pois, ao confrontá-los, ilumina-os a ambos. Enquanto Castro é considerado um "artista e artífice" diversificado, apto a qualquer tipo de trabalho, sobre todos os materiais, e firmemente apegado à tradição, Aguiar era um escultor centrado na especialidade da estatuária em pedra, de temática profana, ainda que de cunho moralizante, identificada com as novas tendências da arte e, destarte, em franca ruptura com a continuidade do barroco/absolutismo, representada por Castro. Seus trabalhos, para Faria, transpiram a arte de Canova, mas adquirem uma expressão personalizada em suas melhores obras. "Nesses momentos Aguiar aproxima-se nalguns aspectos da arte grega", pois nelas "reencontramos afinidades com as ideias de *nobre simplicidade* e *grandeza tranquila*". Assim sendo, assumindo

> a frieza própria à sua escola [...], [Aguiar] percorre caminhos diversos libertos do compromisso de emulação literal dos modelos gregos, conferindo às suas criações uma interpretação original dos princípios assimilados onde emerge um certo *rusticismo* que não lhe retira virtudes no confronto com as obras dos outros seguidores das ideias neoclássicas. Nesse compromisso identificamos, como tem sido reconhecido, a mais cosmopolita inspiração apolínea na estátua do Príncipe.[43]

De fato, a primeira e única escultura do Príncipe Regente D. João foi esculpida nos anos anteriores a 1814, no período convulsionado pelas guerras

---

43 FARIA, Miguel Figueira de. "(Re)Ver Machado de Castro e João José de Aguiar". In: *Actas do IV Congresso de Arte Portuguesa em Homenagem a José de Augusto França*. Lisboa: Associação Portuguesa de Historiadores da Arte, 2014, p. 148-161, especificamente à p. 153. Disponível em: <https://www.apha.pt/wp-content/uploads/docs/Actas%20IV%20CHAP%20final.pdf>. Acesso em dez/2021.

desencadeadas pela Revolução Francesa e, portanto, na ausência de D. João por estar no Brasil. Mas, se não há ressalvas quanto à autoria, há quem desloque o feito para 1823, hipótese recusada por Elza Garrett Pinho, que confessa ter por anos acreditado nesta versão, até encontrar um testemunho que atestasse a primeira exposição da estátua, no ano de 1814. Data esta confirmada pelo editor da *Revista da Armada*, editada em abril de 2004, o Contra-Almirante Luis Roque Martins, que asseverou ser esta a data na qual a estátua foi instalada no átrio do Hospital Real da Marinha.[44]

A decifração deste enigma cronológico nos conduz à trajetória pouco comum de João José de Aguiar. De origem humilde, passou sua infância num canteiro de obras. Ali, na condição de aprendiz informal, demonstrou aptidão e habilidade para trabalhar a pedra, profissão de seu pai. Escolhido pelo Intendente Pina Manique, foi enviado à escola de escultura portuguesa de Roma para aprimorar suas habilidades tendo, preliminarmente, frequentado os ateliers de Tomaso Labruzzi (desenho) e Giuseppi Angelini (escultura), onde aprendeu a modelar e esculpir à moda antiga para, somente então, ser aceito na oficina do grande mestre Antonio Canova. Entre 1793 e 1794, foi contemplado por seu protetor com um pedido honroso: realizar a maquete para o monumento a ser erigido em homenagem a D. Maria I. Nos anos seguintes, até 1798, transpôs para a pedra mármore as cinco esculturas que comporiam o referido monumento.

Trabalho qualificado, que o distinguiu entre os jovens escultores da Academia Portuguesa de Roma, deu-lhe prestígio e reconhecimento público. Sinalização positiva, que apontava para uma carreira futura exitosa, mesmo que o referido monumento, por conta do conflito permanente entre as nações europeias naquele período, tenha desembarcado em Portugal somente em 1802; e aí ter esperado por décadas em um depósito para ser instalado no largo fronteiriço ao Palácio de Queluz, em 1939, século e meio após sua feitura, no ano em que tragicamente se iniciava a Segunda Guerra Mundial. Demora que não esmaeceu o prestígio crescente do jovem escultor, tanto que, na sequência, recebeu do próprio Príncipe Regente encomendas para o Palácio de Mafra.

---

44 PINHO, Elza Garrett. "*O escultor João José de Aguiar...*", p. 317.

Os desígnios do poder, entretanto, são insondáveis, e a sorte de Aguiar muda abruptamente. O próprio D. João decidiu, por decreto exarado no mesmo ano de 1802, retomar a obra do Palácio da Ajuda, nomeando para a condução dos trabalhos arquitetos da nova geração neoclássica, José da Costa e Silva e Francisco Xavier Fabri. Para a escultura foi nomeado Joaquim Machado de Castro, artista completo, com domínio sobre toda a gama de conhecimentos atinentes ao seu ofício, mas não aquele que começara a ser reconhecido como o maior artífice em pedra de Portugal, relegado a uma posição secundária no telheiro do Palácio da Ajuda como substituto do próprio Machado de Castro. Desprestígio que talvez se explique pela morte de seu protetor, Pina Manique, mas que também pode ser entendido por razões menos prosaicas, a exemplo das carências financeiras do tesouro público que, apesar dos fartos recursos prodigalizados pela colônia brasileira, oriundos da diversificação de sua produção agropecuária, eram insuficientes para cobrir os gastos militares; o pagamento de subsídios aos franceses que garantiam a neutralidade portuguesa; as despesas correntes da Corte e do Império; as intermináveis obras da Ajuda e de Mafra. Mas este fato objetivo não minorava o sentimento de Aguiar que, neste contexto, considerava-se subaproveitado e, portanto, sequioso por projetos emuladores, que prodigalizassem ganhos de visibilidade, prestígio e meios de subsistência, a exemplo da proposta para esculpir uma nova estátua do Príncipe Regente, obra capaz de incendiar o imaginário coletivo, mobilizar o ânimo nacional em defesa do Reino e do Império, ameaçados por Bonaparte.

Que tipo de estátua preencheria tais requisitos? Um símile das inúmeras produzidas segundo modelos clássicos, do *rocaille* português? Certamente não serviria aos fins colimados. Porque as imagens do Príncipe Regente gestadas até aqui, nos regramentos do rococó, não produziram o retrato potente que dele se necessitava, porque a tanto sua figura corpórea não inspirava. Nestes termos, caberia à criatividade do escultor, à sua arte, extrair do mesmo Príncipe uma nova imagem, totalmente diversa do que fora até então, dispensando sua realidade corpórea, seu vestuário e adereços tradicionais em favor da ereção em pedra de um verdadeiro herói nacional, pronto para defender a nação contra seus inimigos, esculpido segundo moldes neoclássicos.

Mas Aguiar não conseguiu se desvencilhar completamente das linhas de força dominantes na arte portuguesa setecentista. E esta contradição se espelha na estátua produzida. No fundo, uma representação híbrida que pode ser compartimentada em duas secções, de certo modo antagônicas, acima e abaixo do pescoço, a cabeça e o tronco. Para quem conhecera o rosto do Regente, fixado segundo os parâmetros da arte barroca portuguesa, não seria difícil vislumbrar ali os traços fisionômicos do Regente, evidente concessão ao classicismo, à exceção da coroa de louros que simbolizava o poder imperial. Em contraposição, do pescoço aos pés, surgia um general vestido à romana, pronto para a ação, prestes a iniciá-la, um corpo altamente idealizado recriado pela arte de Aguiar, visível na nudez da maior parte dos membros inferiores, num rosto jovem e imberbe, no lábio inferior projetado e ligeiramente caído.

Uma ofensa à tradição clássica de representação das figuras soberanas. Inovação estética que envolvia um alto custo a pagar pelo representado e seu escultor, pois Portugal, naquele momento, encontrava-se em flagrante descompasso *vis a vis* ao restante da Europa, varrida que fora pelas ondas de choque engendradas pela Revolução Americana, ecos da marselhesa e renovação estética movida pelo neoclassicismo, forças telúricas que obrigavam o Estado português, para preservar-se, a dar sustentação à tradição monárquica, ao absolutismo e às representações asseveradas pela arte tradicional. A busca de equilíbrio entre as forças antípodas conduziu à política de conciliação e, por desdobramento, à ruptura da unicidade neoclássica que deveria presidir a ereção da estátua. Mesmo assim, houve ganhos em matéria de prestígio político, pois a flagrante desarmonia visava transmitir ao expectador a sensação de movimento, de dinamismo, de prontidão para a ação, conjunto de qualidades que eram exatamente o oposto do que seus críticos mais ferrenhos alardeavam como sendo a característica negativa fundamental da personalidade joanina, a indecisão.

A estátua do Regente D. João é, em suma, um arranjo de contrapostos a expressar uma personalidade complexa, *sui generis*: um Príncipe, mesmo que Regente, disposto ao combate; um ser humano espontâneo, mais do que majestático, feição política que convinha aos tempos insurretos em que se vivia, justificando atitudes mais consentâneas com as expectativas populares. Composição escultórica que visava a criação de uma personagem em busca da mudança pelo movimento e a estabilidade, o que levava o escultor a preservar elementos da tradição clássica em contraposição a um soberano energizado, sustentado em bases sólidas, mãos firmes sobre o leme que portava os símbolos do poder real, que exibe a espada mas não põe a mão sobre seu punho, movimento indicativo de que visa a preservação da tradição dinástica e não os anseios imperiais, à moda Bonaparte.

Como se vê, muitas esperanças são depositadas aos pés da estátua. Ela exprimia os anseios de segurança do Reino português, materializados na figura maiúscula de um herói que se pensava capaz de mobilizar a força da nação para expulsar os invasores, recuperar o território, a honra e o orgulho nacional, não esmorecer. Foi consumado no dia 15 de setembro de 1814, com a inauguração da estátua do Príncipe Regente D. João, ao ser assentada no átrio do hospital militar da marinha em Lisboa. Ato solene, que comemorava a libertação do território das tropas francesas de ocupação, e, sobretudo, augurava o esperado retorno do Príncipe Regente ao trono do Reino de Portugal, a sete anos ausente, um momento eufórico, se comparado ao estado depressivo no qual mergulhara a população desde a tenebrosa invasão de 30 de novembro de 1807. Homenagem triunfante, prestada antes mesmo que o Regente tivesse sido proclamado Rei no Brasil com o título de D. João VI, em 1818, dois anos após a morte de sua mãe D. Maria I; e que tivesse realizado seus maiores feitos, já assinalados: lançar os alicerces do futuro Império do Brasil e aderir ao constitucionalismo monárquico em Portugal. Atos majestosos. Suficientes para glorificar qualquer soberano, prova de sua sensibilidade para sentir o repto do tempo; e atuar historicamente sob seu compasso.

Virtudes que os demais retratistas e escultores de D. João não foram capazes de assimilar e, muito menos, traduzi-las nas feições, indumentária, adereços, simbolizações, que o tino de seu escultor soube com esmero recriar. Vieses que a produção historiográfica atual, no contexto comemorativo da proclamação do Império do Brasil, busca superar em favor de uma reinterpretação mais consentânea com a verdade histórica que transparece, fielmente, na imagem do Príncipe Regente recriada pela maestria de João José de Aguiar. A transcendência de um general romano vitorioso, êmulo do imperador Otávio Augusto, portador da coroa cívica,[45] que associa a imagem do comandante ao

45 MARTINS, Paulo. *Imagem e Poder: Considerações Sobre a Representação de Otávio Augusto*. São Paulo: EDUSP, 2011, p. 188-189. Idem, *A Representação e Seus Limites. Pictura Loquens, Poesis Tacens*. São Paulo: Edusp, 2021, especialmente o capítulo

deus Apolo e transfere ao seu detentor força atávica, ou seja, a herança adquirida de seus ascendentes remotos.

Este mesmo sentimento transladou-se ao outro lado do Atlântico, chegou ao Brasil com os estranhos exilados em solo próprio, encontrando acolhida na calorosa recepção da população do Rio de Janeiro à Família Real e seus milhares de acompanhantes. As iniciativas para que um monumento fosse construído na nova capital do Império português correspondiam a manifestações explícitas de apoio por parte da própria população da cidade, manifestação de vontade que acabou por mobilizar o governo nesse sentido. Coube ao ministro Rodrigo de Sousa Coutinho, que já apoiara iniciativas assemelhadas nos idos de 1804, em Roma, lançar um concurso público para escolher o projeto que seria implementado no Rio de Janeiro. O certame foi realizado em Londres, em 1810, na Royal Academy of Arts, inicialmente aberto apenas aos membros da própria academia, mas que acabou por atrair vários outros interessados. Numa deferência especial, o consagrado artista Joaquim Machado de Castro foi convidado a participar pelo próprio Sousa Coutinho, em nome do governo, tendo apresentado um projeto que rescendia a esboços anteriores de sua própria autoria ou mesmo a obras executadas, material analisado em artigo especializado por Miguel Figueira de Faria.[46]

Segundo Faria, instruções enviadas à legação portuguesa em Londres orientavam os interessados em participar do concurso sobre as expectativas dos seus promotores. Desejava-se uma estátua do Príncipe Regente, pedestre ou equestre, que exaltasse o "Augusto Soberano Restaurador do Brasil, e da Monarquia Portuguesa", que expressasse a figura de um amável herói régio, cuja imagem de conquistador fosse substituída pela aparência de um soberano protetor do progresso e do bem-estar do seu povo, sublinhando seus atribu-

---

"Imagens Romanas: cultura e poder", p. 291-308, com destaque para figura de Augusto da Prima Porta, p. 307.

46 FARIA, Miguel Figueira de. "Joaquim Machado de Castro e os Monumentos Reais para o Rio de Janeiro". In: FERREIRA-ALVES, Natália M. (Coord.). *Artistas e Artífices e sua Mobilidade no Mundo de Expressão Portuguesa*. Porto: CEPESE; Universidade do Porto. Faculdade de Letras, 2007, p. 413-421. Disponível em: <https://www.cepese.pt/portal/pt/publicacoes/obras/artistas-e-artifices-e-sua-mobilidade-no-mundo-de-expressao-portuguesa/joaquim-machado-de-castro-e-os-monumentos-reais-para-o-rio-de-janeiro>. Acesso em dez/2021.

tos de Príncipe pacífico, cristão prudente e generoso, "que deveria vestir-se ao antigo uso romano", fazendo com que ele surgisse diante de seus súditos como um herói regenerando o Brasil, "mais magnífico, mais Augusto, e de maior beleza".[47] Equivale dizer, Machado de Castro recuperava em sua proposta apresentada em 1811, um modelo já experimentado pelos escultores de sua escola quando fizeram a estátua do Príncipe do Brasil, D. José, esculpida em 1787, um ano antes de sua morte. Trajes que Aguiar reproduziria na estátua do Regente D. João assentada em 1814, revelando uma tendência comum aos dois artistas, mesmo que suas linhagens escultóricas fossem antípodas. No seu programa, Castro previa uma articulação entre a estátua principal, do Príncipe Regente, elevado sobre um pedestal, com duas esculturas alegóricas femininas subalternas (Lusitânia e América), postadas frente a frente, lateralmente, sobre um terreno montanhoso e inculto (referência à rusticidade e incivilidade da colônia), estendendo seus braços sinalizando o desejo de união, sem que as mãos se tocassem, criando um hiato espacial que remetia à suspensão do tempo correspondente à viagem da Corte para o Brasil, simbolização criativa.

As intenções eram ótimas, mas nenhuma das propostas veio a concretizar-se. Isto, porém, não significa que sejam destituídas de interesse histórico. Pelo contrário, pois a euforia criada pela presença da família real poderia ter levado à construção não apenas de um único monumento, mas, efetivamente, à "idealização de uma *Place Royal* no Rio de Janeiro, em pleno século XIX, depois do modelo europeu inspirador ter entrado definitivamente em colapso",[48] o que talvez explique a evidente falta de interesse político em levar a cabo o melhor ou os melhores projetos apresentados, arremata Faria. De fato, o tempo incumbia-se de torná-los obsoletos, distanciados em relação ao novo tempo que celeremente tudo mudava. As experiências políticas das ex-colônias americanas despertaram os súditos brasileiros para as novas possibilidades de organização dos regimes políticos, especialmente, depois da elevação do Brasil à condição de Reino Unido, mas monarquia absoluta clássica que o Regente D. João representava, e que transcenderia do monumento em sua homenagem, não era uma opção.

47 Idem, ibidem, p. 415.

48 Idem, ibidem, p. 420.

Aponta neste sentido, o descrédito crescente do regime absolutista, o destino da última proposta conhecida para a edificação de um monumento ao Rei D. João VI, no Rio de Janeiro. Idealizada por José da Costa e Silva, tinha por escultor convidado João José de Aguiar que, com sua presença, marcava não somente seu retorno à cena artística da Corte, mas também a revanche definitiva do estilo neoclássico sobre o barroco, iniciativa que, como as demais, não se cumpriu, substituída que foi pela presença da figura real num modesto medalhão comemorativo de seu aniversário.[49] Expressões artísticas sinalizando os fluxos temporais!

Desafios redobrados na nova sede do Império

O brigue "*voador*", mensageiro da chegada da Corte ao Brasil, adentrou a barra do Rio de Janeiro em 17 de Janeiro, antecipando a chegada da esquadra que se dividira depois da aguada em Cabo Verde, parte da qual adentrou a barra de São Salvador na Bahia em 22 de janeiro, onde foi recebido com festas e instado a aí permanecer, fazendo de São Salvador a nova capital do Brasil, clara revanche em relação ao Rio de Janeiro, para quem perdera o privilégio de ser a capital do Vice-Reino do Brasil 43 anos antes. D. João agradeceu, decretou a abertura dos portos, medida de alta relevância, que poria a Bahia no mapa da história do Brasil, ela que já era o berço do descobrimento. Em 7 de março, completando 54 dias de viagem aliviada pela escala baiana, a esquadra aportou no Rio de Janeiro. A população em êxtase aguardava para ver a Corte, Rei, Príncipes, alta nobreza, para tanto enfeitou as ruas, areia, flores, folhas, sinos dobravam, fogos de artifício espoucavam, era um delírio tropical face a um evento que jamais pensaram que poderia acontecer. Era um sonho. Ao qual se seguiria um pesadelo. Eram necessárias residências para acomodar 10 mil pessoas, numa cidade que não passava de 60 mil habitantes. Um sexto da população seria desalojada.

O navio Príncipe Real trouxera a cúpula do governo e da elite portuguesa. O Príncipe Regente, seus filhos D. Pedro e D. Miguel, a Rainha Mãe,

---

49 Cf. FARIA, Miguel Figueira de. "6 June, The king's birthday present: an insight into the history of royal monuments in Portugal at the end of the Ancient Régime". In: CHASTEL-ROUSSEAU, Charlotte (Ed.). *Reading the Royal Monument in Eighteenth-Century Europe*. Farnham: Ashgate, 2011, figura 4.10, p. 87-88.

num total de 1.054 pessoas.[50] Menos D. Carlota Joaquina, que viajava noutra embarcação,[51] por questão de segurança ou porque havia entre ela e o Regente uma efetiva separação de corpos. Ao cruzar a linha do equador, duas tarefas hercúleas se punham diante do talento de D. João: fundar as bases do novo Império americano dos portugueses e reconquistar o Reino aos franceses. Não esperou reunir seus conselheiros – que viajavam dispersos pela frota –, para tomar as primeiras das inúmeras decisões que marcariam o seu governo a partir do Brasil, apressado pelas urgências dos novos tempos que revelavam um novo Príncipe, arejado pelo clima, mais ágil na tomada de decisões, mais liberto das peias que o cingiam à Europa, traço marcante que o caracterizaria ao longo de sua estada no Rio de Janeiro, até sua partida em 25 de abril de 1821.

Treze anos foram suficientes para que D. João instalasse na colônia o aparato legal e institucional que, futuramente, lastrearia os fundamentos do Estado Imperial brasileiro em todos os seus requisitos políticos, de resto essenciais ao exercício do mando a partir da colônia. Mas não só por isso, dado que o Príncipe Regente exorbitou em suas iniciativas, ultrapassou os limites do necessário, suas ações se fizeram sentir em todos os níveis da vida econômica, social, religiosa, cultural e simbólica, até cotidiana, com a generalização do instituto do "beija-mão", uma forma de aproximação dos colonos aos rituais civilizadores, próprios da aristocracia e do ambiente de Corte. D. João montou a infraestrutura governamental destinada a vir a ser, *a priori*, a base operacional necessária à estada que se pretendia provisória da sede do Império no Brasil, mas que acabou por ser mais um estímulo para que os autonomistas de plantão levassem adiante seu projeto, porque o essencial para que o novo Reino Unido viesse a se tornar um Estado independente, nos moldes das experiências coevas da América hispânica, já estava assentado.[52]

50 Segundo informações colhidas em HENRIQUES, Mendo de Castro. "D. João VI, Monarca Luso-Brasileiro"..., p. 220.

51 AZEVEDO, Francisca Nogueira de. *Carlota Joaquina na Corte do Brasil*... Em cujo texto destaca a habilidade política da problemática esposa de D. João.

52 Um excelente roteiro sobre a produção histórica para o período joanino no Brasil encontra-se em BRESSONE, Tania Maria (org.). *D. João e o Oitocentismo*. Rio de Janeiro: Contra Capa Editora, 2011, muito especialmente o já referido artigo de Lucia Maria

Nesse sentido, a primeira decisão política de alta relevância tomada por D. João foi o próprio *Alvará de abertura dos portos*, uma das cláusulas previstas na Convenção Secreta de 22 de outubro de 1807, que já abordamos - e sobre a qual voltaremos na última unidade deste livro –, e que também assegurara a D. João a proteção da esquadra inglesa para a travessia, estada e retorno a Portugal quando as circunstâncias permitissem. A relevância de suas dimensões econômicas nublou seu significado político. Nada mais nada menos do que a extinção do sistema colonial português no Brasil que vigera por longos séculos. Ato instantâneo, que não esperou sequer a chegada ao Rio de Janeiro, nem consultas demoradas aos ministros conselheiros, decisão que eliminava o regime de exclusivo, o monopólio português sobre o comércio brasileiro, pondo fim de um só golpe à trave mestra do estatuto colonial, levando o governo a uma série de atos destinados a desmontar todo o aparelhamento que em torno do monopólio havia se estruturado. O impacto econômico do ato de abertura em si, a curto prazo, foi reduzido, quase simbólico, porque na prática somente uma nação poderia se beneficiar da medida, a Inglaterra. E assim mesmo de modo relativo porque, como já vimos anteriormente, os portos encontravam-se abertos para a navegação britânica desde 1800, fato que relativiza a importância econômica do ato de abertura formal e sobreleva sua dimensão política.

Entende-se, nestes termos, porque desde cedo, em Portugal, instala-se o repúdio à supremacia inglesa no aparelho político-administrativo do Império, apesar de sua importância na luta contra os franceses. A política econômica livre-cambista adotada pelo Governo no Rio de Janeiro - de inspiração britânica –, era prejudicial à colônia brasileira, pois a maioria de seus produtos mais requisitados para a exportação não eram consumidos na Inglaterra, uma vez que tinha fornecimento assegurado em suas próprias colônias, a exemplo do algodão ou do açúcar.[53] Circunstâncias que haviam levado D. João, ainda em Portugal, a defender o comércio realizado com os franceses, por serem

---

Paschoal Guimarães: "A Casa de Bragança nos seus domínios Americanos: abordagens historiográficas" (p. 127-139).

53 "A Grã-Bretanha quase só importava algodão, já que as tarifas aduaneiras eram proibitivas para os restantes produtos brasileiros, que concorriam com os originários das colónias britânicas". CAETANO, António Alves. *O porto de Lisboa e o bloqueio continental (1806-1812)*. Lisboa: Academia de Marinha, 2004, p. 151.

eles vorazes consumidores de mercadorias coloniais brasileiras disponibilizadas em Portugal, algodão em rama, couros e açúcar, a serem remuneradas com manufaturas têxteis francesas, aquisições sempre questionadas pela Inglaterra que entendia haver um favorecimento à indústria francesa e que, por outro lado, dava legitimidade aos reclamos de Napoleão, que questionava a neutralidade portuguesa sempre invocada por D. João para não aderir ao bloqueio continental, repetidas vezes exigido pelo Corso.

Com a abertura dos portos o cenário se transforma e D. Rodrigo de Sousa Coutinho, ancorado em suas concepções sobre a necessidade de criar uma federação no Império português – formalizada no alvará de 4 de fevereiro de 1809 –, imaginou a possibilidade de erigir-se um "vasto sistema de comércio, entre o Atlântico e o Índico", abolindo-se por esta via os entraves à importação direta de artigos asiáticos pelo Brasil ou Angola, com o expresso intuito de fazer do Brasil, por sua posição geográfica e apropriada, o "empório do comércio de entreposto entre a Europa e a Ásia".[54] Um projeto que nascera destinado ao fracasso, porque a meta dos britânicos nesse momento era a extinção de toda e qualquer atividade industrial nos domínios ultramarinos das demais potências europeias, a plena liberação para a entrada em seus portos das mercadorias britânicas a preços competitivos, política predadora que acabou por atingir o Império luso como um todo e, sobretudo, o mercado metropolitano, que foi à ruína. Estes são os frutos amargos da política livre-cambista adotada pelo governo instalado no Rio de Janeiro que, a partir daí, orienta o Reino a abandonar a produção de manufaturas – até então protegida pelo Estado – em favor da indústria britânica, e o consequente retorno às produções agrícolas tradicionais. Nefasta política regressista de total subordinação à tutela britânica que desestimula a produção manufatureira no Reino e conduz à retração das exportações das fábricas para a colônia. Nicho até então exclusivo que passa a ser abastecido pela indústria britânica, agravando a crise econômica de Portugal, já esgotado pelos esforços desprendidos para a expulsão dos franceses.

Se a política econômica afetava duramente a economia do Reino e agravava o descontentamento dos reinóis, do ponto de vista político-insti-

54 ALEXANDRE, Manuel Valentim. *Os Sentidos do Império...*, p. 243.

tucional o cenário não era melhor. Em 1815 chegava a Lisboa a notícia de que fora criado o Reino Unido de Portugal, Brasil e Algarves, um rude golpe para aqueles que esperavam ansiosamente o retorno do Rei ao seu trono. Um feito histórico subavaliado pelos brasileiros que, evidentemente, o comparavam a uma desejada, e quiçá possível, proclamação da Independência, evento maior já ensaiado pelos colonos da América hispânica. Não percebiam, naquele contexto, que a elevação do Brasil à condição de Reino Unido era um estágio quase que natural rumo à emancipação política. Evidência que os súditos do Império em Portugal perceberam de imediato, considerando-a uma condição institucional perigosa para a hegemonia política do Reino medieval, pois anunciava que a inversão colonial determinada pelas circunstâncias se apresentava agora com a possibilidade de eternizar-se, uma situação perigosa para o futuro político do Reino português, porque delineava um cenário no qual a Nação portuguesa passaria a ser, incontornavelmente, uma colônia de sua antiga colônia. Inaceitável.

Situação de inferioridade que já não mais se justificava, porque Bonaparte havia abdicado duas vezes e a guerra peninsular findara graças ao brio do exército português e à liderança britânica. O reconhecido denodo das tropas portuguesas na expulsão dos franceses exacerbou o ânimo nacional. Fez crescer o sentimento de abandono; de indignação com a ausência da monarquia; de inferioridade face à colônia ter se convertido em capital do Império e, sobretudo, pelo desejo incoercível de retorno aos tempos áureos da Corte em Lisboa. Este conjunto de circunstâncias fez crescer o sentimento de que era um imperativo o regresso de D. João à Europa, porque o Reino estava ameaçado pelas ruinosas condições econômicas, pelo elevado nível das tensões sociais, pelo fraccionamento ideológico, mas, acima de tudo por ser ele o símbolo vivo da unidade nacional.[55]

Da mesma forma que as guerras napoleônicas haviam convulsionado o mapa político da Europa, o congresso de Viena operou no sentido de fazê-lo voltar à normalidade, brandindo o princípio da legitimidade, o regresso das fronteiras dos Estados europeus ao *status quo ante*, equivale dizer, a restauração das fronteiras europeias ao estado prévio em que se encontravam

55 ARAÚJO, Ana Cristina Bartolomeu de. "O 'Reino Unido de Portugal, Brasil e Algarves 1815-1822". In: *Revisa de História das Ideias*, Coimbra, vol. 14, p. 233, 1992.

antes da tempestade bonapartista. Tais princípios, que passavam a reger as relações exteriores, beneficiavam Portugal, porque davam a D. João a segurança de ter as suas fronteiras e o seu próprio Reino preservado, ele que fora ameaçado de extinção pelas artimanhas de Napoleão e sua aliada na Península Ibérica, reconfiguração do cenário político que dava às lideranças políticas em Portugal um poderoso argumento para intensificar a campanha em prol do retorno da Corte ao seu lugar de origem. Se não era mais preciso fugir, estava na hora de regressar.

Mas havia uma outra leitura que se poderia fazer deste mesmo contexto, de resto nada favorável aos que advogavam o regresso do Rei. A contra argumentação enfatizava que os princípios defendidos em Viena reconheciam os domínios e as fronteiras de Portugal, legitimando, portanto, a elevação do Brasil à condição de Reino Unido e, por via de consequência, reconheciam o direito de D. João VI a permanecer na América, "uma autêntica revolução num sistema imperial com três séculos de vigência", pois, formalmente, decretara-se "o fim da condição colonial do Brasil".[56]

Equivale dizer que, desde então, na síntese de Ana Cristina de Araujo, tornara-se inaceitável usar o termo colônia para falar do Brasil. Da mesma forma que o Reino português não poderia ser concebido como uma província do grande Reino Atlântico, espaço marítimo onde, doravante, passariam a concorrer a metrópole genitora e sua criação. De fato, um Reino natimorto, diz Ana Cristina, porque nascia incontornavelmente atrelado ao Reino continental, mas que teve o condão de pôr a nação lusitana contra a realeza, pois acreditavam que se estava a colocar o Império de cabeça para baixo. Um ultraje, uma inaceitável quebra da continuidade histórica, cuja reversibilidade exigia a retomada do mando sobre a colônia, somente exequível se o Rei retornasse ao Reino. Discurso aparentemente agregador, mas de fato restaurador, banhado em aspirações libertárias, em torno do qual se tecem os argumentos favoráveis à mudança do regime. A consciência de perda da autonomia econômica e política da Nação é o estopim que faz eclodir a Revolução do Porto, obriga ao retorno de D. João VI à Portugal e faz retroagir o Reino Unido do Brasil a um sistema de dominação incompatível com o status adquirido em

56 Idem, ibidem, p. 249.

1815. Leva à desagregação material da Coroa portuguesa ao mudar o humor em relação aos britânicos, pois, se até aqui eram incensados como heróis da libertação passam, doravante, a serem vistos como sustentáculo do imobilismo que identificara o absolutismo português.[57]

Enquanto isto, o Regente do Trono, bem aconchegado na parte meridional de seu Império americano, parecia disposto a usufruir da segurança e conforto de sua nova sede tropical. Tanto que não encarou como mera formalidade a condição de capital do Reino do Brasil e do Império que assumira o Rio de Janeiro. Pelo contrário, no ano seguinte, reforçou a dimensão simbólica do novo organismo político ao reformular a bandeira do Reino pela incorporação, num só escudo, das armas reais das três partes que o constituíam, fixando como símbolo distintivo do Reino do Brasil uma esfera armilar de ouro em campo azul, que reproduzia, em seu *design*, a esfera terrestre com seus meridianos e paralelos. Símbolo este que, ao apontar para todas as direções, expressava a universalidade e o poder daquela que fora a colônia mais poderosa de Portugal, e acabava por sinalizar o reconhecimento de que o Império se transformara numa quase federação.

Enaltecimento do Reino do Brasil que coincidia com a morte de D. Maria I, facultando a D. João ascender ao trono após ter sido o Soberano de fato por longos e críticos 24 anos, um quarto de século, mas cujo governo a partir do Brasil, pressentia, não duraria muito, para seu pesar. Esta é a leitura possível do Alvará baixado no ano seguinte, 1817, que concedia a D. Pedro o título de Príncipe Real do Reino Unido, clara sinalização de que ele seria seu herdeiro no futuro Reino Unido ou separado do Brasil, premonição que expressa bem a sua capacidade de intuir as tendências da conjuntura política e antecipar-se a ela. Iniciativa benéfica se pensada do ponto de vista do futuro político do Brasil, mas que, do ângulo dos súditos portugueses, de seu regressismo político, tensionava ainda mais os ânimos contra o Monarca. Mas ele se revelava convencido do acerto de suas decisões, da direção que imprimia ao futuro estado dos Reinos Unidos. Sua inclinação pelo Brasil, o reconhecimento de seu lugar de prestígio na constelação do Império volta a se confirmar no ano seguinte, 1818, quando se fez coroar em pomposa cerimônia de aclama-

57 Idem, ibidem, p. 249-258.

ção no Rio de Janeiro, que pode ser interpretada sim como uma clara sinalização para um futuro Reino Unido do Brasil independente, para um processo de emancipação política controlado pelo próprio Soberano português, realizado sob os auspícios da própria dinastia de Bragança em favor de um Príncipe bragantino, arquitetura política que faz de D. João um estadista visionário, o conspícuo fundador do Império do Brasil.

O conjunto destes atos políticos, racionalmente engendrados no sentido de afirmar a condição de Reino Unido do Brasil, não eram destinados a espicaçar a animosidade política dos reinóis; mas sim de garantir que o Brasil não seguiria o caminho perfilado pelas colônias espanholas que haviam preferido a insubordinação política, a insurreição, o enfrentamento aberto no campo de batalha, sendas que partes do Brasil já ameaçavam trilhar. A Revolução Pernambucana de 1817, cujos efeitos deletérios para Portugal já ameaçavam estender-se à Bahia, era um sinal nítido de que a unidade política do Reino do Brasil não estava assegurada, que a fragmentação era uma possibilidade candente, fato que as alterações no mapa político da América meridional estavam a testemunhar. É isto que explica a ação enérgica de D. João no caso exemplar da insurreição pernambucana, ao antecipar-se à eclosão do movimento. Tanto que, no ano anterior, já havia solicitado o translado ao Brasil de guarnições militares de Portugal, pedido que se repetiu em 1817, logística oportuna que pôs na área do conflito forças navais decisivas no bloqueio marítimo de Pernambuco,[58] cortando as ligações dos insurretos por mar, enquanto as tropas oriundas do Rio de Janeiro, sob o comando do conde dos Arcos, completavam o cerco por terra abafando o movimento. Tudo isto enquanto ele mesmo, o próprio D. João, se incumbia de supervisionar os arsenais de guerra na capital, iniciativas militares eficientes que explicam por que o movimento foi tão rapidamente sufocado, seus líderes fuzilados no Recife e na Bahia, revelando um Soberano decidido, precavido, capaz de antecipar os movimentos do inimigo no campo de batalha, fazendo jus à imagem retida na estátua de D. João feita por Aguiar.

D. João dava mostras de que, cada vez mais, se acomodava ao seu Novo Reino, elevado à condição de cabeça do Império, tranquilidade que a

58 Conta dos Governadores do Reino. 17, *op. cit.*

eclosão da Revolução Liberal no Porto, em 1820, quebrou rapidamente, mudando o rumo dos acontecimentos. Se as ações militares foram eficientes na defesa interna, na contenção das sublevações separatistas, a seu juízo, não teriam o mesmo êxito contra o movimento político que ameaçava o Trono dos Braganças em Portugal, a tanto custo preservado. Era preciso salvar os Reinos de Portugal e Algarves e garantir, tanto quanto possível, senão a subordinação absoluta, ao menos a aliança política com o futuro Estado do Brasil que se anunciava inevitável, e cuja trajetória, razoavelmente pacificada até aqui, devia-se ao descortino político de D. João que, ao pressentir o desenlace que se anunciava, deu mais um passo à frente, nomeando D. Pedro Regente do Reino do Brasil em 22 de abril de 1821 e, no dia seguinte, finalizou seu reinado brasileiro embarcando para Portugal acompanhado por cerca de 4 mil pessoas, uma parcela reduzida dos 15 mil que integraram a épica travessia de 1808.

Nos treze anos de sua aventura tropical, D. João fora muito bem acolhido pela população. Às elites locais soubera granjear, concedendo milhares de comendas que as distinguiam socialmente, diminuindo as distâncias em relação à nobreza europeia, que compunha o alto escalão da Corte no Brasil, não importando que as distinções fossem indiretamente remuneradas pelos empréstimos por ela concedidos ao Erário para subvencionar o gasto público, sob o disfarce de subscrições dita voluntárias. Não menos importante foi o apoio da classe mercantil, dos negociantes de grosso trato, elite econômica que monopolizava o comércio de exportação e importação e tudo mais que lhe dizia respeito, sobretudo, o rendoso tráfico de escravos. Sentia-se feliz na cidade que o festejava e que lhe permitia bem viver distante da guerra peninsular, da carestia e do conflito político no Reino, tanto que, assim que a hipótese de retornar se apresentou, pensou imediatamente na possibilidade de enviar D. Pedro em seu lugar. A um oficial de gabinete confidenciou "No Brasil é que fui Rei", Reino que pretendia transformar no "maior império do mundo" e reservar Portugal para um príncipe sujeito ao seu governo, sentimento oposto ao de D. Carlota, sua esposa, que a tudo no Brasil exprobava, ansiando pelo retorno à Europa.[59]

59 Manuscrito de Alexandre José de Melo Morais. Excertos extraídos de "A quarta-feira negra do rei". *Revista de História da Biblioteca Nacional*, Rio de Janeiro, ano 3, 2008, p. 94-95.

Premido pelas circunstâncias, contrafeito, D. João VI regressava ao Reino que quase perdera para os exércitos de Bonaparte; agora para enfrentar a revolução liberal cujas Cortes Gerais haviam indicado um Conselho de Regência para exercer o poder em seu nome. Portanto, deprivado de seus poderes de Monarca absoluto que tão satisfeito exercera no Reino do Brasil, destinado a contentar-se com os limites de uma constituição ainda por fazer. Após desembarcar na Praça do Comércio e participar de um *Te Deum* em sua honra, o Rei dirigiu-se às Cortes para jurar as bases da Constituição. Percurso assemelhado ao de D. Pedro que, coroado Imperador do Brasil e até mesmo encenado um ato simbólico de força no outeiro do Ipiranga governaria, como seu pai, sob o espartilho de uma constituição de base liberal, não obstante, com a vantagem de ser jovem, dotado de energia, ânimo, vontade e disposição para confrontá-la.

Como se percebe, a política interna de D. João não poderia descuidar-se das relações externas, às quais estavam imbricadas de modo inextricável. De fato, a política externa do Novo Império foi um traço marcante da reconfiguração do Império português na América. Os limites fronteiriços em relação ao Império Espanhol sempre foram litigiosos, sempre intercalados por acordos diplomáticos acertados para não serem cumpridos ou serem revisados. A região platina sempre foi o fulcro do litígio. Portugal sempre a considerou como sendo o limite natural do Brasil no extremo sul, ao contrário dos espanhóis, que defendiam estarem tais limites bem mais ao norte, no território de Santa Catarina. Havia, destarte, na ótica do Estado português, uma justificativa histórica para o início de ações reivindicativas naquela região, momento oportuno, dada a crise da Monarquia hispânica e o consequente enfraquecimento do Império espanhol na América. Cônscio desta vantagem, tão logo desembarcara no Brasil, antes mesmo que a nova máquina pública estivesse em plenas condições de funcionamento, D. João deu início ao projeto que o trouxera para o Novo Mundo, o de construir um Império Americano, como mais detalhadamente se verá no capítulo sobre os planos britânicos para o Brasil.[60]

60 As páginas que se seguem sobre o governo de D. João no Brasil baseiam-se na *Cronologia do Período Joanino 1767-1826, da Biblioteca Nacional* e no *Período Joanino (1808 a 1822) do Arquivo Nacional*, disponíveis em: <http://bndigital.bn.br/projetos/expo/djoaovi/index.htm> e <http://mapa.arquivonacional.gov.br>.

Declarou guerra à França. Um ato de desagravo simbólico que pouco significava porque, em 1808, não havia possibilidade de resistência ou contraofensiva organizada. Ato contínuo, ordenou a conquista da Guiana Francesa, cujo território foi quase que imediatamente atacado por tropas portuguesas com apoio de forças navais britânicas, ofensiva que levou à rendição o governador francês na Guiana e a anexação de seu território ao Brasil, logo a seguir restituído aos franceses como parte dos acordos do Tratado de Paris que se seguiu à primeira abdicação de Napoleão, em 1814.

Equivale dizer, a aventura servira para restaurar o orgulho das tropas portuguesas, mas com poucos resultados práticos, a não ser para os interesses britânicos que utilizaram as Guianas como moeda de troca nos acertos internacionais realizados em Viena, prova inconteste da tutela que exerciam sobre o Governo dos Braganças. Lance semelhante se repetiu em 1816, quando D. João, logo após o falecimento de sua genitora, determinou ao general Carlos Frederico Lecor que comandasse tropas luso-brasileiras em direção ao rio da Prata, com a missão de invadir e ocupar o Uruguai, uma revanche tardia contra a Espanha que, aliada às tropas francesas, invadira Portugal e praticamente lançara a Coroa portuguesa ao mar. Projeto que seguia à risca o *Plano Sábio* de William Pitt que, contra Bonaparte e seus aliados espanhóis, planejava a reconstrução de um vasto Império Americano sobre os escombros do Império Espanhol, para ser colocado sob a égide do Governo português e, obviamente, sob a indiscreta tutela britânica. Neste sentido, os primeiros passos foram dados quando o Congresso Cisplatino votou pela anexação do Uruguai ao Reino Unido de Portugal, Brasil e Algarves, sob a denominação de Província Cisplatina do Uruguai.

D. João, apesar de concentrado nas questões de política interna e externa, não descuidou da montagem institucional que estabeleceria os alicerces do futuro Estado brasileiro, ora em construção. De Portugal trouxera o essencial para a montagem de um aparelho de Estado soberano, a mais alta hierarquia civil, militar e religiosa; aristocratas, profissionais liberais e qualificados artesãos, servidores públicos do alto escalão. Muitas das instituições criadas por D. João tiveram uma dupla face: política e econômica. Assim foi a abertura dos portos, cuja significação econômica foi relativizada pela ação massiva do contrabando britânico nos portos brasileiros, aberração que praticamente aniquilara a exclusividade mercantil dos portugueses e franqueara os portos antes mesmo de sua abertura formal, situação absurda, agravada pela conjuntura internacional que reduzira a poucas nações aquelas que tinham condições de frequentá-los. Nestes termos, acabava por ter mais impacto econômico o Alvará de 1º de abril de 1808, pelo qual revogava-se o Alvará baixado por D. Maria I exarado em 1786, que proibira a instalação de manufaturas na colônia. Invertia-se por este ato a política restritiva em favor do estímulo às iniciativas industriais, pois o diploma exortava os súditos a empenhar-se no estabelecimento de todo e qualquer tipo de manufatura no Brasil, dado que as manufaturas do Reino se encontravam paralisadas pelo estado de guerra que se vivenciava. Tal situação colocava o restante do Reino Unido e, por via de consequência, todo o Império, na dependência absoluta das manufaturas britânicas. Exatamente o que tinham premeditado os ministros britânicos quando forçaram no sentido da transferência da Corte para o Brasil, eventos que, se pensados do ângulo da colônia, em seu viés político, tinham um profundo significado, dado que a proibição de manufaturas na colônia era um dos esteios do sistema colonial, arcabouço secular vasado no regime de monopólio que ia, pouco a pouco, se desfazendo.

A subsequente criação do Tribunal da Real Junta do Comércio, Agricultura, Fábricas e Navegação, da qual o Visconde de Cairu fora um secretário aplicado, tinha, entre tantos outros afazeres, a função de julgar as condições objetivas para a instalação de manufaturas por parte de seus proprietários, para evitar a concessão de subsídios a iniciativas sem lastro, as ditas "indústrias fictícias", aquelas que careciam de subsídios públicos para terem continuidade.[61] Mudança drástica em termos de política econômica, pois passava-se, em função das circunstâncias imediatas, a advogar a convivência da agricultura com a manufatura na colônia, em contraposição à especialização produtiva que marcara todo o período anterior à abertura dos portos, a regra dourada do mercantilismo: manufaturas no Reino; agricultura na colônia. Lema revisto, temporariamente, quando se advogou o retorno de Portugal às práticas agrícolas e o abandono da política de industrialização.

61 ARRUDA, José Jobson. *Historiografia: Teoria e Prática...*, p. 326.

Apesar das hesitações, a fartura de instituições criadas, todas elas voltadas à criação de condições favoráveis à economia, atestava a vontade do governo joanino de caminhar nesta direção, ou seja, a de promover o desenvolvimento econômico integrado da colônia brasileira no bojo do Império português. Seu ativismo se espelha no conjunto variado de medidas incentivadoras, destacando-se a criação do Banco Nacional para permuta de barras de ouro; o regimento sobre circulação de moedas de cobre e prata; a instalação de fábricas de pólvora e ferro em várias localidades; estímulo à melhoria de condições no transporte de escravos africanos; fomento à imigração açoriana e suíça; autorização para que estrangeiros pudessem ter a posse de sesmarias; benefícios para o cultivo de especiarias indianas no Brasil; instalação de uma companhia de seguros marítimos; e até mesmo a criação de uma cadeira de Ciências Econômicas, a ser regida por José da Silva Lisboa. Complexo acervo de iniciativas respeitáveis, com enorme potencial para acelerar o crescimento econômico da colônia, especialmente de suas manufaturas, considerando-se a expansão do mercado interno pelo crescimento da imigração branca e do tráfico africano, que registrou os mais elevados índices de entrada de cativos na colônia, indicador que sinalizava para um enorme avanço das atividades agrícolas e, portanto, para a expansão do mercado consumidor interno para produtos industrializados.

Potencial de crescimento minado por uma decisão de caráter político, compromissada na Convenção Secreta e à qual, portanto, o Governo português no Brasil não tinha condições de furtar-se, ou seja, a aceitação tácita das condições leoninas inscritas nos *Tratados de Comércio e Navegação e de Aliança e Amizade* entre Portugal e Inglaterra, de 1810. Tratados interdependentes, porque das inúmeras concessões de caráter econômico – especialmente a das tarifas de importação privilegiadas concedidas aos britânicos –, dependia a proteção a ser dispensadas ao Governo português pela esquadra britânica estacionada no Brasil. Tarifas estas que anulavam de imediato todos os benefícios que o Alvará de estímulo às manufaturas na colônia, recentemente baixado, havia anunciado, pois, as referidas tarifas permitiam-lhes inundar de imediato com suas manufaturas o mercado brasileiro, e os do Reino também, assim que os franceses fossem expulsos. Concessões, como dissemos acima, previstas na Convenção Secreta que D. João fora obrigado a cumprir, inclusive a cessão de um porto franco em Santa Catarina, que ele mesmo havia vetado em Portugal quando da assinatura do diploma, mas que no Brasil, sob novas circunstâncias, foi compungido a aceitar, como já nos referimos algures. Vê-se, pois, que, a tutela britânica não é uma figura de retórica, apesar de ter sido relativizada na historiografia portuguesa que preferiu sobrelevar os ganhos políticos ao "salvar a realeza e abrir as portas da independência ao Brasil".[62]

O problema crucial do tráfico negreiro

Neste rol absurdo de coisas a fazer, D. João tinha ainda que envolver-se até a medula com o problema crucial do tráfico africano, elo vital da corrente de trabalho que energizava a economia colonial, de base essencialmente agrária. A escravidão africana era a instituição chave no Império, sobretudo no Brasil, esteio econômico do Império, onde predominava a atividade agropastoril. Questão sensível porque nenhum soberano, naquelas circunstâncias, poderia esquivar-se do problema. Mas os britânicos que por séculos haviam comungado plenamente com estes princípios, começavam a mudar rapidamente suas convicções sob o *inpush* da industrialização e da nova política econômica vazada no imperialismo do comércio livre. Os mesmos britânicos que impuseram a Portugal a transmigração para o Brasil, a abertura dos portos, a assinatura dos tratados comerciais com cláusulas leoninas, passavam agora a estar empenhados na extinção da escravidão como regime de trabalho na escala global, passando a interpor dificuldades crescentes ao tráfico africano, de resto fundamental para a sobrevivência econômica da colônia brasileira, das colônias portuguesas na África e, sobretudo, da rede de negociantes envolvidos na trata de negros profundamente enraizada na Colônia e no sucessor Reino Unido do Brasil.

Escudados em seus novos interesses, as autoridades britânicas começaram pela imposição de medidas cada vez mais restritivas ao tráfico africano. Diga-se, de passagem, a partir dos debates parlamentares, que nada indicava que o sistema antilhano (escravista) fosse considerado relativamente sem interesse ou como um sistema que perdesse cada vez mais interesse, tanto que Lord Greville, o principal porta-voz dos abolicionistas, "reconhecia que em

62 SERRÃO, Joaquim Veríssimo. *História de Portugal*. Lisboa: Verbo, 1982, p. 338.

1807 o tráfico era lucrativo".[63] Invocavam em seus argumentos razões de ordem social, motivos vivamente declarados por alguns de seus mais destacados estadistas, à exemplo de William Pitt. Seus discursos no Parlamento ancoravam-se em argumentos defendidos por pregadores envolvidos com movimentos humanitaristas e de fraternidade cristã, como William Wilbeforce, que resultaram em medidas contra o comércio de escravos, como o *Slavery Abolition Act*, que aboliu o tráfico de escravos primeiramente nas colônias inglesas e, posteriormente, em todas as demais colônias escravistas, um ato de força daquela que fora até aqui uma das principais nações traficantes. O Governo Britânico fez de Portugal o alvo principal das ações de combate aos tumbeiros, por ter no Brasil o terceiro mercado mundial para braços escravos, demonstrando que os Tratados de Aliança e Amizade firmados com Portugal de nada valiam frente aos seus interesses. Bem sabemos, porém, que o denodado empenho na eliminação do tráfico ia muito além do propalado humanitarismo britânico. Tendo arrancado à frente no processo de industrialização, convinha-lhe a manutenção da força de trabalho produzindo na própria África os produtos que mais necessitavam, porque lá não seriam apenas produtores de alimentos e matérias-primas, seriam também consumidores das mercadorias produzidas pelas fábricas britânicas, não importando se, circunstancialmente, alguns de seus aliados tradicionais, como é o caso de Portugal, fossem prejudicados, pois sua meta principal era a criação de um mercado mundial crescente de consumidores livres e, por decorrência, mercado de trabalho livre.

Mas não foi a pressão internacional exercida pelos britânicos, escudados em seu poderio econômico e vasto arsenal de guerra, que levou os portugueses a tomarem as primeiras medidas nesse sentido. Lembremo-nos que a escravidão africana não era uma especificidade das colônias. A metrópole portuguesa tinha um número significativo de escravos dedicado a trabalhos rurais e urbanos no espaço metropolitano.[64] Fato que permitiu ao pequeno

63 DRESCHER, S. "Le Déclin du Système Esclavagiste Britannique et l'Abolition de la Traite". *Annales. Histoire, Sciences Sociales*, a. 31, n. 2, p. 426-427, mar/abr de 1976.

64 O problema da escravidão negra na península "adquiriu o status de um mito nacional: a crença de que a escravização e a exploração de milhares de negros africanos foi um problema exclusivamente colonial, e nunca da metrópole". CALDEIRA, Arlindo; FEROS, António. "Black africans and the Iberian Penínsulas (1400-1820)", In: BOUZA,

Reino, de escassa população, a transferência de uma parte substancial de sua população branca para a colônia brasileira na condição de emigrantes,[65] principalmente no século XVIII, quando uma avalanche de portugueses se deslocou para o Brasil atraídos pelo ouro. É isto que explica um certo pioneirismo de Portugal na introdução de constrições ao tráfico de escravos, por paradoxal que pareça. O aumento desmesurado do contingente de trabalhadores africanos em Portugal levou o Marquês de Pombal – certamente com anuência ou pelo menos o conhecimento do Rei D. José I –, a proibir, a partir de 1761, a importação de escravos das colônias portuguesas para a metrópole, medida à qual se segue, em 1773, a Carta Régia que punha em liberdade todos os filhos de escravos nascidos a partir daquele momento no Reino. Tais medidas, por certo, também não se explicam por espírito humanitário e sim por uma medida de segurança social, eram muitos os negros para uma população reduzida de brancos. A lei de 1773, entretanto, não significou o fim da escravidão africana em Portugal, porque os proprietários dos escravos libertados, eram autorizados a manter seus plantéis enquanto vivessem, nesse ínterim novos escravos chegavam contrabandeados, ou admitidos por licenças especiais, como se deu em 1822, quando muitos portugueses retornados puderam trazer seus escravos e mantê-los.[66]

As questões de segurança, embaladas no discurso do humanitarismo, perduram. E a ela se filia o Príncipe Regente quando acolhe, em 1809, a proposta do Rei George III da Inglaterra para se irmanarem na busca da abolição gradual do comércio de escravos em toda a extensão do Império português. A aquiescência de D. João, por certo, contrariava profundamente os interesses portugueses, tendo em vista a necessidade de alavancar recursos para fazer frente aos gastos elevados na colônia, povoada pela Corte; e na metrópole, o elevadíssimo custo da guerra para expulsar os franceses, tarefas hercúleas,

---

Fernando *et al.* (eds.). *The Iberian World. 1450-1820*. London/NewYork: Routledge-World, 2020, p. 161.

65 Cf. FONSECA, Jorge. "A Historiografia sobre os Escravos em Portugal". *Revista de História das Ideias*, v. 33, p. 191-218, 2014. E, do mesmo autor, *Escravos e Senhores na Lisboa Quinhentista*. Lisboa: Colibri, 2010.

66 CALDEIRA, Arlindo; FEROS, António. "Black africans and the Iberian Penínsulas (1400-1820)"..., p. 277.

impossíveis, naquele contexto, sem o recurso aos braços escravos. Mas a vontade britânica prevaleceu e a proposta de estancamento do tráfico evolui rapidamente para constituir-se na cláusula número X do Tratado de Aliança e Amizade, assinada entre os dois soberanos no ano seguinte. Por ela, o tráfico africano ficaria restrito à Costa da Mina, além de Cabinda e Molembo, nos termos do compromisso de abolição gradual do tráfico, que acabaria por promover a extinção da própria escravidão. D. João, pessoalmente sensibilizado por ter vivenciado a proximidade do tráfico no Rio de Janeiro, sabedor das péssimas condições impostas aos africanos nas longas travessias, baixou em 1813 um Alvará que impunha aos mestres tumbeiros um tratamento mais humano, que preservasse a vida e o valor do escravo.

É certo, porém, que o passo mais importante para extinguir o tráfico foi dado no Congresso de Viena, em 1815. Nele, as Nações que haviam se aliado aos britânicos para derrotar Napoleão reuniram-se para reordenar o mapa político da Europa, a cúpula dos vencedores na qual Portugal tinha assento, lócus apropriado à visibilidade que se pretendia conferir ao ato que declarava a abolição universal do tráfico negreiro. Foi neste ambiente que Portugal e Inglaterra acordaram abolir o tráfico ao norte do Equador, comprometendo-se o Reino português, complementarmente, a não utilizar sua bandeira para traficar escravos fora de suas possessões, ampliando sensivelmente o escopo da decisão porque alargava a área de exclusão. Mas, para surpresa dos ingleses, os delegados portugueses estavam dispostos a avançar ainda mais na ampliação do seu compromisso ao fazerem uma proposta ousada. Em nome de D. João, propuseram a completa abolição do tráfico negreiro nos domínios do Império no prazo de oito anos, isto é, em 1823, desde que os representantes de sua Majestade britânica aceitassem a extinção do Tratado de Comércio e Navegação assinado em 1810.[67]

Proposta recusada. Comprovação explícita do "elevado grau de humanitarismo" envolvido em suas iniciativas para coibir o tráfico; e, *ipso facto*, prova insofismável de quão vantajoso para o tesouro britânico eram as tarifas preferenciais garantidas no corpo do famigerado tratado, eventos que bem representam o elevado grau de tutela a que a Monarquia portuguesa

67 HENRIQUES, Mendo de Castro. "D. João VI, Monarca Luso-Brasileiro"..., p. 226.

havia se entregado. Nos anos subsequentes ao acordo de Viena, entre 1817 e 1819, D. João assinou tratados adicionais, emitiu decretos, exarou ordens régias, aparato legal e burocrático necessário à efetivação do compromisso acertado. Controlar as transgressões nas áreas de exclusão, o tráfico clandestino, não era tarefa fácil, nem barata, atividade à qual se dedicavam intensamente os espanhóis, exatamente aqueles que haviam entrado tardiamente no negócio do tráfico negreiro. Tais ações comprovam o empenho de D. João no cumprimento dos acordos assumidos, apesar dos graves problemas que o cessar do tráfico causaria na economia ao Reino Unido do Brasil e, por desdobramento, a todo o Império, tantos que, o regresso de D. João V a Portugal interrompeu o processo de abolição gradual do tráfico, adiando sua interrupção definitiva por três décadas e, por conseguinte, a abolição do regime escravista por outras tantas mais.

A montagem da máquina pública em solo colonial

Pari passu à institucionalização do mando político na colônia brasileira, D. João envolveu-se com a governança, para a qual era absolutamente indispensável a criação de ferramentas para o exercício do poder, que levaram à criação, no ano mesmo de 1808, das Secretarias de Estado e organismos básicos: da Intendência-Geral de Polícia da Corte e do Estado do Brasil, do Conselho Supremo Militar e de Justiça, da Chancelaria-Mor do Estado do Brasil, do Tribunal da Mesa do Desembargo do Paço e do Tribunal da Mesa de Consciência e Ordens, além da transformação do Tribunal da Relação do Rio de Janeiro em Casa de Suplicação. Na sua maior parte, estes organismos representavam a duplicação de equipamentos similares existentes em Portugal. Constatação que, de imediato, colocava o problema da hierarquia funcional, pois se, de toda evidência, a prioridade era das instituições do Reino, suas funções foram esvaziadas e a gestão do Império, de fato, exercida a partir da colônia. Além do mais, havia uma questão absolutamente incontornável, o território continental estava ocupado pelos exércitos franceses, delineando-se uma situação esdrúxula, que fazia do Regente do Trono em Portugal uma figura decorativa, com funções restritas ou simbólicas, porque o poder efetivo fora transferido aos ingleses que, mesmo sendo minoria, faziam o que realmente importava: comandavam o numeroso exército português no campo de batalha, de onde lhe vinha a legitimidade para governar o que restara de Portugal na Europa.

Enquanto o conflito tinha continuidade na Europa, no Brasil, D. João dera continuidade à criação de instituições essenciais à estruturação de um Estado na colônia, sem se questionar sobre sua temporalidade. Nascem assim o Erário Régio e o Conselho da Fazenda; a Real Junta do Comércio, Agricultura, Fábricas e Navegação, que, somados às secretarias e outros organismos anteriormente criados, compõem a base sólida de um novo Estado na colônia. No plano da defesa, da qualificação das corporações militares, surgem a Real Academia dos Guardas-Marinhas, futura Escola Naval; a Academia Real Militar, futura Academia Militar das Agulhas Negras. Completados pelos Novos Regulamentos para Exército e para as Ordenanças, válidos para os contingentes existentes no Brasil, a serem elaborados por Beresford,[68] autorizado por D. João a reorganizar o recrutamento militar segundo seu entendimento, independentemente dos regulamentos existentes em Portugal, portanto, ao arrepio da Regência que governava o Reino. Demonstrando, uma vez mais, que D. João começava a ver o Império com os olhos da colônia.

Entre todos os organismos criados, por sua relevância na máquina do Estado, destaca-se o Erário Régio. Recursos eram a essência do poder. E a colônia passava a centralizar a arrecadação de todos os tributos provenientes do Reino do Brasil, das Ilhas e domínios na Ásia e na África, sugando meios monetários que normalmente seriam canalizados para Lisboa, mas que agora eram direcionados ao Rio de Janeiro, provocando a penúria inevitável do Erário Régio de Portugal,[69] instituto fiscal aprimorado pela anexação de vários outros órgãos conexos, a saber, a Mesa do Erário Régio, a Contadoria-Geral, a Tesouraria-Mor e o Conselho da Fazenda. Complexo administrativo

---

68 O Lord General Beresford foi o comandante operacional em campo de batalha entre 1810 e 1814, portanto, o grande líder da reconquista portuguesa, elevado ao posto de marechal de todos os exércitos portugueses e brasileiros no período 1815-1820 tendo, no plano político, atuado como uma espécie de moderador entre o Conselho dos Governadores em Portugal e o Regente D. João no Brasil. Cf. NEWITT, Malyn; ROBSON, Marin. *Lord Beresford e a Intervenção Britânica em Portugal 1807-1820*. Lisboa: ICS, 2004, passim.

69 Para reclamos neste sentido, ver Carta dos Governadores do Reino de 7 de abril de 1818 a D. João VI, documento citado.

econômico-fiscal que operava em conexão com o Tribunal da Real Junta de Comércio, Agricultura, Fábricas e Navegação, já referido.

Aos olhos dos dirigentes metropolitanos, sobre cujos ombros descansava a pesada carga representada pela administração dos esforços de guerra necessários à reconquista do Reino aos franceses, a grande maioria das instituições supramencionadas pareciam-lhes necessárias. Mas não tanto um conjunto outro de medidas diligenciadas por D. João, como as de caráter educacional e, sobretudo, as culturais, porque, naquele contexto, pareciam-lhes desperdício de recursos escassos e, de toda evidência, desnecessárias para um governo que se pretendia fosse temporário. Nesse universo se incluíam Escolas, Museus, Bibliotecas, Arquivos, Teatros, Equipamentos Urbanos que, desconfiavam, denunciava a vontade do Governo joanino em criar um ambiente duradouro, uma atmosfera de corte no Brasil, pois, do contrário, não faziam qualquer sentido. De fato, foram muitas as iniciativas de D. João, nesta esfera da administração pública, a tal ponto que o Rio de Janeiro, uma modesta capital colonial, transformou-se subitamente numa metrópole moderna, que dignificava seus moradores, recriando o ambiente tão caro à nobreza europeia que exercia um enorme fascínio sobre a elite colonial, pois transformara-se o Rio de Janeiro numa espécie de Versalhes Tropical.

Não faltaram os meios modernos de comunicação, especialmente os jornais. Sinal dos novos tempos foi o surgimento do primeiro jornal do Brasil, em 10 de setembro de 1808, a *Gazeta do Rio de Janeiro*. Publicava tanto atos administrativos do governo, quanto notícias vindas do exterior. Publicação oficial, porque realizada pela Impressão Régia, portanto, sob censura de ministros e diretores ligados à Coroa, reunidos na Mesa do Desembargo do Paço. De qualquer forma, uma inovação a ser comemorada, pois até aquele momento era vedado aos colonos o acesso a veículos de comunicação social. Se a Impressão Régia veiculava mais o noticiário oficial, o *Correio Braziliense*, considerado o primeiro jornal privado, era editado em Londres, por Hipólito José da Costa, ao qual se segue o periódico *Idade d'Ouro do Brazil*, publicado na Bahia, com igual duração. O governo joanino não se interessou pelo ensino fundamental que permaneceu, como tinha sido até então, limitado às escolas mantidas pelas confrarias religiosas. Mas avoca a si a criação de escolas de nível superior, caso das escolas cirúrgicas na Bahia e no Rio de Janeiro, berço das futuras Faculdades de Medicina. De sua iniciativa foram também as Academias militares, destinadas à formação de oficiais. A criação do atual Jardim Botânico no Rio de Janeiro prestava-se a duplo propósito, a promover a aclimatação de plantas e o aprendizado da botânica, fundamentais para dar suporte científico ao processo de diversificação agrícola que passara a dominar as exportações.

Em todo este cenário inovador, que por certo mesmerizava a população fluminense, avulta o empenho de D. João na transferência da biblioteca particular dos Reis, de Lisboa para o Rio de Janeiro, empreendimento que por si só fala de seu mentor. Na escassez absoluta de espaço nas naus, onde se apinhavam os milhares de emigrados que acompanharam D. João, não havia lugar para acomodar os 60 mil livros que haviam sido devidamente preparados para a viagem. Mas, em três viagens sucessivas, entre 1810 e 1812, livros, estampas e mapas atravessaram o Atlântico com destino ao Rio de Janeiro.[70] Biblioteca de primeira grandeza que – juntamente com os instrumentos de física e matemática, a ciência preferida de D. João –,[71] foram chegando e sendo acomodados no hospital da Ordem Terceira do Carmo, e, a seguir, transferidos para as catacumbas da mesma Ordem, acrescidas do pavimento térreo para que houvesse espaço suficiente para acolher novos acervos que viessem a ser adquiridos pelo governo, como se verificou, em 1817, com a chegada da biblioteca do Conde da Barca. Esses preciosos acervos deram origem à atual Biblioteca Nacional, cuja expansão foi estimulada pelo Príncipe Regente que a isentou das taxas alfandegárias para baratear o custo dos livros importados, um estímulo decisivo para que os acervos se mantivessem atualizados pela aquisição de obras publicadas no exterior, verdadeira política cultural de Estado esclarecida, rara em governantes daqueles tempos, e destes também. Experiência reeditada na criação do Museu Real, equipamento científico de igual relevância, igualmente subsidiado pela isenção das taxas de importação, foi expandido pela anexação do Jardim Botânico e instalado no Campo de Santana, a célula mater do futuro Museu Nacional, de triste memória.

---

70 Cf. SCHWARCZ, Lilia (org.). *A longa Viagem da Biblioteca dos Reis...*

71 OLIVEIRA, José Carlos de. *D. João VI Adorador do Deus das Ciências?* Rio de Janeiro: E-Papers Serviços Editoriais, 2005, Coleção Engenho e Arte, v. 8.

Mente aberta, protetor das ciências e das letras, não estranha que também tenha sido um cultor das artes, que uma de suas primeiras medidas ao chegar ao Rio de Janeiro tenha sido autorizar a construção de um teatro na cidade. O Real Teatro São João, iniciado em 1810 e terminado em 1814, torna-se de imediato a coqueluche da Corte, um espaço de civilidade e evasão, um sinal vivo de que o Monarca se afeiçoava ao seu paraíso terreal na preamar fluminense. Após a inauguração, o Regente fez vir de Lisboa algumas dezenas de cantores e musicistas para atuarem na Corte e na Capela Real, para o entretenimento de toda a elite e seu gáudio pessoal. Dentre suas iniciativas, neste campo simbólico inexcedível da cultura, sobressai-se a acolhida entre nós da chamada Missão Francesa, integrada por um corpo diverso de artistas que haviam perdido espaço nas Cortes europeias, em virtude da *débâcle* do Império napoleônico.[72] A feliz coincidência de haver artistas formados pela Academia francesa, subitamente desempregados, e a abertura de um novo mercado de arte na Corte de matriz europeia e raiz mestiça, que então se reconstruía no Novo Mundo, dispostos a trabalhar como serviçais nas festas da Corte enquanto a prometida Academia de Belas Artes não virava realidade, foi um acontecimento histórico excepcional.[73] De toda evidência, contudo, de nada adiantaria a disponibilidade destes profissionais altamente especializados, não fosse pelo senso de oportunidade de D. João que se propusera a erguer uma capital moderna nos trópicos, culta e civilizada. Não era, portanto, uma missão, à semelhança da missão jesuítica liderada por Anchieta nas terras de Piratininga. Era mais uma corporação de ofício liderada por Joachim Lebreton, que, em 1816, chegou ao Rio de Janeiro acompanhado por naturalistas, artistas do nível de Jean-Baptiste Debret, Grandjean de Montigny, Nicolas-Antoine Taunay, Auguste-Marie Taunay, seguindo-se, pouco tempo depois, o escultor Marc Ferrez, o gravador de medalhas Zéphryn Ferrez, o compositor alemão Sigismund Neukomm, o botânico francês Auguste de Saint-Hilaire, ao qual outros se somaram e foram responsáveis pela descrição da natureza brasileira, difundindo para o mundo imagens da nossa paisagem e costumes. Naquele mesmo ano, por decreto de D. João, criava-se a Escola Real

---

72 Cf. SCHWARCZ, Lilia. *O Sol do Brasil: Nicolas-Antoine Taunay e os Desventurados Artistas Franceses na Corte de D. João*. São Paulo: Companhia das Letras, 2008.

73 SCHWARCZ, Lilia. "Eram os franceses missionários?" *Revista de História da Biblioteca Nacional*, a. 3, n. 28, p. 66-69, jan. 2008.

de Ciências, Artes e Ofícios, posta sob a direção de Lebreton e que, posteriormente, passaria a ser a Academia Imperial das Belas Artes. Um aparato cultural tão amplo e qualificado que não poderia ser considerado mero fruto do acaso, pois marcaria definitivamente a trajetória cultural e artística da futura capital do Império brasileiro. Para além do significado civilizatório expresso nas obras da missão francesa, ela produz a representação simbólica do poder monárquico, via criação de um imaginário da realeza calcado no esplendor telúrico da natureza tropical, que converteu o chão bruto da cidade colonial numa capital digna do Império Português.

O valor da obra política de D. João

A obra política de D. João é digna de um estadista de escol. Foi o primeiro soberano a arrostar os perigos do mar. Atravessar duas vezes o oceano Atlântico e reinar em dois continentes. Preferiu emigrar, para não ser humilhado pela avalanche bonapartista que varreu do poder tradicionais casas reinantes e depôs incautos soberanos, e retornar vitorioso, como de fato o fez. Foi recebido festivamente no porto de Salvador e do Rio de Janeiro, de onde retornou à Portugal 13 anos após o exílio voluntário, sob aplausos da população que implorava para que ficasse. Saíra de Portugal como Regente do Trono; retornava como D. João VI, coroado no Brasil como Rei de Portugal. E a mesma população lisboeta, que se desesperara à sua partida, o recebia de abraços abertos, porém menos efusiva. Sem dúvida, D. João foi o eixo em torno do qual girou a história do Império num dos momentos mais críticos do Reino português, ameaçado de extinção. Não emigrou, não fugiu, deslocou-se no espaço do seu Império, como ele mesmo dizia. Sobreviveu à avalanche napoleônica por conta de sua argúcia ladina.[74] Partiu como um Rei da classe dos soberanos esclarecidos. Assentou as bases do Novo Império português na América. Criou o aparato legal e institucional que deu fundamentos sólidos ao futuro Império brasileiro, um Estado de corte liberal.[75] Diligenciou contra

74 É nestes termos, "um estrategista político", que o livro de PEDREIRA, Jorge; COSTA, Fernando Dores. *D. João VI*. Lisboa: Círculo de Leitores, 2006, busca quebrar estereótipos oitocentistas e privilegiar a sua condição de político perspicaz.

75 A vinda da Corte para o Brasil é vista como um dos elementos definidores do Estado Nacional. Cf. PIMENTA, João Paulo Garrido; SLEMIAN, Andrea. *O Nascimento Político*

o tráfico e, por decorrência, contra o instituto da escravidão, tão essencial aos fazendeiros brasileiros.

D. João parte no dia 26 de abril sob o sol luminoso da baia de Guanabara. Embarca na nau Almirante que liderava um comboio de 12 navios, um terço da esquadra e um quarto das pessoas que havia chegado ao porto do Rio de Janeiro em 1808. Retorno pleno de incertezas por não se saber que tipo de ânimos os aguardavam em Lisboa, o que explica terem cogitado desembarcar em outro porto, que não Lisboa, ou mesmo noutro país.

De volta a Portugal, tornou-se um Monarca constitucional, iluminado pela experiência que acentuou sua capacidade de interpretar com sabedoria os sinais emitidos pelo tempo, inscrito nos eventos históricos. Personagem singular. Sensível, amistoso, humanitário, capaz de se emocionar até as lágrimas, sem perder a hombridade, como se depreende deste magnífico excerto de José Acúrcio das Neves, testemunha ocular da despedida de D. João. No Palácio de Queluz, onde todos se aprestavam para o embarque no dia 26 de novembro de 1807, D. João

> queria mover-se e, convulso, não acertava a dar um passo: caminhava sobre um abismo, e apresentava-se-lhe à imaginação um futuro tenebroso e tão incerto como o oceano ao qual ia entregar-se. Pátria, capital, reino, vassalos, tudo ia abandonar repentinamente, com poucas esperanças de tornar a pôr-lhes os olhos, e tudo eram espinhos que lhe atravessavam o coração [...], e quando aquele Augusto Senhor se apeou sobre o cais, tudo parecia querer precipitar-se sobre ele, de forma que na descida dos degraus lhe era necessário ir fazendo com o braço a ação de desviar o povo que o rodeava. [...] Ao aspecto deste Príncipe, adorado dos seus vassalos e agora tão consternado e abatido, todos emudeceram, e as próprias lágrimas lhes ficaram tolhidas, mas a dor bem pintada nos seus semblantes. Não era menos tocante a atitude do Príncipe: os

---

do Brasil: as Origens do Estado e da Nação, 1808-1825. São Paulo: Saraiva, 2003. No sentido contrário, argumenta MELLO, Evaldo Cabral de. *Rubro Veio: O Imaginário da Revolução Pernambucana*. São Paulo: Alameda, 2008, que recusa a D. João o mérito de ter promovido a unidade nacional com sua presença, atribuindo a esta interpretação uma criação intelectual do centro-sul brasileiro do país, pois o Rio de Janeiro teria submetido o Nordeste a uma verdadeira espoliação fiscal.

> seus pés trêmulos e sem firmeza mal podiam sustentar o seu corpo vacilante, o físico sentia as impressões violentas do moral. Seu rosto nadava em lágrimas; porque os seus olhos eram duas torrentes; e é assim que foi levado ao escaler, e neste à esquadra, sendo os adeuses que dava ao seu povo mais e mais lágrimas que lhe caiam".[76]

Eis o retrato de um Rei poderoso em seu novo Reino, e ao mesmo tempo humano, sentimental. Vazava as barreiras sociais, acessava e se deixava acessar pelos homens simples, por ser sensível aos afetos. De novo emocionou-se ao partir do Rio de Janeiro rumo a Portugal, envolvido pelo tumulto da população que tentava impedir a sua partida. Lá chegado, rumou ao Palácio das Necessidades onde se reuniam as Cortes e jurou a constituição, de onde saiu aclamado, ato pelo qual extinguia séculos de absolutismo que haviam marcado a trajetória política da monarquia portuguesa. Reconhecia que a fonte do poder se transferira das leis divinas para a nação que, através de seus representantes, elaboraria a constituição sem a necessidade de sansão Real. "D. João passou de monarca que transigia com o regime constitucional, para moderador do regime liberal numa nação com setecentos anos de história",[77] sabedoria política que explica o longo reinado em tempos tão duros.

Seguramente, uma das interpretações mais equilibradas desta figura histórica sensível e complexa surge no estudo clássico de Valentim Alexandre sobre os sentidos do Império português.[78] Contudo, a interpretação que consideramos a mais segura sobre a gestão política e administrativa da coisa pública em Portugal, no tempo de D. João, na transição da monarquia absolutista para o regime liberal, lá e cá, deve-se à Ana Canas Delgado Martins.[79] Imaginação

---

76 NEVES, José Acúrcio das. *História Geral da Invasão dos Franceses em Portugal...*, p. 66-67.

77 HENRIQUES, Mendo de Castro. "D. João VI, Monarca Luso-Brasileiro"..., p. 242.

78 Cf. ALEXANDRE, Valentim. *Os sentidos do Império: questão nacional e questão colonial na crise do antigo regime português*. Porto: Afrontamentos, 1993.

79 MARTINS, Ana Canas Delgado. *Governação e Arquivos: D. João XVI no Brasil*. Lisboa: Instituto dos Arquivos Nacionais/Torre do Tombo. 2007. 439 f. Tese (Doutorado em História) - School of Archives Library and Information Studies of University College, Londres. Digitalizado pela Universidade de Michigan em julho de 2010, fruto da cooperação arquivísticas entre Brasil e Portugal ao abrigo dos acordos estabelecidos no âmbito

histórica alimentada pela vivência da documentação apropriada, que jaz adormecida nos principais arquivos portugueses e brasileiros, trabalho hercúleo que conferiu autoridade a seus juízos sobre a matéria. Em entrevista concedida a Lúcia Maria Bastos das Neves *et al.*[80] expõe seus pontos de vista com propriedade, estabelecendo um marco seguro para balizar as desencontradas opiniões que sobre a personagem se acumulam. *Ab initio*, afirma ter vislumbrado em suas pesquisas a "recriação de uma estrutura de Estado" do Império português no Rio de janeiro, mesmo consciente de que "a Monarquia portuguesa não era uma monarquia constitucional", mas que nela a "ausência de Parlamento coexistia com traços de modernização da Administração Pública", manifestos no Real Erário e na futura Secretaria de Estado dos Negócios da Fazenda. Reorganização do Estado português desde o Rio de Janeiro que, apesar de ser primacialmente "uma questão de salvaguarda estratégica da soberania", teve por consequência "dotar aquela capital de instituições e de uma experiência de governação centrais distintas que ganharam ainda maior significado com a elevação do Brasil a Reino". Organizações tão diversas quanto as Secretarias de Estado, o Conselho de Estado, os Tribunais Supremos, a Junta do Comércio, a Intendência de Polícia, Arquivos, Bibliotecas, Jardim Botânico, Academia Militar, o Exército revigorado com tropas experimentadas na Guerra Peninsular, Escolas Médico-cirúrgicas, geradoras de uma nova dinâmica que acabaram por se "tornar universais".[81]

Nesse sentido, Ana Canas considera que o "funcionamento de um governo e de uma administração soberana no Rio de Janeiro, ou a determinação em consolidar largos espaços territoriais contribuiu, mesmo que involuntariamente, para um sentido de autonomia que circunstâncias posteriores transformaram em independência". É por isto que a arguta pesquisadora, ao delinear

---

do V Centenário do Descobrimento do Brasil, que deram acesso à *Coleção Negócios de Portugal* existente no Arquivo Nacional.

80 Cf. MARTINS, Ana Canas Delgado; KUSHNIR, Beatriz; NEVES, Lúcia M. Bastos P. *et al.* "Entrevista com a doutora Ana Cannas, XI diretora do Arquivo Histórico Ultramarino". *Revista do Arquivo Geral da Cidade do Rio de Janeiro*, n. 2, p. 136-151, 2008. Disponível em: <http://wpro.rio.rj.gov.br/revistaagcrj/entrevista-com-a-doutora-ana-cannas-xi-diretora-do-arquivo-historico-ultramarino-lisboa/>. Acesso em: dez./ 2021.

81 Idem, ibidem, p. 141.

o perfil político de D. João através de sua produção administrativa e agências políticas que as conectam, cuja figura histórica tem sido por seus biógrafos contrastada entre o Rei fujão e o administrador justo e incansável, estabelece o que julgamos seja um retrato mais apropriado da personagem em apreço. Diz ela: "Do estudo que fiz, centrado na temática da governação e arquivos neste período, fiquei com a ideia de um Governante lúcido, informado, que acompanhava de perto os negócios governativos, que privilegiava a coesão nacional e a negociação em detrimento da ruptura, sem deixar de tomar a decisão necessária", reconhecendo que sua imagem, bem como a da Casa de Bragança, foi tisnada "primeiro pela reação liberal, depois pela república, por ter sido o último Rei absoluto",[82] cuja imagem, em conjunto com as instituições que representava, era forçoso destruir, para que seus valores pudessem florescer sobre suas ruínas, vicejar sobre os escombros do antigo regime.

Heranças de D. João VI: D. Pedro e o Estado brasileiro

O movimento da Independência do Brasil, inserido no bojo mais amplo da crise do moderno sistema colonial, grosso modo delimitado entre os fins do século XVIII e inícios do XIX, está visceralmente atrelado à figura de D. Pedro. Uma espécie de herói de dois mundos, à semelhança de Lafayette, persona romântica e trágica, que expressivamente sintetiza e incorpora os anseios das forças sociais engolfadas pelo movimento político mais importante da história brasileira, a ruptura institucional da colônia, realizando o sonho daqueles a quem o herdeiro do trono português chamou *meus irmãos brasileiros*.[83]

Esta formulação introdutória aponta, por antecipação, os rumos de nossa perspectiva, contrária ao entendimento da Independência e de todo movimento a ela correlato da emergência da nacionalidade brasileira, como um evento "natural, surgido por encanto, embalado por acontecimentos externos". Em suma, criado por circunstâncias aleatórias, como a equivocada política de recolonização encetada pelas Cortes liberais, deslocando a explicação histórica deste fenômeno crucial na história de duas nações – portuguesa

82 Idem, ibidem p. 142-143.

83 Carta de D. Pedro a D. João VI (Rio de Janeiro, 22 de setembro de 1822). In: CARREIRA, Liberato de Castro. *História Financeira e Orçamentaria do Império do Brasil*. Brasília/Rio de Janeiro: Senado Federal, 1980, p. 59.

e brasileira – para o plano rebaixado do embate entre o partidos brasileiro e o português, ao invés de vê-la como "construção, lenta ou abrupta, realizada por homens de carne e osso, que sofreram os males e os problemas do seu tempo. Homens que elaboraram conceitos no calor da hora, construindo a realidade a partir das suas vivências, das experiências compartilhadas com aqueles que tinham os mesmos interesses e dividida, de forma tensa, com seus oponentes". Nestes termos, da mesma forma que a Independência, a nacionalidade adquiriu um corolário natural, um produto de circunstâncias, nascido sob a égide de eventos externos, conferindo ao entrechoque entre os partidos português e brasileiro a raiz do problema, lançando ao oblívio a questão fundamental do "antilusitanismo", de resto essencial para o entendimento da ruptura política, como apropriadamente explicou Gladys Sabina Ribeiro.[84]

Este enquadramento faz-nos entender porque a produção histórica mais recente, especialmente a portuguesa, enfatiza o caráter acidental da Independência. O fruto imaturo de circunstâncias fortuitas. A casualidade que leva ao sentimento de doação, a concessão da independência como se uma dádiva fora, interpretação vincada pela teoria do dom tão cara ao antigo regime português, traço estrutural de toda arquitetura funcional do absolutismo luso. Não a conquista, como se os exércitos portugueses não tivessem tentado conter à força o movimento separatista, mesmo sendo ele liderado, como foi, por um Príncipe português legalmente nomeado Regente do Trono do Brasil. Não a emancipação como produto da ação humana, do amadurecimento político dos súditos brasileiros curtido nos três longos séculos da colonização, que deu aos homens e mulheres da colônia a consciência necessária de pertencimento para que uma ação política desta envergadura se viabilizasse. Afinal, a separação da colônia foi racionalmente preparada pela autoridade maior do Reino, ou foi o resultado de uma ação paciente, pacífica e exangue dos súditos coloniais? Ou uma somatória das duas coisas?

Causa espécie que esta linhagem interpretativa, presente na produção histórica mais tradicional portuguesa, seja ainda perfilhada pela nova geração de historiadores. Mas compreende-se porque sua formação se deu no quadro de uma sociedade portuguesa moderna que ainda não superou o trauma da

---

84 RIBEIRO, Gladys Sabina. "Os portugueses na Formação da Nação Brasileira – o debate historiográfico deste 1836". *Ler História*, Lisboa, 38, p. 112, 2000.

perda do Império e, sobretudo, da perda do Brasil. Travo amargo do qual se livram relativizando a Independência do Brasil e, mais do que tudo, sua importância para a história portuguesa ulterior à separação. Difícil explicar é a adesão de historiadores brasileiros a esta tese das relações pacificadas entre portugueses e brasileiros, sobretudo porque é da natureza das explicações históricas, sobretudo aquelas que envolvem historiadores forjados em dois mundos polares – como sói acontecer com as antigas metrópoles e suas colônias –, abordarem os temas comuns com diferentes escalas de valores e, por decorrência, conducentes a visões historiográficas conflitantes. A historiografia lusitana contemporânea convive com a perda da colônia, mas deleita-se com a conquista historiográfica de parte substancial de seus historiadores, na interpretação de sua própria trajetória histórica.

O festejado historiador português, Jorge M. Pedreira, remete a explicação da independência do Brasil para as vibrações conjunturais emanadas das guerras que se seguiram às revoluções americana e francesa, guerras estas que "concorreram para uma vasta reordenação da economia internacional e facultaram as condições para a independência das colônias que as monarquias ibéricas possuíam na América".[85] Por essa via explicativa, escamoteia qualquer tipo de ação objetiva das colônias, transformadas por esta perspectiva em espectadoras inertes de seu próprio destino.

Esta visão já se encontrava presente em escritos do historiador Valentim Alexandre. Pesquisador altamente qualificado, com elevado senso crítico, esmorece, porém, ao se defrontar com o desafio de explicar a separação da colônia brasileira. Para ele, a comunidade de língua, hábitos e religião seria responsável por uma certa solidariedade entre brasileiros e portugueses que, apesar de rompida pontualmente, como no caso dos emboabas, era, no geral, reforçada pela necessidade de manter a dominação sobre a imensa massa de escravos. Observação perfeita, mas que não justifica o corolário que dela se extrai, ou seja, a de que o "Estado luso-brasileiro funcionava ainda sem tensões excessivas, tanto no domínio econômico quanto no político". Muito menos a ilação segundo a qual, "num ambiente de prosperidade mercantil generalizada, as pressões nacionalistas no Brasil, ainda incipientes, não criam

85 PEDREIRA, Jorge. *Estrutura Industrial e Mercado Colonial...*, p. 516.

nunca qualquer ameaça real de ruptura".[86] Se aceitarmos esta explicação, a consequência inevitável seria a de que a ruptura do pacto colonial teria que ser explicada de fora para dentro, a partir de alterações no quadro das forças definidas pelas relações políticas e diplomáticas entre as nações europeias hegemônicas, particularmente, França e Inglaterra, restando a Portugal um papel igualmente passivo, de país humilhado que se contorce entre dois polos rivais, um Reino que se esgueira sistematicamente na busca de uma neutralidade impossível, mas oportunamente proveitosa, enquanto durasse.

Dois reparos são necessários ainda. Afirmar que num quadro de prosperidade mercantil as pressões nacionalistas tornar-se-iam incipientes, sem ameaça de ruptura real, é desconsiderar a trajetória mais comum dos processos revolucionários na Europa e na América, onde a riqueza da burguesia, mais do que a miséria servil, foi a mola mestra dos processos revolucionários. Equivale dizer que a prosperidade colonial, ou seja, de suas elites, jogava sim a favor da ruptura, pois criava interesses solidários e opostos aos interesses metropolitanos, um sentimento ambíguo de adesão e repulsa ao regime de exclusivo. Em segundo lugar, a afirmação de que as relações políticas entre Portugal e Brasil funcionavam sem encrespações excessivas, é desconsiderar as tensões sociais e os sonhos políticos cultivados pelos habitantes da colônia, fossem eles meramente reivindicatórios ou de caráter nitidamente separatista, como se verificou no caso da Inconfidência Mineira de 1789, ou na Revolução Pernambucana de 1817. Em ambos, o caráter mais severo da cesura, ou seja, a ruptura com o regime monárquico, integrava o projeto dos insurgentes e, *ipso facto*, a extinção da dinastia bragantina no Brasil.

É notável a minimização do papel da Colônia na construção de seu próprio destino. Reifica-se a visão incruenta da trajetória histórica da Colônia. Sublima-se o papel das numerosas manifestações de resistência, emblematizadas pela Inconfidência Mineira, insurgência concreta e sintetizadora dos descontentamentos da população colonial em relação à metrópole portuguesa. Não aceitamos; mas entendemos. O que realmente não entendemos são os epígonos desta linhagem interpretativa que medram na própria ex-colônia. Aderidos às ideias dos historiadores acima citados, in-

86 VALENTIM, Alexandre. *Os Sentidos do Império. Questão Nacional e Questão Colonial na Crise do Antigo Regime Português.* Lisboa: Edições Afrontamento, 1993, p. 811.

corporadas sem crítica, atraído pelo seu pretenso viés inovador, Guilherme Pereira das Neves faz coro, ao afirmar que "parece pouco provável que os movimentos contestatórios do período tenham a dimensão que lhes emprestou uma historiografia nacionalista, sequiosa de encontrar antecedentes da Independência de 1822 e de estabelecer os mitos fundadores da nova nação".[87] O quarto de século decorrido depois desta afirmação, que estabelece nas entrelinhas uma proposição apaziguada e apaziguadora da emancipação colonial, não produziu, contudo, demonstração sólida, fincada em pesquisas, do que teriam sido seus eventuais pressupostos antinacionalistas. Pelo contrário, o antilusitanismo tem sido apontado como um elemento vital para a ruptura política, exatamente o contrário da propalada convivência cordial que teria existido entre brasílicos e lusitanos.

Reflitamos um pouco sobre o conteúdo histórico desta questão. Se os acontecimentos anteriores à independência não têm a dimensão que a dita historiografia nacionalista lhes deu, significa que seriam pouco expressivos ou, no limite, inventados pela prodigiosa imaginação dos historiadores ditos "nacionalistas". Nestes termos, a independência seria um evento isolado, fruto do mero acaso, da ação de forças insólitas e circunstanciais e, seu produto, o Estado Brasileiro, também nada significaria, seria um evento também aleatório, de curta duração, que nada de bom poderia construir e deixar como legado proveitoso atrás de si. Mas foi isto que aconteceu? A estabilidade do Império brasileiro é reconhecida; o funcionamento de suas instituições apreciado, tido como de fato a verdadeira república latino-americana no século XIX.

Este tipo de abordagem reflete também a crise atual do Estado nacional em meio ao avassalador movimento da globalização. Afinal de contas, os historiadores não são infensos às influências das linhas de força dominantes nos tempos por eles vivenciados. Subsumido aos ditames do momento, apesar de seus esforços para deles se isentar, ressignifica o papel dos Estados nacionais, seja do momento de sua emergência, seja do tempo de sua existência mais efetiva, a dos tempos modernos. Diminui-se a importância do Estado nacional lá nos séculos XVI-XVIII, por espelhamento dos constran-

87 NEVES, Guilherme Pereira das. "Do Império Luso-Brasileiro ao Império do Brasil". *Ler História*, Lisboa, v.27-28, p. 75-102, 1995, p. 91

gimentos que a globalização corrente lhe vem impondo, como se seu destino fosse a desaparição completa, a de ser varrido pelas forças da mundialização. Esta releitura do passado por intérpretes atracados aos valores e conceitos engendrados pelo tempo presente, falam mais do próprio presente do que do passado que se quer ressuscitar, distorção mais do que evidente desse passado que se quer compreender. Projeta-se o presente no passado e, com isto, realiza-se a desconstrução virtual de todo o conhecimento histórico até então erigido. Na pior das hipóteses, significa a assunção dos novos paradigmas encastelados na dita nova história, o privilegiamento da continuidade em detrimento da ruptura, do esmigalhamento sistemático da explicação histórica, batida pelo modismo e pela busca desesperada de um lugar ao sol no conflagrado território dos historiadores, empenhados na conquista do poder historiográfico.

O desdobramento de tais acepções é sobremaneira perverso. Tudo é relativizado, amenizado, desembocando numa história sem nervo, sem sangue e sem coração. Repõem-se os paradigmas de uma história do Brasil desfibrada, incruenta, cordial, facilmente assimilável no espaço de uma história que se quer globalizada, sem fronteiras, sem resistências e, por isso mesmo, incapaz de qualquer ação, por menor que fosse, no sentido de construir a sua própria trajetória.

Quando nos referimos a alguns historiadores portugueses há ainda um aspecto que se faz necessário ressaltar. No afã de justificar a pretensa falta de resistência dos atores coloniais, reforçam explicações que fizeram parte do cardápio manejado pelos historiadores identificados com o antigo regime salazarista, para os quais não havia exploração das colônias por parte da metrópole em nenhum momento, simplesmente porque as colônias não eram autônomas ou soberanas, mas sim extensões do território metropolitano. No limite, poderiam vir a ser consideradas províncias, das quais, se se delas extraíam algum recurso, era porque as fomentavam, não porque as exploravam. De certa forma, as comemorações do V Centenário dos Descobrimentos trilharam o mesmo caminho. Os textos produzidos pelos comissários ressaltam a conexão entre descobrimentos e globalização. Trabalharam a ideia de que "os processos de globalização foram iniciados na época dos Descobrimentos, cujo desdobramento é a revalorização da sua dimensão universalista" (...), "um processo que teve na ascensão das colônias à independência a sua última expressão".[88] Equivale dizer, mesmo numa comemoração politicamente correta, como a realizada por Portugal na passagem do milênio, voltada ao reconhecimento do outro, que evitava falar em descobrimento e privilegiava o vocábulo encontro, continuou-se a apelar ao gradualismo, à ideia de convivência pacífica embalada nos princípios da língua e da cultura comuns.

O aparato crítico, até aqui mobilizado, encaminha nossa visão do processo de independência do Brasil. Recusa os gradualismos, as doações, as acidentalidades e o pacifismo. Repõe a busca de razões intrínsecas, assentes nas forças sociais gestadas no bojo do crescimento econômico sustentado ao longo da segunda metade do século XVIII; na crescente sensibilidade política das elites coloniais representada nas Câmaras; na presença circunstancial de um Soberano esclarecido, capaz de ler os sinais emitidos pelo tempo, e estruturar um Estado na ex-colônia, o Estado do Reino do Brasil. Para o qual, além de ungir seu filho como sucessor, Príncipe apoiado pelo partido antilusitano, mesmo sendo ele um genuíno português, portanto, contrário ao "enraizamento dos interesses metropolitanos",[89] hipótese aventada por Maria Odila da Silva Dias.

A linguagem solidária do mercado colonial

É quase consensual entre os pensadores brasileiros, independentemente de seus posicionamentos teórico-metodológicos, balizarem os horizontes da história do desenvolvimento do Brasil a partir dos grandes "ciclos" econômicos, que passaram a demarcar a trajetória histórica brasileira, neste campo do conhecimento.[90] Entre o açúcar e o café, a extração mineral teria simbolizado o momento áureo dessa trajetória, ao qual teria se seguido um longo período

---

88 CATROGA, Fernando. "Ritualizações da História". In: TORGAL, Luís Reis; MENDES, José Amaro; CATROGA, Fernando. *História da História em Portugal. Séculos XIX-XX*. Lisboa: Círculo de Leitores, 1996, p. 616-617.

89 DIAS, Maria Odila da Silva. "A Interiorização da Metrópole (1800-1850)". In: MOTA, Carlos Guilherme (org.). São Paulo: Editora Perspectiva, 1972, p. 161-178.

90 Essa linhagem interpretativa remonta a João Lúcio de Azevedo, em *Épocas de Portugal Econômico* (1929), cujo livro que influenciou decisivamente autores como SIMONSEN, Roberto. *História Económica do Brasil ...*; MAURO, Frédéric. *Do Brasil à América*. São

de decadência econômica,[91] mas de expressiva e rica atividade no plano político. Foi exatamente em meio a esta ampla temporalidade que se deu a da emancipação política. Processo que, deslanchado em 1808, com a chegada da Corte, acentuou-se em 1815 com a elevação da colônia a Reino Unido, atingindo seu clímax em 1822 com a proclamação da Independência, consumada em 1831 com a abdicação de D. Pedro I.

Não parece contraditório? Não soa estranho que a ex-colônia tenha realizado o ato político maior de sua história, seu grito fundacional, o nascimento simbólico de um novo Estado, num contexto de desalento econômico, de retração da riqueza, de perda da vitalidade das forças sociais vivas e de sua agência política? Mas teriam sido mesmo os anos 1780-1830 um período decadente na história econômica brasileira? Pensamos que não.

Para começar, recordemos, foi Celso Furtado quem deu visibilidade a este período, enunciando a estagnação econômica que o caracterizaria, já aventada por outros historiadores antes dele.[92] Mas foi Celso que precisou o momento, o alcance, e a quantificação do fenômeno. Diz ele que, com exceção do Maranhão, todo o resto da colônia passava por uma forte retração econômica. Para demonstrá-lo, compara os valores alcançados pela renda bruta da exportação colonial, cifrada em torno de 5 milhões de £ em 1760 e reduzida a, no máximo, 4 milhões de £, em 1800. Uma forte quebra de 20% no índice de renda *per capita* da colônia, em apenas quatro décadas. Conclusão que a fria análise dos números pode questionar. Primeiro, quatro décadas são quarenta anos, perto de meio século. Segundo, há uma diferença fundamental na renda gerada pela economia colonial brasileira em 1760, e aquela produzida em 1800. Em 1760 a receita das exportações gerava quase 5 milhões de £, em sua

---

Paulo: Perspectiva, 1975 e BUESCU, Mircea. *História Económica do Brasil.* Rio de Janeiro: Ed. Apec, 1970.

91 Assim como os momentos de crise, a decadência pode ser extremamente reveladora para o historiador. Cf. CHAUNY, Pierre. *Histoire et Décadence.* Paris: Librairie Académique Perrin,1981.

92 FURTADO, Celso. *Formação Econômica do Brasil...*, especialmente p. 132 et seq. A mesma ênfase na euforia maranhense em contraposição ao restante do conjunto colonial brasileiro aparece em SODRÉ, Nelson Werneck. *Formação Histórica do Brasil.* São Paulo, 1964, p. 131.

maior parte concentradas nas mãos dos grandes produtores e exportadores de açúcar e, portanto, altamente concentrada e, cujos gastos, escorriam majoritariamente para o exterior, alimentando o fluxo de renda externo, isto é, em benefício dos negociantes do açúcar que controlavam as redes mercantis. Em 1800, em contraposição, a renda monetária tornou-se certamente menor, não mais do que 4 milhões de £. Perda de 1 milhão de esterlinos, mas com uma diferença que não pode ser desprezada. Houvera, desde o último terço do século XVIII, mais precisamente a partir de 1780, uma importantíssima diversificação das exportações coloniais, acrescidas por uma grande exportação de produtos agropecuários, reduzindo a participação do outrora hegemônico açúcar a não mais do que 35% da pauta, enquanto o ouro, que em 1760 dividia a participação com o açúcar, agora não representava mais do que 5%. De fato, se os vários tipos de açúcares e aguardentes fossem somados, os derivados da cana atingiriam 34%, eles que, no auge das exportações desses produtos, em 1690, alcançavam 90% do total. Além do mais, um único produto, o algodão, passava a representar 24% das exportações, e uma grande variedade de produtos, alimentos e matérias-primas, especialmente os couros, recentemente entrados na pauta de exportação, elevavam-se a mais de uma centena. Equivale dizer, um grande número de propriedades e proprietários menores passaram a ser atores ativos, participando da renda gerada pelas exportações que ativou a circulação monetária interna, a distribuição mais intensa da renda, a necessidade de mais mão de obra africana importada, a dinamização do mercado interno e a diferenciação regional da renda, que ultrapassava, em muitos lugares, o teto dos US$ 50 calculados por Celso Furtado para o ano de 1760, mas que também descia abaixo deste índice em pontos determinados do país.[93]

Não há, portanto, decadência naquele período. Pelo contrário, temos um crescimento significativo da colônia, o surgimento de uma economia viva pela variedade das relações de trabalho que se delineiam nos vários recantos do país; pela disparidade dos preços da produção interna de produtos similares, estourando os limites impostos pelo regime de monopólio exercido pela metrópole.[94] Implosão esta que se manifesta na forte ação dos contrabandistas

93 ARRUDA, José Jobson de Andrade. O *Brasil no Comércio Colonial*..., p. 604 et seq.

94 ARRUDA, José Jobson de Andrade. "A Prática Econômica Setecentista no Seu Dimensionamento Regional", *Revista Brasileira de História*, n.º 10, 1985.

nos portos brasileiros nas décadas anteriores a 1808 que, pela manutenção dos índices de exportação e proporcional retratação das importações, expõem o escancaramento dos portos e, portanto, a inapelável destruição do regime de exclusivo mesmo antes da transferência da Família Real.

Evidencia-se, por outro lado, a ação de colonos buscando o seu próprio caminho nas malhas do sistema colonial, num gradativo desgarramento da Metrópole, na construção de uma estruturação em suas relações produtivas que alteravam profundamente o sistema colonial clássico. Reversamente, vemos a Colônia adquirindo uma enorme variedade de produtos manufaturados que Portugal importava das nações estrangeira e produzia em suas próprias fábricas, em níveis quase equivalentes. No período de 1796 a 1811, as manufaturas estrangeiras representavam 35,4% contra 32,5% das portuguesas, tomando-se por referencial o porto do Rio de Janeiro. Em anos excepcionais, a exemplo de 1803, a entrada de manufaturas das fábricas do Reino alcançou 42,2%, batendo as britânicas que ficaram em 40,5%.[95]

Revela-se, nesses índices, uma Colônia cujo potencial de consumo cresce, mesmo com a redução global do valor das exportações, a partir de 1760. Colônia esta que era o principal mercado consumidor para os produtos industrializados em Portugal, pois devemos nos recordar que naquele período a Colônia Brasil consumia 78,4% de todas as exportações portuguesas, ficando as demais colônias da África, Ásia e Ilhas com os restantes 21,4%.[96] Disto se conclui que a Colônia Brasil, dado o seu potencial, sustentava um processo de constituição de unidades fabris que poderia desembocar num processo irreversível de industrialização. Daí se explica, efetivamente, o Alvará de D. Maria I de 1785, que muitos consideraram insignificante pelo seu alcance,[97] mas que, a vista destes novos dados, justifica uma reinterpretação, ou seja, buscava-se garantir a exclusividade do mercado consumidor de produtos industrializados para as fábricas portuguesas na colônia, proibindo rigorosamente a produção local de manufaturas, mesmo que fossem peças rústicas destinadas ao consumo da escravaria.

---

95 Cf. ARRUDA, José Jobson de Andrade. O *Brasil no Comércio Colonial*..., p. 174.

96 Idem, ibidem, p. 149.

97 IGLÉSIAS, Francisco. "Artesanato, Manufaturas e Indústria", *III Anais da ANPUH*, Franca, p. 105-134, 1966.

De fato, o mercado brasileiro, consumidor de produtos de baixa qualidade, pela natureza de sua sociedade lastreada na escravidão, adequava-se perfeitamente à indústria portuguesa nascente, tecnicamente menos evoluída do que suas concorrentes europeias. Mas que tinha um mercado consumidor volumoso, perfeitamente ajustado à rusticidade das primeiras máquinas têxteis. Se lembrarmos que dos 126 produtos da pauta de exportação colonial, 56 eram reexportados, produzindo superávits comerciais polpudos para a metrópole, e que os demais 70 eram consumidos apenas em Portugal, entendemos como se fecha o circuito imaginado pelo marquês de Pombal pelo qual se dinamizaria a produção agrícola colonial e se enlaçariam fortemente Colônia e Metrópole, através das Companhias de Comércio privilegiadas.[98] A industrialização portuguesa, nestes termos, não foi uma falácia. Também não foi destruída somente pela Guerra Peninsular, porque a resistência anglo/lusa foi eficiente em conter as ações devastadoras dos generais de Bonaparte. Nem se deveu, prioritariamente, à concorrência inglesa.[99] Isto porque, a brutalidade desta concorrência somente se revelou destruidora no instante em que Portugal perdeu a exclusividade do mercado brasileiro, e com ela a capacidade de resistir à competição britânica.

Reavaliando a conjuntura econômica na época da independência, Frédéric Mauro, solidamente apoiado nas pesquisas reunidas para o Congresso de História quantitativa do Brasil, de 1970, conclui pelo descolamento do Brasil em relação à conjuntura mundial, pois a tendência altista dos preços manteve-se até 1824, muito além do marco de 1810, ano no qual a conjuntura mundial mergulha na fase B,[100] depressiva, mas não o Brasil, cuja conjuntura de prosperidade se mantém até pelo menos 1822, ano da Independência que teria se verificado então numa conjuntura ainda francamente favorável, de prosperidade e não de retração.

---

98 FALCON, Francisco C.; NOVAIS, Fernando A. "A Extinção da Escravatura Africana em Portugal no Quadro da Política Económica Pombalina", *VI Anais da ANPUH*, Goiânia, 1971.

99 Cf. MACEDO, Jorge Borges de. *Problemas de História da Indústria Portuguesa no Século XVIII*...

100 MAURO, Frédéric. "A Conjuntura Atlântica e a Independência do Brasil". In: MOTA, Carlos Guilherme (org.). *1822: Dimensões*. São Paulo: Perspectiva, 1972, p. 38 et seq.

Afinal de contas, que momento decadente é este no qual a importação de escravos se mantém nos seus patamares mais elevados? Lembramos que, de 1796 a 1806, década vital em nossa argumentação, importou-se no Brasil 250 000 escravos, com entradas médias em torno de 25 000 cativos por ano, as mais altas em toda história do tráfico no Brasil. Taxas tão elevadas que não permitem que se fale em decadência. Quem os importaria, quem pagaria por eles senão os produtores que exploravam as atividades agropastoris da colônia em transição para a Independência, em sua nova configuração, a das exportações diversificadas? Vez que o setor exportador clássico, ouro e açúcar, era também o setor importador massivo de cativos africanos, mas se o açúcar era ainda responsável por um volume razoável de produtos exportados, o ouro colapsara de vez, e ele era o importador por excelência porque remunerava os traficantes com metal sonante, portanto, liquidez imediata.

Se havia uma região que poderia encarnar esta (im)possível decadência, seria Minas Gerais, por causa da crise aurífera. Mas sua população, que contava 600 mil habitantes no final do século XVIII, conseguiu reter seu contingente de cativos e, inclusive, elevá-lo no século XIX, atingindo a cifra de 378 mil em 1870. O terceiro contingente de escravos, somente superado por Cuba e São Domingos, na escala mundial.[101] Demonstra-o Roberto Borges Martins, apenas 26% dessa massa escrava concentrava-se no setor cafeeiro, ficando os outros 74% inseridos na economia mercantil de subsistência ou no autoconsumo, criando-se a possibilidade para uma revisão historiográfica no que concerne à sistemática identificação entre latifúndio, monocultura e escravidão, tal qual se apresenta na teoria clássica de Eric Williams e Eugene Genovese.

O Brasil colonial, no alvorecer do século XIX, revelou a possibilidade concreta de uma alternativa para seu desenvolvimento econômico, a de um crescimento econômico lento, mas perseverante, igualmente mais integrado, capaz de importar escravos ou de procriá-los, numa multiplicidade de fazendas mistas que combinavam:

101 Dados retirados do livro *Growing in Silence* (1981) de Roberto B. Martins, cujo texto integral atualizado fora publicado 40 anos depois em MARTINS, Roberto B. *Crescendo em Silêncio. A incrível Economia Escravista de Minas Gerais no Século XIX*. Belo Horizonte: ICAM-ABPHE, 2018.

- Agricultura/criação de gado;
- Agricultura/ produção mercantil de subsistência;
- Agricultura/exploração de ouro;
- Agricultura/exploração de diamante;
- Agricultura/manufatura de ferro;
- Agricultura/manufatura têxtil.

Esta constatação põe Minas no mapa da industrialização, pelo experimento incomum da *industrial slavery*, que, guardadas as devidas diferenças, aproximou-a do exemplo europeu da protoindustrialização, na sua fatura ruralizante.[102] Trata-se de uma indústria rural que integrava, originalmente, trabalhadores escravos e alugados, além de mão de obra livre rural, que mantinha laços de exploração privada da terra e que, por isso mesmo, acabam por constitui-se em elemento cerceador de possíveis futuras transformações. O exemplo da *industrial slavery* dissemina-se também pelo Rio de Janeiro, na área fluminense, onde uma grande variedade de indústrias apoiou-se no trabalho de escravos, alugados ou não, combinados com mão de obra livre, imigrante ou não, com a diferença, em relação a Minas, que sua concentração era mais urbana, ou de maior proximidade urbana.[103]

A ideia de que é possível um crescimento lento e resistente naquele período é atestada por Santa Catarina, na qual pequenas atividades industriais, geralmente impulsionadas pela transformação de insumos agrícolas específicos, ou pela interveniência de capital oriundo das atividades de circulação mercantil, engendraram um tipo diferenciado de indústrias familiares, nas quais restringia-se a distribuição de dividendos em favor dos investimentos.[104] Especificidade que aproxima este exemplo do modelo inglês de industrialização, no qual a modéstia dos capitais investidos na indústria têxtil é uma cons-

---

102 LIBBY, Douglas. *Transformação e Trabalho em uma Economia Escravista: Minas Gerais no Século XIX*. São Paulo: Editora Brasiliense, 1988.

103 OLIVEIRA, Geraldo B. *A Pré-Industrialização Fluminense (1808/1860)*. Tese (Doutorado em História Econômica) - São Paulo, USP, 1987.

104 ALMEIDA, Rufino P. *A Empresa Comercial e Industrial Germano Stein S.A. (1883-1983): estudo histórico-econômico-financeiro de uma empresa centenária*. 1985. 696 f. Tese de Doutorado (História Econômica) - São Paulo, USP.

tante, como demonstrou François Crouzet.[105] Daí advém sua resiliência, sua capacidade de resistir às crises, às oscilações e, acima de tudo, a independência em relação aos capitais externos.

O próprio desenvolvimento econômico de São Paulo, atrelado ao renascimento da economia açucareira nos fins do século XVIII, como demonstrou Vera Ferlini,[106] e a expansão cafeeira no século XIX, deve muito do seu elã a uma infraestrutura montada nos anos precedentes ao seu arranque. Uma das marcas da Província de São Paulo era a diversidade de sua produção agrícola, uma verdadeira economia "caipira", nos inícios do século XIX, mas que foi capaz de montar uma infraestrutura viária através das Barreiras,[107] integrar espaços econômicos privilegiados para a produção cafeeira, introverter e extroverter a rede viária através de comércios triangulares e de exportação. A "pobre Província" revelou-se exitosa ao manter saldos em sua administração, ao contrário da maioria das Províncias brasileiras que precisavam ser socorridas pelo poder central, demonstrando o potencial econômico gerador de excedentes apropriáveis via tributação.[108]

De toda a evidência, os anos 1780-1830 constituem-se no elo perdido da história econômica e social brasileira. Nublado pela trajetória vitoriosa do ouro e do café, remeteu-se a segundo plano a produção de subsistência, a história do abastecimento, a dinâmica da economia mercantil de subsistência, a essencialidade das fazendas mistas, a força da diversificação econômica, que é marca distintiva do período. Elementos a partir dos quais foi possível um mínimo de articulação interna entre as diferentes regiões e zonas produtivas brasileiras, que findaram por propiciar a emergência de um centro dinâmico

---

105 CROUZET, François (ed.). *Capital Formation in Industrial Revolution*. London: Methuen, 1972, passim.

106 FERLINI, Vera Lucia. "Fazendas e Engenhos do Litoral Vicentino: traços de uma economia esquecida (séculos XVI-XVIII)". *História*, São Paulo, v. 39, p. 1-30, 2020.

107 COSTA, Hernani Maia. *As Barreiras de São Paulo: estudo histórico das barreiras paulistas no século XIX*. 1984. Dissertação de Mestrado (História Econômica) - São Paulo, USP.

108 Cf. as dissertações de mestrado de Miriam Dolnikoff e Roberto Catelli. DOLLNIKOFF, Mirian. *Caminhos da Conciliação. Poder Provincial em São Paulo (1835-1850). Dissertação* (Mestrado em História Social) - São Paulo, USP, 1993. CATELLI JUNIOR, Roberto. *Poder Local – Consolidação e Revolta: Sorocaba, 1823-1842*. 1993. Dissertação (Mestrado em História Econômica) - São Paulo, USP.

capaz de integrar o conjunto e mesmo se autorreproduzir, criando as condições para integrar-se ao mercado mundial.[109]

Forças sociais e a agência política

Lentamente constituído a partir de uma rede de malhas muito irregulares, já no final do século XVIII, a linguagem do mercado começava a se fazer ouvir com nitidez. Liames tênues, cotidianamente repetidos, formaram uma estrutura relacional de longo curso, em cujos polos nevrálgicos, aqueles articulados fortemente à economia exportadora, vicejavam os comerciantes ricos, tão ricos, que deles fluía um discurso político típico da elite local que era um bloco de poder unificado pelas divisas anticolonial, antimetropolitana e antilusitana cujo principal objetivo era a preservação, a qualquer custo, da liberdade de comércio alcançada com a quebra do monopólio que, por séculos, atrelara a colônia aos desígnios da metrópole.[110]

O sentimento de pertencer a uma comunidade unificada por interesses comuns, arquétipo simbólico do coletivo, se expressa na ação imediata dos corpos representativos de São Paulo, Minas Gerais, Rio de Janeiro e Rio Grande do Sul, exatamente a porção centro-meridional onde a economia diversificada passara a predominar. Suas reações às medidas restritivas emanadas das Cortes de Lisboa precipitam-se sob a forma de manifestações generalizadas de descontentamento do Senado de suas Câmaras, e o consequente apelo à intervenção do príncipe D. Pedro, Regente do Reino do Brasil, em seu favor, em defesa da liberdade mercantil não raro identificada à liberdade de expressão política. É simbólica a representação do presidente do Senado da Câmara do Rio de Janeiro, José Clemente Pereira, ao rememorar que

> O Brasil, que em 1808 viu nascer nos vastos horizontes do novo mundo a primeira aurora da sua liberdade. O Brasil, que em 1815 obteve a carta de sua emancipação política, preciosa dádiva de um

---

109 ARRUDA, José Jobson de Andrade. "Commercial Trends Within the Luso-Brazilian Empire: Brazil's Integration in the World Market". In: FISCHER, Wolfram (ed.). *Emergence of a World Economy, 1500-1914*. Bamberg: International Congress of Economic History Association, 1986, v.1, p. 301 et seq.

110 COSTA, Emília Viotti da. *Brasil em Perspectiva*. Bertrand: Rio de Janeiro, 1990, p. 93-94.

> Rei benigno. O Brasil, finalmente que em 1821 unido à mãe pátria, filho tão valente como Fiel, quebrou com ela os ferros do proscrito despotismo recorda sempre com horror os dias da sua escravidão recém-passada teme perder a liberdade mal segura que tem principiado a gostar [...] e receia que um futuro envenenado o precipite no estado antigo de suas desgraças.[111]

É patente o entendimento segundo o qual elevação à Reino Unido conferira ao Brasil a emancipação política, portanto não era mais colônia e não desejava voltar a sê-lo. Esta manifestação não é a expressão de uma vontade individual. Ela repercute o documento apresentado ao Senado da Câmara do Rio de Janeiro pelos comerciantes e oficiais ourives da praça local. Defende que o "filho, emancipado já, não pode ser privado com justiça da posse de direitos e prerrogativas, que por legítima partilha lhe pertencem e que, por isso mesmo, os decretos originários de Portugal visavam "roubar ao Brasil o centro de sua unidade política, única garantia de sua liberdade e ventura", ou seja, forçando o retorno de D. Pedro à Portugal.

Toda a argumentação inscrita nesse libelo revela o elevado grau de consciência política daqueles agentes históricos. A certeza de que a permanência de D. Pedro no Brasil promoveria a união da pátria e impediria a abrupta separação que teria por corolário, inevitavelmente, a proclamação da República, pois o espectro de 1817 rondava não apenas Pernambuco, era uma ideia em expansão por toda América latina. Não se fala em separação. Pelo contrário, defende-se a ideia de "uma família irmã, um só povo, uma só nação e um só império", portanto, a continuidade do Reino do Brasil como Reino Unido, sustentado pelos "vínculos de um pacto social".

As discussões em torno do contrato social estavam na ordem do dia. Discutia-se sua natureza, origem, objetividade, significado. Mobilizavam-se os espíritos desde as Cortes de Lisboa até os Senados das Câmaras brasileiras, manifestando-se especialmente na discussão em torno da natureza das relações entre Portugal e Brasil. Suas manifestações assinalavam um movimen-

111 Manifesto do presidente do Senado da Câmara do Rio de Janeiro, José Clemente Pereira (2 de janeiro de 1822). In: CARREIRA, Liberato de Castro. *História Financeira e Orçamentaria do Império do Brasil...*, p. 26-30

to de adesão a D. Pedro, transformado em defensor e desejado condutor dos anseios políticos do Reino atrelado ao Império luso, ou independente como Nação soberana. Sua figura era inquestionável, chegara menino e passara sua infância na colônia, onde fora ungido herdeiro de D. João, plenamente legitimado por sua origem, guardião das leis fundamentais do novo país, lastreadas na trajetória histórica de Portugal.

> A adesão implicava um ato público que expressava simbolicamente a origem da sociedade. Tal ato, organizado pela Câmara com fausto, estandarte, luminárias, hinos, banda, tiros de canhão, *Te Deum*, cortejo em plena praça pública, tropa enfileirada e em armas, com a presença dos proprietários, comerciantes, funcionários régios, o povo em geral. Todos, o povo em comunhão, saudava com vivas o novo monarca e jurava a divisa da Independência ou Morte.[112]

Recorria-se aos tesouros simbólicos da liturgia medieval, por via dos quais as "câmaras rendiam-se a D. Pedro nos moldes do passado, o que dava uma noção de continuidade com o tempo anterior".[113]

O que levou os cidadãos-súditos brasileiros a ver em D. Pedro a perfeita encarnação da autoridade pública e política? Talvez a resposta esteja no fato de D. Pedro ser um príncipe brasileiro, não de nascimento, mas por adoção. Seus biógrafos comentam sua aclimatação ao país, sua identificação com o mundo da colônia, sua capacidade e gosto por viver e sentir o Brasil. Na carta por ele escrita a seu pai, em 22 de setembro de 1822, revela esta identificação ao repetir inúmeras vezes a expressão "meus irmãos brasileiros", "meus caros brasileiros", "nós brasileiros livres", "valor brasileiro", "povo brasileiro". Refere-se a si mesmo como "o rapazinho", cuja capacidade se verá, "apesar de não ter viajado pelas Cortes estrangeiras".[114]

---

112 SOUZA, Iara Lis Carvalho. "Pedro I e o Contrato Social". In: *A Independência do Brasil Revisitada,* Diário Oficial, Estado de São Paulo, São Paulo, vol. 108, n. 169, p. 3, 4 de setembro de 1998.

113 *Ibidem.*

114 Carta de D. Pedro a D. João VI (Rio de Janeiro, 22 de setembro de 1822). In: CARREIRA, Liberato de Castro. *História Financeira e Orçamentaria do Império do Brasil...*, p. 59-60.

Esta sensibilidade para as coisas brasileiras permitiu-lhe ter a exata compreensão do momento histórico que vivia. Esgrimia-se entre aqueles que desejavam a recolonização pura e simples; os que propugnavam pela separação imediata acompanhada pela implantação do regime republicano; os que defendiam o prosseguimento da fórmula Reino Unido; equação esta que se desdobrava numa quarta alternativa, a que conciliava a separação com a preservação do regime monárquico, mas de caráter constitucional. Uma espécie de Monarquia Dual que contemplaria os dois Reinos Unidos, garantindo-lhes a autonomia em suas respectivas metades e a soberania compartilhada sobre o Atlântico, em que pai e filho guardariam entre si o devido respeito e garantiriam as respectivas continuidades dinásticas em dois Reinos, ao mesmo tempo unidos e separados.[115]

Arranjo este que, se exitoso, converter-se-ia numa preciosa equação conciliadora, forma política que se tornaria clássica em todo os movimentos históricos ulteriores do Brasil. Equação que exige notável tino político de seus condutores, capacidade de percepção dos desígnios das forças em presença e, sobretudo, a busca de alternativas capazes para levá-las ao consenso possível, o que pode ter dado a falsa impressão de transição pacífica do Reino Unido do Brasil à condição de Nação independente.

Obviamente, a saída conciliadora não contemplava o partido da recolonização dominado pelo sentimento de indignação, a fórmula invertida do outrora poderoso Império, cuja sede, o Reino de Portugal, convertia-se em colônia de sua antiga colônia.[116] Uma exclusão perigosa, mas inevitável, porque no Brasil seus adeptos poderiam contar com o suporte das tropas recém chegadas de Portugal, representativas do poder das Cortes de Lisboa. Sua expulsão do território brasileiro, a começar pelo Rio de Janeiro, tornou-se absolutamente necessária, a exigir uma campanha bem orquestrada pela elite que, através dos meios disponíveis de comunicação na época, panfletos, folhetos, catecismos,

---

115 ARRUDA, José Jobson de Andrade. "Tensões Sociais e Conflito Político: D. Pedro e a Mediação Conciliadora", *Actas do Congresso Internacional D. Pedro Imperador do Brasil, Rei de Portugal. Do Absolutismo ao Liberalismo*. Lisboa: Universidade do Porto/ CNCDP, 2001.

116 ARAUJO, Ana Cristina B. de, "O Reino Unido de Portugal, Brasil e Algarves, 1815-1822". *Revista de História das Ideias*, Coimbra, Faculdade de Letras, p. 154, 1992.

periódicos, fez circular ideias e temas capazes de atiçar a opinião pública e, consequentemente, mobilizá-la para a ação contra as tropas portuguesas, de resto fundamentais.

Exemplo notável dessa mobilização foram os graves incidentes que se seguiram ao dia do "Fico", quando o Regente D. Pedro, em desacato ao determinado pelas Cortes, disse que ficaria no Brasil, provocando forte reação de militares portugueses, soldados e oficiais, que passaram a ofender brasileiros e, armados de cacetes, quebraram as vidraças das casas iluminadas, luzes que sinalizavam o apoio à permanência do príncipe no Brasil. "Não se intimidou D. Pedro, nem se amedrontaram os patriotas. Em pouco tempo as forças compostas por brasileiros começaram também a se formar. Aos soldados e milicianos juntavam-se cidadãos de todas as classes e cores, homens do povo, padres, frades, brancos, negros e mulatos, armados e prontos para resistir aos reinóis, um simulacro do que viria a ser o exército nacional. Para enfrentar os dois mil portugueses "que haviam formado no largo do Moura e no morro do Castelo, isto é, posicionados para combate, já se tinham reunido no campo da Santana cerca de dez mil brasileiros".[117] Para evitar o desfecho sangrento, o comandante português Jorge de Avilez capitulou, retirando-se para Niterói, onde permaneceu até o embarque para Portugal.

Afinal, temos ou não um enfrentamento? Seu desenlace revela ou não um conflito entre brasileiros e portugueses? Isto para não falarmos dos choques armados verificados na região nordeste do Brasil, que faziam coro aos eventos da capital. A sensibilidade de D. Pedro e a pressão por ele sentida podem ser exemplificadas neste fato isolado, mas significativo, ocorrido em Londres. Convocado pelo ministro George Canning à esclarecer o que se passava no Brasil, em pleno movimento de Independência, o representante dos negócios brasileiros, Caldeira Brandt, assim se expressou: "No estado atual de fermentação no espírito público, nem sempre S.A.R. podia fazer o que entendia melhor, devendo as vezes ceder a torrente".[118] Ilmar Roloff de Matos confirma ao avaliar que as relações crispadas, manifestas no forte sentimento de antilusitano, como já nos referimos, tiveram um papel decisivo na forma-

117 SOUZA, Octavio Tarquínio; HOLANDA, Sérgio Buarque de. *História do Brasil.* Rio de Janeiro: José Olympio Editora, 1944, p. 237.

118 FREITAS, Caio de. *George Canning e o Brasil...*, p. 384.

ção do Estado brasileiro. Os gritos de "mata marinheiro" e de "morra português" em nada lembram convivência pacífica, sem grandes tensões, como já se apregoou. Tanto no Recife, quanto no Rio de Janeiro, os portugueses surgiam como elemento catalizador das reivindicações, seja por dominarem o comércio a retalho, seja por dominarem a política do paço. "De qualquer modo, o que nos interessa reter neste momento é o fato de que o sentimento antilusitano - propiciador de uma consciência fundamental por ocasião das lutas da Independência e impulsionador da malta que agitava os núcleos urbanos - constituía-se, em fins do período regencial, num elemento divisor dos grupos dirigentes", tendo no seu cerne "a restauração e expansão dos monopólios que fundavam a classe senhorial, e na qual avultava a crise da escravidão".[119] Sentimento que deveria ser mobilizado com cautela, pois, não se poderia correr o risco de aniquilar ou enfraquecer de todo o Poder centralizado do Imperador, porque o espírito do republicanismo pairava no ar.

A passividade colonial é, pois, um mito historiográfico. O crescimento econômico de 1780 a 1830 teve sua visibilidade histórica turvada pelas ondas verdes do maremoto cafeeiro e, posteriormente, pelo fumo expelido das chaminés. A hegemonização do Estado no Brasil resulta exatamente da derrota da opção pelo crescimento lento, silencioso, mas que poderia ser perseverante e integrador. Revela-se, portanto, na urdidura de vários mercados regionais em torno de um centro articulador, o surgimento de um esboço do mercado nacional, em função do qual arregimentaram-se interesses sociais específicos, capazes de mobilizar a ação política coletiva rumo à ruptura e à constituição do Estado nacional. Nestes termos, a Nação precede o Estado, arregimentada por séculos de colonização e pela imediata noção de pertencimento, reforçada pela linguagem do interesse comum do mercado nacional. Assim posto, relativiza-se o papel hegemônico outorgado ao acaso, à contingência, certamente insuficientes para responsabilizar-se por um acontecimento histórico de tal significação. A possibilidade de separação da colônia em relação a Portugal pairava no ar desde, pelo menos, a insurreição norte-americana, agravada pelos ensaios de emancipação extensivos a toda América Ibérica na década anterior à 1822. Afirmar, portanto, que "ninguém falava sobre Independência

---

119 MATTOS, Ilmar Roloff. *O Tempo Saquarema*. Rio de Janeiro: Hucitec, 2004, p. 75-76, 154.

em 1821", entendida como possibilidade de ruptura, é no mínimo ousado, mas de difícil comprovação.[120]

Longe de ser uma doação, a colônia realizou uma conquista histórica, pela significativa mobilização de variados segmentos da população, que tiveram em D. Pedro um líder público, com sensibilidade suficiente para canalizar o movimento rumo a uma solução conciliadora, obra-prima de arquitetura política na história do Brasil, assentada por certo também no instituto do tráfico negreiro e da escravidão, mas que soube extingui-lo sem traumas mais profundos. O jovem Imperador teve que esgueirar-se entre facções rivais que não poderiam ser, nenhuma delas, dispensadas *in limine*. Ativo e polêmico, num curto espaço de tempo, não mais do que 12 anos, promoveu a independência do Reino do Brasil, e, criou a simbiose entre Império do Brasil e Nação brasileira, "que implicava em romper com as identidades geradas pela colonização, por meio da difusão dos valores, signos e símbolos imperiais, da elaboração de uma língua, de uma literatura e de uma história nacionais [...] O Estado Imperial deveria empreender uma expansão para dentro, de modo permanente e constante, indo ao encontro dos brasileiros que forjava",[121] e que o forjaram. De volta a Portugal, onde viveu apenas quatro anos mais, estabilizou o regime liberal no Reino.

Mas foi o suficiente para uma obra política respeitável. Dotou ambos os Estados, um Reino, o outro Império, com Leis fundamentais lastreadas na filosofia do pensamento liberal, de cuja redação participou, Cartas Constitucionais "que são os documentos dessa natureza que mais tempo regeram as respectivas nações", a brasileira, sessenta e cinco anos e a portuguesa, setenta e dois, pois vigeu até 1911.[122] Seu modo de agir, na condição de

---

120 Sobre esta questão, ver as posições antagônicas das historiadoras especialistas no período, NEVES, Lúcia M. Bastos P. *Corcundas e Constitucionais: a Cultura Política da Independência do Brasil*. Rio de Janeiro: Revan, 2003 e LUSTOSA, Isabel. *Pedro I*. São Paulo: Companhia das Letras, 2006.

121 MATTOS, Ilmar Rohloff. "Do Império do Brasil ao Império do Brasil". In: SILVA, Francisco Ribeiro da (org.). *Estudos em Homenagem a Luís Antônio de Oliveira Ramos*. Porto: Faculdade de Letras da Universidade do Porto, s.d., v. 2, p. 736.

122 RAMOS, Luís de Oliveira. *D. Pedro Imperador e Rei. Experiências de um Príncipe (1798-1834)*. Lisboa: Edições Inapa, 2002, p. 5. A expressão "mediação conciliadora" foi incorporada por Oliveira Ramos do meu artigo "Tensões sociais e conflito político:

ator principal, como chefe do executivo e proprietário do poder moderador, "bateu-se no espaço cívico entretecendo confrontos [...], testemunhando ora magnanimidade e estima, ora mando inclemente e até cruel, ora capacidade de retribuir ou esquecer serviços prestados, tanto como leviandade, inconsequência ou então régia dignidade", mas dotado de enorme capacidade de "auscultar a natureza das forças coletivas e cuidar da opinião pública e das ideologias vigentes", sendo por isso mesmo capaz de "tornar letra morta o estrito teor das leis". Do conjunto de suas ações, sobressai a "hipótese de descobrir um homem eminentemente político, amante da ideia de liberdade, educado no Antigo Regime e interventor maior num contexto histórico-cultural dinâmico e inovador, propício à 'mediação conciliadora'".[123] No exercício de seu mister, foi mais feliz que seu pai, pois teve a seu lado uma esposa com descortínio político, D. Leopoldina, que apesar de pertencer à mais tradicional casa dinástica europeia, teve sensibilidade apurada para captar os sentidos que os novos tempos apresentavam em ambientes tão diversos dos seus, e assumir um papel ativo no movimento em prol da independência, uma conselheira de D. Pedro privilegiada capaz de conciliar ruptura e continuidade, modernidade e tradição, temperança adequada às necessidades do momento, que transparecem na Carta constitucional de 1824.[124]

Este instrumento, o da mediação conciliadora, que se expressa vivamente na instituição do poder moderador, foi utilizado por D. Pedro de modo mais arrojado, mais ao talante do seu gênio intempestivo e temerário, ferramenta política que seu filho, D. Pedro II, soube manipular com temperança e maestria, mais consentânea com sua personalidade, que lhe permitiu a consolidação de um Estado Imperial fundamentado em instituições sólidas, mais republicano do que as instáveis Repúblicas latinas-americanas, lastreado na busca do equilíbrio entre a tradição e a modernidade política. Em última ins-

---

D. Pedro e a mediação conciliadora", publicado nas Actas do Congresso Internacional D. Pedro Imperador do Brasil, Rei de Portugal. Do Absolutismo ao Liberalismo. Porto: CNPCDP, 2001, p. 483-498, citado em seu livro sobre D. Pedro Imperador e Rei, *op. cit.*, p. 6.

123 Idem, ibidem, p. 6.

124 Cf. REZZUTTI, Paulo. *D. Leopoldina. A Mulher que Arquitetou a Independência do Brasil.* São Paulo: Leya Editora, 2017.

tância, a transição pacífica entre o estado de colônia para o de Nação independente não se fez sem o patrocínio de forças externas, sobejamente do Império Britânico que, agora sim, sob a liderança de George Canning, finalmente assentado como Primeiro Ministro, cumpria o desiderato maior da política por ele herdada de Wiliam Pitt, promover a independência do Brasil sob regime monárquico, livre de comoções internas, de uma guerra civil, que a continuidade dinástica sob um Príncipe, da casa de Bragança, viria a garantir. Mas não extinguir, tanto que o sentimento do antilusitanismo, decisivo na proclamação da Independência, continuou a provocar atritos entre os grupos que circulavam à volta do poder, em torno de D. Pedro, sendo um dos principais motivos conducentes à sua abdicação em 1831, fato que encerra, de vez, qualquer tipo de subordinação do novo Estado brasileiro à Portugal, mas não rompe, pelo contrário, solidifica a tutela britânica.

No processo que culmina a proclamação da independência, D. João e D. Pedro, pai e filho, têm um papel inquestionável. Cada um a seu modo, movidos por suas personalidades absolutamente contrastadas, ajustaram-nas aos contextos específicos para os quais mobilizaram suas índoles, virtudes e até mesmo defeitos. A comparação entre ambos, efetuada com maestria por Octavio Tarquínio de Sousa, é reveladora neste mister. Compará-los ajuda a entender melhor um e outro e acabará por demonstrar que foram ambos essenciais ao processo de emancipação política da colônia brasileira e, sobretudo, ao Estado brasileiro que dele nasceu.

A caracterização de D. João, em seu primeiro esboço, lembra a visão coletiva produzida pela lenda negra republicana no que tange à realeza. Seus traços definidores seriam a dubiedade, a suspicácia, a pacatez, a indecisão, a tibieza, a ausência de flama, a volúpia pelo trivial, acomodação à vida monótona, ausência de ímpeto varonil, a fraqueza disfarçada em astúcia, habituado à cautela e à exagerada defensiva. Mas se a pecha de pachorrento lhe corresponde, "não seria jamais um tirano por conformação pessoal, à míngua dos defeitos e qualidades que predispõem à hipertrofia do mando e ao paroxismo do poder". Brandura, prudência, facilmente confundidas com apatia, descaso pelo mando, conduziam o Regente a decisões profundamente refletidas, costuradas nos "conselhos longamente considerados e discutidos, em processo de verdadeira maceração", ponderação exaustiva do contraditório que poderia facilmente ser confundida com abulia, mas nunca por falta de competência, pois qualidade nunca lhe foi denegada, era reconhecida por áulicos e detratores.[125] Ser hesitante foi um dos reproches que mais se lhe fizeram. Mas como ser assertivo se nem rei de fato era. As decisões conformavam-se à magnitude de um Império, dos maiores do mundo, mas D. João era apenas regente do trono em nome de sua Mãe, está sim a Rainha. Foi nesta condição que governou o Reino e o Império por 26 anos, pois, de 1792 a 1799, fê-lo na condição de Regente informal por não ter aceitado seu empossamento de imediato à espera de melhoras no estado de saúde de D. Maria; e, de 1799 a 1818, como Regente efetivo, ou seja, foram quase três décadas à espera da reabilitação que não veio e findou com a morte da Rainha Mãe em 1816, já no Brasil. Na condição de Soberano, governou apenas 8 anos, 3 no Brasil e 5 em Portugal. Período de interinidade que foi, certamente, responsável pelos cuidados às vezes excessivos e demorados que levava para tomar as decisões finais, que poderiam, entretanto, serem entendidas pelos maus olhares como prova de insegurança, de tibieza, de incapacidade, o que só era cautela desmesurada. E não seria fastidioso relembrar que aquelas três décadas foram das mais convulsionadas da história europeia e Atlântica, e Portugal encontrava-se exatamente no centro deste furacão.

A paciência, a cautela, pode ser entendida como defeito ou virtude, na dependência das circunstâncias, na dependência da matéria a que se refere. Ajudou-o a contornar atritos que seriam inevitáveis em várias situações, mas

125 SOUZA, Octavio Tarquínio. *A Vida de D. Pedro I.* Rio de Janeiro: Libraria José Olympio Editora, 1951, v. 1., p. 188-190. Essa visão de D. João por parte de Tarquínio é a que mais me satisfaz. Porque há uma contradição com a imagem reproduzida nas páginas 202-203 que, primeiramente reforça a perspectiva acima e, na sequência, a desfaz. "Longos anos de governo lhe haviam apurado o gênio contemporizador, a paciência para esperar, os recursos da tergiversação e da burla sem fraude. Assim procedera evadindo-se a atitudes frontais, fugindo a compromissos irremovíveis, transmudando a franqueza em astúcia. Tal fora o rei tal fora como homem". Até aqui é D. João astucioso, paciente, contemporizador, mas, na sequência, vira a natureza do argumento: "Não lhe escasseava espírito público; faltava-lhe decisão, coragem, poder imaginativo. Não agia; reagia. Não se arriscava a ter iniciativas; ansiava por conselhos e opiniões, e submetia--os, antes de adotá-los, a um debate infindável capaz de tornar inoperantes os maus, os errados, e também os bons, os certos".

que, num caso específico, foi decisivo: o fato de ser marido de uma ruidosa princesa espanhola, ela com 10 anos de idade e ele 18, um casamento arranjado por conveniências políticas, tornava as relações com a Espanha, sobretudo no que tangia às questões fronteiriças que se arrastavam por séculos, um problema de segurança nacional, um *karma* vivenciado por Portugal praticamente desde seu nascimento no medievo. O problema era de extrema gravidade e sensibilidade. Uma questão de conduta da esposa espanhola do Regente, que acabara por converter-se em sua inimiga íntima na Corte lusa, e de quem tinha que proteger-se para não ser traído no plano político e pessoal. Neste quesito, era preciso saber lidar com a conduta airada, nada discreta de sua consorte. Um repúdio poderia criar a oportunidade esperada por seus potenciais inimigos para transpor as fronteiras e iniciar a invasão do Reino a longo tempo desejada, perigo iminente porque contava com a aquiescência e apoio vigoroso de Bonaparte. Um arroubo e a Nação estaria perdida. Mas D. João soube enfrentar "os desmandos de caráter e de conduta da mulher, com resignação, com excessiva complacência. Mas igualmente com desdém. E sempre lhe chegou o prazer da vingança. Vingou-o o Brasil, a estada aqui por anos tão lentos e demorados, para desespero dela, estímulo do seu deleite".[126] Quantos soberanos se conformariam com uma situação tão esdrúxula como esta, mesmo que fosse pelo bem de seu país? E sua biografia? Como se haveria D. Pedro em seu lugar?

Em relação a D. Pedro não há muitas dúvidas. Há certezas. Era uma personagem transparente. Enérgico, ativo, impetuoso. Queria ser ator, não espectador. Queria participar, atuar, dirigir, mesmo assim não se livrou de hesitações momentâneas determinadas pelas circunstâncias, dentre elas, o fato de ser "herdeiro da Coroa", aqui e lá, e não o Rei, tendo que agir cuidadosamente para não melindrar seu pai, o Soberano; e a incerteza trazida pelas próprias "mutações políticas". Mesmo assim "dispôs-se a não se deixar superar pelos fatos que no Brasil representavam as novas ideias [e] resolveu prescindir dos conselhos vacilantes do Gabinete [e seguir] o espírito do século [que] não se parecia incompatível com a subsistência da monarquia, sob outra forma". Por esta via, a da conciliação entre o espírito do século com a sobrevivên-

126 SOUZA, Octavio Tarquínio. *A Vida de D. Pedro I...*, p. 204.

cia do trono, D. Pedro, puxado pela razão, impediu que a horrorosa anarquia que se instalara na Europa se reproduzisse no Brasil, e isto se deveu, encerra Tarquínio, "em grande parte à permanência do príncipe D. Pedro, à sua precoce maturidade de homem de governo, à rápida compreensão que logrou da crise brasileira e à permeabilidade de sua inteligência às ideias do tempo, ao espírito do século",[127] que clamava contra o absolutismo em favor dos regimes constitucionais, processo que, no caso do Brasil, seria por ele mesmo conduzido, ao contrário do que se verificava em Portugal, onde seu pai teve que aceitar os termos de uma constituição ainda por fazer.

Ingleses ou franceses: vilões ou heróis?

Quem foram os vilões nessa quadra histórica, ingleses ou franceses? Ou estamos diante de uma conjura de vilões? A literatura histórica, sobre o tema em questão, foi prolífera na construção e desconstrução de imagens. Quem foram os vilões? Quem foram os heróis? Não raro, os papéis foram trocados ao sabor das linhagens historiográficas dominantes, do impacto da história do tempo presente sobre o passado, pelo fato de ser a história uma teoria em permanente construção. Pelo fato de as tropas francesas terem efetivamente invadido Portugal, enquanto as britânicas ficaram nas ameaças, não precisaram invadir porque as circunstâncias históricas os favoreceram, porque as tropas francesas o fizeram, invadiram e barbarizaram, fazendo com que a grande maioria dos historiadores portugueses repliquem o clamor popular contra os franceses, acusados de roubos, pilhagens, vandalismos, assassinatos, expropriação de bens privados, públicos, eclesiásticos e, sobretudo, um imenso alarde contra o empréstimo forçado de 40 milhões de cruzados decretado por Junot que, traduzida em glosas populares, moldam a imagem pérfida dos invasores. Imagem que rebate imediatamente em Bonaparte cuja figura foi animalizada, identificada ao porco, símbolo de grosseria,[128]

127 Idem, ibidem, p. 190-191-198.

128 DIEGO, Emilio de. "España 1808: Napoleón de Héroe a Villano"; PRADA, Antonio Moliner. "La Imagen de Napoleon en Espana en la Guerra de la Independência (1808-1814)". In: VENTURA, António (Coord.). *Napoleão História & Mito*. Lisboa: Centro de História/Caleidoscópio, 2008, p. 30-31; p. 65-102.

Dessa traidora nação
Em astucias infernal
Para roubar Portugal
Vem aqui muito ladrão:
Vejam bem o figurão,
Para a maldade esconder,
Para nos empobrecer
Inda mais talvez, que Job,
Que nos dissesse Junot
Eu vos venho proteger
...
Assolou, roubou cidades,
Matou velhos e meninos,
Te que enfim os céus benignos
Atulham taes crueldades:
Com fingidas amizades
Não mais francezes ladrões
Seduzirão as nações:
Nem para fartar marotos
Dirá o chefe dos rotos
Dai-me quarenta milhões.[129]

A cultura popular expressa e amplifica o ódio generalizado aos franceses. Não apenas na forma literária, mas também em suportes pictóricos, a exemplo das composições alegóricas alusivas ao comportamento violento e desumano das tropas francesas fixadas nas telas de autores anônimos, registro de cenas contemporâneas que traduzem o asco aos comportamentos odiosos, a exemplo do saque dos 40 milhões de cruzados, determinado por Junot (Figura 3); o roubo de metais preciosos das igrejas (Figura 4); a profanação dos templos (Figura 5); o assassinato e a degola dos clérigos (Figura 6); o genocídio de mulheres e crianças indefesas (Figura 7); a matança dos romeiros de Nossa Senhora de Ameixoeira (Figura 8).

---

129 Glosa provável do poeta Antonio José Xavier Monteiro, 1808. Cf. ARANHA, Brito. *Nota Acerca das Invasões Francezas em Portugal..*, p. 107-108. Cf. VICENTE, António Pedro. *Guerra Peninsular 1801-1814*. Lisboa: QUIDNOVI, 2006, passim.

Foi intensa a produção e a circulação de material escrito sob a forma de panfletos, pasquins, folhas volantes gerados em Portugal e disseminados por toda a Europa, num movimento sub-reptício de contrapropaganda napoleônica. Somente no período de 1808 a 1811, cerca de 1.500 publicações dessa natureza, singelos veículos de comunicação que atingiam os estratos mais inferiores da sociedade, pois sua forma sintética, objetiva, jocosa, prestava-se a leituras em voz alta, atingindo amplamente os iletrados, elaborando imagens e representações de Napoleão próprias da dicotomia clássica da luta entre o bem e o mal, nas quais o corso surgia ora como herói, ora como usurpador e sanguinário, "o déspota furioso e a Besta de sete cabeças e dez cornos".[130] Configuração contraditória, se pensarmos no ideário da Revolução Francesa disseminado pelas hostes napoleônicas, teoricamente identificado com os anseios das camadas inferiores, mas que não deixam de alimentar agitações populares.[131]

Figura 3

Figura 4

130 Cf. NEVES, Lúcia M. Bastos P. *Napoleão Bonaparte: Imaginário e Política em Portugal (c. 1808-1810)*. São Paulo: Alameda, 2008.

131 VICENTE, António Pedro. "A influência inglesa em Portugal". *Revista de História das Ideias*, Coimbra, n. 10, p. 166, 1988.

Figura 5

Figura 6

Figura 7

Figura 8

Fonte: PORTUGAL. Comissão Nacional para as Comemorações dos Descobrimentos Portugueses. *D. João VI e o seu tempo*. Lisboa: Comissão Nacional para as Comemorações dos Descobrimentos Portugueses, 1999, p. 292-293.

Por tê-los livrado da praga francesa, o imaginário popular aclama aos ingleses como protetores, salvadores da nação portuguesa, heroicizando-os na figura de Wellesley por ocasião da expulsão do exército francês de Massena, em abril de 1811, louvando-o em versos triunfais:

> Wellesley se a pátria tua
> Te apronta a coroa imortal,
> Tu tens um throno d'amor
> No seio de Portugal
> ...
> És tão sábio em teus projetos,
> Que por sublimes ideias
> Vences mais poupando sangue,
> Que o vil corso abrindo veias.
> ...
> O corso arrisca mil vidas,
> Num capricho de impiedade;
> Tu caprichas outras tantas
> A favor da Humanidade.[132]

Cem anos após, na celebração do primeiro centenário, as mesmas imagens continuavam a reverberar no texto de Vicente de Almeida D'Eça, escrito a convite da Sociedade de Geographia de Lisboa, atribuindo-se ao Tratado de Fontainebleau o julgamento sobre o destino final de Portugal, concertado entre a França e a Espanha, ações que decretaram "a morte da nacionalidade portuguesa".[133]

Mas a desconstrução da imagem heroicizada dos ingleses não demorou muito. Surge ainda no século XIX. Autor de um verdadeiro libelo contra a perfídia inglesa em sua atitude de permanente subalternização de Portugal, Gomes Freire D'Andrade reavalia o comportamento dos soldados britânicos em Portugal, durante as campanhas militares de 1808 e 1809

---

132 Hino de louvor ao General Wellesley, de António Xavier Ferreira de Azevedo. Cf. ARANHA, Brito. *Nota Acerca das Invasões Francezas em Portugal*. Lisboa: Academia Real das Sciencias, 1909, p. 109-110.

133 D'EÇA, Vicente de Almeida. *A Abertura dos Portos do Brazil*. Lisboa: Typographia da Livraria Ferin, 1908, p. 60.

quando, segundo a acusação, teriam agido como hordas selvagens, em nada diferindo dos inimigos franceses, pois incutiam ambos temor e ódio na população portuguesa. Freire invoca, em apoio a seu argumento, o testemunho dos próprios comandantes ingleses. Do próprio Wellesley, por exemplo, honrado com odes triunfais em Portugal, que afirmava terem seus soldados "saqueado o país do modo mais terrível", comportamento que lhe causava imenso desgosto. Avaliação da qual não destoava Lorde Castlereagh ao dizer "o exército porta-se detestavelmente, é uma canalha". E, apesar de todas as medidas tomadas para reprimir e punir os excessos cometidos pela soldadesca, considera-se vencido, e confidencia numa carta, "não posso descrever-lhe todos os ultrajes e violências que as nossas tropas cometem [...], não há ultraje de espécie alguma que não tenha sido feito a uma população que nos tem recebido uniformemente como amigos".[134]

Comportamento incivilizado e inaceitável, pois era praticado contra um aliado tradicional. Espelhava a perfídia inglesa em seu projeto de subalternização de Portugal que vinha de longa data, e transparecia cristalinamente nas palavras de Lorde Hawkesbury quando, no contexto da Paz de Amiens, em 1802, não hesitara em dizer que, se Napoleão invadisse Portugal, a Inglaterra tomara "os Açores, o Brazil e arranjará penhores que nas suas mãos valerão muito mais do que o continente português nas mãos da França". Significando que, para se vingar dos gauleses, não hesitaria em punir um aliado, beneficiando-se com seu espólio, experiência que os portugueses não deveriam esquecer para não se enganarem sobre o valor da aliança inglesa.[135] Mais radical ainda é o historiador Oliveira Martins ao afirmar que "somos o instrumento, o lacaio, a besta de carga da Inglaterra", aliados que "nos fizeram mais mal do que nossos inimigos, os espanhóis e os franceses".[136] Mesmo relativizando o papel dos ingleses na explicação do subdesenvolvimento português, por incluir as circunstâncias endógenas de Portugal e a relação colonial como fatores de similar importância, Armando Castro, não deixou de publicar três documentos

134 D'ANDRADE, Gomes de Freire. *A Dominação Ingleza em Portugal...*, p. 140-141.

135 Ibidem, p. 133.

136 MARTINS, João Pedro de Oliveira. *Histórias de Portugal*. Lisboa: Palas Editores, 1986. v. 2, p. 246-247.

de época que são verdadeiras catilinárias contra os ingleses, considerados inimigos pérfidos da pátria portuguesa.[137]

Entranhada no imaginário popular, as representações vilanizadas dos franceses e heroicizada dos ingleses foram acriticamente assimiladas pelos brasileiros. Afinal, pouco interessava se a vinda da Corte se devia aos pusilânimes franceses ou aos pérfidos ingleses. Contava, sim, o resultado benéfico, a transformação da colônia no centro político e administrativo do Império, uma inversão histórica inimaginável e prenhe de consequências alvissareiras para o futuro da ex-colônia. Entre nós, reproduziu-se fartamente a ideologia disseminada pelos próprios ingleses e pelos portugueses com eles identificados. Especialmente no que tangia à promessa britânica de proteger a Família Real, garantir a sua sobrevivência e afiançar a continuidade dos Braganças no Trono de Portugal ao qual seriam restaurados assim que os franceses fossem de lá expulsos. Coube ao economista/historiador Roberto Simonsen, contudo, amenizar a crítica aos ingleses, considerando que eles poderiam ser bons mestres e inspiradores, sobretudo porque estavam qualificados para incutir nos brasileiros o gosto pela tecnologia, bem ao contrário dos historiadores identificados com o marxismo, continuava Simonsen, que preferiam responsabilizá-los por nosso atraso econômico, por terem dado continuidade em escala ampliada à exploração portuguesa, uma espoliação renovada no âmbito do imperialismo do comércio livre, que tinha em Caio Prado Jr. um de seus principais arautos.

Se urdir um vasto projeto de transferência de toda uma Corte europeia para o outro lado do Atlântico, especialmente de uma Corte que se definia por ser de um aliado secular, que transformara a aliança inglesa num axioma, for projeto de um inimigo, então os ingleses se encaixam na fotografia. O outro lado do problema é saber se havia possibilidades para que a Inglaterra defendesse Portugal em seu próprio território, ameaçado por Napoleão. A única alternativa seria forçar a Família Real a arrostar perigos do mar? Lembremo-nos de que Canning ofereceu ao Príncipe Regente dez mil soldados para garantir a defesa e a segurança de Portugal em 1806, quando Talleyrand, a mando de Napoleão, pressionou mais fortemente no sentido de que os portugueses ade-

137 Cf. CASTRO, Armando. *A dominação Inglesa em Portugal*. Porto: Edições Afrontamento, 1974.

rissem francamente aos continentais contra os insulares. Os portugueses não aceitaram, mas a oferta mostra que, militarmente, a opção era plausível.

Na mesma linha de raciocínio, podemos conjecturar que, quando Canning deu ordens expressas ao Almirante Sir Sidney Smith para mobilizar tropas de desembarque - num total de cinco mil homens -, destinadas a tomar os fortes portugueses em apoio ao bloqueio naval que a esquadra procederia na barra do Tejo - contando ainda com sete mil homens estacionados no estreito de Gibraltar sob o comando de Sir John Moore -, contingentes superiores aos dez mil oferecidos em 1806 para a defesa de Portugal, recusada por D. João, é porque este número de homens seria suficiente para deter a avançada de Jean Junot, no primeiro momento. Se ponderarmos que as tropas seriam deslocadas por mar, em distâncias reduzidas, e chegariam em plenas condições de combate, com toda logística de apoio assegurada pelo controle dos mares, configurar-se-ia uma situação muito mais favorável do que gozavam naquele momento as tropas francesas que, partindo de Bayone, teriam que atravessar a Península Ibérica, por regiões inóspitas, sem que pudessem ser abastecidas por mar.

As reflexões de D. João, posteriormente aos acontecimentos, apontam nessa mesma direção. Lamentou-se por ter confiado nos franceses após a assinatura do Tratado de 1804, que garantia aos portugueses o direito de neutralidade comprado a peso de ouro, e ter deslocado as tropas portuguesas da fronteira interior para a o litoral, desguarnecendo as linhas de defesa continentais e facilitando a invasão pelas tropas francesas. Equívoco estratégico por ele reconhecido quando já no Brasil, em maio de 1808, afirmava que "teria podido reunir o corpo de tropas que tinha junto de si e, fazendo entrar a esquadra inglesa no porto de Lisboa, reduzir a pó o pequeno e miserável corpo a cuja frente o general Junot avançava com temeridade".[138] Uma tese que D. Rodrigo de Souza Coutinho defendeu ardentemente, argumentando junto ao Regente, que o valor dos subsídios pagos a Bonaparte para assegurar a neutralidade, eram suficientes armar um exército de 40 mil homens e resistir à invasão, sobretudo porque poderiam contar com o suporte do exército britânico.

---

138 Manifesto de D. João em 1.º de maio de 1808. EÇA, Vicente de Almeida. *A abertura dos portos do Brazil*. Lisboa: Typographia da Livraria Ferin, 1908, p. 96.

Ao invés da temerária jornada, o alojamento temporário da Família Real na ilha da Madeira não teria sido o suficiente para deixar o vendaval passar? João Lúcio de Azevedo já se pôs esta questão a partir de testemunhos da época, que afirmam ter sido essa hipótese discutida na Corte. Outras opções, todas insulares, apontavam os Açores, provavelmente Angra, como sendo capaz de dar proteção à Família Real por ser já uma praça de guerra, além da "natural" proteção que a Royal Navy poderia oferecer patrulhando os mares. Estariam aí mais próximos do continente. Poderiam "mais de perto encaminhar as hostilidades e atender às necessidades do Reino"[139] e, acima de tudo, estariam livres da obrigatoriedade de abrir o mercado colonial brasileiro aos mercadores ingleses, como preconizava a Convenção Secreta.

Os acontecimentos posteriores demonstraram que era factível defender o território português. Lembremo-nos que as tropas francesas sob o comando de Junot entraram em Lisboa a 30 de novembro de 1807, tendo sido rendidas a 30 de agosto de 1808 pelas forças anglo-lusas, ou seja, mantiveram-se por apenas oito meses no território do Reino, prova segura de que as posições poderiam ser defendidas com os contingentes mobilizáveis naquele momento. Se a resistência tivesse sido a opção, as invasões subsequentes teriam sido mais facilmente debeladas, até mesmo porque forças deslocadas na frota para o Brasil teriam permanecido em campanha no Reino. Além do mais, a segunda invasão ocorrida em março de 1809, sobre o comando do General Soult, e a terceira liderada por Massena, entre julho de 1810 e abril de 1811, não passaram de tentativas vãs de recuperar as posições perdidas para o contra-ataque aliado anglo-português, tanto que foram definitivamente expulsas naquela oportunidade.[140] De toda evidência, portanto, se os ingleses tivessem querido,

---

139 AZEVEDO, João Lúcio. *O Marquês de Pombal e a sua Época...*, p. 448.

140 BOURDON, Albert-Alain. *História de Portugal.* Coimbra: Livraria Almedina, 1973, p. 125-126. Argumentando em favor da inexorabilidade da decisão tomada por D. João, que significava concomitantemente eximir a responsabilidade inglesa, Vicente de Almeida D'Eça afirma que a defesa de Portugal era impossível pela extroversão do sistema defensivo, voltado para as ameaças vindas do mar, o moral baixo das tropas, o temor aos considerados invencíveis exércitos de Napoleão e a fascinação que os ideais revolucionários franceses exerciam sobre determinadas camadas da população portuguesa. D'EÇA, Vicente de Almeida. *A Abertura dos Portos do Brazil...*, p. 61.

poderiam ter defendido a Família Real portuguesa em seu próprio território, sobretudo no insular. Mas não quiseram, porque não interessava.

Por tudo isso, parece-nos justíssima a análise de Caio de Freitas, quando diz:

> A Convenção Secreta de 22 de outubro de 1807, assinada em Londres, fora mais uma tentativa de absorção do mercado brasileiro do que, propriamente, uma providência de salvação da dinastia portuguesa. Canning, com a sagacidade que lhe era característica, interligou os dois assuntos, criou uma relação de interdependência entre os dois objetivos e essa manobra de envolvimento deu os resultados que ambicionava. D. João cumpriu fielmente o que havia prometido à Inglaterra: os portos do Brasil estavam, finalmente, abertos ao comércio universal, o que, em realidade, significava que estavam abertos exclusivamente ao comércio da Grã-Bretanha.[141]

É inequívoca a determinação externa dessa história singular, determinação que, gradativamente, se internaliza, na medida em que a colônia se sente dignificada pela decisão de D. João de enfrentar o risco de morrer no mar, de enfrentar o oceano que temia, a ser destronado e preso como seus confrades espanhóis. Ela "afaga a vaidade brasileira", mas "põe a descoberto outro lado [...], a debilidade de um domínio que a simples distância aureolara, na colônia, de formidável prestígio", "[...] um paradoxo do sistema colonial português", que a imagem de Robert Southey, evocada por Sérgio Buarque de Holanda, tem o condão de explicitar: "galho tão pesado não pode continuar unido, por muito tempo, a tronco tão gasto".[142] Tirada literária, metáfora quase perfeita. Porque não espelha totalmente a verdade histórica. De fato, o galho era pesado e o tronco gasto, mas decisivo mesmo, para que o galho se separasse do tronco, fora o corte afiado do machado de Sheffield, simbolização do poderio industrial e de sua criação, a frota britânica.

---

141 FREITAS, Caio de. *George Canning e o Brasil*..., p. 149.

142 HOLANDA, Sérgio Buarque de. "A Herança Colonial – Sua Desagregação". In: HOLANDA, Sérgio Buarque de (dir.). *História Geral da Civilização Brasileira*. São Paulo: Difel, 1965. v. 2 – O Brasil Monárquico.

Capítulo 5
Planos para o Brasil, projetos para o mundo

Os dez primeiros anos do século XIX conformam a década crítica do Império português, cujo Reino esteve no limiar da catástrofe, de sucumbir em meio ao enfrentamento entre os poderosos Impérios francês e inglês. Momento efervescente, quando vieram à baila variados planos para o futuro do planeta, de autoria sabida ou presumida, que tinham por epicentro uma colônia excêntrica, a metade ocidental mais valiosa da América do Sul. O Brasil, entre todas as possessões de Portugal, era aquele que ocupava uma posição absolutamente estratégica no contexto da Revolução Industrial, em função do qual passara a girar a política externa dos dois maiores contendores, do maior conflito já vivenciado pela humanidade, visando a hegemonia mundial. Dois destes projetos, produzidos na cúpula do Governo, traduzem a leitura da Grã-Bretanha sobre esta conjuntura de guerras europeias marcada por batalhas, armistícios, tratados, coligações, bloqueios, contrabloqueios. Vieses através dos quais se pode entender não apenas o estado momentâneo do conflito, mas, e sobretudo, o olhar que estes planos projetam sobre o futuro, horizonte de expectativa vislumbrado na ótica britânica. No fundo, um projeto de hegemonia mundial em que o Império português e sua colônia brasileira são figurantes centrais nessa quadra da história, projetos ambiciosos que aparecem em dois planos soberanos: o *Plano Sábio* de William Pitt e o *Plano para Abrir Novas Fontes de Comércio,* de autor anônimo, mas que se presume possa ter sido George Canning.

O Plano Sábio

Em 1808 foi publicado em Lisboa, traduzido para o português, o *Plano Sábio, Proferido no Parlamento da Inglaterra pelo Ministro de Estado Mr. Pitt, sobre a Continuação da Guerra com a França, e Transladação do Throno de Portugal para o Novo Império do Brasil.*[1] Título suficientemente explícito para resumir seu conteúdo, um documento oficial do Estado atribuído ao Primeiro Ministro William Pitt, "O Jovem", com foco na guerra contra a França revolucionária e o Império Napoleônico, na sua primeira parte, e no translado do Trono de Portugal para o Novo Império do Brasil, na segunda. Equivale dizer, a mensagem de Pitt ao Parlamento seria uma indicação precisa de que a solução para os intrincados problemas criados pela expansão territorial do Império francês teriam que ser equacionados através do Reino de Portugal, via transmigração da Família Real para a América Meridional. No fundo, o que se pretende nessa plaquete é a defesa da continuidade da guerra contra a França; e a mobilização dos recursos da colônia brasileira e das colônias hispânicas para alçar o Império Britânico a uma escala mundial, começando pela tutela sobre o Império português, com presença firmada em quatro continentes.

O primeiro problema que se põe na análise desse documento é sua datação. Quando foi proferido no Parlamento da Inglaterra? Não se encontra em nenhuma das edições citadas, publicadas pela Typografia Lacerdina, de Lisboa, a partir de 1808. Uma referência vaga, nesse sentido, surgiu no livro do militar e historiador José Inácio de Abreu e Lima, onde afirma que o *Plano Sábio* teria sido escrito e proferido nos fins do século XVIII,[2] o que nos obriga a buscar no corpo do próprio texto os indícios que permitam estabe-

---

1 Lisboa: Typografia Lacerdina: anno 1808, Com Licença do Desembargo do Paço, 14 p. Exemplares do opúsculo não são raros, encontrando-se nas principais bibliotecas e arquivos brasileiros, às vezes mais de um exemplar. O exemplar consultado encontra-se no IEB (Instituto de Estudos Brasileiros da USP). Na Biblioteca Brasiliana Guita e José Mindlin há dois deles, uma edição de 1808 e outra de 1809. Encontram-se também na Biblioteca e no Arquivo Nacional do Rio de Janeiro e na Biblioteca Nacional de Lisboa, um exemplar sem indicação da editora.

2 LIMA, José Inácio de Abreu. *Compêndio de História do Brasil.* Rio de Janeiro: Lemmertz,1843.

lecer a data ou o momento aproximado de sua feitura. Mais precisa é a indicação do site Livroraro, Lisboa,[3] que aponta a data de 31 de janeiro de 1799, coincidente com a referência anterior, mas que não se confirma quando verificamos a relação de todos os discursos proferidos por Pitt em sua vida de parlamentar e de Primeiro Ministro.[4] Há sim um discurso acompanhado por longo debate parlamentar na data de 31 de janeiro de 1799, mas ele se refere à crise irlandesa, aos esforços que Pitt fazia naquele momento para integrar a Irlanda ao Reino Unido, única fórmula por ele antevista para evitar que Bonaparte pudesse açular o irredentismo irlandês contra a Inglaterra, em momento tão crítico. Assunto de extrema gravidade, em meio a cujos debates não haveria lugar para a temática tratada no *Plano Sábio*, apesar de nele haver referência ao contencioso irlandês, indício de que poderia ter sido aquele o ano de feitura do Plano Sábio ou, no limite máximo, antes de 28 de março de 1800, quando a Irlanda e a Inglaterra estabeleceram os termos do *Union Act* que daria origem ao Reino Unido, isto porque, se a questão irlandesa já estivesse assentada ela teria sido referida no *Plano Sábio*. Assim, por esta pista, ficamos entre os limites de 1798 a março de 1800 para a confecção do documento, mas não necessariamente de sua alocução no Parlamento, uma questão ainda em aberto.

Mas há outras referências no próprio panfleto capazes de contribuir para sua circunscrição temporal. Pitt diz que a França acenava aos Estados europeus com promessas atraentes, para afastá-los da coligação com a Grã-Bretanha.[5] À Espanha ofereceu a união com Portugal, verdadeira anexação, formalizada no Tratado de Aliança entre a França e a Espanha em 29 de janeiro de 1800, que decretava a invasão conjunta de Portugal, data posteriormente

---

3 http://www.livroraro.com/lisbon-office.html.

4 Cf. PITT, William; HATHAWAY, W. S. (ed.). *The speeches of the Right Honourable William Pitt, in the House of Commons*. London: Longman, Hurst, Rees, Orme, and Brown, 1817. Disponível em: <https://archive.org/details/speechesofrightho1pittuoft>. Acesso em: dez. de 2021; PITT, William; COUPLAND, R. (ed.). *The War Speeches of William Pitt, The Younger*. Oxford: Oxford University Press, 1915. Disponível em: <https://archive.org/details/in.ernet.dli.2015.209912>. Acesso em: dez. de 2021; MACARTHUR, Bryan (ed.). *The Penguin Book of Historic Speeches*. London: Penguin Books, 1995, passim.

5 *Plano Sábio*, Op. cit., p. 5.

à qual o opúsculo deve ter sido finalizado, mas certamente antes de 14 de março, quando Pitt abriu mão do Ministério. À Áustria, que via pelo Tratado de Lunéville firmado em 9 de fevereiro de 1801 acertadas as suas diferenças com a França, Bonaparte prometia a margem leste do Reno, retinha para si a margem oeste em troca de abdicar às suas pretensões ao Império Germânico, mas se recompensava com possessões na Itália, especialmente a terra firme da ex-República de Veneza. Com a Rússia, o Corso conseguiu não somente afastá-la da aliança inglesa, mas armá-la contra a Grã-Bretanha. O Czar Paulo I ficara insatisfeito com a Grã-Bretanha porque ela se apossara da ilha de Malta e do prestigioso título que a acompanhava. Além do mais, sentia-se incomodado com os ataques da frota britânica aos barcos mercantes russos, razão suficiente para reconstituir, na parte setentrional da Europa, a Liga de Neutralidade Armada, sustentada em princípios do século XVII defendidos por Hugo Grotius, à qual aderiram Prússia, Suécia e Dinamarca. Casos raros, os de Rússia e Prússia, porque não somente abandonaram a aliança inglesa; tomaram posição bélica contra ela para proteger o comércio dos neutros aos quais se perfilavam.

Desafio que levou Addington, o sucessor de Pitt no Ministério, a determinar o bombardeio de Copenhague, decisão que Pitt por certo apoiou, na condição de parlamentar. O ataque foi realizado por Horácio Nelson em 2 de abril de 1801, uma das primeiras ações do grande Almirante. A operação punitiva pôs fim à Liga, não somente pela assinatura de um armistício entre as partes, mas, sobretudo, pelo assassinato recente de Paulo I, articulador da coalizão. Eventos estes não relatados por Pitt no *Plano Sábio,* o que nos leva a supor que o plano teria sido escrito antes de 1800, ou, no máximo no transcorrer daquele mesmo ano, antes da formação da Liga, pois, do contrário, os importantes eventos a ela conectados teriam que ser abordados. Ou não, pois Pitt apresenta a Grã-Bretanha no *Plano Sábio* como a nação baluarte de todas as nações europeias contra a perfídia Napoleônica. Como justificar então o bombardeio de uma nação neutra? O melhor seria silenciar sobre o fato.

Minha aposta pessoal, numa avaliação de conjunto, é a de que o *Plano Sábio* foi produzido nos últimos meses do primeiro mandato de Pitt, entre os últimos meses de 1800 e os primeiros de 1801, quando ele sentiu o isolamento terrível em que se encontrava a Grã-Bretanha e passava a urdir uma alternativa mais eficaz para derrotar a França, passando a pensar seriamente na conquista informal dos Impérios Sul-Americanos, Luso-Hispânicos. Mas são conjecturas, elucubrações sobre fatos concretos, que podem ser desmanchadas num passe de mágica, na descoberta da data em que o discurso se deu. Uma possibilidade real que estimula a continuidade da pesquisa. Se não foi falado, pode ter sido escrito, à espera de uma oportunidade, aquela na qual as circunstâncias justificariam tirá-lo do anonimato. Mas não podemos negligenciar a possibilidade de que seja um documento falso, ou, pelo menos, uma montagem a partir de falas conhecidas de William Pitt, extraídas de seus discursos, mas somente arranjados para publicação em 1808, quando a Família Real já estava no Brasil, e seus efeitos, portanto, no que tange a estimulá-la à partir, que é o conteúdo fundamental do opúsculo, já não mais faziam sentido. Teria, entretanto, um outro objetivo. No caudal de publicações anônimas e apócrifas que circulavam em Portugal no contexto da partida, espelhando a tensão e a insegurança vivenciada por aqueles que permaneceram no Reino para, na ausência do Trono, na presença dos franceses, na dependência dos ingleses, subsistir como súditos, batalhar pela subsistência do Reino, o Plano Sábio poderia muito bem ter sido produzido com uma finalidade outra, a de denunciar o interesse britânico na transferência da Corte e, assim, amenizar a perfídia francesa em todo curso dos acontecimentos que amargaram a existência de Portugal, naquela quadra terrível de sua história.

Uma coisa é certa. O conteúdo do Plano Sábio faz sentido. E mais do que isto, encontra respaldo no *Plan to Open*, do qual é, por certo, a matriz geradora. São planos gêmeos. E mais, o Plano Sábio faz parte do acervo bibliográfico ou arquivístico de numerosas instituições de respeito, que não acolheriam documentos duvidosos, inautênticos.

Texto e contexto do Plano Sábio

Pitt inicia seu discurso definindo-se como partidário da continuidade da guerra com a França, dizendo: "Sim, Senhores, eu teimo que se continue a guerra, e mostrarei no presente discurso qual é a minha opinião, porque vejo os interpretes, a independência e glória da Nação assim o requer, instão e comandão".[6] Passando, a seguir a desqualificar os franceses e qualificar os ingleses, quando diz: "O Povo Francês [foi] destinado para espalhar no universo males contagiosos, incuráveis e mortíferos [transformando] toda a ordem estabelecida na sociedade, revoltou os vassalos contra os soberanos, disse que não havia Deus a temer: por este caminho pretende a Nação Francesa dar leis à terra, e ao céu, ser senhora do mundo, aniquilar todos os direitos [...], gente frenética que se constituíra corpo acéfalo, versátil e corrupto, sem Deus, sem Lei, sem Rei, sem Religião e sem caráter". "Ao passo que a Inglaterra se opôs à França porque assim exigiram os seus interesses, uma guerra justa, na qual a Inglaterra só, unida e virtuosa, esperta, e incorruptível, aproveitando a ocasião, aumentaria mais a opulência, poder e glória" (p. 2).

Nesse introito Pitt explicita abertamente sua posição favorável à continuidade da guerra contra os franceses, por serem maléficos à sociedade europeia, e acusa a França de pretender assenhorar-se do mundo, enquanto os ingleses, virtuosos, poderiam aproveitar a oportunidade para aumentar o seu poder, deixando claro que o problema é a batalha pela hegemonia mundial, e os juízos morais são palavras vãs, apenas recobrem os seus reais interesses e que não são diferentes do interesse dos franceses.

A Inglaterra se pôs ao lado dos Monarcas, "e fez o que devia a si e aos seus aliados, à razão e à virtude [...], todavia nada tem perdido em tantos anos de guerra, antes ganhado novas possessões e de mais ainda teria se apoderado, se algumas circunstâncias não fizessem necessário por ora dissimular". Como a Inglaterra mantinha unidas as Potências, era contra ela que a França se voltava, fazendo mais e mais "nefandos esforços, cabalas, intrigas, sedições, estratagemas, perfídias, mentiras, traições, fraudes" e tudo mais que lhe pode ocorrer para a desfeita da Inglaterra, tanto que "pretendeu levantar a Irlanda para dividir as nossas forças, sem se lembrar que o mesmo intento tivera fazendo revoltar os Americanos, que apesar deles caírem em tentação, a Grã-Bretanha não ficou menos poderosa [...], entretanto a França começou a desfolhar a Europa como se faz a uma alcachofra, e a tirar uma a uma as varas do feixe, para as quebrantar separadamente" (p. 3).

6 As indicações das páginas do Plano Sábio serão feitas no próprio corpo do texto para evitar notas excessivas.

Nesse passo Pitt dá exemplos da perfídia francesa com palavras duras e metáforas, lembrando que os franceses insuflaram e apoiaram os colonos americanos do Norte contra a Inglaterra, uma perda irreparável para o Império Britânico, e que voltaram a fazer o mesmo agora, ao aproveitar-se da rebelião irlandesa de 1798 e insuflá-la contra a Grã-Bretanha, fato que levou o próprio Pitt, naquela ocasião, a propor o *Union Act*, de 1800, dando origem à Grã-Bretanha moderna, a fusão de Gales, Escócia e Inglaterra com a Irlanda, aprovada pelos respectivos Parlamentos, como forma de evitar o separatismo irlandês. Apesar das mesquinharias francesas e dos anos de guerra com ela travados, Pitt confessa que a Inglaterra não perdeu, ganhou novas possessões, e teria ganhado mais se não fosse obrigada a dissimular. Uma confissão inusual, prova de que a guerra pode ser um bom negócio, não era apenas uma questão de defesa das Casas Reinantes europeias; em nome de princípios altruístas havia interesses materiais objetivos.

A França tentou atrair vários países com promessas, a "Áustria com a posse de Veneza, Roma, e outras províncias; a Rússia com a posse de Dardanelos e da ilha de Malta; a Prússia com ser senhora da Holanda e outros países [...]; a Espanha com a união de Portugal, enfim, foi tentando e enganando aquelas províncias a quem mais convinha oprimir e desfazer, um povo que só tende a dominar o Universo". Iludindo os povos, as cabeças coroadas com argumentos sutis, agia pela compra de conselheiros e Gabinetes, os povos que estiveram ligados à Inglaterra, dizendo-lhes que os ingleses "fazem comércio exclusivo por toda a parte e que são senhores de tudo por força de sua marinha, e que nenhuma potência será livre, nem opulenta, enquanto a Inglaterra tiver onde vender os seus efeitos e manufaturas, extorquindo os tesouros dos povos. Não percebem as Nações que, uma vez que concorram para o abatimento da Grã-Bretanha, então será a França a senhora universal e despótica, como sempre aspirou, e não haverá na Europa outro Deus, outro Rei, outro Direito, mais que a vontade do homem que tiver ascendência ou preponderância [na França], e que por consequência será um tirano". Os franceses sabem que, dominada a Inglaterra, não existirá na Europa "Nação alguma que não seja vassala, escrava, tributária da França, sem jamais ter meios de levantar a cabeça e de sacudirem o jugo de ferro que a França lhes prepara atualmente: a Holanda e a Espanha são provas disso" (p. 5).

Pitt reitera as acusações contra a França, afirmando que ela não se rege por princípios morais, seduz as Nações para sua esfera de influência, mas não cumpre as promessas, pois seu único desejo é o domínio Universal, ao mesmo tempo que acusam a Grã-Bretanha de extorquir os povos pela força de sua marinha e de suas fábricas que lhe garantem o monopólio, mas que, se acederem aos seus apelos, sucumbirão diante de um tirano, a exemplo do que ocorre no momento com a Holanda e a Espanha, países pressionados a abdicar de seus poderes instituídos em favor dos irmãos de Napoleão, Luís Bonaparte num e José Bonaparte no outro.

É por esta razão que a França procura revoltar todas as nações contra a Inglaterra, "pensando que esta, não tendo onde vender os seus gêneros e mercadorias, nem onde abrigar e refrescar os seus navios, necessariamente há de ver-se em consternação e por consequência experimentar revoltas intestinas e cair enfim: é para evitar esta catástrofe que muita gente clama que se faça a paz, e pela mesma razão é que eu insto e teimo que se faça guerra contra a França a todo custo". Sim, diz Pitt, a "Inglaterra vendo-se traída e abandonada pelas Nações, quando só por amor delas, conservação das Monarquias e mantença do equilíbrio da Europa é que ela guerreava, [pois] bem podia anuir ao convite da França, fazer uma paz separadamente com artigos secretos e proveitosos, dividindo estas duas potências a despojar do resto, como por muitas vezes tem sido proposto; mas a Inglaterra não costuma usar de perfídias; os que a tem usado nesta época, saberão algum dia quanto este sistema é insubsistente e ruinoso. Nós temos recursos mais dignos de ser praticados pelos ingleses, mais úteis, e mais infalivelmente conducentes a fazer a Nação Inglesa Senhora do Mundo, e dar as leis na paz e na guerra a toda Europa, sem se lhe dar que os franceses queiram botar grilhões do Nilo ao Helesponto [...]. O nosso projeto não é tão grande, mas é mais pronto, mais fácil e mais lucrativo" (p. 6).

Pitt denuncia a estratégia francesa, bloquear os mercados e portos para mercadorias e navios britânicos para provocar revoltas internas, o que levaria a propostas de paz, que ele recusa em favor da guerra, porque esta opção fará da Grã-Bretanha a Senhora do Mundo e produzirá a paz, revelando nas entrelinhas o projeto de domínio dos mercados mundiais.

A França, senhores, continua Pitt, "não pode nem quer fazer paz alguma sincera, ela pode [até] mostrar uma submissão aparente aos tratados" desde que arranje "as coisas melhor para tornar à guerra, [...] que só tem feito acuar e decair as Potências formidáveis [pois], o que será depois de ordenar as coisas segundo o seu sistema e de espalhar maliciosamente a doutrina por meio de catequistas [...]. Atualmente, nem a França, a Espanha e a Holanda, nem todas as outras potências tem marinha que meta medo, nem a poderão fazer enquanto estiverem em guerra contra a Grã-Bretanha; mas, feita a paz com todas as Potências seguirão, necessariamente, as ordens da França, e nestas circunstâncias, ou neste estado o que poderá fazer a Inglaterra senão submeter-se a fazer um comércio precário, vergonhoso". E, se assim for, "perdido o comércio e a marinha da Grã-Bretanha, estará para sempre perdida a Inglaterra e este será o fruto e o proveito da paz geral; pelo contrário, continuando a guerra, ou as Nações se unem sinceramente à Inglaterra ou se desunem. No primeiro caso, cairá para sempre a Babilônia das abominações da terra, isto é, a França sucumbirá e o equilíbrio da Europa tornará a ressurgir" (p. 7).

Não se pode confiar na proposta de paz da França, reflete Pitt, porque ela logo retornará à guerra, pois no momento atual somente a marinha britânica mete medo e, se aceitar a paz, terá que submeter-se a um papel reduzido e indigno, mas a guerra, pelo contrário, fará retornar o equilíbrio europeu, porque a França sucumbirá. De fato, Bonaparte oferecia a paz para preparar a guerra. Após seu retorno do Egito, derrotado em Aboukir, impôs-se ao Diretório e assumiu o controle político da Revolução como Primeiro Consul, procurando isolar a Grã-Bretanha. Estimulou o Imperador da Rússia, Paulo I, a descolar-se da aliança britânica e criar em dezembro de 1800 a *Liga de Neutralidade Armada*, exemplarmente punida com o bombardeio de Copenhague pela marinha que metia medo e assim faria da Inglaterra a senhoria do mundo.

No segundo caso, em sendo a Inglaterra traída pelas Nações "são elas que faltarão à fé dos tratados, e a Inglaterra terá todo o direito, razão, e motivo para lhe fazer justamente todas as custas da guerra". Não obstante, "em as Nações se unindo à França, a Inglaterra toma logo o grande partido seguríssimo, porque ainda estará poderosa em exércitos, armadas, finanças, comércio e população, e triunfará para sempre de seus inimigos ocultos e aclarados, e eleva-se sobre as Nações, constitui-se por de vez em senhora dos mares, árbitra do comércio de ambos os mundos, dominadora e moderadora de todos os Estados quer sejam Repúblicas ou Reinos, estabelecendo, finalmente, o Quinto Império, que será absoluto e respeitado na América, Ásia, África e na Europa". Este empreendimento poderá parecer "impossível, temerário ou dificultoso [...], mas a Nação Britânica não acha dificuldade quando vê que é preciso fazer grandes coisas; é por isso mesmo que é ação façanhosa e digna dos ingleses e, uma vez que a intentarem, hão de consegui-la". Foi neste sentido que, "muito de antemão e com muito vagar tem a Grã-Bretanha feito considerar com precisão e miudeza, assim [como] politicamente, todo aquele País ou Região do Novo Mundo chamado América Meridional, onde nosso antigo aliado e amigo Portugal tem o assento do seu Império, e onde convém à Grã-Bretanha fazer assentar o Trono do Império Português. O nobre e magnânimo projeto é onde a dinastia da Casa de Bragança será respeitada [pelas] quatro partes do Mundo" (p. 8).

Pitt diz que os custos da guerra serão cobrados aos que se aliarem à França, mas, se ficarem ao lado da Grã-Bretanha, superior em poder econômico e militar, estarão se aliando ao Quinto Império, que nascerá na América Meridional, onde terá assento o Trono Português tutelado pelos britânicos, passagem na qual Pitt se apropria do imaginário português segundo o qual o Império português nascido dos descobrimentos seria o sucessor dos quatro Império precedentes, o assírio, o persa, o grego, e o romano, crença difundida nos escritos do Padre Antônio Vieira, demonstrando que Pitt buscava se alimentar não apenas da base material existente do Império português, também de suas tradições político-religiosas-culturais e, sobretudo, simbólicas. Em suma, fecha-se o circuito, a senhora dos mares e árbitra do comércio de ambos os mundos, o Ocidente e o Oriente, regidos pelo 5º Império que à Grã-Bretanha convém assentar na América, o Império Português, imporá o respeito a todo o mundo, um projeto global.

Os argumentos de Pitt são poderosos. Partem do pressuposto que "Portugal, um Reino pequeno e dependente de seus vizinhos, foi o berço dos heróis que foram lançar os fundamentos do seu Império [pois], é lá que Portugal tem as barreiras da defesa, é de lá que o Príncipe do Brasil [D. João] pode reconquistar o seu Reino, e é de lá que pode castigar a França por seus crimes e a Espanha por sua perfídia. Colocado o Trono de Portugal na América, e feito o tratado exclusivo de comércio, e por consequência dividida a Europa da América, então a Grã-Bretanha junto ao seu antigo aliado aumentará o Império, [que] será conhecido desde o istmo do Panamá até o estreito de Magalhães, [espaço que tem sido] sondado, medido e averiguado por uma e outra parte do perímetro desta grande Península, todas as suas costas, enseadas, ancoradouros, bancos, pareceis, baixios, portos, praias e rios, de sorte que não há um só cachopo, pesqueiro ou desembarcadouro por pequeno e desprezível que seja, ou que pareça, que não se ache calculado e descrito por mapa com maior clareza e precisão geométrica. O interior do país não é menos conhecido, tanto pelo que toca à Geografia, como pelo que pertence ao [mundo] mineral, vegetal e animal que ali produz espontaneamente a natureza, e o que pode fazer produzir a arte praticada com energia, [o que] está filosoficamente demonstrado". Significa que, se todas as potências coligadas à França se decidirem por brigar com a Inglaterra, "restam-lhe recursos certíssimos para colocar o Príncipe do Brasil no seu Trono d'América, [mas se] ele ignorar os seus verdadeiros interesses, ou [for] corrompido pelas proposições pacíficas da França e não anua às proposições da Grã-Bretanha, esta [fará] dois desembarques ou invasões súbitas naquela península, uma no Brasil, outra no Pará, uma da parte do Nascente e outra da parte do Poente, naquele lugar mais oportuno para a mantença do Trono" (p. 9).

Este trecho do discurso de Pitt é notável por mostrar a D. João o caminho do futuro, a revanche contra a França e a Espanha dependia de o Trono ser posto no Brasil, ao que se seguiria o tratado de comércio, candidamente proposto nesse discurso, e que se transforma numa das proposições da Convenção Secreta, assinada dois anos depois e materializada nos Tratados de 1810, assinados no Brasil, tudo como previsto pelo estratego Pitt. A dubiedade encerrada na frase "dividida a Europa da América" poderia tanto significar a separação da América meridional da Europa Ibérica, quanto a separação do Brasil do Império Meridional de Portugal, relegando os portugueses à própria sorte e o Grande Império americano do Brasil à tutela britânica, o que daria segurança suficiente para suprir as suas necessidades de mercados. Segue-se uma demonstração absurda e conhecimento sobre o espaço a ser conquistado e desenvolvido, metade do continente, detalhes minuciosos em mapas e cartas de rumo, de suas costas e topografia, um estudo que teria levado muito tempo para se fazer, indicando que o projeto em tela era antigo, não surgira do dia para a noite. Por conta do conflito com a França, pelo contrário, o embate criou a oportunidade para que a

Grã-Bretanha se lançasse sobre os Impérios Americanos, o espanhol e o português, projeto há tempos acalentado. Tanto é verdade, que a relação de amizade e lealdade tantas vezes invocada quando Pitt queria demonstrar proximidade com Portugal desaparece num passe de mágica, pois, se o Príncipe do Brasil se recusasse a aderir ao projeto, experimentaria o poder de fogo da pérfida Albion, pois, dois desembarques seriam feitos, no Estado do Brasil e no Estado do Grão-Pará e Maranhão, ou seja, os portugueses seriam rifados do mapa da América e os britânicos tomariam posse direta do território ou, o que mais lhe conviria, apoiariam a proclamação da independência do Brasil sob regime republicano. Pérfidos não eram só os franceses, a tutela a América meridional era um projeto pensado nos seus mínimos detalhes.

Mas Pitt acredita que esta hipótese não aconteceria, porque "não é crível que o Príncipe do Brasil não queira anuir ao importantíssimo Plano", pois é "assim que os Príncipes defendem seus povos, é lá [no Brasil] que ele vai depositar o nome e a glória portuguesa, é assim que se é verdadeiramente Rei". Se assim for, "desde este importantíssimo momento, o Império da América Meridional e a Grã-Bretanha ficarão ligados eternamente, fazendo estas duas Potências um comércio só e exclusivo, ajudando-se mutuamente e fazendo todos os interesses recíprocos. Este novo Império crescerá usando de todos os meios conducentes e, para isto, procurará estabelecer Colônias secundárias naqueles sítios para isso notados nos mapas, povoando-as de todas as gentes que quisessem lá estabelecer-se à exceção dos franceses". O resultado seria que "no País das Amazonas, nos confins do Paraguay ou nas vizinhanças do lago Xarife, que é como a origem do Rio da Prata, em uma palavra no centro da referida península, se edificará e fundará uma cidade denominada Nova Lisboa para Corte e assento do Imperador: da Nova Lisboa se abrirão estradas reais que, a maneira de raios que correm do centro para a periferia, conduzirá da Nova Lisboa para o Porto Bello, Caiena, Pará, Rio de Janeiro, Olinda, Calao de Lima, Santiago e San Jerônimo, fazendo-se ao mesmo tempo navegáveis os mais rios que poderem ser, mas forçosa e infalivelmente o Rio da Prata desde o referido lago Xarife até a sua foz, e o rio Amazonas pela ribeira Paratinga, ou outra mais cômoda [...] a fim de fazerem mais fáceis os transportes da Nova Lisboa ao Mar, ou vice-versa" (p. 10-11).

Depois de ameaçar com o tridente da guerra, Pitt, sinaliza com a pomba da paz, prevendo uma aliança eterna entre o Império da América Meridional e o Império da Grã-Bretanha, um mercado com tantas virtualidades que poderia bastar-se a si mesmo, um mercado exclusivo, autossuficiente, porque tinha de um tudo e poderia dispensar a Europa. Um Império com enorme potencial expansivo, porque comportava uma segunda onda colonizadora, uma grande imigração, através da fundação de colônias secundárias nos pontos previamente escolhidos e apontados nos mapas, franqueadas a todos os povos, sem restrições, a não ser para os franceses, sendo que seus portos no Pacífico e no Atlântico seriam interligados por estradas reais à capital a ser erigida no centro meridional do continente, no alto rio da Prata, a Nova Lisboa, capital do País das Amazonas, a utopia do poderoso Império do comércio livre, onde se instalaria a Corte e o Trono do Imperador, os aliados eternos da Grã-Bretanha que estabeleceriam entre si um comércio preferencial e exclusivo, atendendo, obviamente, a interesses recíprocos, que na linguagem do texto significa prioritariamente aos britânicos.

Mas o Império poderia e deveria crescer, segundo a justificativa de que "como a guerra que nos fazem as Nações para nos oprimirem, segundo as intenções malvadas dos franceses, a quem injusta e indecorosamente se unirão, é injusta da parte das Nações e justíssima da nossa parte [que] o Imperador da América deve logo apoderar-se de todas as possessões da Espanha. O justo título da aquisição é o bom uso que faremos de uma aliança tão íntima com o Império português; a nossa força armada e a nossa habilidade concorrerá para o aumento da população e para que os habitantes do Grande Império e a Grã-Bretanha serão árbitros do comércio universal. Transportaremos logo para lá tudo o que for preciso às fábricas e tudo o que pertence aos três Reinos da Natureza, [de tal modo que] encerrado e escondido naquela região, há de sair à luz. As armadas, tanto portuguesas como inglesas, com a abundância de madeiras, serão formidáveis a todo mundo. O Novo Império abrirá novos caminhos ou derrotas para todas as partes do mundo, e por cada um que a França nos fechar, abrirão cem". Assim sendo, "todas as Nações, todos os povos, todas as bandeiras, todas as línguas e todas as religiões terão franca e livre entrada nos portos do Mar e nas povoações do sertão, menos os franceses [pois] os navios desta Nação não serão admitidos, nem ainda para se livrarem de naufrágios e perigo evidente" (p. 11).

Depois de ameaçar os desafetos com o tridente da guerra, Pitt, neste passo, ameniza acenando com a doçura da paz, que se configuraria na aliança íntima entre o Império Português da América Meridional e o Império Britânico, que já foi por ele chamado algures de Reino pequeno e decadente. Um novo Império derrotará todas as partes do mundo, baseado na prática do comércio exclusivo, orientado pela régua do mútuo interesse, bloco econômico e político com enorme potencial de expansão, que se traduziria na fundação de uma grande leva de colônias secundárias nos pontos previamente marcados nos mapas, abertas à todos os povos, nacionalidades, línguas, um espaço universal, exclusive os franceses, constituindo-se numa segunda vaga colonizadora europeia, a colonização pela colonização, que teria por sede uma nova capital, a Nova Lisboa que no Alto Prata, centralizaria a interligação entre os portos hispânicos e lusos por estradas reais, a utopia do mercado livre cuja tradução literal é imperialismo do comércio livre.

Nesse espaço renovado, os franceses sofreriam restrições severas, pois, "estabelecer-se-ia uma espécie de Inquisição terrível para dentro do Grande Império [para que nele não houvesse] pessoa alguma francesa por nascimento, ou por costumes, nem livro algum escrito nesta língua, salvo estando já traduzido noutra, nem indivíduo algum de qualquer Nação que [falasse] francês e muito menos ensiná-lo: não se despacharão das alfândegas diretamente fazendas algumas para os portos da França". Não se mudarão os nomes dos meses, "mas os nomes das cidades, rios do Reino de Portugal serão postos aos Rios, cidades e províncias do Grande Império, e o rio que ficar mais contíguo à Nova Lisboa, será chamado de Novo Tejo: a Inglaterra então crescerá com o comércio recíproco, o trigo da Grã-Bretanha será levado à Península [a menos] que lá não se cultivar em abundância". Assim, delira Pitt, "os ingleses aliados com os portugueses, senhores das Minas mais preciosas que o sol cria, e dos materiais melhores para se fabricarem e manufaturarem, podem já ver o resultado do complexo de tantas origens de opulência [...] e quando daqui a cinquenta anos as Nações amigas, ou escravas da França, olharem para si e para nós [...] conhecerão a política de Jorge terceiro, e conhecerão a diferença em que ficarão [...] uma Potência vai subir, e outras que vão descer" (p. 12).

Os franceses, sua presença, cultura, língua e economia seriam interditadas no espaço do Grande Império, cujas cidades e rios emulariam os nomes equivalentes em Portugal, o lugar das minas mais preciosas, matérias-primas abundantes e manufaturas, fontes seguras de opulência entendidas como frutos da política de Jorge III, sem referência ao aliado até aqui sempre nomeado, ato falho, mas significativo, porque era disso mesmo que se tratava, o comando do Grande Império seria britânico.

Um Império tão vasto como este, continua Pitt, facilitaria os transportes de tal forma que "de Plymouth podemos ir ao Brasil sem dependência de Lisboa; do Pará poderemos navegar para a Costa do Coromandel sem dobrar os Cabos de Horne e da Boa Esperança. As Ilhas de todos os Mares que forem mais necessárias e úteis para a escala e dos navios portugueses e nossos, que fiquem debaixo do poder dos portugueses, ou nosso. Também é de crer que faremos boa sociedade e vizinhança com as Províncias Anglo-Americanas: enfim, este projeto bem ponderado no Gabinete de Portugal, bem promete vantagens infinitas e incalculáveis; e de todas ficaremos privados, e mesmo das que já temos, se o Príncipe de Portugal não anuir a tão Sábio Plano e, se deixar iludir pelas pacíficas proposições da pérfida França [...], estará perdido para sempre; anuindo, porém, eu teimarei que se continue a guerra e que nunca se faça a paz com a França como [ela] quer, e precisa, só se [forem] restituídas as coisas ao *status quo* antes da Revolução, se estabelecer o equilíbrio da Europa e acabar-se por uma vez a maldita seita dos revolucionários jacobinos, de cuja peste ficando fermento em algum canto, tornará com os tempos, como agora, a deplorar o Mundo" (p. 13).

A ideia de um Império transcontinental, de grandeza planetária, se exemplifica nas conexões diretas que se poderiam estabelecer, do Pará à Costa do Coromandel, denominação da faixa litorânea de Tâmil Nadu, no sudeste da Índia banhada pelo Oceano Índico, área onde se instalaram os mercadores portugueses após a abertura da rota da Índia, cujos descendentes, os topasses, eram católicos e falavam um dialeto crioulo, baseado na língua de Camões. Portanto, uma possessão legitimada por sua presença pioneira secular que, por afinidade, se transferia ao aliado britânico no Novo Império. Isto não impediu que Pitt, matreiramente, desse outro exemplo, a conexão entre Plymouth e o Brasil sem passar por Lisboa, aparentemente um simples exemplo de ligação direta, mas de fato um lance esperto de maquinação política, pois era isto exatamente que os ingleses mais desejavam há longo tempo: a marginalização do Reino em favor da ligação direta Inglaterra e Brasil. Como sempre, algo em troca tinha que ser oferecido, no caso, o controle dos portos de refocilagem das naus do Império, que ficariam sob controle dos portugueses, ou de seus parceiros íntimos, os ingleses! Projeto que, no seu todo, não era ignorado pelas autoridades portugueses, pois, esta indiscrição de Pitt já havia sido discutida na cúpula ministerial do Governo português, isto é, no Conselho de Ministros, referência que aponta diretamente para D. Rodrigo de Souza Coutinho, o líder do partido pró-britânicos no *staff* ministerial de D. João. Mas os planos dourados nunca deixam de conter uma ameaça explícita aos não aderentes, uma constante no estilo discursivo de Pitt, pois, adverte o Príncipe de Portugal que, caso ele não aderisse ao Plano Sábio, estaria perdido para sempre, ameaça semelhante já feita em passagem anterior. Mesmo destino esperava a França, se ela não concordasse com a restauração política dos Estados europeus e a volta ao equilíbrio entre as Nações, anterior à Revolução e à Bonaparte.

Mas, ameniza Pitt, "não sou desumano, nem me regozijo com a infusão de sangue, desejo sim deveras o bem da humanidade e desejo [também] a extirpação dos vícios e da tirania. Quando digo se prefira a guerra, é porque dela depende os interesses da Grã-Bretanha e dos seus aliados, porque vejo que muitas vezes o Deus da Paz mandou guerrear para bem da justiça e para aprenderem a separar por força os bons dos maus, os crimes das virtudes, os erros da verdade. Jesus Cristo nos disse: *Non veni pacem mittere sed gladium*. Portanto, vamos levando em uma mão o ferro, em outra o lume, para dissiparmos inteiramente as cabeças da Hydra e restabelecermos a verdade, os bons costumes, e inaugurarmos na Europa o equilíbrio, a virtude, a fé, a honra, o poder, a verdade, a paz, a religião, coisa que os franceses frenéticos e libertinos destruirão [pois] querem fazer desaparecer para sempre da sociedade, com intenções danadas, intenções que eles bem sabem que só os ingleses penetram e, por isso, desejam acabar esta Nação. Nós, porém, não queremos nem pretendemos destruir e aniquilar a França [...], mas sim que se contenham nos justos limites e sem abusar das luzes [...]" (p. 13-14).

Neste período final de sua fala ao Parlamento, Pitt reitera a retórica justicialista que permeou todo o discurso. Fazendo jus ao seu estilo, se diz contrário à violência, mas que sua opção pela guerra se fazia em defesa dos interesses do Estado, da Grã-Bretanha e de seus aliados, apelando a argumentos de fundamentação religiosa para justificar seu comportamento, pois, Jesus Cristo mandava fazer a guerra, usar ferro e fogo, para alcançar a paz, não porque se desejasse o extermínio dos franceses, mas sim porque era necessário contê-los nos limites adequados da convivência humana, frase que não reflete o andamento geral do texto. Apesar de falar em senso humanitário, prevalece no seu discurso o argumento da força, o dístico do ferro e do fogo. Porque neles prevalecem o argumento impositivo do Deus da guerra, e não da paz. Porque assim convinha à Grã-Bretanha, a busca de um Império Universal.

Pitt e o Plano Sábio

O Plano Sábio de William Pitt mereceria estar catalogado entre os melhores discursos proferidos na história do Parlamento britânico.[7] Não é uma fala comum, profusão de palavras e imagens destinadas a captar a atenção e o voto dos pares e de seus eleitores. Trata-se de um Plano Diretor, porque teoriza sobre o futuro desejado, sobre o que o Estado pretendia, podia e deveria ser, para cujo desiderato estabeleceu as linhas mestras dos procedimentos executivos a serem adotados. Metas e prioridades, um sofisticado instrumento de política externa elaborado pela cúpula do Governo visando a defesa, o poder e a expansão do Estado britânico no concerto das Nações. É o discurso de um estadista com longa vivência no Parlamento Britânico, do qual foi Primeiro Ministro em duas oportunidades, por cerca de 20 anos, durante os quais previu as ações executivas a serem implementadas num contexto crítico da história britânica, a charneira onde se decidiria não somente os rumos da Nação, mas, e principalmente, os destinos do Império: se a Grã-Bretanha sobreviveria apenas como mais uma das Nações europeias, ou se se transformaria na maior potência Imperial dos séculos porvir.

Foi nesse período que o plano se elaborou. Não foi, contudo, a obra de uma só cabeça pensante. Os conhecimentos detalhados do continente sul-americano revelam a participação da cúpula do almirantado britânico; a defesa intransigente da agressiva política de expansão dos mercados mundiais para alimentar o sistema fabril atrelado ao comércio marítimo revela o conhecimento e a identificação das forças navais. A meta de Pitt não era apenas fazer da marinha de guerra uma muralha em si na defesa das

---

7 "W. P. the Younger". In: MACARTHUR, Bryan (ed.). *The Penguin Book of Historic Speeches...*, passim.

Ilhas Britânicas. Objetivava consolidá-la como o instrumento insubstituível de supremacia militar e política na escala mundial, projeto urdido sob seus auspícios e que dele se aproveitou para fazer o discurso que as circunstâncias exigiam. A invectiva contra a paz, a defesa intransigente da guerra contra a França se faziam porque vislumbrava-se no horizonte que a Inglaterra chegava ao limite de suas energias como condutora da guerra contra Bonaparte, já pressentindo as mensagens pacifistas que seu presuntivo sucessor, Lorde Henry Addington, proporia.

Intuía que Bonaparte teria, após a sua renúncia ao Ministério, o tempo desejado, como de fato teve, para consolidar a pacificação de seus inimigos no continente, formar novas alianças, arregimentar exércitos e equipamentos de transporte para invadir a Inglaterra, naquela que seria a batalha do século. Uma visada premonitória, porque foi exatamente o que aconteceu no ano de 1804, após Bonaparte ter recuperado grande parte das possessões conquistadas pela Grã-Bretanha durante décadas, após negociações preliminares desenvolvidas em Londres e consumadas na Paz de Amiens, em 1802, um ano após a sua saída do Governo, o suficiente para que seu vaticínio se confirmasse. O bloqueio marítimo, e seu complemento natural, a Royal Navy, entendidos como ferramentas inexcedíveis para a defesa da Inglaterra se consolida nesses anos, o que torna a guerra aberta aos países neutros, que usavam suas marinhas mercantes para abastecer o inimigo da Inglaterra, uma operação tão essencial quanto as próprias batalhas, tema relevante que será revisitado na análise do *Plan to Open* que se segue.

Nesta mesma linha de argumentação, é possível analisar os eventos posteriores à data presumida de criação do *Plano Sábio*, e utilizá-los como argumento em favor da tese de que Pitt foi efetivamente o seu criador, porque se estabelece uma notória linha de continuidade entre as proposições, pensamentos e mesmo ações de Pitt e as iniciativas que o Governo britânico propõe na sequência dos acontecimentos, mesmo estando seus concorrentes políticos no Governo. Retornemos às duas ações definidas como prioritários na guerra naval que a experiência prévia ensinara, bloqueios e guerra aos neutros, o que nos obriga a uma digressão no fluxo narrativo.

De um ponto de vista teórico, os bloqueios navais podem ser definidos como a "interceptação pelo mar das aproximações às costas ou portos de um inimigo [para cortar] todas as suas comunicações marítimas".[8] O objetivo geral é o de reduzir a habilidade do inimigo para conduzir tais operações. Em termos mais objetivos, visa esfomear, enfraquecer a população civil e militar do inimigo pela redução da importação de munições de boca e de guerra, além de "matérias-primas críticas".[9] O foco se concentra igualmente sobre as exportações do inimigo, posto que as reduzir significaria aniquilar a capacidade do mesmo para obter recursos financeiros destinados ao pagamento das suas importações, o que leva a política de bloqueio a se estender aos neutros, ou seja, sufocar esta possibilidade na outra ponta da operação. Nestes termos, "estritamente falando, um bloqueio legal estabelece o direito de impedir o acesso de todos os navios mercantes a uma área previamente designada".[10] Preceitos conceituais que se aplicam totalmente aos procedimentos de bloqueio marítimo que a Grã-Bretanha imporá aos franceses a partir de maio de 1806, até a derrota final de Bonaparte em 1814, o que não autoriza a interpretação de que as teorias e práticas britânicas sejam legitimas, como veremos na discussão deste mesmo problema no *Plan to Open.*

Um segundo evento a se inscrever nas diretrizes previstas por Pitt no Plano Sábio desenrola-se nos meados de 1806. Pressionado por Junot, o general francês que exigia de Portugal a declaração de guerra contra a Grã-Bretanha em nome de Bonaparte, o Príncipe Regente de Portugal, D. João, em 9 de maio de 1805, recusou-se a acatar a imposição do embaixador francês que era o próprio Junot, e reafirmou sua neutralidade frente aos dois contendores, adotando perspicaz política de equilíbrio que viria a ser sua marca daí em diante. Obviamente desagradou aos dois, Napoleão e Jorge III, pois, no caso dos ingleses, conforme várias vezes referido no *Plano Sábio*, desejava-se a aliança formal de Portugal, explícita, não intramuros, mesmo que isto custasse ao Reino a ruptura com a França e a inevitável invasão do país pelas tropas napoleônicas. Mas, demonstrando que a política de equilíbrio poderia ser eficiente e garantir a neutralidade mesmo que por um tempo curto, o Conselho de Ministros britânico enviou uma missão especial a Portugal, liderada por Lorde Rosslyn, Barão de Longhborough, composta por um dos

---

8 COLOMBOS, C. J. *The International Law of the Sea.* London: Longmans, 1959, p. 649-687.

9 DAVIS, L. E.; ENGERMAN, S. L. *Naval Blockades in Peace and War...*, p. 2.

10 Idem, ibidem, p. 3.

mais prestigiosos nomes do Almirantado, John Jervis, Lord Saint Vicent[11] e o General Simcoe.[12] Encarregados de oferecer ao Príncipe do Brasil, como preferiam nomear o Regente do Trono, porque era no Brasil que o queriam ter, uma força militar composta por 10 mil homens, esquadra completa, armas e dinheiro para romper a neutralidade com a França e, em consequência, aliar-se ao esforço de guerra britânico. Ou, como opção alternativa, a armada britânica daria proteção total para que a Família Real se retirasse para o Brasil, que era exatamente o desejo maior da Inglaterra. Em caso de recusa, como de fato aconteceu, o almirante Saint Vicent recebera instruções para tomar o porto de Lisboa e capturar a frota portuguesa,[13] que era também o alvo prioritário de Bonaparte. Propostas alinhadas com o Plano Sábio, inclusive o tom ameaçador utilizado, o que indica a possibilidade destas duas iniciativas terem emanado do mesmo Gabinete ministerial, o *Foreign Ofice*. Ordens que traduziam uma agressão frontal ao tradicional aliado, exatamente como fora projetada por Pitt anos antes, ao escrever no *Plano Sábio* que, se Portugal não aceitasse condições semelhantes, "estaria perdido para sempre". O sábio Pitt escreveu a história antes que ela acontecesse.

---

11 O Almirante John Jervis era um dos oficiais mais distinguidos da marinha britânica. Naquele momento era o comandante da esquadra do canal da mancha, da qual se licenciou temporariamente para cumprir a missão em Portugal. Fora comandante da Real Esquadra Britânica, Primeiro Lorde do Almirantado e membro do Parlamento. Notabilizou-se em 1797 ao impor uma fragorosa derrota à esquadra espanhola nas proximidades do Cabo de São Vicente, que lhe valeu o título de Conde de Saint Vicent. Lembrado também por ser o patrono de Horácio Nelson, o lendário vencedor da batalha de Trafalgar, que começara sua carreira no comando de um batalhão naval organizado por Saint Vincent na batalha do Nilo. Tendo participado também, com destaque, na batalha do Cabo de São Vicente. Quando os Lordes do Almirantado lhe perguntaram se era seguro que os franceses não atacariam a Inglaterra, respondeu com uma célebre tirada: "I do not say my lords, that the French will not come. I say only they will not come by sea".

12 General John Graves Simcoe serviu a Inglaterra como governador no Alto Canadá, combateu na Revolução Americana, foi comandante em chefe e Governador em São Domingos, e comandante militar na Índia. Já adoentado, aceitou sua última missão em Lisboa por insistência de Lorde Howick, onde seu estado de saúde se agravou e ele retornou para a Inglaterra, vindo a falecer em outubro de 1806. Encyclopedia Britanica, vol. 20, p. 692.

13 HENRIQUES, Mendo de Castro. "D. João VI, Monarca Luso-Brasileiro"..., p. 218.

Acúrcio das Neves, testemunha ocular deste enredo, diz que a tempestade que se anunciava sobre Portugal foi desarmada, porque os navios de guerra da esquadra britânica foram cuidadosamente mantidos pelo Almirante John Jervis fora da barra do Tejo, evitando atiçar a ira de Bonaparte e, assim, adiar o confronto que se anunciava inevitável, garantindo uma sobrevida ao Reino de Portugal. Para ele, este incidente era grave e mais do que suficiente para dar início a uma operação militar de larga escala contra D. João. Não o fez porque teve sua atenção desviada para questões político-militares mais prementes que se desenrolavam nos Países Baixos.[14] Interpretação dos fatos que pode ser nuançada, se analisada na perspectiva das autoridades britânicas exaradas naquele preciso momento. Refiro-me à Carta do Visconde Howick, endereçada ao almirante Saint Vincent, em nome do Secretário de Assuntos Estrangeiros Charles James Fox, datada de 22 de julho de 1806, enviada diretamente para a nau capitânia da esquadra HMS Hibernia, fundeada no estuário do Tejo, pela qual revelava que havia fortes razões no Gabinete Ministerial britânico para acreditar que se preparava na França um ataque fulminante a Portugal. Segundo o Gabinete, 30 mil homens já estavam concentrados em Bayone para este fim e que, nesta circunstância, a defesa de Portugal se tornara impossível, tornando a opção de oferecer aqueles contingentes militares para a defesa do país inócua, pois seriam insuficientes e, portanto, fadada ao fracasso. Seria melhor, portanto, buscar outros meios para "assistir nosso velho aliado e tornar a conquista daquele país o menos prejudicial para nós mesmos, o quanto possível. Nestes termos, o primeiro objetivo será levar a Corte e protegê-la na sua passagem ao Brasil; o segundo, será usar de todos os meios possíveis para garantir a posse de sua frota". Ambos os objetivos, continua Howick, exigem grande habilidade nas negociações prévias, tarefa de tal envergadura que parecia-lhe, bem como ao resto dos ministros do Rei, que não poderia ser con-

14 NEVES, José Acúrcio das. *História Geral da Invasão dos Franceses em Portugal...*, p. 46. O controle dos Países Baixos era vital para Napoleão pela importância de seus portos no comércio internacional, daí a necessidade de controlá-los politicamente para ter a certeza de que o bloqueio dos portos aos britânicos seria obedecido, motivação que o levou a extinguir a República Batava e criar, em 5 de outubro de 1806, o Reino da Holanda, instalando no trono seu irmão Luis Bonaparte que, logo a seguir foi deposto por contrariar ordens de Napoleão; por recusar-se a bloquear os portos flamengos como determinado pelo bloqueio continental.

fiada a ninguém a não ser a seus lordes, razão pela qual determinava a Saint Vincent a indicação imediata de algumas pessoas de sua confiança, totalmente identificadas com a visão do Gabinete para dirigir-se à Lisboa com estes propósitos.[15] A resposta de Lorde Saint Vincent, datada de 21 de setembro do mesmo ano, determinava que as negociações com a Corte de Lisboa deveriam ter continuidade.[16]

O diálogo confirma a tese exposta no *Plano Sábio*, a de que a tomada de Portugal a *manu militare* estava sim no rol das possibilidades, mas agrega-lhe achegas, a orientação para que as negociações fossem conduzidas com extremo cuidado para não ferir susceptibilidades na Corte portuguesa, e, acima de tudo, "tornar a conquista daquele país o menos prejudicial para nós mesmos", revelando que na intimidade do poder, entre pares que comungassem com essa visão, a conquista de Portugal era sim uma opção válida, não descartada entre os ministros de Jorge III. Posicionamento que revela um passo à frente em relação aos projetos alvitrados por Pitt no *Plano Sábio,* certamente produto das circunstâncias, agravadas pela movimentação de tropas francesas na fronteira com a Espanha, pois isto significava que o compromisso com Portugal era absolutamente circunstancial, uma relação adiafórica, irrelevante e, nestes termos, descartável, na dependência da forma pela qual os novos contextos viessem a se apresentar.

Os eventos narrados são partes de um todo, ultrapassam os limites do contencioso ibérico, são parte do conflito franco-britânico pela hegemonia mundial. Pitt procurou em seu discurso criminalizar a França, acoimando-a por instigar a revolta dos colonos americanos que resultaram na Independência dos Estados Unidos, ou dos Irlandeses, açulados contra a Inglaterra. De fato, a perda das colônias americanas representou um rude golpe na economia britânica, mas, acima de tudo, ofendeu a moral e feriu orgulho dos bretões. A riquíssima colônia tinha um enorme potencial, complementava-se perfeitamente à economia britânica, sobretudo para suas fábricas têxteis, alimentando-as com algodão

15 Idem, ibidem.

16 22 July 1806. Letter. Viscount Howick, HMS Hibernia in the Tagus, to Lord St. Vincent, Bonaparte's attack on Portugal and return of Simcoe to England. CWF Rockefeller Library Special Collections. SCMS 1930. 6. Sobre Alexander Hamilton Cf. ARRUDA, José Jobson de Andrade. *Historiografia: Teoria e Prática*..., p. 342.

em rama e consumindo suas produções de tecidos manufaturados, cuja perda, em parte, poderia ser debitada na conta dos franceses que apoiaram, com tropas e recursos vultosos, as milícias dos colonos que infringiram derrotas humilhantes ao soberbo exército britânico e culminaram na perda definitiva da colônia americana, confirmada pelo Tratado de Paris de 1783.

Fatos inesquecíveis e imperdoáveis, odiosos mesmo, que espicaçaram em Pitt o desejo de reparação, manifesto em suas recorrentes declarações a favor da guerra eterna contra os franceses, e na busca desesperada por compensações no Novo Império da América Meridional para as perdas na América do Norte. A paz confirmava a perda do território e, mais do que isto, a perda do mercado cativo americano, que não retornou ao regaço britânico, não somente pelos traumas deixados pelo conflito, mas, e principalmente, porque a liberdade econômica despertara nos Estados Unidos o desejo de transformar o seu próprio algodão em suas próprias fábricas, despertando um futuro e potencial concorrente dotado de recursos ilimitados. De fato, não tardou para que nascesse um projeto consciente neste sentido, arquitetado por Alexander Hamilton, num momento em que a defesa da indústria era sinônimo de defesa do Estado recém-nascido, uma garantia para a continuidade do processo da emancipação política em relação à Inglaterra, não plenamente consolidada ainda, como a segunda Guerra de Independência viria a comprovar.[17]

Na ótica dos franceses, contudo, nada do que fizessem contra os britânicos superava as perdas em possessões coloniais a eles infligidas pelos tratados que consumaram as derrotas nos conflitos continentais, nos quais a Grã-Bretanha participou ativamente, a exemplo da guerra dos Sete Anos, que lhes impôs a perda de inúmeros territórios. Perdas sentidas, muito especialmente

---

17 As proposições industrialistas de Alexander Hamilton demonstram que os Estados Unidos já pensavam na possibilidade de industrializar-se, o que seria um rude golpe para a Grã-Bretanha, pois ela perderia de uma só vez mercado fornecedor de matérias-primas e consumidor de produtos acabados. É certo, entretanto, que seu *Relatório sobre as Manufaturas* de 1791, foi acolhido mais por seu significado político do que econômico. Representava, naquele momento, a política necessária para a continuidade da independência política em relação à Inglaterra, e, sobretudo, porque a prevalência dos interesses agrários bloqueava o exercício de uma política industrialista efetiva. ARRUDA, José Jobson de Andrade. *Historiografia: Teoria e Prática...*, p. 341. Vide CHERNOV, Ron. *Alexander Hamilton*. Nova York: Penguin Books, 2005.

a da Índia, a colônia que valia por um continente, à qual os britânicos pretendiam somar agora a América Meridional e todas as possessões do Império português na África e na Ásia, expandindo seu Império para as diferentes latitudes e longitudes, reconfigurando-o à escala mundial.

Plan to Open New Sources of Trade

O *Plano Sábio*, repetimos, é um Plano Diretor. Estabelece as linhas mestras do projeto de dominação mundial arquitetado por William Pitt. Já o *Plan to Open New Sources of Trade*, doravante denominado apenas *Plan to Open*, é um plano executivo, inteiramente lastreado no *Plano Sábio*, com o qual guarda plena identidade, o que nos permite afirmar que foi gerado na mesma matriz que produziu o *plano mater*. São indicativos preciosos, porque sua autoria é ignorada, bem como a data de sua produção, constrições que nos obrigam a um exercício investigativo para decifrá-las, buscá-las no ambiente cultivado por Pitt, entre seus auxiliares mais próximos, investigação que aponta para George Canning, discípulo dileto que fez sua carreira política sob a égide de Pitt, a quem honrou por toda sua vida.

Tendo sido eleito para o Parlamento muito jovem, aos 25 anos de idade, com o apoio de seu patrono, foi nomeado para um cargo ministerial de alta relevância em contextos militares turbulentos, o de *Under Secretary of State for Foreign Affairs*, cargo que exerceu entre 1795 e a renúncia de Pitt que pôs fim ao seu primeiro mandato, em 1801. Ao retornar ao cargo de Primeiro Ministro britânico, em março de 1804, Pitt não se esqueceu de seu auxiliar nem de sua competência. Canning reingressou no governo indicado para o posto mais elevado de *Treasurer of the Navy*. Função estratégica, porque a segurança da Inglaterra estava no mar, na sua poderosa frota, que Canning soube amparar, trabalhando junto ao Parlamento para garantir-lhe a maior dotação orçamentária que o Estado pudesse oferecer para financiar suas operações, que permitiram, por exemplo, dar ao Almirante da Esquadra, John Jervis – Lorde Saint Vincent –, as condições indispensáveis para que a frota britânica se consolidasse como o baluarte da resistência britânica, amplamente comprovada na portentosa vitória sobre a frota francesa em Trafalgar, vencida por Nelson na frente de batalha, mas também compartilhada por Canning e Pitt nos seus bastidores. A morte de seu mentor não o afastou da linha de frente dos assuntos externos, porque, depois do interregno representado pelo governo de Lord Grenville que durou pouco mais de um ano, Canning retornou à ativa pelas mãos do Duque de Portland, em 31 de março de 1807. Demonstrava assim que tinha méritos próprios e não somente a proteção de Pitt, ao elevar-se o seu status na hierarquia político-administrativa-militar do Reino ao ser guindado à condição de *Secretary of State for Foreing Affairs,* carreira que se completaria mais tarde, em 1827, quando foi nomeado *Prime Minister of the United Kingdom*

Mas foi nos inícios de sua carreira que se envolveu com a feitura dos dois planos, na primeira década do século XIX. A filiação entre os dois textos é inquestionável. Não apenas pelas relações de proximidade entre autores presumidos. Mas, sobretudo, pela coerência dos conteúdos tratados, resguardadas as diferenças de estilo. O *Plano Sábio* reverbera a verve política de seu criador. O estilo é agressivo. Repete o argumento central inúmeras vezes como convém a um discurso destinado a convencer, recheado com frases de efeito: "a guerra é necessária; a paz é perigosa". Praticamente, todo o seu conteúdo encontra-se resumido no *Plan to Open*, com a diferença essencial de ser este um plano objetivo, que especifica o *modus operandi* do projeto. Diz quando, como, em que lugar, com que condições, o que fazer para alcançar suas metas, um plano que privilegia a ação ao invés da palavra. Um plano que vai muito além do enunciado Plano Para Abrir Novas Fontes de Comércio, pois seu escopo é panorâmico, abrangente, visa a formação de um Império Mundial: arquiteta o projeto de dominação mundial do futuro Império Britânico, exatamente a matriz teórica que fundamenta o *Plano Sábio*.

Se a autoria do texto está razoavelmente circunstanciada, a sua datação permanece um problema a ser decifrado.[18] Temos que nos valer de um paradigma indiciário, disperso no próprio texto, à busca de pistas que nos conduzam à uma datação aproximada. Perquirir os limites inscritos no próprio *Plan to Open* e fora dele, que nos permitam estabelecer os parâmetros cronológicos plausíveis, procedimento minucioso que será efetuado no mo-

18 O documento citado, AD.MS.59285, da British Library Manuscript Room, indica como limites prováveis os marcos 1805 a junho de 1806, merecedor de crédito, por certo, mas que se choca com a informação explícita, contida no documento, a de que o texto foi escrito depois do encerramento do Porto Franco de Lisboa, em 6 de agosto de 1806.

mento oportuno, quando analisarmos a passagem referente a uma cadeia de eventos adequados a este mister, cujos limites extremos, podemos antecipar, se situam entre agosto de 1806, quando foi fechado o Porto Franco de Lisboa,[19] e o retorno de George Canning ao Ministério, quando a Convenção Secreta foi negociada, em 31 de março de 1807.

O *Plan to Open* é um documento fantástico.[20] Especula-se porque não tenha sido debatido no Parlamento, nem divulgado. E mais, porque fora recolhido a um arquivo secundário e não ao *Public Record Office*. Talvez porque teria sido um rascunho ainda inacabado, ou, mais provavelmente, porque suas proposições mais importantes foram acolhidas na Convenção Secreta, de 22 de outubro de 1807, formuladas por George Canning, que deve tê-lo usado como um ensaio preliminar das demandas britânicas, apresentadas como cláusulas pétreas ao representante português, Domingos de Souza Coutinho. Entre elas, a exigência de abertura dos portos brasileiros e a assinatura de tratados comerciais que atenderiam aos interesses britânicos de terem tarifas preferenciais e pelo menos um porto franco, livre e exclusivo. Mas, como já avançamos, o projeto era mais amplo do que a simples incorporação do Brasil ao mercado britânico e a sua tutela política. Era um projeto de poder *latu sensu*, político e econômico, em escala mundial, que vale a pena recompor, por sua transparência nem sempre tão contundentemente explicitada, uma lição de fria racionalidade política. Senão vejamos.

A ossatura do *Plan to Open* foi extraída do *Plano Sábio*. Frases inteiras, não apenas palavras, foram repetidas. São planos gêmeos, só que o *Plan to Open* é mais atualizado, por ter sido escrito posteriormente e, por isso mesmo, ter incorporado eventos ulteriores, ocorridos no transcurso de 6 a 7 anos entre um plano e outro, tendo como marco cronológico o acontecimento maior da história do Império luso-brasileiro, referência marcante em ambos os conteúdos: a transmigração da Corte para o Brasil.[21]

---

19 *Plan to Open New Sources of Trade*, Op. cit, p. 34, onde se refere ao fechamento do Porto Franco de Lisboa como tendo sido *"recently"*.

20 O documento em tela foi transcrito e traduzido por Augusto Cesar Grillo Capela, a quem agradecemos.

21 As referências correspondem ao documento original manuscrito *Plan to Open New Sources of Trade*, transcrito e traduzido por Augusto Cesar Grillo Capella, pertencente ao

Texto e contexto do Plan to Open

No *Plan to Open*, o texto se inicia por constatar que os planos realizados até aquele momento para enfrentar a França tinham sido ineficazes e que se impunha, portanto, examinar novas possibilidades que poderiam ser mais bem-sucedidas, pois o "equilíbrio de poder no continente" fora rompido em favor da França, sendo necessário, para garantir a independência da Grã-Bretanha, que um "sistema de contrapeso no mundo em geral" fosse estabelecido; o que seria benéfico para os britânicos e contribuiria para "restaurar a liberdade da Europa". Nesse sentido, o de reestabelecer o "peso político no Universo", o instrumento decisivo seria "o poder marítimo" britânico, capaz de proteger a costa e o comércio do país e, mais do que isto, "abrir novas fontes de comércio". Não que seus navios e marinheiros fossem suficientes, mas que talvez seja "sábio, no futuro, através de uma aplicação bem discutida desta força, convertê-la para o nosso comando dos mares como sendo o melhor objetivo possível", pois a superioridade naval permitirá voltar "nossos pensamentos para aquisições e operações hostis"; oferecer proteção "no mar para a nação que se incline a preservar conosco um Sistema puro de Amizade, e relação comercial livre"; e, por último, fazer uso da superioridade britânica contra esses mesmos aliados se se tornarem "subservientes aos interesses dos nossos inimigos" (p. 2-4).

Introdução ao projeto que demonstra a plena consciência das autoridades britânicas sobre o papel central que a *Royal Navy* desempenhava no seu desenvolvimento econômico, um instrumento decisivo para fixar um sistema de contrapeso no mundo, que desse aos britânicos o comando dos mares a serem regidos por relações de comércio livre mesmo que isto significasse aquisições e operações hostis, que poderiam ser voltadas contra os aliados, se assim determinassem as circunstâncias. Formulações presentes no *Plano Sábio*, que punha no mar o destino futuro da Grã-Bretanha, fosse para garantir a sua sobrevivência como Estado soberano e independente, fosse para alargar os mercados que dariam vazão ao seu enorme potencial, na condição de primeira nação industrial do planeta.

---

acervo da British Library, AD.MS.59285, na qual respeitou-se o texto original, inclusive em eventuais erros e/ou conotações semânticas da época em que foi escrito.

Comércio e navegação são essenciais para a Grã-Bretanha. Bonaparte sabe disso, e dirige suas ações contra "nossas fontes de grandeza", tanto que "conseguiu o fechamento de porto após porto na Europa contra nós, e nossas manufaturas já sentem os efeitos da sua perseverança", obrigando a buscar "outro mercado, e abrir para nós um novo canal de comércio" e, para tanto, "só precisamos olhar para a América do Sul para a realização desses objetivos. Nesse quadrante, a nossa Marinha pode suportar as nossas pretensões, evitando a sua oposição por nossos inimigos na Europa, e efetivamente dar apoio a nossas expedições. Os tempos são particularmente favoráveis para tal empreendimento: as duas principais colônias, ricas em produtos naturais e bens, estão ansiosas para trocá-los pelo luxo de nossas mercadorias avançadas, que eles adquirem no presente apenas por intercâmbio ilícito com um aumento desnecessário dos preços e em quantidades muito limitadas proporcionalmente às suas necessidades. Governados por um poder distante que os oprime em todos os sentidos, eles podem ser facilmente induzidos a livrar-se do seu jugo. A Espanha tem sido forçada a uma guerra contra nós. Portugal está prestes a sê-lo também e ambos estão às vésperas de se tornar totalmente dependentes da França. Poderíamos então contentar-nos com ver suas valorosas colônias também lançadas à escalada contra nós? É nosso interesse e nosso dever evitá-lo". Antes, porém, que uma tentativa nesse sentido seja feita, deve ser observado que "nenhuma ideia há de conquistar a América do Sul pela força das armas. Nosso objetivo principal é contribuir para os habitantes daquele país; e fornecer-lhes os meios de livrarem-se de um jugo que é odioso para eles; garantindo assim a eles as vantagens do comércio e da independência". De fato, "a atual situação crítica de Portugal dá-nos uma oportunidade de iniciar nossos projetos, em circunstâncias as mais promissoras, pois as intenções declaradas de Bonaparte em relação a esse reino dão-nos um pretexto para justificar o início no Brasil de nossas operações voltadas à América do Sul". Nesse sentido "a abertura do Brasil é por si só um objetivo muito importante para nós, mas é também uma posição muito favorável para a execução de nossa empresa mais extensa. É aconselhável, portanto, ser a primeira instância, de forma a pôr nosso sucesso, tanto quanto possível, além de dúvidas" (p. 4-7).

O conteúdo deste trecho revela que os efeitos negativos do Bloqueio Continental, baixado por Bonaparte nos fins de 1806, já se faziam sentir sobre a indústria britânica. Se fechamento de "porto após porto" significa todos os portos, inclusive o de Portugal, explica por que se aguça o olhar sobre a América do Sul e, particularmente, sobre o Brasil, como mercados alternativos ao mercado europeu, colônias hispânicas e portuguesas ansiosas por trocar seus produtos naturais por produtos manufaturados mais avançados e mais baratos, mas que, abastecidos por via do intercâmbio ilícito, se tornavam mais caros e escassos. Manufaturas mais avançadas pode ser também as manufaturas portuguesas, que abasteciam em torno de 30% a 40% o mercado colonial brasileiro; e o intercâmbio ilícito, o contrabando, praticado em massa naquele período pelos próprios britânicos, como forma de desovar as mercadorias que não tinham escoadouro no mercado europeu, mas que para os colonos eram mais vantajosas. E também auxiliam na argumentação britânica, porque suas colônias seriam reforços preciosos na guerra que Bonaparte movia contra eles, se caíssem em suas mãos. Portanto, mais que interesse, era um dever açular os colonos contra o jugo ibérico, conduzi-los à independência econômica e política. Nesse sentido, o ataque às colônias espanholas fazia parte da guerra contra a França, excelente pretexto para eleger o Brasil como ponto de partida, cabeça de ponte para o empreendimento pensado por George Canning como projeto de alcance mundial. Como o mercado europeu estava vedado aos exportadores britânicos, o contrabando havia se convertido na válvula de escape que operava através dos países neutros, mas não dava a estabilidade necessária para manter o ritmo de crescimento da economia britânica, deixando como única alternativa a busca de novas rotas, novos mercados, solução que apontava sempre para a América Ibérica, exatamente a herança política e espiritual que Pitt apontara no seu *Plano Sábio.*

Definido o alvo do projeto, o Brasil, passa-se ao detalhamento do plano cuidadosamente refletido. Dos vinte e dois mil homens, considerados necessários para a empreitada, dez mil deveriam "seguir primeiramente para Lisboa", pois, "no estado atual de Portugal e do seu exército, a defesa do País, é impensável, por isso é temido que qualquer tentativa dessa natureza fracassará inevitavelmente. Mas as tropas enviadas para lá podem ser desembarcadas na Foz do Tejo, ou em outro lugar, conforme as circunstâncias, com a finalidade de garantir a propriedade Britânica e também para evitar as dificuldades decorrentes da remoção da Marinha Portuguesa – composta por doze veleiros de linha além de Fragatas – fora do alcance da França". E, desde que tenham sido realizados estes objetivos, a expedição poderá "oferecer proteção à Família Real, tal como aos habitantes que possam optar por deixar Portugal e estabelecer-se na sua Colônia. A proteção, no entanto, deve ser oferecida apenas sob certas condições e limitações, que o presente estado da Inglaterra, da Europa e do Mundo nos convida a estabelecer, e sejam bem compreendidas. Do contrário, teremos poder para realizar nossos projetos no que diz respeito a toda a América do Sul bem como para assegurar os meios de aumentar nosso poder de guerra para uma igualdade com a França, de modo a estabelecer a contrapartida no Mundo antes mencionada". Mas a proteção oferecida não era sem condições. Exigia-se que "o Governo a ser instituído na América do Sul deve ser aceitável pelo povo a ser governado, e também dar consentimento para preservar uma relação comercial livre e aberta com a Grã-Bretanha, e em seguida que nos seja assegurado para proteger a nós mesmos – por prévio e claro entendimento – a posse permanente de algumas estações navais em diferentes partes da Costa. As posições corretas das estações, e os fins a que se destinam a responder serão depois aqui explicados". Por certo, aduz o autor do Plano, "muitos dos habitantes ricos de Portugal, de bom grado aceitarão a nossa oferta. Eles têm a maioria de suas propriedades embarcadas no mar, as quais eles sabem, somente nesse caso serão respeitadas por nossos Vasos de Guerra. Eles estão, além disso, profundamente desagradados de seu presente Governo, que cedo ou tarde deve ser mudado, pois é de um tipo opressivo impraticável em todos os pontos de vista. Mas embora o Príncipe Regente possa ser induzido por ministros e outros, que já estão vendidos para a França, seu filho, que é jovem e neto do Rei da Espanha, talvez possa ser mais conveniente para os fins necessários" (p. 7-9).

Neste passo os argumentos morais cedem lugar ao cálculo puro. Afirma-se que não seria possível defender Portugal, mas que as tropas para lá enviadas poderiam ser usadas para defender a propriedade britânica e apossar-se da propriedade portuguesa, no caso representada pelo sequestro da esquadra.[22] A impossibilidade de defender Portugal é questionável como já explicamos al-

22 Os termos dessa instrução para a operação a ser realizada em Lisboa têm o mesmo sentido, e grande semelhança nas expressões utilizadas, daquelas recebidas por Lord Saint Vincent do Viscount Howicks, em nome do Conselho de Ministros, quando de sua mis-

gures; garantir a propriedade britânica, referia-se à Carta Régia de D. João que determinou o bloqueio dos portos lusos e o confisco dos bens e de propriedades britânicas, para atender minimamente as exigências de Bonaparte, sem referir-se ao fato de que o Governo português tudo fez para minorar os danos, diminuir o prejuízo dos negociantes ingleses. O sequestro da esquadra, por seu turno, 12 naus fortemente armadas com até 80 canhões, visava impedir que ela caísse nas mãos de Bonaparte, sequestro este que, caso se consumasse com a invasão do Reino, interessava mais à defesa da Grã-Bretanha do que ao próprio Portugal. Mas todas estas medidas eram secundárias em relação ao objetivo fulcral que era a mudança da sede do Trono para o Brasil, meta prioritaríssima do projeto que os gestores britânicos apresentavam como uma dádiva merecedora de recompensa: ser aceito pelas populações locais; fazer comércio livre com os britânicos; e, o mais importante, ceder portos de escala em lugares escolhidos na costa, a mesma solicitação que Canning incluirá na Convenção Secreta, que D. João recusara, num primeiro momento, e, mais tarde, já no Brasil, aceitará. Um plano bem urdido, contudo, tem sempre alternativas de reserva. Se D. João se recusasse a viajar para o Brasil com toda a Corte a reboque, o projeto teria continuidade em toda a América do Sul, pois, no caso do Brasil, D. Pedro, o Condestável do Brasil, herdeiro de D. João e neto do Rei da Espanha, seria uma alternativa "conveniente". Esta opção teria o apoio das elites mercantis portuguesas porque suas fortunas transitavam "embarcadas no mar" e, portanto, estavam sujeitas a serem desrespeitadas pelos "Vasos de Guerra" britânicos, ou seja, fica no ar uma ameaça latente, a de que um grande exercício de pirataria conduzido pela própria *Royal Navy* seria mobilizado contra os barcos mercantes portugueses, o que na prática romperia os laços entre a colônia brasileira e sua metrópole. Como se vê, temas todos eles abordados nos Planos, ou seja, por um detalhe a transferência da Família Real não foi efetivada dois anos antes, em 1806, quando Lorde Howick determinou a frustrada missão comandada pelo Almirante Jarvis à Portugal. Equivale dizer, por mera circunstância, este evento crucial da história nacional e portuguesa não se deu com dois anos de antecedência, ao que se seguiria,

---

são em Portugal realizada a partir de julho de 1806, prova de que estas ações vinham sendo planejadas há muito tempo, pelo menos desde o *Plano Sábio* de William Pitt.

por certo, a abertura dos portos e o início do processo de emancipação política da colônia.

Realizada a primeira etapa do plano em Portugal, a esquadra poderia partir diretamente para o Brasil onde se encontraria com a segunda parte da força-tarefa, uma segunda esquadra, que seria enviada diretamente da Europa, independentemente de a "Corte de Lisboa aceitar a nossa oferta ou não", expedição que "seria suficiente para evitar os efeitos que possam decorrer de insurreição mal direcionada, enquanto os brasileiros possam, se necessário, formar um governo conforme aos seus desejos. Será de sua disposição, porque este será o seu interesse, preservar-nos os pontos antes mencionados, pois para eles há restrições ao livre comércio, como nós as temos, do que eles sabem, não podem beneficiar-se, sem a nossa permissão". Nesse sentido, o sucesso "vai depender muito da prudência, justiça, mas, ao mesmo tempo, da decisão, com a qual nós agirmos no Brasil. A força necessária para o único propósito de ganhar um pé na costa, ou mesmo de abrir o país para nós, é pequena em relação ao que deveria ser enviado. Não é qualquer oposição eficaz a nós que temos a temer, mas são as consequências da oposição dos habitantes uns aos outros, as quais somos obrigados a prevenir por humanitarismo. E não é demais repetir que tal força seria empregada, para se prevenir os efeitos nocivos de uma revolta repentina, e evitar uma guerra civil no país". A força prevista para a operação "consiste no total de vinte e dois mil homens, que é considerada necessária para a realização dos vários objetivos em toda a América do Sul [...]. Eles foram formados depois de muita consideração do assunto sobre uma variedade de informações, provindas de autoridades Militar e Naval de alta respeitabilidade, e sobre a opinião de um oficial de grandes habilidades, que teve a melhor forma de obter a mais satisfatória, intensiva e rigorosa avaliação com respeito à América do Sul". Nesse sentido, "a partir das avaliações mais corretas que possam ser recolhidas, há razão para estar confiante de que com tais armamentos como foi proposto para serem enviados para lá, criteriosamente dirigidos, que no decurso de uns doze meses efetive-se uma mudança nesse continente, majestosamente vantajoso para a Europa, mas, particularmente para os interesses mais importantes da Grã-Bretanha. O Governo de Sua Majestade, no entanto, pode obter todas as informações no que diz respeito à força militar e da disposição dos nativos da América do Sul". Torna-se impossível, desde já, "definir quantas divisões e em que Países ou quais formas de Governo os sul-americanos podem pensar adequadas para estabelecer entre si, nem podemos determinar estes pontos para eles. Mas pode considerar-se qual sistema é o mais desejável para garantir estas grandes vantagens para eles e para o Mundo que o plano proposto tem em vista e possamos, então, estar preparados em pontos que levem a resultados felizes os quais, embora não possuamos os meios de dirigir, podemos, no entanto, ter uma oportunidade de influenciar" (p. 10-13).

Os termos utilizados na escrita do plano tornam-se cada vez mais ásperos e impositivos, à medida que as tensões internacionais crescem. A segunda etapa da missão se desenrolaria sem a participação de Portugal. Nesse passo, Portugal já estaria alijado do processo. Os líderes da expedição deveriam orientar os colonos que se mostrassem decididos a separar-se da metrópole, com os quais diziam ter afinidades por serem ambos avessos ao monopólio. O que era verdade, mas por diferentes motivos: os colonos porque eram prejudicados pelo exclusivo metropolitano; e os britânicos também, porque desejavam livre acesso aos mercados coloniais para suas manufaturas. Também é correta a observação de que o apoio britânico poderia prevenir conflitos que poderiam redundar em guerra civil, mais em relação ao Império espanhol, do que ao Império português. Apesar de afirmarem que tudo se fazia por razões humanitárias, trataram de garantir a preservação dos interesses britânicos: comércio livre e portos privilegiados. Proposições que nada tem de humanitárias, porque são contraditórias entre si, pois, ao mesmo tempo que propõem comércio livre pedem vantagens monopolísticas na forma de portos exclusivos, portos francos, uma reprodução na colônia dos privilégios que haviam gozado em Portugal, as feitorias, cuja extinção, em de outubro de 1806, completada pelo fechamento dos portos portugueses à navegação britânica, fez com que os britânicos se decidissem de vez a forçar a transferência da Corte para o Brasil, independentemente das iniciativas que os franceses viessem tomar em relação ao Reino português, como projetara a missão de 1806.

Se não era possível escolher os regimes políticos a serem adotados pelos novos Estados que surgissem da insurreição, seria possível ao menos influenciar na escolha do regime político, "na opinião de alguns, que estão bem familiarizados com os hábitos e natureza da América do Sul, uma forma monárquica de governo é a melhor adaptada às suas disposições. Mas é absolutamente necessário observar que seja uma monarquia limitada, fundada sobre os verdadeiros princípios da liberdade, assegurando igualmente a todos os prêmios da indústria, e não apenas ser o governo mais aceitável para eles, mas também o mais conveniente para as relações estrangeiras". Um balanço provisório demonstra que "as perspectivas de Miranda, acredita-se, estão confinadas ao norte do Vice-Reino de Santa Fé, incluindo Caracas e Andaluzia – e talvez Guiana Francesa – esta parece uma divisão natural do País, e provavelmente Miranda irá organizar um Governo para isto. Para o oeste ao longo da costa do Oceano Pacífico para o sul, e de novo sudeste em direção ao Atlântico estão os Vice-Reinos de Lima e Buenos Aires. O Peru sendo dividido entre esses dois Vice-Reinos provocará ódio e inveja a alastrar-se entre os nativos dos dois países. É a partir desta circunstância, que deve ser pensado preferível unir os dois, sob um governo, a sede do qual deveria estar no Peru Central, mas nenhuma pessoa de qualquer país poderia ser colocada à testa dele. Talvez por isso um estrangeiro apropriado, de sua própria crença religiosa, poderia ser recebido entre eles como seu chefe. Esses países podem formar dois reinos separados, e um terceiro pode ser criado na província do Chile. O Chile é uma área restrita, delimitada a oeste pelo Oceano Pacífico e a leste pela Cordilheira dos Andes. Seus habitantes são pessoas belicosas". Especificando, vê-se que "quanto ao Brasil, eventos futuros devem determinar a respeito do Governo a estabelecer lá", sendo que "as posições, como é proposto, que a Grã-Bretanha deve manter como estações Navais e comerciais são as seguintes: No Brasil, Bahia/São salvador e, se possível, Rio de Janeiro, caso contrário, a ilha de Srtª Catarina. Na Foz do Rio de Plata, Maldonado, no qual há uma maior profundidade de água, em seguida, em Buenos Aires, ou Montevidéu. No Oceano Pacífico, a ilha de Chiloc, e em Caracas o porto de Guaira". Em suma "a aquisição destas posições é essencialmente importante para a Grã-Bretanha, do ponto de vista comercial, militar e político" (p. 14-16).

Dirigir os novos Estados que viessem a surgir neste contexto não era uma opção. Sugerir, orientar, entretanto, era um método necessário para os interesses britânicos. Influenciar seria uma palavra branda. O mais correto seria utilizar o verbo tutelar, melhor do que possuir, porque eximia a obrigatoriedade de governar e assumir responsabilidades, mas permitia supervisionar, manipular gestões que garantissem os portos privilegiados e os investimentos caucionados pela dívida pública. Mas se fosse para escolher entre as opções existentes, a preferência recairia sobre o regime Monárquico, mais confiável do que o Republicano, um regime assemelhado ao da Grã-Bretanha, ao mesmo tempo conservador e liberal; não o de Portugal, por seu caráter absoluto. Desde que a Espanha declarou guerra à Grã-Bretanha, em 12 de dezembro de 1804, os Gabinetes londrinos colocaram na lista de prioridades a tomada de algumas de suas colônias na América do Sul. Daí a receptividade a líderes empenhados na luta pela emancipação política, como Miranda, com quem trocariam apoio pela influência política e econômica que viria a exercer. Líder culto, bem recebido nos círculos intelectuais e culturais da Europa, acolhido por Pitt, com quem se encontrou várias vezes, quando traçaram planos para o envio de expedições libertadoras à América do Sul e ao México. Ele, Miranda, que já participara da luta pela independência Americana, da Revolução Francesa, e se tornaria também uma figura de proa no movimento emancipacionista latino-americano.

Não se citam nomes assemelhados no Brasil. Mesmo porque, no mesmo padrão, não havia. Não se fazem vaticínios sobre o futuro governo do Brasil, mas, por manifestações anteriores, pode-se presumir que o regime Monárquico seria o predileto, com D. João ou seu filho D. Pedro no Trono. Mas há uma projeção do que poderia ser o arranjo político do mosaico hispânico, que demonstra não só o conhecimento da complexidade geopolítica da América, mas suas preferências, inscritas nas projeções que fazem sobre o mapa político do vasto continente, deixam a entrever que esta era a sua opção. Um certo *laissez-faire* sobre as formas possíveis do Estado. Propõem-se intervenções cautelosas, sem forçar na esfera política, para não criar animosidades e prejudicar os reais interesses britânicos. Ou seja, posses territoriais na forma de estações navais, portos exclusivos, livre acesso aos portos continentais, e, eventualmente possessões, que não se constrangem em apontar quais seriam. No Brasil, eram dois dos principais portos cobiçados, Rio de Janeiro e São Salvador; e um menos importante, Santa Catarina, mas absolutamente estratégico porque era o porto que serviria de escoadouro para toda a região platina, uma chave de segurança para o caso de o projeto não vingar na América Hispânica.

Fundamental, portanto, era assumir que "a aquisição destas posições é essencialmente importante para a Grã-Bretanha, do ponto de vista comercial, militar e político. Sem elas não podemos estar certos de reter seja essa extensão ilimitada de comércio, os fornecimentos para a nossa Marinha, nem aquele peso Político no Universo [...]. Nossa manutenção destas estações facilitará a nossa operação comercial de uma variedade de maneiras. Apenas comandaríamos aberturas para a introdução de nossas manufaturas a nosso grado, sem o nosso comércio ser submetido às graves estagnações produzidas pelas intrigas dos nossos inimigos. E, do ponto de vista Naval, eles são particularmente valiosos. Na América do Sul, devemos buscar agora o abastecimento de cânhamo e de madeira para a nossa Marinha, artigos os quais, será certamente prudente assegurar para nós mesmos, sem estarmos constantemente sujeitos a ser ameaçados com a privação deles como tem sido frequentemente o caso. Além disso, considerando a momentosa importância da preservação do nosso inigualável poder marítimo, não será melhor que construamos Vasos de Guerra nesses portos do que outros o façam?" Que eles virão acrescentar "ao nosso peso político é certo: estaremos então habilitados para dizer a Bonaparte e à Europa: recusem-se a receber a nossa manufatura e a nos devolver entrepostos navais se quiserem, podemos trazê-los a um, e obter o outro alhures, onde vocês não podem ir sem a nossa permissão. Na verdade, nenhuma ideia adequada pode atualmente ser formada do benefício que pode advir à Grã-Bretanha a partir da emancipação da América do Sul, do torná-los países de livre comércio, trazendo suas produções e recursos valiosos para fora do canal pelo qual eles há tempos correm, em nosso detrimento, [sempre] tão rentável para nossos inimigos". De fato, "as Colônias Espanholas e Portuguesas enviam anualmente às suas Metrópoles produtos naturais, incluindo ouro e prata, em quantidade muito considerável, mas apesar de ser grande esse montante no presente, é pequeno em comparação com o que esses Países poderiam produzir sob governos que incentivassem, em estilo quente, o seu aumento. Considerando, portanto, que seus presentes artigos de exportação podem ser multiplicados, que o seu solo é capaz de produzir outros artigos de que necessitamos, considerando também a avidez com que ela recebe nossas manufaturas, que ela obtém em quantidades muito limitadas sob proibições severas e, em outras circunstâncias desfavoráveis, é razoável concluir que a Grã-Bretanha iria encontrar em breve na América do Sul um mercado imensurável para suas manufaturas em qualquer volume que disponha para ali aportar [...]. A dificuldade de aquisição de insumos para o nosso complexo marítimo é um assunto que já há algum tempo ocupa a atenção dos funcionários públicos [...] A América do Sul abrirá para nós uma fonte inesgotável de material naval, enquanto o comércio que podemos manter com ela vai criar uma incubadora adicional para Homens no Mar" (p. 17-19).

Entre a posse da colônia e o usufruto de posições navais, a preferência nítida era pelas estações navais, sem as quais a Grã-Bretanha não seria capaz de manter o seu peso político no globo, pela oferta de infindáveis insumos industriais e navais, além de recursos monetários e o havido consumo de manufaturas, tudo isto somado à vantagem comparativa fundamental de disporem de praticamente tudo que era necessário para os arsenais da marinha, que garantiriam a continuidade da hegemonia naval britânica no mundo. O potencial da América do Sul permitiria expansão contínua da oferta de virtualidades necessárias à indústria naval, rompendo com a dependência do mercado europeu, excessivamente instável. Suas potencialidades poderiam ser incrementadas pela introdução de novos produtos necessários à indústria britânica, convertendo-se, ao mesmo tempo, em mercado consumidor elástico, capaz de garantir a continuidade do sistema fabril da Grã-Bretanha. O argumento final é o mais importante, uma vez que o principal instrumento de poder britânico era sua força naval que prescindia, para sua contínua expansão, de estaleiros estrategicamente localizados para construir e reparar barcos, laboratório para seus marinheiros e "incubadora" para homens do mar, mão de obra especializada cada vez mais escassa pela crescente concorrência das marinhas rivais, escassez que levava a frequentes disputas entre as nações navais. Conjunto de circunstâncias que faziam do continente sul-americano, onde tudo isto poderia se viabilizar, a realização dos sonhos mais ousados de George Canning, exaustivamente repetido, a consumação do domínio político universal que tinha na *royal navy* sua ferramenta inexcedível.

Ter as condições navais suficientes para oferecer aos países aliados a proteção no mar que necessitam é o terceiro objetivo a ser alcançado. "Mas, para que possamos levar isto a efeito, é absolutamente necessário que primeiro realizemos todos os pontos diferentes indicados no primeiro objetivo já tratado. Quando estivermos na posse de todas as vantagens comerciais e recursos Navais, aí enumerados, estaremos em situação de fazer o comércio mundial estimar corretamente o valor da nossa oferta amigável, bem como pesar as consequências de nossa determinação de submeter, no futuro, qualquer pretenso ou falso Sistema de Neutralidade. Eles já foram, no entanto, tão habilmente discutidos em um panfleto intitulado 'Guerra em disfarce', que não é possível lançar qualquer nova luz sobre eles, com exceção da observação de que os eventos extraordinários ocorridos após sua publicação confirmam todos os argumentos que ele contém, os quais, em seus pontos de direito, justiça e política em geral são conclusivos. Os princípios, que o autor fixou, não são menos justos apenas porque Bonaparte pretende unir a Europa a ele e explorá-los, nem a notoriedade do fato deve tornar menor o nosso interesse, para aplicá-los [desde que] nós estejamos preparados para defender esses princípios contra quaisquer poderes que venham a contestá-los e que estejamos em situação de desafiar as suas maquinações. Deveremos estar em tal situação, e assim sempre preparados, tendo realizado todos os objetivos propostos em relação à América do Sul, [que] estaremos então, em grande medida, em condições de dizer para os Estados da Europa: temos o comércio e os recursos em outro lugar, nós podemos fazer sem vocês nosso comércio e a Marinha florescerem, apesar de vocês. Nós não temos nenhuma vontade de excluí-los do mar. Apostem conosco no engenho e nas manufaturas. Ultrapassem-nos se puderem. A concorrência leal no comércio está aberta para todos nós. Pedimos de vocês apenas intercâmbio amigável. Mas quando estamos em guerra esperamos daqueles que professam a neutralidade, uma estrita observância disto em todos os sentidos da palavra. Nós não vamos permitir que vocês cruzem os mares com a propriedade ou produto Colonial de nossos inimigos" (p. 20-24).

Para que a América do Sul pudesse preencher corretamente o seu papel na alavancagem do comércio e da marinha mercante britânicos, seria preciso derrotar o Sistema de Neutralidade, da falsa neutralidade, cujo significado se traduz numa frase: não permitiremos que os barcos mercantes dos países neutros cruzem os mares com propriedade ou produto colonial de nossos inimigos. Esta é a questão a ser resolvida numa guerra que se decide no mar, sobretudo quando um dos contendores, a Grã-Bretanha, tem a hegemonia militar e a capacidade de bloquear via marítima todos os portos do continente e, por esse meio, sufocar o inimigo que detém a hegemonia terrestre. Vantagem estratégica vital que pode desaparecer num instante, desde que as mercadorias das quais necessita cheguem aos seus portos legalmente, sem qualquer constrangimento, desde que transportadas por barcos de bandeira neutra, que não são aliados de nenhuma das partes em conflito. Este fato, o comércio dos neutros, anula a principal vantagem britânica, a superioridade naval, e enriquece desmesuradamente os transportadores neutros, estratagema do qual se valem os países atavicamente ligados ao *carrying trade*, tais como Holanda, Espanha, Portugal, além de novos atores dotados de recursos humanos e naturais para competir nesse segmento decisivo e conquistar mercados, como é o desejo dos norte-americanos que, inspirados no exemplo de seus antigos mestres e senhores, os britânicos, passam a defender com ardor os direitos dos neutros a fazerem comércio com todos os contendores envolvidos em conflitos, sem restrição, invocando em sua defesa as leis navais existentes, vazadas em preceitos jurídicos de direito naval defendidos por Hugo Grotius, no século XVII. Leis que a Grã-Bretanha questiona, não reconhece e age duramente na fiscalização das embarcações de países neutros surpreendidas com cargas que não são de sua própria produção, das quais são meros intermediários, que os vasos de guerra britânicos se sentem autorizados a confiscar, junto com as próprias embarcações, um valioso troféu. É a guerra não declarada contra os neutros, geradora de ações retaliativas, geralmente sob a forma de contrabloqueios navais. Portugal é um vilão escondido nessa história. De um lado, transportava mercadorias de suas colônias em suas embarcações; mas, do outro, abastecia as mesmas com mercadorias de outros países, caso das manufaturas francesas, que os agentes britânicos reprovavam duramente, mas contemporizavam em função de interesses maiores que se apresentavam no jogo político internacional naquele momento. Tanto que o esquema não está denunciado diretamente no texto do *Plan to Open*, mas está sugerido nas entrelinhas da argumentação, demonstrando que o jogo duplo de D. João, defendendo a neutralidade a todo custo, chegara a seu ponto de exaustão, uma vez que, rapidamente, os países neutros que abasteciam as necessidades dos contrários, sobretudo com efeitos coloniais, estavam se convertendo em inimigos a quem não se poupavam vidas, bens ou propriedades. Ultimato duro que, por certo, D. João entendeu. A política de beneficiar-se do equilíbrio entre competidores mortais tinha chegado ao fim e, nestes termos, a abertura dos portos brasileiros seria uma solução genial, porque abriria para todos só na aparência, vez que somente a Inglaterra estava em condições de usufruir destas vantagens.

É um libelo contra os neutros, ataque frontal a Portugal. É com esse tipo de linguagem, haurida em James Stephen, que o discurso prossegue: "é assim que a Marinha Britânica deve opor-se aos inimigos franceses. Assim, destarte a questão da neutralidade será trazida à baila e os Estados da Europa poderão, então, firmemente ajuizar da proteção oferecida pela Inglaterra e o que lhes é imposto pela França. Eles vão perceber que um favorece o seu comércio e seus interesses, mas o outro vai arruinar o comércio e impor-lhes a submissão. E assim, eles podem tornar-se mais sensíveis da necessidade de restabelecer entre si um sistema capaz de contrabalançar, a qualquer hora, quais sejam os perigos dos projetos ambiciosos que nosso inimigo comum pode entreter". Neste contexto, "é de se esperar, sinceramente, não seja demasiado tarde para eles recuperarem a sua independência. Se, no entanto, todo o Continente da Europa satisfazer-se em tornar-se completamente subjugado, ainda teremos os meios para abrir-nos e manter a nossa tradicional consideração e direito entre as nações. Os meios já foram indicados. Só mediante tais fundamentos podem ser edificados qualquer sistema permanente de equilíbrio no mundo. Mas é no Mundo que a Grã-Bretanha deve procurar estabelecer esse contrabalanço, se Bonaparte vier a destruí-lo para sempre na Europa. Ela deve considerar-se a si mesma como uma grande Nação do Universo, possuindo riqueza, espírito nacional, recursos e poder marítimo, que unidos permitam-lhes preservar o equilíbrio de poder entre o novo e o velho Mundo". Quais as principais objeções que se podem levantar contra este plano? "A primeira que pode atingir a mente está fundada sobre o que pode ser chamado de moralidade política, um princípio, por outro lado muito pouco atendido na época presente que, no entanto, deveria ser respeitado por uma nação com zelos de sua honra e boa-fé. Pode-se dizer que as revoltas e revoluções não devem ser encorajadas. Mas deve ser lembrado que o projeto está relacionado com as Colônias de dois reinos, ou realmente em guerra conosco, ou imediatamente sob a influência de nossos inimigos. Não se pode negar que temos o direito de, até mesmo, tomar posse pela conquista de colônias assim circunstanciadas. Muito menos, pode-se afirmar que não sejamos plenamente justificados pelo enfraquecimento da nação hostil pela separação de suas possessões estrangeiras, e torná-las independentes" (p. 24-26).

Fundamental, nessa passagem do *Plan to Open*, é o fato de ter tomado por referência para discutir a questão vital do transporte marítimo realizado pelos países neutros, em tempos de guerra, o que chama de panfleto, mas que em verdade é um livro de 215 páginas, *Guerra em Disfarce*, publicado por James Stephen nos fins de 1805. Texto que o autor do *Plan to Open* considera definitivo sobre a matéria, a bíblia das potências marítimo/industriais, ao qual nada se poderia acrescentar, e que pode ser comprovado pelos eventos ocorridos após a sua publicação, ou seja, durante o ano de 1806. Texto de referência, que mantém seu valor documental e editorial até os dias atuais, tanto que foi recentemente republicado.[23] Pela análise de James Stephen, com a qual o autor do *Plan to Open* se identifica plenamente, tudo começou com a atitude inadequada da França durante a Guerra dos Sete Anos (1756-1763). Sem poder transportar mercadorias para suas colônias em suas próprias embarcações, por carências de sua marinha mercante, relaxou o monopólio em suas colônias, permitindo a navios neutros a participação no transporte de mercadorias entre os portos coloniais e europeus, amparados nas práticas internacionais vigentes que os colocavam fora do alcance das inspeções realizadas pelas marinhas envolvidas em conflitos, seguindo a máxima que viria a ser adotada por Bonaparte, a de que "barcos livres, mercadorias livres".

Este tipo de prática, a terceirização do transporte marítimo para evitar os confiscos da carga e o arresto da própria embarcação, reduzia os custos das guerras para quem as praticava. Era barato, seguro, e sem gastos de manutenção representados por uma grande marinha mercante, sempre necessitada do apoio de vasos de guerra para comboiá-la nas perigosas rotas oceânicas. Vantagens que, comparativamente, se transformavam em ganhos em relação aos seus adversários, pois a poupança feita neste segmento poderia ser carreada para financiar a guerra propriamente dita. James Stephen calcula que, de todo tesouro americano transportado da América do Sul para a Península Ibérica, uma grande parte converteu-se em recursos para a cesta de guerra de Bonaparte. Isto porque, grande parte deste numerário atravessava os Pirineus na forma de subsídios e subornos, pagos por portugueses e espanhóis para ga-

23 STEPHEN, James. *War in Disguise; or, The Frauds of the Neutral Flags*. Toronto: Toronto Public Library. Copyright Miami: Hard Press, 2017. Primeira publicação London: Whittingham, 18 de outubro de 1805.

rantirem a sua neutralidade. Prática impossível de ser evitada, mas que poderia ser compensada pela rígida fiscalização das cargas mercantis transportadas por navios desses países, que se consideravam neutros.[24]

Dos espaços marítimos sul-americanos procediam enormes quantidades de produtos que eram derramados "sobre a Europa, sob a cobertura de bandeiras neutras", e para os quais retornavam as embarcações carregadas com "manufaturas europeias, principalmente de nossos rivais" franceses. Isto explica o fato de Bonaparte ter transformado em seu primacial objetivo a restauração do domínio sobre as colônias americanas, perdido durante a Revolução Francesa, seguindo-se o empenho na reconstrução urgente da marinha de guerra e mercante do Império francês.[25] O controle dos mercados continentais fornecia-lhe as mais variadas matérias-primas para a construção naval, ampliadas por apetrechos vindos das colônias, que lhe permitiram desenvolver em Antuérpia um projeto célere de construção naval, desobrigando-se assim de construir barcos mercantes, porque podia valer-se das marinhas dos países neutros, e investir os recursos poupados na construção de "vasos de guerra".[26] Ou seja, um esquema que, ao mesmo tempo, recheava o tesouro da França e fortalecia seu poderio naval militar, permitindo ao Imperador jactar-se de que antes do ano novo de 1806 adicionaria mais trinta navios de batalha à sua marinha de guerra. Para os países neutros a guerra tornou-se um grande negócio. Portanto, não era só a neutralidade pela neutralidade que movia D. João. O comércio fizera de Lisboa um dos principais centros do comércio mundial. Negociava com todos, só não era protegida por todos os contendores, apenas pela Grã-Bretanha, que tinha privilégios compensadores nos portos do Império. Todos os demais, porém, tinham que se defender das inspeções e apresamentos impostos pela marinha britânica, sendo obrigados a adaptar seus barcos de transporte para receber canhões, tornando-se aptos a defender o lucrativo comércio dos neutros.[27] Resistência individual que logo se encaminhou para uma confederação de países dispostos a sustentar, pelas armas, o direito de comerciar com todos os beligerantes. Contando com as

24 Idem, ibidem, p. 113.

25 Idem, ibidem, p. 72-76.

26 Idem, ibidem, p. 117-119-120.

27 Idem, ibidem, p. 128.

diligências e o respaldo de Bonaparte, o principal beneficiário do esquema, a confederação foi logo transformada na Liga de Neutralidade Armada, pelas iniciativas objetivas do Czar Paulo I, que reeditava iniciativa semelhante da czarina Catarina II de duas décadas antes, posicionando-se, como ela, contra as pressões exercidas pelos navios britânicos sobre os barcos russos, como já vimos anteriormente.

Se Pitt era um ministro agressivo, partidário da guerra, seu sucessor, Lorde Addington adotou uma política mais conciliatória. Mesmo assim, por fazer parte da Liga de Neutralidade Armada, por ser uma concorrente natural da Inglaterra, por possuir uma invejável força naval que poderia ser transformada em valioso troféu de guerra, a Dinamarca foi eleita para ser o alvo prioritário da esquadra britânica e, dessa forma, servir de exemplo para os demais membros da Liga, visando dissuadi-los de continuar suas operações. Derrotá-la, portanto, seria uma excelente demonstração de força por parte da marinha britânica, escolha injusta, por certo, visto que até aquele momento a Dinamarca mantivera uma neutralidade inquebrantável em relação à Inglaterra, sendo, por isso mesmo, várias vezes ameaçada de invasão por parte de Bonaparte, o que provocou reações negativas no Parlamento britânico.

Os detalhes desta incursão punitiva são significativos porque repercutem sobre o andamento de inúmeros acontecimentos que se sucedem na escala do tempo. Indicado para liderar a frota britânica, o Almirante Sir Hyde Parker atacou a esquadra dinamarquesa postada na baia de frente a Copenhague, tendo as duas forças se enfrentado ao largo, em 2 de abril de 1801. O comando das operações militares coube ao vice-almirante Horácio Nelson que, desobedecendo ordens expressas de Park para retirar-se, surpreendeu a esquadra dinamarquesa com um ataque fulminante, colocando-a em posição desfavorável na área de batalha, evidente quebra de hierarquia militar e de observância dos ritos navais, mas que forçou a esquadra dinamarquesa a um armistício que praticamente selou sua derrota e, consequentemente, da própria Liga, alçando Nelson ao rol da fama que o acompanharia até sua morte trágica e gloriosa em Trafalgar, sempre com total apoio de William Pitt.

O resultado prático da batalha é a confirmação da superioridade naval da Grã-Bretanha, que teria sua hegemonia absoluta confirmada quatro anos após, em Trafalgar. Sentia-se livre e confiante para impor a sua concepção de comércio neutro em tempos de guerra. Isto é, o direito de buscar e apreender mercadorias inimigas encontradas em navios neutros comboiados por navios de guerra ou não, mercadorias destinadas ou não aos portos do inimigo, mesmo que o bloqueio daquele porto fosse apenas nominal, isto é, sem a presença de forças contrárias para constrangê-lo e confiscar o contrabando de guerra em quaisquer circunstâncias.[28]

A perspectiva delineada até aqui, sobre o direito mercantil dos países neutros em contextos belicosos, é totalmente compartilhada por James Stephen e George Canning, o presumido autor do *Plan to Open*. Um olhar unilateral, visto do ângulo britânico, daqueles que tinham naquele momento a força militar para impor a sua vontade. O problema não era original. Era recorrente quando duas nações se defrontavam e todas as demais, dotadas da capacidade de transportar e mercar, se viam constrangidas em sua liberdade, tolhidas no seu direito de comerciar. Uma espécie de reedição, com papéis trocados, do que sucedera durante a Guerra de Independência Americana, quando a Inglaterra procurou abafar a insurreição sufocando os colonos pelo bloqueio de toda costa norte-americana, avocando-se o direito de defender o seu monopólio colonial, de considerar toda tentativa de comércio na América britânica como prática ilegal de comércio, contrabando portanto, legalmente sujeito a apresamento. Dois pesos e duas medidas, porque as costas da América portuguesa, no mesmo período, eram varridas pelos contrabandistas britânicos, numa investida que objetivava abrir de fato os portos brasileiros antes mesmo que o Rei de Portugal o decretasse.

O problema não era novo. Arrastava-se há um certo tempo. O que nos leva de volta às iniciativas da Imperatriz Catarina II quando, profundamente irritada com os excessos praticados pela Royal Navy em suas invasivas inspeções em navios russos, declarara a neutralidade armada do Império contra tais investidas e formalizou uma Convenção com vários países em defesa do comércio livre em cada porto, em toda a extensão da costa de cada um dos países membros. Obrigavam-se, seus membros, a proteger o trânsito das embarcações de todos os signatários, desde que obedecidas fossem as restrições de transportarem somente mercadorias de suas próprias produções, em

28 PITT, William. "Discourse Sea Law and the Neutral Power", 2 de fev. 1801. Cf. PITT, William; COUPLAND, R. (ed.). *The War Speeches of William Pitt*, ..., p. 288-303.

embarcações neutras e que não fossem contrabandeadas de outras nações, incluindo-se neste rol armas e material militar. Reconheciam-se exclusivamente os bloqueios de portos devidamente identificados e, assim mesmo, desde que houvesse pelo menos um navio de guerra nas suas cercanias em exercício de bloqueio.

Esta restrição tornou o bloqueio uma tarefa de difícil execução, praticamente inexequível para a *Royal Navy*, apesar de sua dimensão. Problema agravado pela grande adesão à Liga russa, cuja frota naval se distribuía por três esquadras para o serviço de proteção das principais rotas marítimas: Mediterrâneo, Atlântico e Mar do Norte. Recebera de imediato a adesão da França, que apoiava o movimento de independência americana, e dos próprios Estados Unidos, por motivos óbvios. Aos quais se somaram, até 1783, quando o Tratado de Paris pôs fim ao conflito anglo-americano, a quase totalidade dos países envolvidos no comércio marítimo: Rússia, Dinamarca, Suécia são adesões de primeira hora, Países Baixos, Prússia, Sacro Império Romano Germânico, Portugal, Reino das duas Sicília, e Império Otomano, alinharam-se posteriormente conforme suas conveniências. É certo, porém, que o poderio representado pela Liga de Neutralidade Armada na sua primeira formatação era capaz de fazer frente ao poderio britânico.

Esta contextualização relativiza muitas das afirmações peremptórias contidas nos repertórios escritos sobre a questão da neutralidade em tempos de guerra. Observações críticas são feitas às práticas dos neutros considerados como linha auxiliar de Bonaparte, sem atentar para as próprias práticas, muito semelhantes. Quando se afirma que os problemas se iniciaram quando os franceses, na Guerra dos Sete Anos, abriram mão do monopólio do comércio de suas colônias para serem abastecidos por terceiros, negligencia-se o fato de que esta era uma prática comum nos quadros do sistema colonial, da qual eles mesmos se beneficiaram com enormes vantagens quando, em situações belicosas, recebiam autorização do Governo português para – agregados às frotas –, participar do comércio colonial brasileiro, situação privilegiada da qual se aproveitavam para praticar abertamente o contrabando. Condenavam a política colonial de Bonaparte, mas diziam-se solidários com os colonos sul-americanos no descontentamento que nutriam contra o monopólio exercido pelas potências ibéricas, práticas esta que defenderam no campo de batalha quando os seus colonos norte americanos se insurgiram contra o rigor monopolista. Ações contraditórias, porque o monopólio era tudo aquilo que abjuravam nos outros países, somente depois que assumiram eles próprios os princípios do comércio livre no embalo da Revolução Industrial.

A relevância das questões morais é sempre circunstanciada, mas há "uma objeção que pode ser feita no aspecto humano. É que insurreições na América do Sul já foram muitas vezes produtoras de muito sangue, o que leva a não deixar essas Nações por si, e uma repetição destes horrores provavelmente será mais frequente a partir do descontentamento crescente que prevalece nelas. Devemos desejar, portanto, que a questão deve ser ao mesmo tempo decidida a favor dos moradores e que a causa da revolta, ou seja, a escravidão antinatural e a opressão, devem ser lembradas". Complementarmente, "pode ser também sábio dizer que não devemos motivar a revolta dos nativos sem a determinação firme de nossa parte para perseverar até o máximo o apoio a eles, e sem ter a certeza de que temos os meios de lhes dar a assistência suficiente para assegurar o sucesso. A fim de contrapor-se às más consequências de insurreições súbitas e violentas, como também para dar confiança para aqueles que podem ser simpáticos à causa comum, foi proposto enviar uma força de vinte mil homens que, na opinião de quem conhece bem o país, será suficiente para aqueles fins. Será certamente o extremo da crueldade e injustiça, depois de ter animado os moradores a deitar fora o seu jugo, termos de retirar a nossa ajuda e deixá-los à mercê de seus velhos Governos exasperados: nada deve ser realizado por nós no que diz respeito a este plano sem uma firme determinação de efetivá-lo, se possível em todos os eventos. Não podemos considerar que estamos empregando uma grande força para fazer conquistas, que possamos trocar ou desistir pela paz, mas que estamos engajados em um trabalho que, se iniciado, não permite que se volte atrás, que tem por objetivo a redução da potência da França, o aumento permanente de nosso próprio poder – e nossa elevação a uma igualdade com ela. Devemos lembrar também que, se demorarmos para efetuar este trabalho, tão benéfico para nós, outros se proporão a executá-lo muito em breve de uma forma que poderá revelar-se mais fatal para os nossos interesses". Nestes termos, "podemos dizer que o esquema é uma especulação perigosa, mesmo de um ponto de vista comercial: visto que a América do Sul já recebe cinco ou seis milhões de nossas manufaturas, o que pode ser diminuído em vez de aumentar, por uma mudança brusca nesse país. Mas o que há na proposta de mudança que é susceptível de produzir nos nativos uma menor propensão do que eles têm no momento de usar as nossas manufaturas? Não é mais provável que eles estarão dispostos a recebê-las em maior quantidade quando puderem adquiri-las a um preço reduzido, e sem o risco que eles correm no presente? Além disso, deve ser considerado que a introdução deles em todos, seja Espanha ou Portugal, ou suas colônias, neste momento, em grande medida dependem de uma contingência, da vontade de Bonaparte" (p. 26-28).

O texto parte de um pressuposto questionável. A aceitação tácita de que as questões morais são sempre circunstanciadas, porque se forem, perde-se a dimensão ética que é essencial à própria moral. O princípio, segundo o qual as insurreições são mais violentas na América do Sul do que em outros lugares, é questionável, bastando comparar a Revolução Americana e a Revolução Francesa com as insurreições havidas na América do Sul até aquele momento, nada que se assemelhasse ao Terror Jacobino. O preceito da responsabilidade para com as insurreições que viessem a ser apoiadas encobre o princípio da tutela e da posse, que de fato regiam e regerão os comportamentos britânicos em todo continente Americano. A maior inquietação sobre o possível êxito do *Plan to Open* refere-se aos resultados materiais do empreendimento, se havia possibilidade de ampliar o mercado para as manufaturas britânicas já bastante significativo, concluindo-se que sim, que poderia ser ampliado pela redução dos preços e qualidade das mercadorias a serem ofertadas, sem a intermediação do contrabando, aqui reconhecido como sendo uma prática normal adotada pela Grã-Bretanha, na competição por mercados para suas manufaturas.

Mas poderia haver outros questionamentos, pois, "algumas pessoas podem afirmar que não há necessidade imediata para abertura dessas estações para a introdução de nossas manufaturas, ou dar atenção às medidas proibitórias de Bonaparte, pois que secretamente podem encontrar seu caminho por paragens neutras. Devemos estar contentes então em tornar-nos uma nação de contrabandistas? Há aqueles que possam assim arrazoar, com conhecimento da importância das nossas leis de navegação, o objetivo principal das quais é prover uma incubadora de Homens do Mar, sendo nós mesmos os portadores da nossa própria mercadoria? Qualquer flexibilização dessas leis se torna cada dia mais incompatível com os interesses da Grã-Bretanha". Equivale dizer, que "a despesa para atender a empresa pode ser erguida como uma objeção a ela. Mas, se for coroada de êxito, as nossas exportações e importações deste novo ramo de comércio, tanto aqui como nas estações de que vamos manter a posse, talvez possam produzir renda para este país cuja extensão não pode agora ser calculada. Mas este assunto poderá ser tratado melhor no futuro, quando todo o projeto tenha sido executado". As oportunidades não podem ser desperdiçadas, temos dito "que a atual situação crítica de Portugal fornece à Inglaterra um pretexto justificável para o início no Brasil das suas operações, no que diz respeito a toda a América do Sul. No entanto, como a justiça de aproveitar tais circunstâncias atuais pode ser questionada, faremos algumas observações sobre o estado atual de Portugal neste momento, tanto em relação à França, assim como para com este País". Não há dúvidas quanto ao fato de que "a Corte de Lisboa tem sido considerada por muito tempo como aliada fiel da Grã-Bretanha, mas ainda assim é um fato a ser comentado que, há algum tempo, a influência da França efetuou uma mudança fundamental no seu comportamento, senão, na disposição do Governo português quanto a nós". Tanto que, "no início da atual guerra, o Príncipe Regente declarou em uma proclamação sua determinação de preservar uma estrita neutralidade, mas, logo depois, demitiu seus ministros de Estado ao desejo do embaixador francês Lannes – por conta de que fossem – como Lannes expressa em sua nota oficial – amigos professos da Inglaterra, em um país onde a França deveria naturalmente ter muita influência. Outros ministros foram nomeados consequentemente, que consentiram ao longo do tempo pagar grandes tributos à França para permitir-lhe continuar a guerra contra nós. Tão declaradamente foi praticado este sistema que, quando as exorbitâncias das exigências francesas tinham esgotado o Tesouro Real, [até] mesmo Comerciantes Britânicos foram publicamente apontados, pelo Governo Português, para contribuir voluntariamente para o efeito de [...] permitir que Portugal pudesse comprar a sua Neutralidade". Nesse sentido, "os interesses comerciais britânicos em Portugal têm sofrido, nos últimos tempos, de várias maneiras; nossos comerciantes no Porto têm causas muito bem fundamentadas para reclamação por conta da repetida infringência de seus antigos privilégios adquiridos, eles não poderão continuar por muito tempo em seu comércio com as desvantagens existentes. O Governo Português demonstrou muito recentemente uma prova impressionante de disposição hostil em relação a nós, mediante a supressão de uma instituição em Lisboa chamada Porto Franco" (p. 29-33).

As dificuldades interpostas por Bonaparte obrigaram a Grã-Bretanha a se valer dos Países neutros para introduzir suas próprias mercadorias na Europa, como se fossem contrabandistas, problema grave que poderia ser contornado com a abertura da América do Sul para o seu comércio, porque a pressão de Bonaparte sobre os países neutros tem aumentado, especialmente sobre Portugal, aliado que, gradativamente, foi mudando a sua postura de defensor intransigente da neutralidade, que beneficiava o comércio britânico por criar um canal de penetração de suas mercadorias na Europa, passando a citar sucessivos eventos comprobatórios desta tese, e que para nós se convertem em marcos fundamentais para a datação do *Plan to Open*, a saber: "início da atual guerra [ruptura da Paz de Amiens, maio de 1803]; o Príncipe Regente proclamou sua estrita neutralidade [3 de junho de 1803]; demitiu seus ministros de Estado por serem amigos professos da Inglaterra [D. João de Almeida Melo e Castro, 25 de agosto de 1803 e, na sequência, D. Rodrigo de Souza Coutinho]; novos ministros que consentiram em pagar subsídios à França para financiar a guerra contra a Inglaterra, por pressão do embaixador, general Jean Lannes [que aponta para António de Araujo de Azevedo, ministro francófilo de D. João]; para que Portugal pudesse comprar sua neutralidade [19 de março de 1804]; infringência dos interesses comerciais britânicos no porto [ano de 1806];[29] e, muito recentemente, uma prova impressionante de sua disposição hostil [...], a supressão de uma instituição em Lisboa chamada Porto Franco [6 de agosto de 1806];[30] panfleto intitulado Guerra em Disfarce [18 de outubro

29 Na cidade do Porto não havia Porto Franco como em Lisboa. Mas havia sim uma *Factory House of Oporto*, feitoria erigida a partir de 1795, um projeto do Cônsul Britânico John Whithead, extinta em 1811, que reunia os numerosos comerciantes britânicos em atividade na cidade do Porto.

30 O Porto Franco de Lisboa foi criado pelo Alvará de D. Maria I em 1796, para ter validade a partir de 1º de janeiro de 1797, em cujo espaço as mercadorias estariam isentas do direito de entrada, à exceção do açúcar e do tabaco, determinando-se que, mesmo em estado de guerra, não haveria arresto contra os comerciantes que ali operassem. Portugal, Legislação Régia, D. João, Regente do Reino (1792-1816), Livro 1791-1801, ano 1796, fl. 279-280. O encerramento de suas atividades deu-se pelo Alvará do Príncipe Regente,

de 1805, circulando em 1806]". Um conjunto de referências factuais que, no mínimo, localiza a redação do texto na segunda metade de 1806.

A unilateralidade do texto se expressa em suas negligências, por colocar no oblívio ações do Governo português favoráveis aos britânicos nesse mesmo contexto, como o fato de D. João ter, não somente ignorado a nota do general Jean Junot exigindo declaração de guerra à Grã-Bretanha, em 25 de abril de 1805, mas, acima de tudo, por ter reafirmado sua neutralidade em 9 de maio de 1805. A parcialidade do texto se explicita ainda mais quando interpretamos o seu silêncio sobre medidas adotadas contra a França, mas que seriam extremamente prejudiciais ao comércio dos neutros, atingindo diretamente Portugal porque, naquele preciso momento, entre 80 e 90% das mercadorias oriundas do Brasil eram compradas pelos franceses em Lisboa e transportadas para seus portos via embarcações neutras.

O mesmo expediente utilizado pelos mercadores britânicos para infiltrar suas mercadorias nas áreas sob controle de Bonaparte, ou seja, dois pesos e duas medidas, ações de guerra comercial enrijecidas pela Grã-Bretanha quando decretou, em 16 de maio de 1806, o bloqueio do litoral continental do canal da mancha até o Mar do Norte, desde o porto de Brest até a foz do Elba. Medida severa, porque esta linha litorânea era coalhada de portos, a começar por Brest, a principal base naval francesa na costa Atlântica, o lugar onde a marinha britânica mantinha encerrada o que restara da esquadra francesa após Trafalgar, para impedir que ela se movimentasse rumo à Inglaterra transportando forças de desembarque. No outro extremo, com o bloqueio da entrada do Elba, impedia-se o acesso aos ativos portos dos Países Baixos, a conexão privilegiada com a Alemanha através de Hamburgo, e aos portos escandinavos. Iniciativas que motivaram a reação imediata de Bonaparte, que determinou o fechamento do porto de Lisboa onde os ingleses tinham sua feitoria, a 6 de agosto do mesmo ano; retaliação que teve continuidade alguns meses depois, em 21 de novembro, quando foi decretado o Bloqueio Continental, de certa forma uma reação napoleônica aos bloqueios marítimos parciais sucessivos impostos pelos britânicos.

---

em 6 de agosto de 1806, pela ocorrência de fraudes que teriam transformado a sua sede em Casa de Contrabando. Cf. Portugal, Legislação Régia, Op. cit., Livro 1802-1810, ano 1806, fl. 412.

O sequenciamento cronológico preciso destes eventos é fundamental para que possamos demarcar a data aproximada da elaboração do *Plan to Open*. Percebe-se, nas referências acima, que todos os eventos cronologicamente marcantes contra os interesses britânicos, praticados pelos portugueses sob pressão francesa, estão relacionados, sendo a última referência exatamente o fechamento do Porto Franco de Lisboa, ocorrido em 6 de agosto de 1806, data esta que pode ser tomada como o primeiro marco para a datação do *Plan to Open*. A segunda remete a um evento posterior que, dada a sua enorme importância neste contexto teria que ser mencionado, mas não o foi, o Decreto do Bloqueio Continental de 21 de novembro de 1806. Isto significa que o documento foi produzido antes dessa data e posteriormente a 6 de agosto. Pelo mesmo critério, o marco seguinte poderia ter sido a decisão britânica, tomada em 7 de janeiro de 1807, de proibir todos os navios, de quaisquer pavilhões, de atracar em portos franceses. Ou, ainda, a assinatura da Convenção Secreta de 22 de outubro, que compromissava a Corte portuguesa a mudar-se para a América do Sul. Conjunto de eventos que alargariam um pouco mais o espaço de tempo em que o *Plan to Open*[31] poderia ter sido escrito, algo entre 6 de agosto de 1806 e 22 de outubro de 1807, data esta na qual George Canning já voltara a gozar de amplos poderes junto ao Gabinete do novo Primeiro Ministro, duque de Portland, seu cunhado, na condição de Secretário das Relações Exteriores, função assumida a partir de 31 março de 1807.

A indisposição contra os britânicos continuou, pois, "a existência de Porto Franco é de fundamental importância para a Grã-Bretanha, especialmente em tempo de Guerra, pois ele é um canal através do qual uma quantidade muito considerável de nossas manufaturas passa para vários portos do mundo. Sendo essa instituição objeto de regulamento interno, Portugal pode ter o direito de agir em relação a ela como desejar, mas com este comportamento uma nação dificilmente pode ser chamada estritamente neutra, se adota medidas essencialmente prejudiciais para um poder beligerante por requisição expressa de

31 Na ficha de catalogação do documento manuscrito existente na British Library, estão citadas as datas referenciais do *Plan to Open*, como tendo sido produzido no período que cobre o ano de 1805 e se estende até 25 de junho de 1806. É uma demarcação cronológica inviável face à referência ao encerramento do Porto Franco de Lisboa que é posterior a tais limites.

outro, especialmente quando também por essas medidas ela priva-se de uma fonte considerável de receitas. Esta observação é exatamente aplicável à transação citada. Pode-se dizer que Portugal foi obrigado a agir assim, contrariamente às suas inclinações reais. Mas o mesmo pode ser dito em relação a Espanha, Holanda e até outros Países, os quais têm sido forçados a agir de tal forma, tornando-se melhor política para a Grã-Bretanha estar em guerra aberta do que permitir-lhes, por uma suposta neutralidade, extrair riquezas e recursos de suas possessões estrangeiras para disponibilizá-las aos nossos inimigos. Nós não estamos, portanto, ligados a qualquer obrigação moral ao analisar a questão em relação a Portugal por princípio qualquer que não o da Política, e nós devemos estar plenamente justificados ao agir contra ele, como temos agido para com outros poderes, da mesma forma circunstanciados". Por esta razão, "as medidas que foram propostas a serem adotadas contra a Corte de Lisboa são apenas tão amigáveis quanto a natureza da ocasião admita. Não se pode esperar que a Inglaterra venha a consentir que o Brasil deva ser incluído em qualquer novo arranjo que Bonaparte possa fazer com respeito a Portugal, nem estamos de qualquer modo obrigados a assistir o forçar-se os brasileiros a qualquer forma de Governo que não esteja em harmonia com suas inclinações ou que seja incompatível com os nossos interesses, assim como aos deles. É, portanto, proposto oferecer ao Príncipe Regente nossa proteção e assistência para se estabelecer no Brasil, sob certas limitações" (p. 33-35).

Seria de questionar-se porque o encerramento do Porto Franco de Lisboa exasperou tanto as autoridades britânicas? Certamente, porque a guerra se fazia entre exércitos que não poderiam se defrontar por conta de suas especializações militares, infantaria de um lado, vasos de guerra do outro, um conflito estranho, no qual unidades de infantaria foram transformadas em patrulhas costeiras para impedir o acesso de mercadorias britânicas ao continente; e, reciprocamente, vasos de guerra ingleses convertidos em patrulhas navais destinadas a impedir o acesso de barcos aliados ou neutros aos portos ou ancoradouros para abastecer, com mercadorias próprias ou coloniais, os mercados continentais. No âmago deste conflito estava Portugal, velho Reino decadente aliado de longa data de um dos contendores, a Grã-Bretanha, "entreposto de uma imensa cadeia de comércio, através de cujas correntes de importação e de exportação as indústrias britânicas respiravam", e, por via das quais, "o contrabando realizado através de Lisboa ou do Porto, penetrava na Espanha e se difundia pelo continente, sob a dominação de Bonaparte, trazendo de volta, para a Inglaterra, o ouro de que ela necessitava para manter em ritmo acelerado a sua Revolução Industrial que, apenas, iniciara".[32] De novo, a solução ideal para todos os problemas enfrentados pela indústria britânica com o bloqueio continental estava em Portugal e no Brasil, com a transferência da Família Real para a América do Sul.

Esta iniciativa "tem em vista a felicidade dos nativos e são tais que têm uma tendência por alargar o nosso comércio, e garantir a nossa superioridade Naval para sempre, a preservar-nos os meios de protegê-lo no futuro em seu território transatlântico de outros objetivos de ambição francesa". Por fim, "algumas pessoas podem ser de opinião que a paz é tão desejável para a Grã-Bretanha, neste momento, que todos os meios devem ser utilizados para alcançá-la. Elas podem, talvez, admitir a importância do objetivo proposto, mas pensam que o propósito mais benéfico a que agora podemos aplicar-nos, seja impedir a execução da mesma como uma ameaça à obtenção da paz em melhores condições. Vamos supor que o argumento nos atinja. Só vai mostrar a importância do ponto apresentado. Não, por melhor que os termos possam ser, o que adquiriríamos com o sacrifício do objetivo, mas eles vão provar o valor do mesmo – o argumento pode corroborar-nos adequadamente mais uma vez – pois Bonaparte sentirá os efeitos disso, ele só vai servir para influenciá-lo, proporcionar-lhe uma oportunidade de desarmar-nos dele para o futuro e, portanto, o primeiro ato de sua paz seria a de colocar a América do Sul, de alguma forma ou de outra sobre a sua autoridade". Finalmente, "para concluir, caso o plano proposto sempre venha a ser realizado, é possível imprimir muito fortemente sobre aqueles a quem possa ser confiada a execução, a necessidade de moderação e firmeza. Eles devem ser informados de que eles são enviados para libertar, não para conquistar, para conciliar, para não irritar, e beneficiar, não para saquear e oprimir os sul-americanos. Esta linguagem não só deve ser realizada, mas o princípio deve ser praticado no todo, ou a expedição irá falhar, catástrofes irão acontecer, e nós então não nos justificaremos aos nossos olhos, nem aos do Mundo" (p. 35-37).

32 FREITAS, Caio de. *George Canning e o Brasil...*, p. 35

O texto finda com a retomada do argumento que se constitui na sua espinha dorsal, que o mobilizou por inteiro desde a primeira página. A construção de uma hegemonia naval e mercantil que garantisse a supremacia britânica no mundo, aqui travestido, pelo seu criador, num projeto que visava a felicidade dos povos sul-americanos, a sua proteção contra os ambiciosos projetos de dominação urdidos pelos franceses. Formulação que nublava a finalidade real do plano elaborado, o empenho na submissão dos países nascidos da desagregação dos Impérios ibéricos na América aos desígnios do imperialismo do comércio que os manteria, de fato, sob tutela econômico-financeira do Império britânico. Não pela força, mas pelo encantamento, pela sedução que palavras poderosas, como liberdade, poderiam exercer sobre a imaginação daqueles seres coloniais. Tirada literária e libertária, bem ao gosto de George Canning que, na juventude, fora tocado pelo ideário da Revolução Francesa.

Dois planos, um só projeto

Os *Planos* analisados foram produzidos por dois políticos de diferentes extrações sociais, envolvidos num projeto comum: transformar a Grã-Bretanha na maior potência mundial no século XIX. William Pitt, O Jovem, pertencia à nobreza e herdara de seu pai, conde de Chatham, além da condição aristocrática, o prestígio de ter sido filho de um Primeiro Ministro, e, não menos importante, a educação aprimorada para a vida pública, supervisionada pelo próprio pai e conduzida por tutores por ele escolhidos. O jovem Pitt revelou uma incrível precocidade. Aos 10 anos dominava autores clássicos; pouco depois já se aventurava pela escrita de tragédias políticas. Aos 15 anos foi para a Universidade de Cambridge, mas logo regressou à casa dos pais por motivo de saúde, e somente retornou à Universidade para graduar-se como *master* em Direito – exatamente no ano em que se iniciava a insurreição norte-americana de 1776 –, privilégio concedido somente a filhos de pares de elevado prestígio na Inglaterra.

Contando apenas 22 anos de idade, foi eleito para o Parlamento, onde suas falas competentes despertaram o interesse imediato de seus pares, por sua inata capacidade de argumentar, dialogar, inspirar confiança e respeito, até mesmo de seus adversários mais empedernidos. Especializou-se nas questões relacionadas com as reformas econômicas, administrativas e parlamentares, já no cargo de

Chancellor of the Exchequer, sempre contando com o apoio de William Petty, líder do partido conservador. Com a morte do Primeiro Ministro, conde de Shelburne, apoiado pelos reformistas e pelo próprio Rei Jorge III, foi nomeado Ministro da Economia em 1782, e, já no ano seguinte, foi convidado a compor o governo na condição de Primeiro Ministro, com apenas 24 anos de idade, cargo no qual permaneceu por duas décadas, dividido em dois mandados, o primeiro de 1783 a 1801 e o segundo de 1804 a 1806.[33]

Um feito. Caso raro, porque atravessou um dos períodos mais graves da história da Inglaterra. Ele que, como todos os jovens de sua geração, deixou-se encantar pelo ideário da Revolução Francesa, mudou radicalmente de posição quando passou a sentir na própria carne os efeitos daquela convulsão social e política, produzida do outro lado do canal. No plano externo, conduziu as guerras contra a França em duas frentes. Em resposta ao apoio dado pelos franceses à Independência dos Estados Unidos, organizou e financiou as coligações dos países europeus contra os exércitos revolucionários; atacou as colônias francesas na América e desarticulou seu comércio ultramarino, tática que viria a se revelar decisiva no resultado ulterior do conflito. No plano interno, contornou mais uma insídia gaulesa, o respaldo à rebelião irlandesa de caráter separatista, que o forçou a celebrar com Wolfe Tone, líder do movimento, a incorporação da Irlanda ao Reino Unido, acordo que dá nascimento à Grã-Bretanha pelo *Union Act* de 1800, mas que deixou um rescaldo negativo para Pitt, porque o compromisso somente foi aceito mediante a condição de igualdade política entre protestantes e católicos, cláusula que mereceu reparo por parte de setores do governo e do próprio Monarca, razão aparente de sua renúncia em 1801.

Na introdução ao livro *War Speeches of William Pitt*, R. Coupland delineia com precisão a gravidade do momento por ele enfrentado. "As finanças nacionais estavam em condições desesperadoras: a dívida pública estava bem acima dos 200 milhões de libras, e os 3 por cento das reservas em 57 milhões.

33 A trajetória política de W. Pitt confunde-se com a própria história da Grã-Bretanha e tem nos seus discursos parlamentares a fonte mais preciosa. Cf. PITT, William; HATHAWAY, W. S. (ed.). *The speeches of the Right Honourable William Pitt*...; PITT, William; COUPLAND, R. (ed.). *The War Speeches of William Pitt*...; MACARTHUR, Bryan (ed.). *The Penguin Book of Historic Speeches*..., passim.

Não é de se admirar que, os ciumentos governos continentais, acreditassem que o declínio final do poderio britânico tinha afinal chegado. Parecia que a Grã-Bretanha, alijada e sem amigos, não poderia jamais recuperar o seu lugar entre os Estados líderes da Europa". Um cenário de ruínas que destruíra a melhor parte do trabalho de Lorde Chatham, cabendo agora a seu filho, *The Young*, a tarefa de restaurá-lo, mobilizando seus dotes pessoais, inteligência, caráter, eloquência, paciência, mente compreensiva, coragem indomável e, sobretudo, a capacidade única de "enfrentar os fatos como eles são e moldar políticas de acordo com as lições da experiência".[34]

E a experiência do longo mandato refinara sua percepção e capacidade de análise dos fatos. Ensinara que sua principal tarefa neste segundo e, provavelmente, último termo ministerial seria derrotar Bonaparte. Destruir totalmente sua capacidade naval para invadir a Inglaterra, possibilidade que mantinha em permanente sobressalto a totalidade da nação. A esta missão devotaria todos os seus esforços, para cujo êxito mobilizou sua capacidade política e a agência de seus seguidores, especialmente de George Canning. Entre maio de 1804, quando retornou ao Ministério, e outubro de 1805, quando Horácio Nelson destroçou a Esquadra de Villeneuve em Trafalgar, pouco antes de sua morte, passaram-se 18 meses de total dedicação a este empreendimento, último de sua vida.

Trafalgar é um *turning point* na história mundial, pelo que merece justa digressão. De volta ao poder, em maio de 1804, Pitt passou a acompanhar detidamente junto ao Almirantado os movimentos do Imperador dos franceses. Seus denodados esforços para construir, nos estaleiros de Antuérpia e outros mais ao longo da costa até Dieppe, uma invejável frota de 130 navios de linha, vasos acima de 70 canhões que, somados ao suporte das frotas espanhola, holandesa e genovesa, ultrapassaria 200 unidades navais. Força imensa, em condições de apoiar a travessia do canal pelas naus de desembarque guarnecidas com canhões, apropriadas para transportar os cerca de 100 mil homens reunidos nas proximidades de Boulogne, o denominado "Exército da Inglaterra", contingente que poderia ser duplicado sem muito esforço em pouco tempo,[35]

---

34 COUPLAND, R. (ed.). "Introduction". In: PITT, William; COUPLAND, R. (ed.). *The War Speeches of William Pitt...*, p. IX-XLVIII, p. IX.

35 Idem, ibidem. Before Trafalgar, 20 de junho de 1805, p. 338.

números superiores aos 156 mil homens desembarcados no lado francês do canal em 6 de junho de 1944, na segunda guerra mundial. Operação que, entretanto, somente seria exequível se parte da frota britânica fosse atraída para longe do canal, nem que fosse por pouco tempo, numa operação diversionista, que pôs o Almirantado em estado de alerta permanente, transformando a vigilância das esquadras francesas no seu principal objetivo militar. A esquadra britânica do canal, sob o comando do almirante William Cornwallis, foi designada para bloquear o porto de Brest, onde se resguardava, protegida, a esquadra francesa de 21 navios comandada pelo vice-almirante Ganteaume. Por seu turno, o vice-almirante Horácio Nelson, no comando da esquadra do Mediterrâneo, controlava os movimentos da esquadra fundeada no porto de Toulon sob o comando do almirante Pierre de Villeneuve, onde Nelson mantinha um cerco inteligente, apertado e frouxo a um só tempo, à espreita de que a esquadra francesa saísse do porto onde se encontrava protegida, oferecendo-lhe a oportunidade de confrontá-la em alto mar.[36]

A imobilidade foi quebrada quanto Bonaparte, sempre açodado em suas decisões, urdiu um plano tático para forçar a retirada de uma das esquadras britânicas da Europa, vencê-la em separado e, depois, apoiado pela esquadra da Espanha – que havia declarado guerra à Inglaterra no final de 1804 –, retornar com força total para defrontar-se com a esquadra do Canal, vencê-la e, em seguida, dar suporte às tropas embarcadas para a invasão da Inglaterra. Apesar do cerco aparentemente flácido em Toulon, Villeneuve hesitava no cumprimento das ordens recebidas. Temia enfrentar a Nelson, que já o derrotara em Aboukir, no Egito. Finalmente, em março de 1805, ludibriou o cerco em Toulon e, durante uma forte tempestade, evadiu-se, passou por Gibraltar rumo às Antilhas, onde, de acordo com as ordens recebidas, deveria fazer um circuito de reides às ilhas recentemente ocupadas pelos britânicos. Tinha acabado de fazer o que mais temia, e que Nelson, pacientemente, vagueando pelos oceanos, esperava que ele fizesse. Agora, desentocado de seu refúgio, Villeneuve evadia-se de seu perseguidor, e chegava ao seu destino em 12 de maio, com doze vasos de guerra, aos quais juntaram-se outros 9 navios da marinha espanhola que aí se encontrava, compondo uma força razoável de 21 unidades navais, e se pôs à espera da

36 Idem, ibidem, p. 339.

esquadra francesa de Brest que, sob o comando de Ganteaume, deveria encontrá-lo nas Antilhas, aí permanecendo inerte por mais de um mês, sem realizar os ataques que Bonaparte determinara. Postura letárgica que lhe valeu a imediata censura dos oficiais do exército sob seu comando, dissipadas pela notícia colhida junto à tripulação de um barco mercante britânico apresado, segundo a qual Nelson havia chegado às Antilhas, quebrando a inércia do almirante em 10 de julho, que zarpa para a Europa.[37]

Com Nelson no seu encalço, rumou ao norte direto para o Canal da Mancha, visando o porto de Brest, por ordens expressas de Bonaparte. Retardado pelo vento, deparou-se com a esquadra de Robert Calder, que o almirantado britânico estacionara naquele ponto de conversão estratégica, na virada do Atlântico para o canal da Mancha, extremidade demarcada pelo Cabo Finisterra. Na batalha travada no dia 23 de julho, entre os 15 navios de Calder e os 21 de Villeneuve, dois navios da esquadra espanhola se perderam, perdas que foram interpretadas por ele como prova de força da marinha britânica e, receoso de que mais navios fossem perdidos, abandonou o rumo traçado por Bonaparte e, temerariamente, redirecionou a proa da esquadra rumo Sul, em busca do porto seguro de Cádiz. Retornava-se ao *status quo ante*. As esquadras francesas enclausuradas nos portos de Brest e Cádiz, protegidas, mas com a moral rebaixada pelas perdas próximas do cabo Finisterra, e a fúria de Bonaparte contra Villeneuve por ter desobedecido suas ordens. Cenário favorável aos britânicos, situação que Pitt percebeu imediatamente e, valendo-se de sua experiência em tantos anos de guerra, indicou o velho almirante Brabham para assumir o comando como Primeiro Lorde do Almirantado, que ordenou uma forte concentração naval nas costas da Espanha, estratégia compartilhada com o próprio Pitt, pois pressentia-se que o desfecho se anunciava.[38]

Os ventos da guerra tinham começado a mudar de direção. A *Royal Navy* passava à ofensiva. Nelson, depois de dois anos no mar, estava de volta à Inglaterra. À frente de uma nova frota, que os recursos do imposto de renda por Pitt criado viabilizara. Depois dos reparos na nau-capitânia, *HMS Victory*, que duraram mais de um mês, zarpou no dia 29 de setembro para se encontrar

---

37 Idem, ibidem, p. 330-342.

38 Idem, ibidem, p. 342.

com seu destino: a glória e a morte. De novo precisaria extrair Villeneuve de seu tugúrio. Outra vez precisaria valer-se de um ardil. Posicionou apenas 6 navios defronte a Gibraltar, mantendo o grosso da frota a 80 quilômetros de distância. Enquanto esperava perdeu a nau Príncipe de Gales, porque Robert Calder teve que retornar para Londres, para ser questionado pelo almirantado por sua falta de audácia, por não ter perseguido Villeneuve e finalizado a batalha que começara por vencer em Finisterra, deixando-o escapar. Por seu turno, o almirante francês, desacreditado e contestado por seus comandados, não queria deixar Cádiz, e só se decidiu a fazê-lo quanto seu substituto indicado por Napoleão, François Rosily, chegou a Madri, em 18 de outubro; e após o relatório do serviço de inteligência ter confirmado que havia somente 6 navios britânicos diante de Gibraltar, caiu na armadilha de Nelson, porque o grosso da esquadra aguardava a uma distância adequada.[39]

Naquela mesma noite em que a esquadra francesa se dirige a Gibraltar, são avistados 18 navios em sua perseguição. No dia seguinte, Villeneuve alinha-se para a batalha segundo a disposição tradicional, em duas longas filas de barcos com seus flancos guarnecidos por fieiras de canhões voltadas para o inimigo. Mas, ao invés de adotar a mesma disposição, pela qual a filas de navios passariam lado a lado disparando nos seus adversários, Nelson inovou. Revolucionou a formação de batalha. Dispôs seus barcos com vento à popa, para ganhar velocidade e dificultar a mira dos artilheiros contrários, com uma formação em seta apontada para o centro da formação inimiga que foi seccionada ao meio, deixando suas alas desgarradas e sem reposicionamento para combate, assim tornadas presas fáceis para a recarga de Nelson, que fez meia volta e retornou para a carga final. O saldo foi devastador: 22 navios perdidos, 4.400 tripulantes mortos, 2.500 feridos e mais de 7 mil prisioneiros, batalha histórica, na qual Bonaparte enterrou seus sonhos e Nelson perdeu sua vida, pela glória da eternidade.[40]

O protagonismo de Nelson é indiscutível, porque suas habilidades táticas, operacionais e estratégicas não tinham equivalentes naquele momento. Mas elas de nada serviriam se não houvesse uma poderosa ferramenta

---

39 Idem, ibidem, p. 343.

40 Em 1800 a armada britânica já era o dobro da francesa e, após Trafalgar, a diferença tornou-se ainda maior. Cf. DAVIES, Lance E. and ENGERMAN, Stanley. Op. cit., p. 27.

de guerra chamada Royal Navy, sustentada e atualizada por uma poderosa indústria naval. Tudo isto produzido pelas estruturas políticas modernizadas pelas Revoluções Inglesas do século XVII, que elegeram o poderio naval como meta fundamental das ações do Estado conduzido pelo Parlamento britânico, suficientemente representativo para ser capaz de mobilizar as forças sociais até o limite de suas possibilidades, como o instituto do imposto de renda, um esforço extremo para uma pequena nação com população limitada, que soube manejar a seu favor a especial condição insular.[41]

Pitt e Canning: arquitetos do Império

Pitt é o herói oculto desta saga. O construtor de um projeto de hegemonia econômica e política mundial para a Grã-Bretanha que teve por escudeiro George Canning, um aliado improvável. Seu pai, de mesmo nome, fora deserdado por seu avô, um grande proprietário rural na Irlanda, porque ele havia se casado sem seu consentimento com uma jovem sem recursos de família. Morreu cedo deixando a família Canning ao desamparo. Situação agravada pela mácula de indignidade social que pesava sobre sua mãe, convertida, por circunstâncias adversas em atriz de teatro para garantir a sobrevivência da família. Desta situação de inferioridade foi resgatado pelo tio, Stratford Canning, que o adotou como se fora seu próprio filho. Isto explica ter sido educado em escolas fundamentais de qualidade, e só não foi além por vontade própria, por ter-se inclinado para a vida política ao identificar-se com os ideais do partido liberal (whig), no seio do qual, entretanto, professava concepções conservadoras quando as discussões políticas envolviam a Revolução Francesa, informado e influenciado que fora pela leitura do conhecido texto de Peter Burke, *Reflections on the French Revolution*.

Este viés de cariz conservador num militante liberal, excelente orador, empenhado e aguerrido, chamou a atenção de Pitt, que o atraiu para o partido conservador, apoiando-o nas eleições parlamentares de 1793. Eleito, rapidamente passou a ser visto como um jovem parlamentar com enorme potencial, dotado das qualidades necessárias para uma rápida ascensão, um trunfo para

41 KENNEDY, Paul. "Trafalgar in World History: From the Armada to the Second World War". In: CANNADINE, David (ed.). *Trafalgar in History - A Battle and its Afterlife*. London: Palgrave MacMillan, 2006, p. 179-183.

os conservadores. Suas inclinações favoráveis à ruptura institucional ocorrida no século XVII, favoráveis aos revolucionários, dissolveram-se frente aos desdobramentos da Revolução Francesa, anárquicos e violentos no plano interno e agressivos nas relações exteriores. Esta conversão antirrevolucionária acentuou-se nos anos subsequentes, chegando mesmo Canning a participar de um opúsculo anti-jacobino, que ridicularizava republicanos franceses e ingleses.[42]

O polimento de seu perfil político aplainou o caminho para o exercício de cargos de mando tradicionalmente disputados pela aristocracia, mais conservadora. Três anos após ter sido eleito, foi indicado por Pitt para seu primeiro cargo ministerial. Começava aqui a comunhão de ideais que ambos compartilhariam pelo resto das suas vidas, na defesa intransigente dos interesses britânicos no concerto europeu e mundial, perfil que fez Pitt indicá-lo, preferencialmente, para postos relacionados com as questões internacionais que, naquele contexto, queria dizer assuntos de comércio e guerra. E, neste escaninho, a questão absolutamente essencial dos recursos públicos para financiar os conflitos. É isto que explica sua indicação para uma função de grande visibilidade, sobretudo por tratar-se de um parlamentar noviço, o cargo de *Under Secretary of State for Foreing Affairs*, que exerceu por três anos (1796-1799), sendo deslocado, a seguir, para o ofício de *Comissioner of the Board of Control* e, em 1800, para o de *Paymaster of the Forces*. Consolidando-se uma carreira toda ela formada nos escalões intermediários e superiores da administração pública, que o transformariam num *expert* em finanças de guerra e nas questões relacionadas com política externa que, no caso da Grã-Bretanha, naquele preciso momento histórico, queria dizer *Royal Navy*, a máquina de guerra montada pelo Governo britânico para ser a espinha dorsal do Império

O ano de 1800 marca um *turning point* em sua trajetória política, social e financeira. Foi quando deu um passo decisivo no sentido de livrar-se definitivamente da sombra de indignidade social que o perseguia, ao casar-se com Joan Scott, que trazia consigo um polpudo dote de 100 mil libras; e ver sua irmã casar-se com o filho do Duque de Portland, um futuro Primeiro Ministro, que elevou significativamente seu prestígio pessoal e pavimentou o caminho para a continuidade de sua carreira política.

42 Cf. LEE, Stephen M. *George Canning and Liberal Torysm, 1801-1827*. London: Royal Historical Society, 2008.

Trajetória que somente foi interrompida quando Pitt, em 1801, renunciou ao cargo de Primeiro Ministro por sentir-se um empecilho no novo cenário internacional que se descortinava na Europa, quando Bonaparte, numa cartada política esperta, propôs à Grã-Bretanha um acordo de paz, um armistício que lhe permitisse recompor suas forças. Negociações que ele próprio, Pitt, não estava disposto a liderar por não acreditar nas promessas sempre vazias de Bonaparte. Mas sentia que os esforços de guerra haviam levado o Reino a um estado de exaustão, e que vozes favoráveis ao acordo de paz cresciam no Parlamento entre seus opositores. Contexto no qual melhor seria transferir-lhes a responsabilidade pelas tratativas que pessoalmente reprovava, por estar convicto de que a melhor política seria dar continuidade aos esforços de guerra, preservando assim seu legado e sua coerência, guardando-se para um possível retorno. Movido por este sentimento, preferiu renunciar em favor de Henry Addington, líder da falange apaziguadora no Parlamento, comprometendo-se, porém, a não se opor à sua gestão para não enfraquecer suas posições nas tratativas junto aos franceses, compromisso assumido com as lideranças do Parlamento e com o próprio Rei, a quem confidenciou não ter ilusões em relação às propostas de Bonaparte, pois seu interesse seria, acima de tudo, "engajar este país em negociações separadas, de modo a afrouxar e dissolver todo o sistema da Confederação em toda a Europa".[43] Canning desaprovou a decisão de Pitt. Não apoiou seu pedido de renúncia e, muito menos, o respaldou no apoio à nomeação de Addington para substituí-lo. Declarou-se independente e isolou-se politicamente, para não ofender a amizade que devotava a Pitt.

Não por muito tempo. Porque a política de apaziguamento revelou-se desastrosa para os interesses da Grã-Bretanha, materializada nas concessões feitas pelos representantes britânicos nas negociações preliminares realizadas em Londres, em 1801, e confirmadas pela Paz de Amiens, no ano seguinte. Por elas, a quase totalidade das possessões conquistadas pelos britânicos nas últimas três décadas foram cedidas a Bonaparte, menos Ceilão na Índia Oriental e Trinidade nas Índias Ocidentais.[44] Perdas com as quais Canning

43 PITT, William. "Bonaparte depends on his sword", 3 de fev. de 1800. Cf. PITT, William; COUPLAND, R. (ed.). *The War Speeches of William Pitt...*, p. 273.

44 O Tratado de Amiens, a paz desejada pelo Ministro Addinton apoiado pelos pacifistas do Parlamento, foi assinada por José Bonaparte e o Marquês de Cornwallis. Instituiu a

não poderia concordar e, no fundo, Pitt também não, tornando natural o seu retorno ao Parlamento, aos ataques frontais a Addington, e à sua política de apaziguamento, que só beneficiaram aos franceses, sobretudo por dar tempo a Bonaparte para reestruturar suas forças e reavaliar seus alvos prioritários, agora focado no grande objetivo: a invasão da Inglaterra. Conjuntura pós-armistício totalmente favorável ao Primeiro Cônsul, pois ele não tinha mais inimigos no continente e a Grã-Bretanha encontrava-se totalmente isolada. Mesmo assim, na hipótese de retomada do confronto direto entre as duas grandes potências, as estratégias de guerra continuavam as mesmas: os franceses só teriam chance de vencer se desembarcassem tropas nas ilhas contra os britânicos; e estes, se conseguissem formar uma frente ampla de Estados no continente contra a França.

As cláusulas do Tratado de Amiens, em 1802, praticamente determinaram o retorno de Pitt ao Ministério para seu segundo mandato. Fortalecido pelo fracasso dos pacifistas, não hesitou em instalar Canning num posto fundamental para os esforços financeiros necessários à nova fase da guerra que se anunciava, pois teriam que ser ampliados e superdimensionados os investimentos na principal arma dos arsenais britânicos: a *Royal Navy*, projeto que fazia do cargo de *Treasurer of the Navy* um posto absolutamente estratégico. Ou seja, sabiam ambos onde estava a solução para virar o jogo contra Bonaparte e lançar a Grã-Bretanha a um patamar de poderio militar planetário que a França jamais alcançaria, que é exatamente o argumento fundamental que atravessa os dois planos que estamos analisando. Note-se bem que ao cargo maior na hierarquia dos assuntos externos, o de *Secretary of State for Foreign Affairs,* o Forreing Office, Canning somente viria a alçar-se após o

---

revanche francesa em relação às enormes perdas impostas pelos britânicos no tratado que pôs fim à Guerra dos Sete Anos, 34 anos antes. Para a França fazia-se as maiores concessões: a Índia Ocidental, a Colônia do Cabo, comprometia-se a sair do Egito, retirar tropas dos Estados Papais, reconhecer a neutralidade de Malta, Gozo e Comino, que retornavam ao controle dos Templários. Para a Espanha cedia a ilha de Menorca, com a compensação de Trinidad e Gibraltar. Na América, reconhecia a fronteira traçada entre a Guiana Francesa e o Amapá. Finalmente, da República Batávia (Países Baixos) recebia o Ceilão. Compensações modestas que provam não ter sido um Tratado, mas sim um ditado imposto pelo Primeiro Cônsul para aceitar o que ele mesmo propusera, revelando o estado de inanição em que se encontrava a Grã-Bretanha.

mandato de seu protetor, porque Pitt sabia da resistência que aristocratas empedernidos lhe moviam e não queria acicatar animosidades gratuitas, ferindo susceptibilidades. Preferia resguardá-lo em cargos de menor visibilidade e maior poder efetivo.

A este ofício de prestígio, desejado por Canning, ele não chegaria na gestão de seu sucessor imediato, Lorde Grenville, partidário de Addington e da política pacifista, que ficou no ministério pouco mais de um ano. E sim de seu sucessor, o Duque de Portland, não porque guardasse com o Ministro relações familiares, mas sim porque com ele se identificava no tipo de política que se deveria seguir nas relações exteriores. Para o ideário clássico de Pitt, que havia sido abandonado por Addington e Grenville, ninguém melhor do que Canning para representá-lo: o confronto sem tréguas com a França. Sua tarefa, no posto de *Treasurer of the Navy*, entendia Canning, deveria ser trabalhar para que a frota britânica se transformasse no instrumento de reciclagem da política colonialista, única capaz de recompor as finanças do Reino Unido esgotadas por décadas de guerras: contra os colonos norte-americanos; contra os revolucionários franceses; contra os exércitos de Bonaparte, um ideal de ação política e diplomática transmitida integralmente "aos que ficaram no cenário da vida pública inglesa fiéis à sua memória",[45] a de William Pitt, da qual se considerava o fiel depositário.

Herdeiro desse projeto de Pitt fixado no *Plano Sábio,* comprometido com seu próprio projeto estabelecido no *Plan to Open,* planos gêmeos, Canning executou à risca seus objetivos, centrados na manutenção e desenvolvimento do complexo sistema de comércio que fazia pulsar o coração do Império. Que ele conduzia com cálculos absolutamente racionais na execução de suas ações diplomáticas, totalmente dedicado à memória de Pitt, a quem assim se referiu numa alocução: "A um homem, que enquanto viveu, fui devotado de todo coração e com toda minha alma".[46] Seus biógrafos atestam que nenhum dos poucos amigos chegados que granjeou foi capaz de substituir em

45 FREITAS, Caio de. *George Canning e o Brasil...*, p. 16.

46 CANNING, George; WALSH, Robert (ed.). *Select Speeches of the Right Honorable George Canning. A Preliminary Bibliographical Sketch and Extrats from his Writings and Speeches.* Philadelphia: Desilver & Co., 1835, p. 472. Disponível em: <https://archive.org/details/selectspeechesofoocann>. Acesso em: dez. /2021.

sua afeição o lugar que coubera a Pitt e que, não fora por sua esposa, enfrentou o mundo sozinho. Este isolamento aprimorou sua capacidade de imaginar planos, expressos na forma incrivelmente mentada exibida no planejamento e na execução de suas ações diplomáticas, para as quais previa sempre alternativas, o que dava a seus executores agilidade nas decisões por ter sempre uma opção alternativa à mão, que podia ser implementada sem a necessidade de se recorrer ao seu criador.

Sua forma de ser, retratada por William Allison Phillips, remete seu perfil psicológico às raízes irlandesas, que lhe teriam "fornecido a impetuosidade característica à gente turbulenta daquela ilha"; à educação inglesa nos moldes clássicos, formação que lhe emprestou o "juízo crítico, desapaixonado, indispensável nos momentos de crise"; à sua própria natureza, fria e calculista, que deu o toque final ao seu perfil humano, compondo uma "personalidade desconcertantemente cerebrina", atributo que desempenhou um papel relevante em sua natureza e decisivo em sua política.[47] Retrato de Canning que medeia entre os que o apreciavam, sobretudo pessoas oriundas dos extratos médios da sociedade, que o consideravam um trabalhador profícuo, incansável, enérgico e habilidoso; e os aristocratas conservadores, que o tinham por um ascendido sem classe, impertinente, sarcástico e arrogante, alguém que havia se apropriado de postos que por direito lhes pertenciam, um ambicioso, para cujo *establishment*, porém, muito contribuiu Canning com sua sensibilidade política, o descortínio mental para tornar atos governamentais mais palatáveis ao espírito do tempo, um toque liberal nos projetos conservadores.

Economia e política entrelaçavam-se em suas ações. A experiência lhe ensinara que as ilhas britânicas eram em si uma fortaleza suficientemente distante da Europa por sua insularidade, protegida por uma muralha de baluartes navais flutuando sobre as águas do canal, onde pontificavam torreões guarnecidos por até 110 canhões. E suficientemente próxima do continente para que nele se pudesse intervir com tropas embarcadas, mobilidade que lhe permitiria atingir rapidamente seus alvos em diferentes pontos do continente, fuzileiros navais *avant la lettre*. Mas poderia ser também condição de sua fra-

47 PHILLIPS, W. Allison. *George Canning; New and Cheaper Issue*. London: Methuen & Co., 1905. Disponível em: <https://archive.org/details/georgecanningnewoophiluoft>. Acesso em: dez./2021.

queza, pois, em seus cálculos de estrategista, seria necessário acautelar-se com os Estados continentais detentores de expressivos recursos navais, porque estavam sujeitos a cair sob o domínio de Bonaparte, que deles se utilizaria para a sonhada invasão das Ilhas britânicas. Sendo urgente, portanto, neutralizá-los: casos candentes de Dinamarca e Portugal, ambos países neutros que serviam aos interesses da indústria britânica porque intermediavam a distribuição de suas mercadorias nos mercados continentais, mas que também poderiam servir a uma possível invasão da Inglaterra, possibilidade que, depois do Bloqueio Continental, tornou-se uma ameaça concreta.

Face ao perigo, Canning não hesitou. Atacou o primeiro dos alvos. Uma reedição do que fizera Pitt em 1801, quando ordenou o ataque a Copenhague. Despachou, em regime de urgência, uma força-tarefa comandada por Lorde Cathcart para a Dinamarca, com a missão de capturar os navios da sua frota e bombardear Copenhague se houvesse resistência. Ordens cumpridas. A cidade foi bombardeada e 83 embarcações foram levadas para a Inglaterra, com o compromisso de que seriam devolvidas no fim do conflito. Operação relâmpago sem consulta ao Parlamento, decisão considerada por seus críticos temerária, injusta mesmo por sua desumanidade, por ter atacado um país neutro, ato indigno de pirataria internacional. Evento que Bonaparte exprobou, usando-o em sua propaganda de guerra contra os britânicos, mas que, do ponto de vista estratégico, eliminou um flanco vulnerável na blindagem marítima da Inglaterra. O que teria provocado um ato aparentemente tão desarrazoado por parte do calculista Canning? O que o teria levado a assumir toda a responsabilidade pela decisão de sequestrar a esquadra dinamarquesa?

De fato, um motivo absolutamente racional que Canning, entretanto, não poderia revelar, porque a decisão foi tomada com base em informações confidenciais por ele obtida de uma testemunha ocular, cuja identidade se comprometera a manter em sigilo e, segundo a qual, em Tilsit não tinham sido assinados apenas dois Tratados entre os imperadores Bonaparte e Alexandre I, da Rússia, tratando de remanejamentos no mapa político do continente. Fora assinado também um Tratado Secreto, pelo qual ambos concordavam em partilhar o domínio da Europa, pelo estabelecimento de um sistema de segurança continental vinculado a uma rede de vigilância e, o que era mais ameaçador para seu país, combinavam a divisão do mundo em duas áreas de influência, que estariam sob a tutela de dois superestados: o Império do Oriente e o Império do Ocidente, em torno dos quais gravitariam as demais nações, passíveis de serem, aos seus critérios, aglutinadas, rearranjadas. O czar Alexandre fez ainda uma promessa a Bonaparte, que, se concretizada, representaria uma grande ameaça à segurança do Império britânico na Ásia. Comprometia-se a atacar por terra as possessões britânicas na Índia, atravessando territórios do Império Otomano, um rude golpe nas pretensões à construção de um Império Universal, objeto por excelência dos planos elaborados por Pitt e Canning.

Canning percebeu imediatamente a gravidade da situação. O Tratado visava à Grã-Bretanha. Pressupunha o colapso da sua economia pelo sufocamento de seu comércio e, por desdobramento, a paralização de sua indústria ou, de forma direta, para a pura e simples invasão das ilhas britânicas, projetos que se complementavam. E que não tardaram a serem postos em prática, pois o Czar determinou o bloqueio dos portos da Rússia para o comércio britânico, logo após a assinatura do Tratado de Tilsit. A natureza grave das informações recebidas por Canning justificavam plenamente as medidas urgentes por ele adotadas. Assumiu pessoalmente a responsabilidade pelo ato de guerra contra a Dinamarca junto ao Parlamento; mas não evitou as críticas airadas de seus oponentes. O Parlamento, contudo, por ampla maioria aprovou o resultado da operação Dinamarca, quando viu o saldo das operações, demonstrando que a cobiça vinha sempre à frente do senso de justiça. Considerou, por primeiro, que fora um ato de segurança nacional, com ótimos resultados materiais. Afinal de contas, 83 embarcações sequestradas constituíram-se num fantástico espólio de guerra e um ataque semelhante já tinha sido efetuado contra a própria Dinamarca por ocasião do embate contra os países neutros, razões palpáveis para o Parlamento recusar o voto de censura proposto pela oposição a Canning e legitimar sua política exterior agressiva que, por via de consequência, punha de imediato Portugal e sua esquadra na alça de mira da frota britânica e, num segundo momento, o fabuloso Brasil, que o *Plan to Open* antecipou. Daí em diante, o exemplo da Dinamarca passou a pesar como um cutelo sobre a cabeça dos soberanos recalcitrantes em aceitar as condições impostas pelo Império Britânico.

Como dissemos algures, economia e política andavam de mãos dadas, com prevalências alternadas. Tivemos aqui um exemplo cristalino da forma pela qual ações de guerra poderiam ser travestidas de ações diplomáticas, com profundas repercussões econômicas porque, ao fim e ao cabo, a marinha britânica, de guerra e mercante, havia incorporado quase uma centena de unidades navais numa só operação. E era isto que contava. Porque os barcos eram os elos das correntes que punham em movimento as engrenagens de transmissão da economia britânica, construindo pontes que alimentavam a totalidade da cadeia produtiva pelas conexões que se estabeleciam na rede constitutiva do mercado mundial.

Eram pontes erigidas sobre os mares e oceanos que tinham nos portos, nas possessões costeiras, nos pontos de aguada e refresco das tripulações, os engates com as rotas terrestres e, daí, para os mercados continentais, através dos quais pulsava a economia mundial, sendo exatamente a este complexo feixe de interações mercantis em escala mundial que o *Plan to Open*, de George Canning, se aplicava. A meta era o mercado mundial. O instrumento de execução, a frota britânica. Uma infraestrutura militar que se confundia com a própria infraestrutura do Estado. Se o gasto de guerra consumia 98% do gasto público, equivalendo a 60% da receita tributária, a fiscalização dos neutros, as capturas em batalha, ou os sequestros coletivos asseguravam uma significativa parcela de reposição deste mesmo gasto público, pois, para um total de 166 navios perdidos em situações várias, outros 1200 foram incorporados. Ativo valioso, mas não suficiente para cobrir as necessidades monetárias do empreendimento naval, um dos motivos que levaram William Pitt a propor, em 1798, o imposto sobre a renda cobrado na fonte, com base em tabela gradativa de rendimentos pessoais, substitutiva da tributação calculada sobre o valor dos bens.[48]

A proposta revolucionária de Pitt provocou um cataclismo no Parlamento, mas acabou por ser aprovada no ano seguinte. Tivera melhor acolhida a contraproposta de Addington, sempre a voz crítica da oposição, que reitera a continuidade de procedimentos anteriores nos quais, face a insuficiência de recursos para cumprir as despesas orçamentárias, apelava-se às contribuições, propondo que, neste caso específico, o Banco da Inglaterra ficasse autorizado a receber doações voluntárias para amenizar as necessidades

48 Pelo *Triple Assessment* de 1797, aprovado em 1798, substitui-se o imposto existente que incidia sobre o patrimônio e o consumo pela incidência sobre a renda, ainda de caráter voluntário, isentando os rendimentos abaixo de 60 libras e beneficiando a nobreza com índices menores.

do Estado. O Monarca subscreveu a soma de 20.000 libras; Robert Peel, um empresário da indústria têxtil e pai do futuro Primeiro Ministro, 10.000; a cidade de Londres, 10.000, o Banco da Inglaterra, 200.000, William Pitt, 2.000, e os menos ricos doaram valores proporcionais às suas posses. Mas eram espontâneas, não eram obrigatórias. Não obstante serem voluntárias, atingiram o valor de 2 milhões de libras, quando a meta a ser atingida tinha sido estipulada em 1,5 milhão de libras, feito efusivamente comemorado por Addington, mas não por Pitt, que lamentou a perda dos recursos que o imposto de renda poderia ter gerado, no mínimo 102 milhões de libras se fosse compulsório.[49] Vislumbrava-se, portanto, uma receita fantástica, da qual o Estado não poderia abrir mão, porque projetaria a Grã-Bretanha a um patamar inalcançável por qualquer um de seus competidores em escala mundial, permitindo-lhe dispensar tranquilamente as doações de seus benemerentes, o que não impediu a sua extinção por Addington, quanto substituiu Pitt no Ministério. Mas a semente havia sido semeada, e Pitt voltou a instituí-lo quando reassumiu o posto, tornando-se a partir de então uma fonte segura de recursos para financiar as políticas de expansão mundial do Estado britânico.

A sustentação financeira para as frotas mercantes e de suas guardas costa, as frotas de guerra, que não serviam somente para as batalhas, ofensivas ou defensivas. Serviam para a patrulha das rotas mercantis, garantidas, no médio e no longo prazo, pelo imposto sobre a renda. Frotas por via das quais fluía a seiva que alimentava o comércio mundial, vivificando os mercados, mantendo o ritmo contínuo do setor fabril, pois era um momento em que a impulsão da economia mundial dependia dos canais de distribuição, das redes mercantis protegidas que ativavam o setor industrial, dado que levaria algumas décadas ainda para que a produção instalada e tecnologicamente mais avançada assumisse o papel de indutora da economia mundial. Processo que se encontrava em seus primórdios, mas cujos impactos eram suficientemente poderosos para que conflitos de natureza local pudessem se transformar em guerras mundiais, como podem ser caracterizados os conflitos franco-britânicos na viragem do século XVIII para o XIX, tendência que se tornaria uma constante na história

49 PITT, William. "The Spirit of 'Mercantile' Britain: an Exemple to Europe", 2 de dez. de 1798. Cf. PITT, William; COUPLAND, R. (ed.). *The War Speeches of William Pitt*..., p. 232-243.

mundial, e que teve nos *Plano Sábio* e *Plan to Open* um ensaio preliminar, uma projeção para o futuro globalizado do movimento do capital.

Pitt e Canning estão na gênese deste processo. Canning não somente elaborou o plano diretor que pensava o futuro do Império britânico. Ele cuidou também dos detalhes, acompanhando-os minuciosamente. A diplomacia era uma política de gabinete e, mais do que isto, de gabinetes entranhados nas Cortes. Seus executores tinham que ser, sobretudo, astutos, ladinos, solertes, atentos aos mínimos detalhes, porque dos detalhes dependiam as grandes decisões. Nesse mister, Canning tinha em Portugal um embaixador apetrechado para suas funções, o Visconde Strangford, parceiro de D. Rodrigo de Souza Coutinho, cujo irmão, Domingos, atuava na Corte britânica, como plenipotenciário de D. João. Todos eles sempre atentos, naquela arena política que era a Corte portuguesa, aos movimentos do partido francófilo liderado por D. António de Araujo de Azevedo, facções antagônicas que se digladiavam sob os olhares complacentes de D. João, que exercitava, sobretudo neste espaço, e até o limite, sua convicta neutralidade. A questão mobilizadora de suas ações, naquele momento, era o grande perigo que pesava sobre a esquadra portuguesa de cair sob controle do almirantado francês, sequioso por uma desforra que os redimisse do desastre naval de Trafalgar, perante Bonaparte. O sinal amarelo, indicador de que Bonaparte estava decidido a realizar seu projeto de apossar-se da esquadra portuguesa a qualquer custo, nem que fosse para invadir Portugal, deu-se em agosto de 1807. Em seu *ultimatum,* assinado em conjunto com o Rei de Espanha, dirigido à Corte de Lisboa, exigia que os portugueses declarassem guerra à Grã-Bretanha e tudo mais que, via de regra, acompanhava medida de tal gravidade: fechamento dos portos, expulsão do embaixador britânico, confisco de bens dos cidadãos ingleses, e o prazo exíguo de 30 dias para cumprimento destas exigências. Eventos por nós já referidos em diferentes passos desta obra, mas cujo detalhamento, neste momento, tem a finalidade de demonstrar o acompanhamento detido dos acontecimentos que se desenrolavam na Corte portuguesa por parte da mais alta autoridade britânica no que concerne às relações exteriores do Império britânico. O que nos move é surpreender Canning nos seus afazeres no *Foreign Office*, na execução do *Plan to Open*, efetivamente, um *Master Plan*, porque um Plano de Estado, da estruturação de um Império de alcance mundial, que urdia com a presteza de um artesão, entrelaçando grandes informações com miudezas aparentemente desprezíveis, até alcançar o sentido das ações e formar um cenário que lhe permitisse agir, mover as suas peças.

Consciente de que não poderia melindrar seus aliados e fiadores, porque a aliança com os ingleses não poderia ser explicitada, os franceses não poderiam saber, o que obrigava ao Regente D. João e seus ministros mais chegados e identificados com Canning, a se comportarem segundo a partitura da neutralidade. Saber fingir, disfarçar, não se deixar trair, era fundamental. Nesse mister, tão logo o *ultimatum* foi recebido, o Ministro do Exterior de Portugal, António de Azevedo, apressou-se em informar ao embaixador britânico, Strangford, que D. João não concordava com a expulsão dos súditos ingleses, nem com o confisco de seus bens, mas que ficava aguardando a autorização do Gabinete britânico para executar a ordem de fechamento dos portos portugueses à navegação britânica. Imagine-se o grau de dependência, o Regente aguardava ordens do Gabinete de Londres para fechar os portos de Portugal para os próprios ingleses, esperando da parte de Canning um ato de compreensão, de comiseração.

Situação constrangedora, subserviente, mas inevitável. E não era tudo. Pedia mais, rogava que o ministro britânico aceitasse a simulação de um estado de guerra até o fim do prazo dado pela França. Que se comprometesse, nesse período, a não enviar navios de guerra à barra do Tejo, nem praticar atos hostis contra os portugueses. Proposta insólita que beirava ao patético, mas reveladora do desespero que grassava na Corte de Lisboa. A resposta de Canning veio na forma de uma notícia aterradora para os portugueses. Fê-los saber que mandara bombardear Copenhague e sequestrar a esquadra dinamarquesa, sinal de que Lisboa poderia ser o próximo alvo a ser atacado sem piedade, o que obrigou a representação portuguesa a humilhar-se, retornar à Bonaparte clamando pela paz. Sem êxito, pois foram recebidos com frieza e agressividade pelo Imperador dos gauleses que, a esta altura, enxergava em Portugal sua única esperança para que o mercado colonial brasileiro lhe fosse franqueado. Restou à diplomacia portuguesa o último recurso. O expediente que se tornara usual nos momentos de crise entre as duas nações, quando as relações com a França se aproximavam da ruptura e a invasão de Portugal, iminente. Apelar ao suborno, pagar para adiar a invasão, com riquezas extraídas da colônia brasileira, diamantes de preferência, derramados sobre membros influentes na Corte francesa que pudessem demover Bonaparte de seus propósitos, no mínimo adiar as suas decisões.

Desta vez não funcionou. Os negociadores portugueses entraram em desespero. D. João, como soe acontecer em situações de extrema gravidade, recolheu-se em reflexão. Buscava uma solução que, nas circunstâncias, seria miraculosa, porque teria que ser procurada num entendimento com seu outro possível algoz, o chefe do *Foreing office*. Canning, nesse momento, buscava sim a hegemonia política da Grã-Bretanha através da dominação econômica, a liderança mundial via supremacia comercial vazada em projetos racionais, mas cuja frialdade não precisaria ser, necessariamente, tão sanguinária como se fez com a Dinamarca e que, talvez, fosse mais compreensivo para com Portugal, um crédito pelos séculos de cooperação econômica vantajosa para o comércio britânico, pensava D. João. E mais, Portugal, ao contrário da Dinamarca, possuía ativos para remunerar a Grã-Bretanha por sua compreensão, nem que fosse apenas para atravessar as semanas de agosto que faltavam para vencer o prazo dado por Bonaparte: primeiro de setembro. E havia. O próprio embaixador britânico, Lorde Strangford, em comunicado a Canning datado de 20 de agosto de 1807, propôs que à Grã-Bretanha fossem concedidas vantagens comerciais, a começar pelo "direito de estabelecer casas comerciais no Brasil, de exportar tecidos de algodão para os domínios portugueses, [e a revisão] do tratado de 1654 e da Carta de Privilégio dos Ingleses, num sentido mais favorável à Inglaterra".[50] Melhor do que diamantes. Abrir os portos do Brasil. Conceder portos privilegiados!

Projeto que não avançou, mas deixou claro para onde apontava o interesse britânico: direitos exclusivos de comércio direto com o Brasil. E não prosperou também porque foi atropelado pelo Conselho de Estado português que, na ânsia de cumprir o ultimato francês sem romper com o aliado britânico, num exercício de contorcionismo diplomático revelador do estado cataléptico que se apossara das almas de seus dirigentes, apresentou uma nova proposta, pela qual propunham uma declaração de guerra simulada entre os dois países, ficando acertado que as forças britânicas poderiam capturar embarcações portuguesas, desde que se comprometessem a não se apossar das colônias ultramarinas e nem interromper seu fluxo comercial com as mes-

50 Foreign Office, Portugal, 63-55, Strangford a Canning, nº 47, em 20 de agosto de 1807.

mas. Realmente, um momento pouco feliz da diplomacia portuguesa, sempre elogiada por sua eficiência no manejo do sistema de neutralidade, mas que, dilacerada pelas circunstâncias, tornara-se dúplice em sua essencialidade, totalmente incerta em relação a seus objetivos fundamentais e, nos termos duros de Caio de Freitas, "pusilânime em seus métodos".[51]

Antes, porém, de tomar as medidas necessárias para pôr o plano em andamento, o Conselho de Estado reuniu-se novamente uma semana depois, no dia 27de agosto, pois teria que consultar o Gabinete de Londres para saber se tinha sua aprovação para o deslanche da guerra simulada. Não foi preciso. A resposta foi dada pelo próprio Strangford, que tinha autonomia para decidir em circunstâncias críticas sem consultar Londres. Informou ao Ministério português, e ao próprio Canning por carta datada de 29 de agosto de 1807, que a proteção da armada britânica se faria em qualquer uma das duas seguintes circunstâncias: se Bonaparte invadisse Portugal e se apossasse de seus portos; ou, se o Príncipe Regente se decidisse por deslocar-se ao Brasil.[52] Tais negociações foram esclarecedoras. Porque ficou nítido para os ministros portugueses e para o próprio Regente que Canning não participaria de uma encenação. Não atuaria como comediante numa falsa representação,[53] ficando certo para todos que, vencido o prazo fatal, o Reino seria invadido pelas tropas de Jean Junot, não restando à Corte outra alternativa que não fosse preparar a viagem para a América do Sul.

Foi, portanto, o esgotamento das possibilidades inscritas no sistema de neutralidade levado às últimas consequências por D. João que, sem qualquer manifestação oficial, os arranjos para a partida começaram a se fazer nos primeiros dias de setembro, quando em todos os estaleiros do país acelerou-se a finalização das construções e reparos navais. Fato que antecipou em quase dois meses o aprestamento da frota para a partida, dando a D. João tempo hábil para cuidar dos mínimos detalhes, como já aludimos, faltando apenas a confirmação do início da invasão do território luso pelas tropas francesas para que a comunicação formal da partida se efetuasse. Restava

51 FREITAS, Caio de. *George Canning e o Brasil...*, p. 55.

52 Foreing Office, Portugal, 63-55, Strangford a Canning, nº 50, em 29 de agosto de 1807.

53 O projeto de guerra simulada foi "rejeitado com o desprezo que merece". Foreing Office, Portugal, 63/56, Canning a Strangford, nº 11, em 7 de novembro de 1807.

ainda um último detalhe mantido em suspensão até a undécima hora. Quem seria a figura real a liderar a temida travessia, D. João ou D. Pedro, seu filho e herdeiro, Príncipe da Beira? Dubiedade que fez Bonaparte retardar um pouco mais a ordem de invasão do Reino, comprovando que D. João era realmente um mestre na arte de adiar, mas nunca de faltar com a decisão.

Se da parte dos portugueses as questões estavam assentadas, Canning não se dera ainda por satisfeito. Em 8 de setembro, depois do xeque-mate no tabuleiro peninsular representado pelo ataque a Copenhague, voltou-se para Portugal com a intenção de assentar, de uma vez por todas, as negociações travadas entre as partes num documento conclusivo e norteador das relações futuras entre ambos os países. Para começar, certo de que a invasão francesa era inevitável e que o fechamento dos portos portugueses à navegação inglesa era inexorável, procurou amenizar as perdas, imaginando uma alternativa que poderia funcionar como compensação e sinal de boa vontade para com os portugueses que, sabia muito bem, não teriam condições de postergar mais o bloqueio dos portos determinado por Bonaparte e muito menos a invasão do Reino. Com este vaticínio em mente, o Ministro britânico havia convocado a seu Gabinete, no Palácio de S. James, D. Domingos de Souza Coutinho, em 10 de setembro de 1807, com a intenção de solicitar-lhe uma recompensa que considerava justa à Grã-Bretanha por parte de Portugal, pelas enormes perdas que teria pelo fechamento dos seus portos à navegação britânica. Perdas estas que poderiam ser amenizadas pela concessão de uma base naval em algum ponto das águas territoriais portuguesas, não muito distante da costa, além da cessão temporária da Ilha da Madeira que seria ocupada por forças britânicas. D. Domingos concordou preliminarmente com a demanda, ficando na dependência da confirmação de Portugal, que acedeu, solicitando apenas que a cessão da Ilha da Madeira fosse justificada como se fosse uma maneira de evitar que ela fosse ocupada pelos franceses que, bem sabemos, não tinham recursos navais para tamanha empreitada, pois, o que restava de suas esquadras depois de Trafalgar estava bloqueado nos portos franceses, demonstrando que Canning procurava tirar o máximo proveito da situação ruinosa de Portugal. Que amizade!

O acordo em epígrafe foi confirmado por D. João, em missiva que chegou ao Gabinete londrino em 27 de setembro, 17 dias após o início das negociações, um prazo recorde em vista da lentidão típica das comunicações à época, viabilizada, contudo, por *brighes* que, a todo pano, conectaram as duas Cortes. Pelo documento recebido, D. Domingos ficava autorizado a negociar um acordo que ia além das solicitações iniciais de Canning, cujas cláusulas deveriam ser ajustadas de parte a parte entre os plenipotenciários, resultando no diploma assinado menos de um mês depois, em 22 de outubro, a Convenção Secreta de Londres: documento fundamental assinado entre as duas nações – nem sempre lembrada pelos historiadores brasileiros quando tratam da matéria – por atender aos principais requisitos do *Plan to Open* que o cerebrino Ministro britânico levava à prática efetiva fixando-os num documento que se transformaria, como já dissemos no início deste livro, no enredo prévio de uma história a se consumar, por conter em sua essência o tão desejado contato direto entre os exportadores britânicos e os consumidores brasileiros, sem passar por Portugal, condição primordial para que se destravasse a economia britânica e a lançasse ao domínio do mercado universal, via abertura dos portos do Brasil colonial.

O alcance da Convenção Secreta não foi percebido de imediato pelas autoridades governamentais portuguesas. De fato, ela permitia que a Grã-Bretanha alcançasse, por vias travessas, o mesmo efeito que o sequestro da esquadra dinamarquesa produzira, sem as reverberações críticas que aquele evento prodigalizara. Para Caio de Freitas, um dos historiadores mais perspicazes a escrever sobre o tema, a Convenção Secreta continha como hipótese única o deslocamento da Família Real para o Brasil. Mas, em sua maquinação cerebrina, Canning urdiu no sentido de que a simples aceitação mental da hipótese constituía-se num passo fundamental para que, de possibilidade eventual, ela se convertesse em possibilidade concreta, pois, o que ele entrevera alcançar, através Convenção, "era justamente transformar aquela hipótese numa realidade, forçar a evolução dos acontecimentos, obrigando Portugal a aceitar o provável como se fosse o certo, já que da projetada mudança passara a depender todo o êxito da elaborada estratégia que concebera, tanto para evitar que a esquadra portuguesa caísse em poder da França, como para propiciar à Inglaterra os recursos imensos de que seria capaz o mercado brasileiro".[54]

54 FREITAS, Caio de. *George Canning e o Brasil...*, p. 53.

A assimilação da ideia não se fez no vazio, pois como hipótese dormitava na memória dos portugueses de onde, por vezes, foi resgatada em momentos críticos, como o fez D. Rodrigo de Souza Coutinho que dividia com o Marquês de Alorna a mesma opinião, tendo já dirigido ao Regente uma memória neste sentido, sob o argumento de que o Brasil era a melhor parte do Reino, não valendo a pena, portanto, ficar com a pior. Em Londres, seu irmão Domingos compartilhara os argumentos a favor da transferência para o Brasil com Canning, reforçando a convicção mais cara ao Ministro, criando uma sinergia em torno da tese. Difícil seria escapar das circunstâncias e das maquinações que em torno dela se urdia.

De qualquer forma, delinear as relações a partir de um documento escrito, de acordos, convenções ou tratados, já era um avanço considerável. Fruto dos novos tempos ventilados pelo ideário esclarecido da Revolução Francesa, que colocara os direitos humanos na frente de batalha por uma sociedade menos violenta e mais civilizada. De fato, o tempo da espoliação sistemática das nações mais frágeis, do apossamento de territórios pela força das armas havia passado. Práticas consideradas naturais e morais nos quadros do imperialismo do mercantilismo, mas que, passo a passo, foram sendo abjuradas no espaço renovado pelo imperialismo que brotava com força telúrica do seio da Revolução Industrial, o imperialismo do comércio livre. Mais contido na sua forma, não menos eficiente nos resultados obtidos, o novo imperialismo foi submetido a uma prova de fogo nessa quadra da história dos continentes europeu e americano, pelos êxitos aí alcançados pela Grã-Bretanha sob a batuta segura de William Pitt e a agência esperta de George Canning, cujos planos prefiguram todo o cenário do desenrolar histórico por vir. Não se pode dizer que foram redigidos sem cólera ou imparcialidade, como desejaria Tácito, nem sob o primado da isenção ou da justiça, como recomendaria a ideal neutralidade histórica, equilíbrio impossível de ser alcançado num contexto crispado, em que vige a batalha pela vida ou morte de Homens e Impérios, quando inevitavelmente prevalecem as perspectivas ideologizadas entre todos os contendores, porque, se os escritos se converteram em armas de guerra historiográfica, cabe ao historiador escoimar as camadas de deposição retórica que o recobrem.

Os projetos em movimento: a Convenção Secreta de Londres

Os *Plano Sábio* e o *Plan to Open New Sources of Commerce* não foram meras elucubrações arquitetadas no vazio. Tiveram efeito prático. Orientaram, informaram, consubstanciaram-se concretamente na Convenção Secreta de Londres, um documento fundamental e, estranhamente, negligenciado na história do Brasil daquele momento capital, que marca a transição da colônia à Nação, razão pela qual o transcrevemos e analisamos em sua quase inteireza por ter funcionado como documento lastro das relações luso-britânicas. Significam, efetivamente, os planos em movimento.

Desde a assinatura inicial em 22 de outubro de 1807 até a sua substituição pelo Tratado de Comércio e Navegação, assinado em 18 de janeiro [Rio de Janeiro] e 26 de fevereiro [Londres], período no qual foram acrescentados a Ratificação de 8 de novembro de 1807 e os Artigos Adicionais de 14 de janeiro de 1809, um longo período de mais de dois anos, dadas as urgências do tempo. Um acordo, um pacto, porque não tinha duração definida e poderia ser denunciado a qualquer tempo por uma das partes e cessar sua validade,[55] cujas disposições, não obstante, tiveram força de lei, porque suas cláusulas, por força das circunstâncias, eram extremamente benéficas à Nação Britânica, a mais poderosa, que, portanto, não tinha interesse em denunciá-lo, evidenciando a relação assimétrica que se estabelecera entre os dois signatários, diploma cuja relevância teve em Caio de Freitas um dos raros historiadores a perceber devidamente a sua crucial importância.[56]

55 ROMEUF, Jean (Dir.). *Diccionário de Ciências Económicas.* Barcelona: Editorial Labor, 1966, p. 268.

56 FREITAS, Caio. *George Canning e o Brasil*, op. cit., 1958.

O *corpus* documental da Convenção Secreta de 1807

Entre o Príncipe Regente o Senhor D. João e Jorge III, Rei da Grã-Bretanha, sobre a transferência para o Brasil da sede da Monarquia Portuguesa e ocupação temporária da ilha da Madeira pelas tropas britânicas, assinada em Londres a 22 de outubro e ratificada por parte de Portugal em 8 de novembro e pela da Grã-Bretanha em 19 de dezembro.

Tendo Sua Alteza Real o Príncipe Regente de Portugal feito comunicar à Sua Majestade Britânica as dificuldades em que se acha em consequência das exigências injustas do Governo Francês e a sua determinação de transferir para o Brasil a sede e a fortuna da Monarquia Portuguesa, antes do que aceder à totalidade das ditas exigências e especialmente àquelas pelas quais o Governo Francês insiste na apreensão das pessoas dos súbditos de Sua Majestade Britânica residentes em Portugal e na confiscação de todas as propriedades inglesas que ali se acham, bem como na declaração de guerra por parte de Sua Alteza Real o Príncipe Regente contra a Grã-Bretanha; mas tendo-se Sua Alteza Real ao mesmo tempo proposto, a fim de evitar (sendo possível) a guerra com a França, a consentir em fechar os portos de Portugal à bandeira inglesa; e considerando que um tal acto de hostilidade da sua parte poderia justificar Sua Majestade Britânica e acaso induzi-la a usar de represálias, já pela ocupação militar da ilha da Madeira ou de outra qualquer colônia da coroa de Portugal, ou já forçando a entrada do porto de Lisboa, e empregando os mais eficazes meios de hostilidade contra a marinha militar e mercante de Portugal; considerando igualmente que a simples apreensão bem fundada da clausura dos portos de Portugal poderia trazer consigo a ocupação provisória das colônias portuguesas pelas armas de Sua Majestade Britânica e que um passo ou declaração hostil da parte da França contra Portugal não deixaria de produzir aquele mesmo efeito; e Sua Majestade Britânica, pela sua parte, fazendo justiça aos sentimentos de amizade e boa fé que têm caracterizado as últimas comunicações de Sua Alteza Real o Príncipe Regente, e estando determinado a auxiliar por todos os meios que se acham à sua disposição a nobre resolução, que Sua Alteza Real o Príncipe Regente acaba de anunciar, de transferir a sede da Monarquia Portuguesa para o Brasil antes do que subscrever às exigências da França em toda a sua extensão; e desejando igualmente, e no caso mesmo em que Sua Alteza Real consentisse em fechar os seus portos à

Grã-Bretanha (passo este que Sua Majestade Britânica veria com pesar e a que nunca poderia supor-se que dera o seu consentimento), conciliar quanto possível os sentimentos e interesses de um antigo e fiel aliado, e proceder para com Portugal com toda a moderação compatível com o que é devido à sua honra e aos interesses dos seus súbditos, e com o objecto essencial que não pode perder de vista, qual é o de impedir que nem as colônias nem a marinha militar e mercante de Portugal, no todo ou em parte, caiam nas mãos da França: as duas Altas Partes Contratantes determinaram em consequência tomar de um comum acordo as medidas e obrigações recíprocas que se julgarem mais convenientes para conciliar os seus interesses respectivos, e para prover em todo o caso à segurança da amizade e boa inteligência que têm subsistido há tantos séculos entre as duas coroas. E a fim de discutir estas medidas e de preencher este saudável fim, Sua Alteza Real o Príncipe Regente de Portugal nomeou por seu plenipotenciário ao Cavalheiro de Sousa Coutinho, do seu Conselho e seu enviado extraordinário e Ministro Plenipotenciário residente em Londres: e Sua Majestade El-Rei do Reino Unido da Grã-Bretanha e Irlanda nomeou por seu plenipotenciário ao muito honrado Jorge Canning, Conselheiro privado de Sua dita Majestade e seu principal Secretário de Estado na Repartição dos Negócios Estrangeiros; os quais, depois de se terem comunicado os seus respectivos plenos poderes, e achando-os em boa e devida forma, convieram nos artigos seguintes:

ARTIGO I

Até que haja a certeza de algum passo ou declaração hostil da França contra Portugal ou que Portugal, a fim de evitar a guerra com a França, consinta em cometer de alguma sorte um acto de hostilidade contra a Grã-Bretanha, fechando os seus portos à bandeira inglesa, nenhuma expedição será feita pelo Governo Britânico contra a ilha da Madeira nem contra qualquer possessão portuguesa, e, quando uma semelhante expedição se julgar necessária, será a mesma notificada ao Ministro de Sua Alteza Real o Príncipe Regente residente em Londres e com ele concertada.

Pelo seu lado, Sua Alteza Real o Príncipe Regente obriga-se de ora em diante a não permitir a remessa de reforço algum de tropas (excepto de inteligência e acordo com Sua Majestade Britânica) para o Brasil e para a ilha da Madeira, nem de para ali mandar nem ali permitir a assistência de nenhum oficial francês, seja no serviço da França, seja no serviço de Portugal.

Outrossim se obriga a transmitir sem demora ao governo da ilha da Madeira ordens secretas eventuais para que não faça resistência a uma expedição inglesa cujo comandante lhe anunciar, debaixo de sua palavra de honra, que a dita expedição tenha sido preparada de inteligência e acordo com Sua Alteza Real o Príncipe Regente.

ARTIGO II

No caso em que Sua Alteza Real o Príncipe Regente se visse obrigado a levar a pleno e inteiro efeito a sua magnânima resolução de passar ao Brasil, ou se, mesmo sem ser a isso forçado pelos procedimentos dos franceses dirigidos contra Portugal, Sua Alteza Real se decidisse a empreender a viagem do Brasil ou a mandar para ali um Príncipe de sua família, estará pronto Sua Majestade Britânica a ajudá-lo nesta empresa, a proteger o embarque da Família Real e a escoltá-los à América. Para este fim obriga-se Sua Majestade Britânica a mandar aprestar imediatamente nos portos de Inglaterra uma esquadra de seis naus de linha, a qual partirá logo para as costas de Portugal, e de ter neles igualmente, pronto a embarcar-se, um exército de cinco mil homens, que partirá para Portugal ao primeiro pedido do Governo Português.

Uma parte deste exército ficará de guarnição na ilha da Madeira, mas não entrará ali senão depois que Sua Alteza Real tiver tocado na mesma ou passado a ilha indo para o Brasil.

ARTIGO III

Mas, no caso infeliz em que o Príncipe Regente, a fim de evitar a guerra com a França, se visse obrigado a fechar os portos de Portugal às embarcações inglesas, o Príncipe Regente consente que as tropas inglesas sejam admitidas na ilha da Madeira, imediatamente depois da troca das ratificações desta convenção, declarando o comandante da expedição inglesa ao Governo Português que a ilha será guardada em depósito para Sua Alteza Real o Príncipe Regente até a conclusão da paz definitiva entre a Grã-Bretanha e a França.

As instruções que se derem ao dito comandante inglês para o governo da ilha durante a sua ocupação pelas armas de Sua Majestade Britânica serão concertadas com o Ministro de Sua Alteza Real o Príncipe Regente residente em Londres.

ARTIGO IV

Sua Alteza Real o Príncipe Regente promete de jamais ceder em caso algum, seja no todo seja em parte, a sua marinha militar ou mercante ou de as reunir às da França ou de Espanha ou de outra qualquer potência.

Obriga-se outrossim, no caso de passar para o Brasil, a levar consigo a sua marinha militar e mercante, seja perfeita ou incompletamente aparelhada, ou, não podendo executar-se isto, de transferir como depósito para a Grã-Bretanha aquela parte que não puder levar imediatamente consigo; e Sua Alteza Real ajustará depois com Sua Majestade Britânica os meios de mandar ir estas mesmas embarcações para o Brasil com toda a segurança.

ARTIGO V

No caso da clausura dos portos de Portugal, obriga-se Sua Alteza Real a mandar sair incessantemente para o Brasil metade da sua marinha de guerra e a conservar a outra metade em número pouco mais ou menos de cinco ou seis naus de linha e de oito ou dez fragatas, em meio armamento (pelo menos), no porto de Lisboa, de sorte que, à primeira indicação de uma intenção hostil da parte dos franceses ou dos espanhóis, aquela força naval possa reunir-se à esquadra britânica destinada a este serviço e servir ao transporte de Sua Alteza Real e da Família Real para o Brasil. Com o fim de melhor assegurar o bom êxito deste acordo, obriga-se o Príncipe Regente a dar o comando da sua esquadra no porto de Lisboa, bem como o comando da que enviar para o Brasil, a oficiais cujos princípios políticos sejam aprovados pela Grã-Bretanha.

As duas Altas Partes Contratantes convieram em autorizar os comandantes português e inglês, nas respectivas estações de Lisboa por um lado e das costas de Portugal pelo outro, a corresponderem-se secretamente sobre tudo que possa ter relação com a reunião eventual das esquadras inglesa e portuguesa.

Quanto à metade da marinha militar que possa ser enviada para o Brasil, será a mesma ali desarmada à sua chegada, a não ser que os dois Governos determinem outra coisa.

ARTIGO VI

Uma vez que se ache estabelecida a sede da Monarquia Portuguesa no Brasil, obriga-se Sua Majestade Britânica, em seu nome e no de seus sucessores, a não reconhecer jamais como Rei de Portugal Príncipe algum que não seja o herdeiro e representante legítimo da Família Real de Bragança; e mesmo a renovar e manter com a regência que Sua Alteza Real puder deixar estabelecida em Portugal, antes de partir para o Brasil, as relações de amizade que têm há tanto tempo ligado as duas coroas de Portugal e da Grã-Bretanha.

ARTIGO VII

Quando o Governo Português estiver estabelecido no Brasil proceder-se-á à negociação de um tratado de auxílio e de comércio entre o Governo Português e a Grã-Bretanha.

ARTIGO VIII

Esta convenção será tida secreta para o presente e não se publicará sem o consentimento das duas Altas Partes Contratantes.

ARTIGO IX

Será ratificada de uma e outra parte, e as ratificações trocadas em Londres no prazo de seis semanas, ou antes, se puder ser, a contar do dia da assinatura.

Em fé do que, nós abaixo assinados, plenipotenciários de Sua Alteza Real o Príncipe Regente de Portugal e de Sua Majestade Britânica, em virtude de nossos respectivos plenos poderes, assinamos a presente convenção e lhe pusemos o sinete de nossas armas.

Feita em Londres, a 22 de outubro de 1807.
O Cavalheiro de Sousa Coutinho. George Canning.

DECLARAÇÃO

O abaixo assinado, Principal Secretário de Estado dos Negócios Estrangeiros de Sua Majestade Britânica, consentindo em subscrever ao artigo 11 desta convenção, recebeu as ordens de El-Rei para declarar que a execução daquela parte do dito artigo pela qual se estipula o mandar-se uma esquadra e tropas de Sua Majestade para o Tejo, a fim de proteger o embarque da Família Real de Portugal, depende da segurança, que será dada, de que os fortes sobre o Tejo, a saber: os fortes de S. Julião e do Bugio, serão previamente entregues ao comandante das tropas britânicas, bem como o forte de Cascais, se o embarque tiver lugar daquele sítio, ou então do de Peniche, no caso de que a Família Real se tenha retirado àquela península; e ficarão em poder do dito comandante até que o objecto para o qual as tropas são mandadas estiver preenchido ou que Sua Alteza Real tiver determinado a quem as tropas inglesas devem restituí-los.

O Cavalheiro de Sousa Coutinho, plenipotenciário de Sua Alteza Real o Príncipe Regente de Portugal, não se achando autorizado, pelas instruções de que actualmente está munido, a contratar obrigação alguma a tal respeito, o abaixo assinado recebeu ordem de acompanhar o tratado com esta declaração explicativa e de pedir que a segurança acima mencionada seja enviada com a ratificação do Príncipe Regente.

Feita em Londres, a 22 de outubro de 1807.
George Canning.

ARTIGOS ADICIONAIS

ARTIGO I

No caso da clausura dos portos de Portugal à bandeira inglesa será estabelecido um porto na ilha de Santa Catarina ou em qualquer outro lugar da costa do Brasil, aonde todas as mercadorias inglesas, que ao presente são admitidas em Portugal, serão importadas livremente em embarcações inglesas, pagando os mesmos direitos que se pagam actualmente pelos mesmos artigos nos portos de Portugal, e este arranjamento durará até novo acordo.

Este artigo adicional terá a mesma força e valor como se fora inserto palavra por palavra na convenção assinada hoje e será ratificado ao mesmo tempo.

Em fé do que nós, abaixo assinados, plenipotenciários de Sua Alteza Real o Príncipe Regente de Portugal e de Sua Majestade Britânica, em virtude de nossos respectivos plenos poderes, assinamos o presente artigo adicional e lhe pusemos o sinete das mossas armas.

Feito em Londres, a 22 de outubro de 1807. O Cavalheiro de Sousa Coutinho (assino sub spe rati, declarando que não tenho instruções a tal respeito, e contanto que Sua Alteza Real, tornando a abrir os portos de Portugal, possa reconsiderar ou alterar este artigo)
George Canning.

ARTIGO II

Fica plenamente entendido e ajustado que desde o momento em que os portos de Portugal forem fechados à bandeira inglesa, e por todo o tempo que assim continuem, os tratados existentes entre a Grã-Bretanha e Portugal devem considerar-se como suspensos, pois que concedem à bandeira portuguesa privilégios e isenções de que as outras nações neutrais não gozam e que, segundo o direito das gentes, não pertencem ao estado de simples neutralidade.

Este artigo adicional terá a mesma força e valor como se fora inserto palavra por palavra na convenção assinada hoje e será ratificado no mesmo tempo.

Em fé do que nós, abaixo assinados, plenipotenciários de Sua Alteza Real o Príncipe Regente de Portugal e de Sua Majestade Britânica, em virtude de nossos plenos poderes respectivos, assinamos o presente artigo adicional e lhe pusemos o sinete de nossas armas.

Feito em Londres, a 22 de outubro de 1807. O Cavalheiro de Sousa Coutinho (assino sub spe rati, declarando que não tenho instruções a tal respeito, e contanto que o efeito desta suspensão não seja retroactivo e não cause a perda das propriedades portuguesas confiadas à fé dos tratados existentes). George Canning.

Ratificação à Convenção Secreta de 1807

Do Príncipe Regente o Senhor D. João, dada a 8 de Novembro.

D. João, por Graça de Deus, Príncipe Regente de Portugal e dos Algarves, daquém e dalém mar, em África, da Guiné e da Conquista, Navegação e Comércio da Etiópia, Arábia, Pérsia e da Índia, etc. Faço saber a todos os que a presente carta de confirmação, aprovação e ratificação virem que em 22 de Outubro do corrente ano se concluiu e assinou na cidade de Londres uma convenção entre mim e o sereníssimo e potentíssimo Príncipe Jorge III, Rei do Reino Unido da Grã-Bretanha e da Irlanda, meu bom irmão e primo, com o fim de conservar intacta à Monarquia Portuguesa a ilha da Madeira e as mais possessões ultramarinas, sendo Plenipotenciários para esse efeito da minha parte D. Domingos Antônio de Sousa Coutinho, do meu Conselho, Fidalgo da minha Casa e meu Enviado Extraordinário e Ministro Plenipotenciário naquela Corte, e da parte de Sua Majestade Britânica o muito honrado Jorge

Canning, Conselheiro Privado de Sua dita Majestade e seu Principal Secretário de Estado dos Negócios Estrangeiros, da qual convenção o teor é o seguinte:

(Segue-se a convenção).

E sendo-me presente a mesma convenção, cujo teor acima fica inserto, e bem visto, considerado e examinado por mim o que nela se contém, a aprovo, ratifico e confirmo, assim no todo como em cada uma das suas cláusulas e estipulações, exceptuando algumas expressões do preâmbulo, o § i.° do artigo iv, o § i.° do artigo v. a declaração ao artigo v, que se ratifica com restrição, e o artigo 1 adicional, pelas razões indicadas nas observações que a esta convenção vão juntas, assinadas pelo meu Ministro c Secretário de Estado dos Negócios Estrangeiros e da Guerra: prometendo em fé e palavra real observá-la e cumpri-la inviolavelmente e fazê-la cumprir e observar sem permitir que se faça coisa alguma em contrário, por qualquer modo que possa ser. E em testemunho e firmeza do sobredito fiz passar a presente carta, por mim assinada, selada com o selo grande das minhas armas e referendada pelo dito meu Ministro e Secretário de Estado dos Negócios Estrangeiros e da Guerra, abaixo assinado.

Dada no Palácio de Nossa Senhora da Ajuda,
a 8 de Novembro de 1807. O Príncipe com guarda
Antônio de Araújo de Azevedo.

Observações a que se refere a ratificação supra:

O preâmbulo da convenção de 22 de Outubro de 1807 principia por uma suposição, qual é a que se acha nas seguintes palavras «ayant fait communiquer à Sa Majesté Britannique sa détennination de Transférer au Brésil le siege et la fortune de la Monarchie Portugaise, plutôt que d'accéder à la totalité de ces demandes»; Sua Alteza Real sim prometeu sempre à Sua Majestade Britânica, já diretamente, já por meio dos respectivos Ministros, não aceder à proposição da apreensão das pessoas e confiscação de bens; mas nunca disse que antes queria transferir para o Brasil o assento da Monarquia Portuguesa do que aceder a todas as proposições.

Os lugares em que se acha feita e repelida esta promessa são os que se seguem:

Um ofício para o Ministro de Sua Alteza Real em Londres de 12 de Agosto de 1807. Disse nele:

Ordena-me Sua Alteza Real que expresse a V. S.ª a sua firme resolução de não assentir jamais à confiscação dos bens dos vassalos ingleses; isto deve V. S.a segurar ao Ministério Britânico, mas Sua Alteza Real espera, em reciprocidade desta tão justa como decorosa acção, que esse Governo não dê ordens aos seus comandantes das forças marítimas para fazer hostilidades sobre navios portugueses. Qualquer procedimento desta natureza serviría para que a França e a Espanha clamassem altamente contra a nossa renitência sobre a sua proposição.

Outro ofício de 20 de Agosto para o mesmo Ministro:

Os bens ingleses não hão-de ter perigo algum, e quando seja preciso comboiá-los ou transportá-los, não se faz necessária uma esquadra ou divisão de esquadra para esse fim; um ou dois navios de guerra fora ou dentro do Tejo parece ser quanto basta; mas torno a segurar à V. S.a que Sua Alteza Real está determinado mais depressa a perder o seu supremo domínio neste País do que a sacrificar os sujeitos britânicos e os seus cabedais.

No mesmo ofício se acrescenta:

Por esta mesma razão reservo escrever a V. S.a em outra ocasião, para V. S.a tratar nessa Corte sobre o modo com que ela poderá contribuir para a segurança da Família Real, protegendo com as suas forças navais a sua retirada. No caso que as circunstâncias obriguem a esta mesma resolução, tomarei as ordens de Sua Alteza Real a respeito deste triste e importante negócio, que interessa tanto os nossos corações, pois que só por este modo poderá salvar uma parte da Monarquia Portuguesa e transmiti-la aos seus descendentes.

Finalmente em outro ofício para o dito Ministro, de 7 de setembro, disse:

Devo participar a V. S.a, para que o comunique verbal e confidencialmente a esse Ministério, que Sua Alteza Real tomou a resolução de mandar aprontar a sua marinha para o caso de ser urgente a sua retirada e da Real Família. Dois acontecimentos podem obrigar a esta resolução: o primeiro a determinação de uma conquista; e o segundo a pretensão de introduzir tropas no País para guarnecer as costas, debaixo do pretexto de amizade, o que seria para a Monarquia mais perigoso do que a conquista.

Em outro oficio de 23 de setembro se confirma esta mesma nos seguintes termos:

Sua Alteza Real está firme em não assentir à proposição a respeito da apreensão de pessoas e confiscação de bens;

e outrossim se acrescenta:

Contudo não é justo precipitar-se esta partida da Família Real para os Estados do Brasil, porque Sua Alteza Real não deve mostrar que abandona sem justa causa os seus vassalos na Europa.

Sua Alteza Real, escrevendo directamente à Sua Majestade Britânica, lhe deu seguranças análogas ao que ordenou ao seu Ministro cm Londres, para ser participado ao Governo Britânico.

Ultimamente, na nota dirigida a Lord Strangford, em 17 de Outubro, se diz o seguinte:

Sua Alteza Real, não havendo assentido à totalidade das proposições de parte das duas potências aliadas, de que resultou o retirarem se desta Corte os seus agentes, tem a íntima satisfação de que, não obstante o perigo a que se expôs, os súbditos de Sua Majestade Britânica ficarão ilesos na sua liberdade pessoal e nas suas propriedades.

Sua Alteza Real cumpriu quanto lhe foi possível a sua palavra, dando todo o tempo para os súbditos ingleses se retirarem e exportarem os seus efeitos com isenção completa de direitos; agora porém, instando a França pela execução da sua proposição a este respeito, com ameaças e com a marcha do exército de Bayona para o interior da Espanha, foi Sua Alteza Real obrigado, bem que muito a seu pesar, a fazer a demonstração exigida, a fim de ver se ainda por este modo evita o ataque de Portugal; e Sua Majestade Britânica pode estar certa de que os súbditos britânicos experimentarão nas suas pessoas, e em algum resto dos seus bens, os efeitos possíveis da sua Real protecção.

(Os que ficaram em Portugal são aqueles que por sua livre vontade, e apesar das reiteradas instâncias dos agentes de Sua Majestade Britânica, preferiram não deixar os seus estabelecimentos).

Em nenhum dos lugares acima citados se diz que Sua Alteza Real preferiria transferir-se para o Brasil, ao aceder à proposição feita pela França; mas antes positivamente se afirma e repete que só em última extremidade é que tomaria o partido de abandonar este Reino.

Tão-pouco considerou jamais Sua Alteza Real que a clausura dos portos pudesse justificar Sua Majestade Britânica a excitá-la a usar de represália, ocupando a ilha da Madeira ou qualquer outra colônia portuguesa. Sua Alteza Real, em todas as ocasiões desta negociação, mostrou sempre estar persuadido de que sua Majestade Britânica reconheceria de que só circunstâncias mui imperiosas e irresistíveis e que poderiam obrigá-lo à clausura dos portos aos navios ingleses; e o exemplo de 1801, em que a Grã-Bretanha assentiu a um igual passo, tranquilizava a Sua Alteza Real, assim como o reconhecido carácter de justiça e moderação de Sua Majestade Britânica, e não menos o comum interesse de ambas as Monarquias: como pois podem ter lugar os termos do preâmbulo "et considèrant qu'un tel acte d'hostilité" até às palavras "ne pouvait manquer ce même effet" e como podem ter lugar os termos "demande à laquelle Sa Majesté Britannique ne pourrait jamais être censée avoir donné son consentement?" Quando ainda que Sua Majestade Britânica não expresse este consentimento, ele se devia presumir tacitamente dado, pois que a presente convenção deve ser fundada neste motivo! É pois evidente que estas expressões do preâmbulo não podem servir de base à convenção, que tem por objecto conservar intacta à Monarquia Portuguesa a ilha da Madeira e as mais possessões ultramarinas.

ARTIGO I. — Este artigo não é concebido conforme as instruções dadas ao Ministro de Sua Alteza Real em Londres. Nelas se declara que, enquanto não houvesse certeza de passo algum ou declaração hostil da França contra Portugal, não poderia o Governo Britânico intentar expedição alguma contra a Madeira ou qualquer outra possessão portuguesa; e do artigo estipulado entende-se que terá lugar esta expedição logo que Portugal cometer de qualquer modo um acto de hostilidade contra a Grã-Bretanha, fechando os seus portos à bandeira inglesa. O grande perigo a que esta ocupação da Madeira arriscaria Portugal se acha claramente exposto nas instruções sobre o artigo III, e por isso aqui se não repete.

Contudo, no momento presente, não por hostilidades da parte de Portugal, mas pela marcha das tropas francesas e espanholas que se aproximam às fronteiras, pode a Inglaterra pôr em prática o que se estipula no dito artigo I, sem ser preciso participá-lo ao Ministro de Sua Alteza Real em Londres, que dali se deve retirar.

O último parágrafo deste artigo que principia "Il s'engag" até ao fim está muito bem concebido e se aprova, mas é preciso que o comandante inglês guarde sobre ele o mais inviolável segredo.

ARTIGO II. —É aprovado.

ARTIGO III. —Este artigo fica aprovado, em consequência do que se disse no fim das observações sobre o artigo I; refletindo somente que não é justo alegar para isto a clausura dos portos, mas o que estava apontado no projecto da convenção, como já acima se disse.

ARTIGO IV. — O primeiro parágrafo deste artigo, que diz respeito a obrigar-se Sua Alteza Real a não ceder em caso algum a marinha de guerra ou mercante, nem tão-pouco a reuni-la às de França ou de Espanha, não se pode estipular; e a este respeito repito as instruções que foram dadas (artigo V).

E do interesse de Sua Alteza Real que em nenhum caso a marinha portuguesa de guerra e mercante passe a poder dos franceses, e cuidará muito em fazer partir a marinha real para o Brasil, impedindo, quanto lhe seja possível, a sua reunião à de França ou Espanha. Tanto a marinha real como a mercante se retirará quando Sua Alteza Real for obrigado a sair de Portugal. Neste sentido pode V. S.ª traçar este artigo. No caso, porém de se achar alguma parte da marinha real neste porto, a Inglaterra pode impedir a sua saída por meio de forças de observação.

Sua Alteza Real, ainda que persista nestas mesmas intenções, não deve estipular uma cláusula a que pode ser forçado a faltar para o futuro, ao menos por uma promessa, porque não haveria outro meio de fazer cessar instâncias apoiadas pela força. A Inglaterra tem meios de evitar o efeito desta violenta condescendência.

O parágrafo deste mesmo artigo que principia "Il s'engage en outre" até ao fim é aprovado, pois que esta é a intenção de Sua Alteza Real.

ARTIGO V.

O primeiro parágrafo deste artigo não pode ser tratado pela razão de ser preciso que toda a marinha portuguesa esteja sempre à disposição de Sua Alteza Real, para a contingência de ser necessário transportar para o Brasil os, efeitos preciosos, assim como as pessoas e bens dos que o seguirem.

Esta foi a razão, assim como a falta que houve subitamente de marinheiros, por causa dos comboios, que obrigou Sua Alteza Real a desistir da partida do Príncipe da Beira para o Brasil, e a reservá-la para quando toda a Real Família se ausentasse, e para este fim têm sempre continuado os preparos da marinha.

A pretendida aprovação, da parte do Governo Britânico, dos oficiais que houverem de comandar a esquadra no porto de Lisboa, assim como a que for para o Brasil, é indecorosa, e mesmo de alguma sorte é impraticável, porque só à Sua Alteza Real compete esta aprovação; e quando Sua Majestade Britânica tivesse que opor aos princípios políticos de tais oficiais, Sua Alteza Real nenhuma dúvida teria em removê-los destes destinos e empregar outros em seu lugar, posto que não tem suspeita alguma contra os oficiais da sua marinha que o faça vacilar sobre a escolha.

O parágrafo que principia "Les deux hautes parties contractantes sont convenues" até "des escadres anglaise et portugaise" é aprovado.

O parágrafo que principia "Quant à la moitié de la marine militaire" até "par les deux Gouvernements" fica sendo inútil, visto que Sua Alteza Real a reserva em totalidade para se retirar, quando as circunstâncias o exijam.

ARTIGO VI. — Este artigo é aprovado.

ARTIGOS VII, VIII e IX. —Estes artigos são aprovados.

Declaração assinada por S. Ex. George Canning

ARTIGO II (da convenção)

Sua Alteza Real não tem dúvida em dar ordem para que as fortificações de qualquer porto donde saia sejam entregues ao comandante britânico; mas isto só deve ser no momento da sua saída, porque antecedentemente a ela seria isso indecoroso à Sua Alteza Real, e por isso é ratificada com esta restrição.

ARTIGO I (adicional)

Sua Alteza Real tinha concebido o projecto de estabelecer na ilha de Santa Catarina um porto para o comércio do Brasil, quando intentou mandar para aquela colônia seu filho primogênito, o Príncipe da Beira; mas como não se efetuou a sua partida, não se pode por ora estabelecer um plano de comércio, instituindo uma alfândega geral para esse fim. Se acaso Sua Alteza Real partir com toda a Real Família, fica tirada toda a dúvida; quando não será preciso convir com a Inglaterra de algum meio (o que é possível) de dirigir o comércio, que o mesmo Senhor quer favorecer, tanto para comprazer com Sua Majestade Britânica como porque as manufacturas inglesas permitidas são de primeira necessidade para os habitantes daquela colônia.

Mas no momento actual o estabelecimento na ilha de Santa Catarina faria irritar as duas potências aliadas do continente, o que Sua Alteza Real quer por último remédio evitar.

Resta pois a convir com a Inglaterra em um meio mais disfarçado para se fazer este comércio, para o que se tratará com o Governo Britânico quando ele queira; e esta é a razão de não ser ratificado este artigo.

Para a execução de qualquer plano a este respeito é preciso termos a certeza de haver comunicações com o Brasil, a fim dê se poderem dar ordens competentes aos governadores, porque presentemente não existe comunicação com aquele continente, estando o comércio na maior incerteza.

Necessita-se também de estipular a segurança de navios que forem avulsos e a concessão para se cruzar contra os argelinos para a protecção deste comércio, como já foi ordenado ao Ministro de Sua Alteza Real em Londres, que o requereu.

ARTIGO II (adicional). —É aprovado.

Palácio de Nossa Senhora da Ajuda, 8 de novembro de 1807.
Em conformidade do original. Araújo.

II- Artigos adicionais à Convenção Secreta de 1807

Tocantes aos arranjamentos definitivos para o governo da ilha da Madeira enquanto ali residissem as tropas britânicas, assinados em Londres a 16 de

Março de 1 808 e ratificados por parte de Portugal em 5 de Setembro do dito ano e pela da Grã-Bretanha em 14 de Janeiro de 1809.

Como se tornou necessário fazer-se novos e definitivos arranjamentos de acordo com o Ministro de Sua Alteza Real o Príncipe Regente de Portugal para o governo da ilha da Madeira durante o tempo que as tropas de Sua Majestade Britânica ali permanecerem, os abaixo assinados, plenipotenciários de Sua Alteza Real o Príncipe Regente de Portugal e de Sua Majestade Britânica, tendo-se novamente comunicado os plenos poderes em virtude dos quais concluíram e assinaram a convenção de 22 de Outubro de 1807, convieram nos seguintes artigos, a saber:

ARTIGO I

As duas Altas Partes Contratantes convêm em declarar, de um comum acordo, a capitulação assinada a 26 de Dezembro de 1807 pelo governador português, o Sr. Pedro Fagundes Bacelar Dantas e Meneses, de uma parte, e o almirante Sir Samuel Hood, e bem assim o general Beresford, da outra, nula e de nenhum efeito, e se for necessário aqui a revogam e anulam no todo e em todas as suas partes. E Sua Majestade Britânica, em seu nome e de seus sucessores, promete de nunca fundar direito algum ou formar qualquer pretensão derivada da sobredita capitulação e a cargo de Sua Alteza Real o Príncipe Regente de Portugal e de seus sucessores.

ARTIGO II

Expedir-se-ão ordens sem demora ao actual comandante das tropas britânicas na ilha da Madeira a fim de que ele entregue ao governador português, o Sr. Pedro Fagundes Bacelar Dantas e Meneses, o governo da ilha, com as formalidades do costume; logo o estandarte de Sua Alteza Real ou a bandeira portuguesa se tornará a colocar em todos os fortes e baterias da ilha.

ARTIGO III

O comandante militar inglês da ilha será reconhecido desde agora pelo governador português como se tivesse recebido de Sua Alteza Real o Príncipe Regente o comando das tropas portuguesas e, nesta qualidade, reunirá o comando absoluto das tropas das duas nações, de sorte que todos os oficiais e soldados, de qualquer graduação que sejam, serão inteiramente sujeitos às suas ordens e não existirá força alguma militar na ilha que seja independente da sua autoridade; porém, não se ingerirá de modo algum na administração civil, nem das alfândegas, nem das rendas públicas, nem da sua cobrança e aplicação, não publicará em seu nome proclamação ou ordem alguma dirigida às autoridades civis nem aos habitantes da ilha, entendendo-se sempre que o governador português será obrigado a ordenar sem demora, por uma proclamação em nome de Sua Alteza Real o Príncipe Regente, qualquer medida militar que o comandante das tropas das duas nações lhe representar como indispensável para a defesa militar da ilha, tal como a reunião das milícias (sendo necessário), feita de um modo conforme aos regulamentos publicados por ordem de Sua Alteza Real o Príncipe Regente, e sem a tal respeito inovar coisa alguma, e que, no caso de dúvida entre as duas autoridades, o governador português se conformará provisoriamente com o pedido do sobredito comandante militar e dará a sua parte ao Ministro de Sua Alteza Real o Príncipe Regente em Londres, o qual se concertará para este efeito com os Ministros de Sua Majestade Britânica, e ordens recíprocas serão reexpedidas de Londres para terminar a diferença.

ARTIGO IV

O sustento das tropas inglesas estará inteiramente a cargo do Governo de Sua Majestade Britânica, excepto o aquartelamento, que lhe será designado, como o é actualmente, à custa do Governo Português. O governador português será obrigado a fazer com que o sobredito comandante militar tenha as provisões e gêneros necessários pelos preços correntes na ilha.

ARTIGO V

Ao comandante militar não será permitido fazer requisições de víveres; mas o governador português será obrigado a dar-lhe, livre dos direitos de entrada na alfândega, segundo a relação assinada pelo comandante militar, as quantidades e artigos seguintes que forem necessários para o alimento das tropas, a saber: farinha de toda a espécie, porco, toucinho, carne fresca e salgada e manteiga, e em geral tudo o que for necessário para o provimento das tropas; bem entendido que essa franquia não se estenderá aos outros habitantes da ilha, quer nacionais, quer ingleses, sem uma expressa e nova ordem de Sua Alteza Real o Príncipe Regente.

ARTIGO VI

Este arranjamento subsistirá até à conclusão da paz definitiva entre a Grã-Bretanha e a França.

ARTIGO VII

Conveio-se em que estes artigos terão a mesma força como se tivessem sido insertos na convenção secreta concluída e assinada em Londres a 22 de Outubro de 1807 e serão considerados como fazendo parte da mesma.

ARTIGO VIII

Estes artigos serão ratificados por Sua Alteza Real o Príncipe Regente de Portugal e Sua Majestade Britânica no espaço de seis meses, ou antes se se puder fazer.

Em fé do que, nós abaixo assinados, plenipotenciários de Sua Alteza Real o Príncipe Regente de Portugal e de Sua Majestade Britânica, em virtude de nossos plenos poderes respectivos, assinamos os presentes artigos e lhes pusemos o sinete de nossas armas.

Feito em Londres, a 16 de março de 1808.
O Cavalheiro de Sousa Coutinho. George Canning.

Artigos secretos

ARTIGO I

Serão expedidas ordens ao comandante actual das tropas britânicas na ilha da Madeira, a fim de que ele se concerte com o governador português, o Sr. Pedro Fagundes Bacelar Dantas e Meneses, sobre os termos e teor da proclamação que se publicar, na qual o comandante actual das tropas britânicas revogue a proclamação de 31 de Dezembro e declare que Sua Majestade Britânica desliga os habitantes da ilha da Madeira, individualmente e em massa, do juramento de fidelidade à Grã-Bretanha (oath of allegiance) que se exigiu deles. Recomendar-se-á expressamente ao governador português, o Sr. Pedro Fagundes Bacelar Dantas e Meneses, que tome todas as medidas de prevenção a fim de que esta nova proclamação não excite efervescência alguma nos habitantes, nem animosidade recíproca entre os súbditos das duas Nações.

ARTIGO II

O palácio do governo será restituído ao governador português tal qual o habitava antes de ser do mesmo desapossado. Todos os corpos administrativos ou indivíduos (portugueses e funcionários públicos) entrarão na posse das casas e efeitos de que puderem ter sido desapossados, salvo os conventos destinados ao aquartelamento das tropas, de que acima se fez menção, e bem entendido que o comandante militar será hospedado de um modo conveniente à sua categoria.

ARTIGO III

Se algum oficial britânico se tiver apresentado diante das ilhas dos Açores ou de Cabo Verde c intimado uma ou mais daquelas ilhas para se entregar e obrigado a capitular, o oficial britânico será retratado, as tropas inglesas se retirarão à Madeira e a capitulação será considerada de nenhum valor; mas qualquer disposição tomada pelo governador e capitão general das ilhas dos Açores ou pelo governador das ilhas de Cabo Verde, e qualquer acordo feito pelos mesmos governadores com oficiais britânicos relativamente ao comércio das mesmas ilhas antes da data deste dia serão observados religiosamente de uma e outra parte, até que a vontade de Sua Alteza Real o Príncipe Regente seja conhecida; bem entendido quc cstc acordo não prejudique no futuro de modo algum os direitos respectivos das duas partes contratantes e que não contenha alguma cláusula que derrogue a soberania de Sua Alteza Real nas ilhas acima ditas.

Estes artigos secretos terão a mesma força e valor que se fossem insertos entre os outros artigos assinados hoje e serão ao mesmo tempo ratificados.

Em fé do que nós, abaixo assinados, plenipotenciários de Sua Alteza Real o Príncipe Regente de Portugal e de Sua Majestade Britânica, em virtude de nossos plenos poderes respectivos, assinamos os presentes artigos secretos e lhes pusemos o sinete de nossas armas.

Feito em Londres, a 16 de maio de 1808.
O Cavalheiro de Sousa Coutinho. George Canning.

Retenções fundamentais

1) A transferência da Corte e a imediata abertura dos portos brasileiros têm na ação britânica sua motivação estrutural.

2) Para inverter a Balança Comercial, que se tornara favorável aos portugueses, os ingleses precisavam se conectar diretamente com o Brasil, a razão principal de suas perdas.

3) O bloqueio dos mercados continentais agravou a situação da indústria britânica, exigindo a busca de mercados alternativos para escoamento da produção.

4) George Canning projetou a ocupação dos Impérios luso-hispânicos na América do Sul por uma expedição de 22 mil homens, iniciando-se pela tomada do Rio de Janeiro por 10 mil soldados, um segredo só recentemente revelado.

5) A transferência do Trono – a consequente abertura dos portos e os Tratados de 1810 – foi prevista no *Plano Sábio* e no *Plan to Open* e estabelecida na Convenção Secreta de Londres, de 22 de outubro de 1807.

6) A Convenção formula o roteiro da trajetória luso-brasileira nos anos porvir, o enredo prévio de uma história a se consumar, expressão candente de transtemporalidade.

7) As ações francesas, diplomáticas ou militares, tiveram um papel conjuntural no desencadear dos acontecimentos; facilitador do projeto urdido pelos ingleses.

8) O Imperador Bonaparte enterrou seu projeto de conquistar o mar pelo poderio da terra ao decretar a invasão de Portugal.

9) O domínio dos mares pela frota britânica foi decisivo para que o projeto de hegemonia mundial, traçado por seus líderes, viesse a se consumar.

10) A aparente dubiedade do Príncipe Regente era a postura certa, a fidelidade ao seu sistema de neutralidade, condição única para garantir a sobrevivência do Reino, racionalidade banhada em afetividade.

11) Os portos brasileiros foram abertos formalmente em 1808 porque, de fato, estavam abertos desde 1800 pela violenta ação do contrabando britânico.

12) A oferta do algodão em rama, o consumo de manufaturados têxteis foram duas condições estratégicas ofertadas pela colônia brasileira para viabilizar o arranque da indústria britânica num momento crucial, o do bloqueio continental.

13) Ao transformar o Brasil em fornecedor de algodão e consumidor de têxteis industrializados, a Grã-Bretanha reestabeleceu na América uma relação de tipo colonial, enquadrada nos regramentos do imperialismo do comércio livre.

14) A quebra do monopólio, a perda de exclusividade do mercado brasileiro, bloquearam as manufaturas portuguesas pela perda de um mercado fornecedor e consumidor cativo.

15) A abertura dos portos brasileiros, a interrupção abrupta do fluxo de algodão em rama para a França, asfixiou suas indústrias têxteis gerando desemprego e crise social, exatamente o que Bonaparte pretendera promover na Inglaterra com o decreto do Bloqueio Continental.

16) A abertura dos portos brasileiros significa, portanto, o primeiro passo da Grã-Bretanha na escalada rumo ao sonhado projeto de domínio mundial, via imperialismo do comércio livre.

Documentos complementares

1. O Bloqueio Continental decretado por Napoleão em 21 de novembro de 1806

Considerando que a Inglaterra não reconhecia nos mares os princípios de direito adotados por todos os povos civilizados, e pretendia aniquilar o comércio, a indústria e a navegação de todos os países, aplicando aos navios, aos marinheiros e às mercadorias de pacíficos negociantes as normas do direito de guerra, como se se tratasse de inimigos armados, abusando do direito de bloqueio contra as costas, os portos e as cidades abertas situadas na embocadura dos rios, o Imperador declarava pretender usar das mesmas armas contra a Inglaterra, enquanto esta não reconhecesse que o direito de guerra no mar é o mesmo que em terra e não poder, portanto, estender-se à propriedade privada, seja de que natureza for, nem às pessoas não combatentes, e que o direito de bloqueio deve limitar-se às praças de guerra. Consequentemente, o Imperador ordenava:

1) As Ilhas Britânicas são consideradas em estado de bloqueio;

2) Todo o comércio e correspondência epistolar com as Ilhas Britânicas ficam proibidos. Por consequência, serão excluídas dos correios e confiscadas todas as encomendas e cartas destinadas à Inglaterra, dirigidas a um inglês, ou escritas em língua inglesa;

3) Qualquer cidadão inglês, seja qual for a sua condição ou categoria, que venha a ser encontrado nos territórios ocupados pelas nossas tropas ou pelas dos nossos aliados, será declarado prisioneiro de guerra;

4) Os armazéns, mercadorias ou propriedades de qualquer gênero pertencentes a súdito inglês, serão considerados presas de guerra;

5) É proibido o comércio de produtos ingleses e todas as mercadorias pertencentes à Inglaterra, ou provenientes de seus estabelecimentos industriais ou das suas colônias, serão considerados presas de guerra;

6) Metade do valor das mercadorias e propriedades acima designadas será empregada em indenizar os negociantes pelos prejuízos que tenham sofrido da captura dos seus navios de comércio pelas naus inglesas;

7) Nenhum navio provindo diretamente da Inglaterra ou das colônias inglesas, ou que aí tenha estado depois da publicação deste decreto, será recebido em qualquer porto;

8) Toda a embarcação que tentar iludir com declarações falsas estas disposições, será confiscada, juntamente com a carga que transportar;

9) O nosso tribunal de presas de guerra, com sede em Paris, decidirá em via definitiva todos os litígios que possam surgir na aplicação deste decreto nos nossos estados ou nos territórios ocupados pelas tropas francesas. O nosso tribunal das presas de guerra, com sede em Milão, terá competência para julgar os litígios que possam surgir no nosso reino de Itália;

10) Este nosso decreto será comunicado pelo nosso Ministro dos Negócios Estrangeiros aos soberanos de Espanha, Holanda, de Nápoles e Etrúria, e aos nossos outros aliados, cujos súditos, tal como os nossos, são vítimas da injustiça e da barbárie do direito marítimo inglês;

11) Os nossos Ministros dos Negócios Estrangeiros, da Guerra, da Marinha, das Finanças, da Polícia e os nossos Diretores dos Correios ficam encarregados da execução deste decreto, cada um no que lhe diz respeito.

AGUIAR, Pinto de. A abertura dos portos. *Cairu e os ingleses. Salvador: Livraria Progresso Editora, 1960, p. 119-120.*

2. A intensificação do contrabando no Brasil, segundo Maurício José Teixeira de Moraes, superintendente geral dos contrabandos

1802: *E queira a sorte que não suceda o mesmo nos anos futuros pela abundância de contrabando que se introduz na América. [...]*

1805: *Se estas diminutas exportações procedem indubitavelmente do muito contrabando, cuja entrada quase que está franqueada, naqueles Portos,* *com o mais escandaloso abuso; e se pelo contrário as Importações neste Reino não têm diminuído, segue-se, que o referido contrabando, é todo vendido a troco de moeda corrente, resultando deste pernicioso comércio numa extinção contínua da moeda girante, de que se originarão as consequências mais ruinosas a uma Nação. [...]*

1806: *Estagnação do comércio... provém do ruinoso princípio da introdução clandestina das mercadorias proibidas neste, e naquele continente, pela falta de patriotismo de alguns negociantes que esquecidos das leis que nos regem, procuram somente os seus interesses, por este ilícito, e ruinoso comércio favorecendo a indústria alheia, e impecendo a nacional com tanto escândalo como se verificou no ano próximo passado, pelas grandes tomadias que se fizeram fora da barra. Sendo só uma delas no valor de mais de 500 mil cruzados: não conhecendo toda a riqueza da Nação, a sua opulência e fortuna, é a agricultura, e as suas manufaturas. [...]*

1807: *Tenho muito pouco que ponderar do estado do nosso comércio, no ano passado de 1807, que não seja uma repetição do que disse nos anos de 1805 e 1806, por ele já caminhar para a sua decadência, e abatimento, a vista do estado florescente a que chegou pelos anos de 1798 e 1802.*

INTRODUÇÃO da Balança Geral do Commercio do Reyno de Portugal e seus Domínios, 1802, 1805, 1806, 1807. *Rio de Janeiro; Lisboa: Biblioteca Nacional do Rio de Janeiro; Instituto Nacional de Estatística de Lisboa.*

3. Considerações de D. Pedro, marquês de Alorna, avaliando a conjuntura difícil e sugerindo a partida da família real para o Brasil, em 1801

A balança da Europa está tão mudada que os cálculos de há dez anos saem todos errados na era presente. Em todo o caso, o que é preciso é que V.A.R. continue a reinar, e que não suceda à sua coroa, o que sucedeu à de Sardenha, à de Nápoles e o que talvez entra no projeto das grandes Potências que suceda a todas as coroas de segunda ordem na Europa. V.A.R. tem um grande Império no Brasil, e o mesmo inimigo que ataca agora com tanta vantagem, talvez que tre-

ma, e mude de projeto, se V.A.R. o ameaçar de que se dispõe a ir ser Imperador naquele vasto território onde pode facilmente conquistar as Colônias espanholas e aterrar em pouco tempo as de todas as Potências da Europa. Portanto, é preciso que V.A.R. mande armar com toda a pressa todos os seus navios de guerra, e todos de transporte, que se acharem na Praça de Lisboa – que meta neles a Princesa, os seus filhos, e os seus tesouros, e que ponha tudo isto pronto a partir sobre a Barra de Lisboa, e que a pessoa de V.A.R. venha a esta Fronteira da Beira aparecer aos seus povos, e acender o seu entusiasmo. Talvez que esta aparência imponha ao inimigo. Se não impuser, e nos atacarem, apesar de tudo brigaremos como desesperados; talvez que por excesso de furor cheguemos a ser vitoriosos, apesar de nos faltarem os meios – mas se formos vencidos, sempre podemos cobrir a retirada de V.A.R., e então V.A.R. parte com toda a sua família e os seus Estados do Brasil, e a Nação Portuguesa sempre ficará sendo Nação Portuguesa, porque ainda que estas cinco Províncias padeçam algum tempo, debaixo do jugo estrangeiro: V.A.R. poderá criar tal poder que lhe seja fácil resgatá-las, mandando aqui um socorro, que junto com o Amor nacional se liberte de tudo. Dizem que é mal visto todo o homem que aconselhe isto a V.A.R. mas como assento que é a melhor coisa que lhe posso dizer, digo-lha. E V.A.R. fará de mim o que quiser, porque em tudo e por tudo sou seu, e se V.A.R. tomar este partido, o que lhe posso segurar é, que se me não matarem nesta guerra, deixarei tudo quanto cá tenho, e para lá vou servir.

Carta de 30 de maio de 1801.
Rio de Janeiro: Arquivo Público do Rio de Janeiro.

4. Argumentação de D. Rodrigo de Sousa Coutinho justificando a mudança da sede da monarquia para o Brasil, em 1803

Quando se considera que Portugal, por si mesmo muito defensável, não é a melhor, e mais essencial parte da Monarquia; que depois de devastado por uma longa e sanguinolenta guerra, ainda resta ao seu Soberano, e aos seus povos o irem criar um poderoso Império no Brasil, donde se volte a reconquistar, o que se possa ter perdido na Europa, e donde se continue uma guerra eterna contra o fero inimigo, que recusa reconhecer a Neutralidade de uma Potência, que mostra desejar conservá-la. [...] Quaisquer que sejam os perigos, que acompanhem uma tão nobre, e resoluta determinação, os mesmos são sempre muito inferiores aos que certamente hão de se seguir da entrada dos Franceses nos Portos do reino, e que ou hão de trazer a abdicação de V.A.R. à sua Real Coroa, a abolição da Monarquia, ou uma opressão fatal, qual a que geralmente se diz, que experimentam os napolitanos e a dilaceração dos vastos domínios da Coroa de V.A.R. nas ilhas contíguas à Europa, na América, na África, e na Ásia, procurada pelos ingleses, para se indenizarem da falta de comércio com Portugal e para se apropriarem das produções de tão interessantes domínios ultramarinos, que temerão os franceses e queiram fazer seus, e assim o exijam de um Soberano, que conservaram prezo, e pelo qual farão sancionar tudo, o que quiserem, e lhes convier, ou dirão que assim o fizeram, ainda que não possam conseguir semelhantes concessões.

Papéis da Coleção Linhares, *lata 2.*
Rio de Janeiro: Biblioteca Nacional do Rio de Janeiro.

5. Carta régia de D. João abrindo os portos do Brasil ao comércio estrangeiro com exceção dos gêneros estancados em 28 de janeiro de 1808

Conde da Ponte, do meu Conselho, Governador e Capitão Geral da Capitania da Bahia. Amigo: Eu, o Príncipe Regente, vos envio muito saudar, como aquele que amo. Atendendo à representação, que fizestes subir à minha Real Presença, sobre se achar interrompido e suspenso o comércio desta Capitania, com grave prejuízo dos meus vassalos e da minha Real Fazenda, em razão das críticas e públicas circunstâncias da Europa; e querendo dar sobre este importante objeto alguma providência pronta e capaz de melhorar o progresso de tais danos: sou servido ordenar interina e provisioramente, enquanto não consolido um sistema geral de efetivamente regula semelhantes materiais, o seguinte. Primo: que sejam admissíveis nas Alfândegas do Brasil todos e quaisquer gêneros, fazendas e mercadorias transportados, em navios estrangeiros das Potências, que se conservam em paz e harmonia com a minha Real Coroa, ou em navios dos meus vassalos, pagando por entrada vinte e quatro por cento; a saber: vinte de direitos grossos, e quatro do donativo, já estabelecido, regulando-se a cobrança destes direitos pelas pautas, ou aforamento, porque até o presente se regulam cada uma das ditas Alfândegas, ficando os vinhos, águas ardentes e azeites doces, que se denominam molhadas, pagando o dobro dos direitos, que até agora nelas satisfaziam. Segundo: que não só os meus vassalos, mas também os sobreditos estrangeiros possam exportar para os Portos, que bem lhes parecer a benefício do comércio e agricultura, que tanto desejo promover, todos e quaisquer gêneros e produções coloniais, à exceção do pau-brasil, ou outros notoriamente estancados, pagando por saída os mesmos direitos já estabelecidos nas respectivas Capitanias, ficando, entretanto, como em suspenso e sem vigor, todas as leis, cartas régias, ou outras ordens que até aqui proibiam neste Estado do Brasil o recíproco comércio e navegação entre os meus vassalos e estrangeiros. O que tudo assim fareis executar com o zelo e atividade que de vós espero. Escrita na Bahia, aos 28 de janeiro de 1808.

Príncipe

Para o Conde da Ponte.

AGUIAR, Pinto de. A abertura dos portos. *Cairu e os ingleses. Salvador: Livraria Progresso Editora, 1960, p. 109-110.*

6. Manifesto de D. João, no Rio de Janeiro, em 1º de maio de 1808, explicando os motivos de sua vinda para o Brasil e declarando guerra contra os franceses

A Corte de Portugal, depois de ter guardado o silêncio, que era próprio das difíceis circunstâncias, em que se achou, e até o presente momento, em que o novo Assento do Governo estivesse estabelecido; julga dever à sua Dignidade, [...] a exposição verídica, e exata de sua conduta, sustentada por fatos incontestáveis; [...] seja para evitar uma efusão inútil de sangue dos seus povos, seja porque não pôde persuadir-se que Tratados solenes [...] pudessem parecer objetos de pouco preço aos olhos de um governo, cuja desmedida, e incomensurável ambição não têm limites. [...] Não é com injúrias, nem com vão, e inúteis ameaços que a Corte de Portugal levantará a sua voz no seio do novo Império, que vai criar; é com fatos autênticos, e verdadeiros [...] que fará conhecer à Europa e aos seus vassalos tudo o que acaba de sofrer [...] seus Estados invadidos sem declaração de guerra. [...]

O imperador dos franceses fez sair neste intervalo uma das suas Esquadras, onde se achava embarcado seu irmão; do fundo da Bahia de Todos os Santos, foi ali recebido com a maior atenção; a Esquadra recebeu toda a qualidade de refrescos [...] na mesma época em que o Governo francês recebia da parte de Portugal tantas demonstrações de amizade, e de consideração, a Esquadra queimou alguns navios portugueses. [...] E Europa pode dali tirar por conclusão, que sorte a espera, se o Governo francês chega a conseguir sobre o mar um ascendente igual ao que tem na Terra. [...] A Grã-Bretanha nunca fez reclamações contra estes socorros dados à Esquadra Francesa [...] mas o Ministro das Relações Exteriores da França atreve-se a dizer, à face da Europa, que Portugal deu socorro aos ingleses para a conquista de Montevidéu, e de Buenos Aires, quando é um fato reconhecido [...] não recebeu de Portugal navio, dinheiro, homens. [...]

A Corte de Portugal começou então a tomar medidas para segurar o seu retiro para aquela parte dos seus Estados, que não pode temer uma invasão. [...] S. A. R. havia tomado a firme resolução de transferir o Assento do Governo para o Brasil, que formava a parte mais essencial, e mais defensável dos seus Estados. S. A. R. fez então aproximar das Costas e Portos do mar todo o seu Exército, persuadindo-se, que a França, tendo conseguido essencialmente tudo o que tinha pedido, não teria lugar de exigir mais coisa alguma. [...]

O Governo francês procedeu então a respeito de que não teria exemplo na História. [...] O General Junot sem nenhuma declaração preliminar, sem consentimento algum de S. A. R., entrou com a vanguarda do seu Exército no Reino, segurando aos habitantes, do campo e aldeias, por onde passava, que vinha socorrer ao seu Príncipe contra a invasão dos ingleses, que entrava como General de uma Potência Amiga e Aliada. [...] S. A. R. o Príncipe Regente, surpreendido de uma conduta tão inaudita, teria podido reunir o Corpo de Tropas, que tinha junto a Si, e fazendo entrar a esquadra inglesa no Porto de Lisboa, reduzir a pó o pequeno, e miserável Corpo, a cuja frente o General Junot avançava com uma temeridade [...].

S. A. R. o Príncipe Regente abraçou então o único partido, que poderia convir-lhe, para não se afastar dos princípios, que tinha constantemente seguido, para poupar o sangue de seus povos, e para evitar a completa execução das vistas criminosas do Governo francês, que não se propunha nada menos que se apoderar da sua Real Pessoa, e de todas as que compõem a sua Augusta Família Real, para poder depois, a seu modo, e segundo lhe parecesse, repartir os despojos da Coroa de Portugal e de seus Estados. [...] S. A. R. abraçou de se retirar aos seus Estados do Brasil com a sua Augusta Família real, tornou absolutamente inúteis os desígnios do Governo francês, e descortinou à face de toda a Europa as vistas criminosas e pérfidas de um Governo, que não tem outro fim senão o de dominar a Europa, e o mundo inteiro, se as grandes potências dela, despertadas do letargo, em que se acham, não fizeram sem causa comum contra uma ambição excessiva e tão fora de todos os limites.

Depois que S. A. R. chegou felizmente aos seus Estados do Brasil soube com horror não somente a usurpação de Portugal, e assolação, e saque que ali se pratica; mas o indigno procedimento do Imperador dos franceses, que como verdadeiro ditador da Europa, atreve-se [...] à introdução de um novo governo em Portugal sem o seu consentimento, assim como a cobrança de uma contribuição desmedida, exigida de um país, que não opôs resistência alguma à entrada das tropas francesas, e que por isso mesmo não podia considerar-se em estado de guerra. [...]

S. A. R. o Príncipe Regente de Portugal [...] julga dever à Ordem, e à Dignidade da Coroa fazer a seguinte Declaração:

S. A. R. rompe toda a comunicação com a França; chama aos seus Estados todos os empregos naquela Missão, se é que algum possa ali se achar; e autoriza os seus vassalos a fazer a Guerra por Terra, e Mar aos Vassalos do Imperador dos franceses.

S. A. R. declara nulos, e de nenhum efeito todos os Tratados que o Imperador dos franceses O obrigou a assinar, e particularmente os de Badajoz e de Madrid, em 1802, e o de Neutralidade de 1804; pois que ele os infringiu, e nunca os respeitou.

S. A. R. não deporá jamais as Armas, senão de acordo com o seu Antigo e Fiel Aliado S. M. Britânica [...].

Quando o Imperador dos franceses tiver satisfeito sobre todos os pontos às justas reclamações [...] à Coroa de Portugal [...] se apressará então de renovar os enlaces, que teriam sempre subsistido entre os dois países, e que devem ligar as Nações, que jamais se dividirão essencialmente entre si, senão pelos princípios de uma ambição sem limites, e que a experiência dos séculos tem bem mostrado, quanto são contrários à prosperidade e tranquilidade daquelas, que os adotam.

Rio de Janeiro, em 1.º de maio de 1808.

D'EÇA, Vicente de Almeida. A abertura dos portos do Brazil. *Lisboa: Typographia da Livraria Ferin, 1908, p. 88-99.*

7. Carta do comerciante Guilherme Warren sobre as potencialidades do mercado brasileiro para os ingleses, 2 de fevereiro de 1808

Sendo pelos motivos que constam obrigado muito a mui pesar ausentar-me de Portugal, abandonando um estabelecimento que existia, perto de um século, determino-me desde já formar uma nova Casa de Comércio e Agência, no Rio de Janeiro, abaixo da firma de Guilherme Warren & Cia., concorrendo para isso, não foi o meu puro desejo, de renovar e conservar as antigas relações, que tenho com os meus patrícios portugueses, mas que minha Casa nesta Cidade achasse perfeitamente habilitada para poder suprir a correspondência mais extensa, não foi nestes Reinos e Domínios, mas para facilitar o trânsito das produções do Brasil aos acostumados Portos de seu consumo quando aqui não tenham saída.

As importantes consequências, e incalculáveis mútuos benefícios, que infalivelmente resultarão, tanto comerciais como políticos da magnânima resolução de S. A. Real, ter transferido, à sua Real pessoa e Corte de Portugal para o Brasil poderosamente autorizam esta determinação: proponho o mais cedo que me seja possível mandar alguns dos meus sócios e agentes ingleses, que me acompanharão do Porto, e enquanto se não estabelecer o Novo Tratado de Comércio *em que atualmente se trabalha, ofereço-me no seu serviço, esperando se persuada que ninguém com melhor vontade, nem com mais fidelidade desempenhará todas as ordens que houver de dar-me. Seria supérfluo enumerar a extensa quantidade dos gêneros e manufaturas que aqui se acham, visto que não há objeto, seja de luxo ou de necessidade que aqui não haja; em uma palavra, Inglaterra tem tudo quanto o Brasil precisa, melhor em quantidade e mais barato que nação alguma no mundo, e pode dar consumo, a tudo quanto o Brasil produz, uma vez que seja legitimamente estabelecido esse importantíssimo comércio, sobre a sólida base de mútuo interesse e recíproco benefício. De presente, tocarei sobre os mais importantes objetos da sua produção em primeiro lugar.*

Açúcar, por entrar em competência com o das nossas colônias, duvido se sim, ou não, poderá aqui se vender para consumo da terra, mas em todo caso se pode aqui desde logo depositar (assim como toda a produção do Brasil) para se dirigir aos portos costumados de seu gasto, logo que esses portos estejam livres, que se deve presumir não tardará, visto que o presente estado da Europa não pode durar muito. Por este modo, o açúcar (quando aqui não tenha consumo) vem a estar sobre o mesmo pé em que estava em Portugal, porque, o que lá não se gastava, reexportava-se, e daqui se pode fazer, sem direitos, e com um pequeno gasto, embarque e aluguel do armazém, que se regulará, de presente importaria, em 400 réis por quintal[1] *sobre o açúcar, e a proporção sobre os mais gêneros.*

Algodão, contanto que seja limpo e de boa qualidade, pode se mandar em todo o tempo, pois sempre tem uma venda muito extensa. A quantidade que se gasta na Inglaterra das diversas qualidades, provavelmente excede muito o que o Brasil atualmente produz.

O algodão de Pernambuco, sendo muito bem apurado, tem a maior estimação, não te sei encarecer quanto é indispensável toda atenção neste ponto: para que se venha com toda a lisura, boa fé e perfeição, escolhido limpo, livre de caroços, as sacas que sejam bem acondicionadas e com todo o asseio, pois sobre isto depende a sua boa vontade. [...]

A América Unida só tem uma qualidade de algodão que possa comparar-se com o fino de Pernambuco, e suposto que essa tem aqui grande estimação, e que a importação dos algodões do Brasil tem desmerecido há dois ou três anos a esta parte. É, sem dúvida, que Pernambuco, Pará, Maranhão, Paraíba, Bahia, e para ordinário o Rio de Janeiro, podem produzir uma grande proporção da imensa quantidade que aqui se gasta anualmente se houver o devido cuidado que merece este importantíssimo objeto, tanto na sua cultura e produção, como nos pontos acima recomendados. É de minha lembrança que o primeiro algodão de Pernambuco teve entrada neste Reino, foram umas poucas sacas que a minha casa do Porto mandou para Manchester a um seu parente (que ainda lá conserva uma grande fábrica) há coisa de 25 anos passados. [...]

Couros em cabelos e atanados,[2] *do presente se acham aqui bastantes, mas é provável gastarem se primeiro que cheguem mais. Os do rio da Prata e Buenos Aires são os mais estimados, por serem os curtidos. [...]*

---

1 Antiga unidade de medida de peso, equivalente a quatro arrobas (1 arroba = 32 arráteis = 14,7kg), isto é, 58,80kg.

2 Couro curtido com a casca de angico (árvore do gênero *Piptadenia*, da família das leguminosas, de madeira utilíssima) ou outras plantas taninosas (Tanino – classe de substâncias adstringentes (adstringir – apertar, unir) encontradas em certos vegetais, que dão coloração azul com sais de ferro, usadas no curtimento de couros.

Arroz, não é aqui artigo de tanto gasto como em Portugal, e outros lugares da Europa, e o que se gasta vem da Carolina Meridional, donde vêm aqui grandes porções para se mandar dos diferentes portos de seu consumo. [...]

Tabaco, por ser aí um objeto de Contrato Real, não se pode tratar com a consideração que merece até saber se o que se determinará sobre este importantíssimo artigo. Direi que o consumo aqui é grande, e que vem principalmente da Virgínia, que os direitos são grandes, portanto, se costuma depositar nos armazéns da Alfândega para se pagarem à proporção que se gasta, o que se reexporta paga um direito módico.

A qualidade da folha do Brasil é muito boa, e talvez prefiriria ao da Virgínia se fosse do mesmo modo preparado, pois o modo em que se costumava mandar para Portugal não serve por aqui.

A igualarem-se os direitos do tabaco do Brasil com o da Virgínia, como espero suceda, e havendo o devido cuidado na sua cultura e preparo a todo rezam de esperar que venha, a ser este um muito importante ramo de comércio e que o tabaco do Brasil terá grande saída não só para o consumo da Inglaterra, mas para todo o resto da Europa.

Para que se não perca tempo em se conhecer qual é a qualidade do tabaco que mais se estima na Virgínia, remeto uma amostra aos Srs. Amaro Velho da Silva & Co., no Rio de Janeiro, e aos Srs. Gualter Martins da Costa, na Bahia. [...]

O que fica dito sobre o açúcar, fica valendo a respeito do café e cacau, e muito principalmente sobre o azeite de peixe que nenhum lugar teria. [...]

CARTA Circular de Guilherme Warren & Cia. a destinatário não identificado sobre o futuro do estabelecimento de uma casa de comércio e agência no Rio de Janeiro, para facilitar a saída das produções do Brasil aos portos de consumo, *Londres, 2 de fevereiro de 1808. Biblioteca Nacional do Rio de Janeiro, Coleção Linhares, 29, 20, 1, n. 113 a 114, microfilme 554.*

8. Alvará de 1º de abril de 1808, pelo qual D. João revoga todas as proibições contrárias ao estabelecimento de manufaturas no Estado do Brasil

Eu, o Príncipe Regente, faço saber aos que o presente Alvará virem: que desejando promover, e adiantar a Riqueza nacional, e sendo um dos mananciais delas as Manufaturas e a Indústria, que multiplicarão e melhorarão e dão mais valor aos Gêneros e Produtos da Agricultura e das Artes, e argumentarão a população dando que fazer a muitos braços, e fornecendo meios de subsistência a muitos dos meus Vassalos, que por falta deles se entregarão aos vícios da Ociosidade. E convindo remover todos os obstáculos, que podem inutilizar e frustrar tão vantajosos proveitos. Sou servido abolir e revogar toda e qualquer proibição que haja a este respeito no Estado do Brasil, e nos meus Domínios Ultramarinos, e ordenar que daqui em diante seja lícito a qualquer dos meus Vassalos, qualquer País em que habitem, estabelecer todo o gênero de Manufaturas, sem excetuar alguma, fazendo os seus trabalhos em pequeno, ou em grande, como entenderem, que mais lhes convém, para o que hei para bem derrogar o Alvará de 5 de janeiro de 1785, e quaisquer leis, ou ordens, que o contrário decidam, como se deles fizesse expressa, e individual menção, sem embargo da Lei em contrário. Pelo que mando ao Presidente do meu Real Erário Governadores, Capitães Generais, e mais Governadores do Estado do Brasil, e Domínios Ultramarinos, e a todos os Ministros de Justiça e mais pessoas a quem o conhecimento deste pertencer, cumpram e guardem, e façam inteiramente cumprir e guardar este meu Alvará como nele se contem sem embargo de quaisquer leis, ou disposições em contrário, as que hei para derrogadas para este efeito somente ficando aliás sempre em vigor. Dado no Palácio do Rio de Janeiro em 1.º de abril de 1808. Príncipe Ad. Fernando José de Portugal. Alvará para que S. A. é servido revogar toda proibição que havia de Fábricas e Manufaturas no Estado do Brasil e Domínios Ultramarinos na forma acima exposta. Para V. A. R. I., ver: João Álvares de Miranda Varejão o fez: Regido na Secretaria do Estado dos Negócios do Brasil no (ilegível) de leis, Alvarás e Cartas Régias af 5. Rio de Janeiro, em 12 de abril de 1808: Joaquim Antonio Lopes da Costa: João Álvares de Miranda Varejão: o Secretário Francisco Elesbão Pires de Carvalho e Albuquerque.

AGUIAR, Pinto de. A abertura dos portos. *Cairu e os ingleses. Salvador: Livraria Progresso Editora, 1960, p. 111-112.*

9. Tratado de comércio e navegação entre D. João, príncipe regente de Portugal, e Jorge III, rei da Inglaterra, assinado em 18 de Janeiro, pelos plenipotenciários e ratificado em 26 de fevereiro por suas majestades

Introdução: *Sua Alteza Real, o Príncipe Regente de Portugal, e Sua Majestade El-Rei do Reino Unido da Grande Bretanha [...] julgaram adotar um sistema Liberal de Comércio fundado sobre as Bases de Reciprocidade e mútua conveniência, que pela descontinuação de certas proibições e Direito Proibitivos, pudesse procurar as mais sólidas vantagens de ambas as partes às Produções e Indústrias Nacionais e dar ao mesmo tempo a devida Proteção tanto à Renda Pública como aos Interesses do Comércio justo e legal.*

Artigo II: *Haverá recíproca liberdade de Comércio e Navegação entre os respectivos Vassalos das Duas Altas Partes Contratantes em Todos, e em cada um dos Territórios, e Domínios de qualquer d'Elas.*

Artigo III: *Os Vassalos dos dois Soberanos não pagarão [...] Direitos, Tributos ou Impostos [...] maiores do que aqueles que pagam, ou vierem a pagar os Vassalos da Nação a mais favorecida.*

Artigo IV: *Às Duas Altas Partes Contratantes igualmente convêm que se estabelecerá nos seus respectivos Portos o mesmo valor de Gratificações e Drawbacks sobre a Exportação dos Gêneros e Mercadorias, quer estes Gêneros e Mercadorias sejam exportados em Navios e Embarcações Portuguesas, quer em Navios e Embarcações Britânicas.*

Artigo VIII: *O Comércio não será restringido, interrompido, ou de outro modo algum afetado pela operação de qualquer Monopólio, Contrato ou Privilégios Exclusivos de Venda ou de Compra. [...] Porém, deve ficar distintamente entendido que o presente Artigo não será interpretado como invalidando, ou afetando, o Direito Exclusivo possuído pela Coroa de Portugal nos seus próprios Domínios a respeito dos Contratos do Marfim, do Pau-brasil, da Urzela, dos Diamantes, do Ouro em pó, da Pólvora e do Tabaco manufaturado.*

Artigo X: *O Príncipe Regente de Portugal há por bem conceder-lhes o Privilégio de Nomear e ter Magistrados Especiais para obrarem em seu favor com Juízes Conservadores naqueles Portos e Cidades dos seus Domínios em que houverem Tribunais de Justiça, ou possam ser estabelecidos para o futuro.*

Artigo XII: *Os Vassalos de Sua Majestade Britânica, residentes nos seus Territórios, inquietados, perseguidos ou molestados por causa de sua Religião, mas antes terão perfeita liberdade de Consciência e licença para assistirem e celebrarem o Serviço Divino em Honra ao Todo Poderoso Deus [...]. Eles poderão livremente praticar os Exercícios de sua Religião pública, ou particularmente, nas suas próprias casas de habitação, ou nas Capelas e lugares de Culto designados para este objeto, sem que lhes ponha o menor obstáculo, embaraço ou dificuldade alguma, tanto agora, como para futuro.*

Artigo XV: *Todos os Gêneros, Mercadorias e Artigos, quaisquer que sejam, da produção Manufatura, Indústria ou Invenção dos Domínios, e Vassalos de Sua Majestade Britânica, serão admitidos em todos, e em cada um dos Portos e Domínios de Sua Alteza Real, o Príncipe Regente de Portugal, tanto na Europa, como na América, África e Ásia, quer assim sejam consignados a Vassalos Britânicos, quer a Portugueses pagando geral e unicamente Direitos de quinze por cento, conforme o valor que lhes for estabelecido pela Pauta.*

Artigo XIX: *[...] Todos os Gêneros, Mercadorias e Artigos quaisquer da Produção, Manufatura, Indústria ou Invenção dos Domínios [...] de Portugal serão recebidos e admitidos em todos e em cada um dos Portos e Domínios de Sua Majestade Britânica, pagando geral e unicamente os mesmos Direitos que pagam pelos mesmos Artigos os Vassalos da Nação mais favorecida.*

Artigo XX: *Mas como há alguns Artigos da Criação, Produção do Brasil, que são excluídos dos Mercados e do Consumo interior dos Domínios Britânicos, tais como o Açúcar, Café e outros Artigos, semelhantes ao produto das Colônias Britânicas; Sua Majestade Britânica [...] consente e permite que os ditos Artigos, assim como todos os outros da Criação, Produção do Brasil e de todas as outras partes dos Domínios Portugueses, possam ser recebidos e guardados em Armazéns em todos os Portos dos seus Domínios [...] a fim de serem reexportados [...].*

Artigo XXI: *[...] O Príncipe Regente de Portugal se reserva o Direito de impor pesados e até proibitivos Direitos sobre todos os Artigos conhecidos pelo Nome de Gêneros das Índias Ocidentais Britânicas e de Produção das Índias Ocidentais, tais como o Açúcar e Café, que não podem ser admitidos para o consumo nos Domínios Portugueses, por causa do mesmo Princípio de Polícia Colonial, que impede a livre admissão nos Domínios Britânicos de correspon-*

dentes Artigos da Produção do Brasil. [...] O Príncipe Regente de Portugal consente que [...] possam haver Alfândegas, sejam Portos Francos para a recepção e admissão dos Artigos quaisquer da Produção ou Manufatura dos Domínios Britânicos, não destinados para o Consumo do lugar em que possam ser recebidos, ou admitidos, mas para serem reexportados tanto para outros Portos dos Domínios de Portugal, como para os de outros Estados.

Artigo XXII: *Sua Alteza Real, o Príncipe Regente de Portugal, [...] há por bem declarar o Porto de Santa Catharina por Porto Franco, conforme os termos mencionados no precedente Artigo do Presente Tratado.*

Artigo XXIII: *[...] O Príncipe Regente de Portugal [...] publica a determinação anteriormente concebida no Seu Real Entendimento de fazer Gôa Porto Franco, e de permitir naquela Cidade, e suas Dependências, a livre Tolerância de todas quaisquer Seitas Religiosas.*

Artigo XXV: *[...] Sua Alteza Real, o Príncipe Regente de Portugal, também se obriga a não consentir, nem permitir, que alguma outra Nação possua Feitorias, ou Corporações de Negociantes nos seus Domínios, enquanto senão estabelecerem neles Feitorias Britânicas.*

Artigo XXVI: *[...] Conveio-se, contudo, e declarou-se que as Estipulações contidas nos antigos Tratados, relativamente à admissão dos Vinhos de Portugal, de uma Parte, e dos Panos de Lã da Grande Bretanha, da outra, ficarão por ora sem alteração.*

Artigo XXXIII: *[...] As Duas Partes Contratantes se reservam o Direito de juntamente examinarem e reverem os diferentes Artigos deste Tratado no fim do termo de quinze anos contados da data de Troca das Ratificações do mesmo [...].*

Feito na Cidade do Rio de Janeiro, aos 19 de fevereiro do Ano de Nosso Senhor Jesus Cristo, de mil oitocentos e dez.

AGUIAR, Pinto de. A abertura dos portos. *Cairu e os ingleses. Salvador: Livraria Progresso Editora, 1960, p. 132-155.*

10. Decreto de D. João, de 11 de junho de 1808, sobre os direitos a serem pagos pelas mercadorias importadas e reexportadas entradas nas alfândegas do Brasil

Sendo conveniente ao bem público remover todos os embaraços que possam tolher o livre giro e a circulação do comércio, e tendo consideração ao estado de abatimento, em que de presente se acha o nacional, interrompido pelos conhecidos estorvos e atuais circunstâncias da Europa: desejando animá-lo e promovê-lo em benefício da causa pública, pelos proveitos, que lhe resultam de aumentarem os cabedais da Nação por meio de maior número de trocas e transações mercantis, e de se enriquecerem os meus fiéis vassalos que se dão a este ramo de prosperidade pública e que muito pretendo favorecer como uma das classes mais úteis do Estado e querendo outrossim aumentar a navegação para que prospere a marinha mercantil, e com ela a de guerra, necessária para a defesa dos meus Estados e Domínios: sou servido ordenar que todas as fazendas e mercadorias que forem próprias dos meus vassalos, e por sua conta carregadas em embarcações nacionais, e entrarem nas Alfândegas do Brasil, paguem direito por entrada dezesseis por cento somente; e os gêneros que se denominam molhados paguem menos a terça parte do que se acha estabelecido, derrogada nesta parte a disposição da Carta Régia de 28 de janeiro passado, ficando em seu vigor tudo o mais: e que todas as mercadorias que os meus vassalos assim importarem para as reexportar para Reinos e Domínios Estrangeiros, declarando-o por esta maneira nas Alfândegas, paguem quatro por cento somente de baldeação, passando-as depois para embarcações nacionais ou estrangeiras, que se destinarem a portos estrangeiros; o que com tudo só terá lugar nas Alfândegas desta Corte, Bahia, Pernambuco, Maranhão e Pará; e nelas haverá a maior fiscalização. E acontecendo, pode-se fazer alguma tomadia de fazendas desviadas daquele destino, serão apreendidas e julgadas com outro tanto do seu valor a bem do denunciante e dos que as apreenderem na forma do Alvará de 5 de janeiro de 1785. O Presidente do meu Real Erário o tenha assim entendido e mande expandir as ordens necessárias. Palácio do Rio de Janeiro, em 11 de junho de 1808.

Com a rubrica do Príncipe Regente Nosso Senhor.

AGUIAR, Pinto de. A abertura dos portos. *Cairu e os ingleses. Salvador: Livraria Progresso Editora, 1960, p. 157-158.*

11. Decreto de D. João, de 15 de outubro de 1810, determinando o pagamento de 15% de direitos de entrada sobre as mercadorias inglesas importadas por portugueses

Estando estabelecido no art. 15 do Tratado do Comércio de 19 de fevereiro do corrente ano, celebrado entre a Minha Real Coroa e o meu antigo e fiel Aliado El-Rei da Grande Bretanha, que todos os gêneros, mercadorias e artigos da produção, manufatura, indústria e invenção dos domínios, e dos vassalos Britânicos, paguem por entrada somente 15% de direitos; e não sendo conforme nem à razão e à justiça, nem à igualdade que convém haver nas transações mercantis, que os meus vassalos paguem maiores direitos pelos mesmos gêneros e mercadorias, o que impediria o aumento e a prosperidade do comércio nacional, que muito desejo adiantar e promover em benefício da riqueza e felicidade pública: sou servido ordenar que os sobreditos gêneros, mercadorias de produção, que por conta dos meus fiéis vassalos forem importados nas Alfândegas do Reino, desde Estado do Brasil e Domínios Ultramarinos em navios nacionais ou estrangeiros, paguem por entrada 15% somente, derrogada nesta parte a Carta Régia de 28 de janeiro, e o Decreto de 16 de junho de 1808, ficando em tudo o mais em seu intenso vigor e plena observância. O conselho da Fazenda o tenha assim entendido, e faça executar com os despachos necessários. Palácio do Rio de Janeiro, em 18 de outubro de 1810.

Com a rubrica do Príncipe Regente Nosso Senhor.

AGUIAR, Pinto de. A abertura dos portos. *Cairu e os ingleses. Salvador: Livraria Progresso Editora, 1960, p. 159-160.*

12. Manifesto de D. João, em 7 de março de 1810, dirigido ao clero, nobreza e povo de Portugal, justificando o tratado de comércio com a Inglaterra

Clero, Nobreza e Povo: eu, o Príncipe Regente, vos envio muito saudar. Sendo o mais essencial dos paternais cuidados com que tanto me desvio em procurar a felicidade geral, e o bem dos meus vassalos, não só estabelecer aqueles princípios de pública administração, de que deve resultar o maior bem, mas ainda, e muito particularmente o fazer conhecer ao meu povo e justiça, em que os mesmos princípios são formados; julguei dever-vos dirigir a exposição de al-

guns planos que tenho adotado para curar a felicidade de todas as partes da minha Monarquia, e para combinar com indissolúvel nexo os interesses de cada uma delas com o todo; é propriamente este objeto que vos desejo conhecer com a presente Carta Régia, que vos servirá de nova prova, não só do amor que vos tenho como bom pai, ainda de que um só momento não deixo de ocupar-me de vós, posto que distante, e que o interesse de todos os meus vassalos está sempre presente aos meus olhos e merece toda a atenção dos seus paternais cuidados. Obrigado pelas imperiosas circunstâncias de que infelizmente guardareis por longos anos a mais triste lembrança, a separar-me por algum tempo de vós, e a transportar a sede do Império temporariamente para outra parte dos meus domínios, enquanto não há meio de parar a torrente devastadora da mais ilimitada ambição, foi necessário procurar elevar a prosperidade daquelas partes do Império livres da opressão, a fim de achar não só os meios de satisfazer aquela parte dos meus vassalos, onde vim estabelecer-me, mas ainda para que eles pudessem concorrer às despesas necessárias para sustentar o lustre e o esplendor do trono, e para segurar a sua defesa contra a invasão de um poderoso inimigo. Para este fim, e para criar um Império nascente, fui servido adotar os princípios mais demonstrados de sã economia política, quais o da liberdade e franqueza do comércio, o da diminuição dos direitos das Alfândegas, unidos aos princípios mais liberais, e de maneira que promovendo-se o comércio, pudessem os cultivadores do Brasil achar o melhor consumo para os seus produtos, e que daí resultasse o maior adiantamento na geral cultura, e povoação deste vasto território do Brasil, que é o essencial modo de o fazer prosperar, e de muito superior sistema restrito e mercantil, pouco aplicável a um país, onde mal podem cultivar-se por ora as manufaturas, exceto as mais grosseiras, e as que seguram a navegação, e a defesa do Estado. Nem mesmo em tais momentos me esqueci de ligar entre si as partes remotas da Monarquia, e de procurar segurar aos meus vassalos do Reino todo aquele bem que podiam de mim esperar; e corar-se, isentar-me-as, debaixo dos mais liberais princípios (do que aqueles que antes eram adotados) de todo e qualquer direito de entrada nos portos dos meus domínios. Os mesmos princípios são muito aplicáveis ao Reino, e só eles, combinando com os que adotei para os outros meus domínios, é que poderão elevar a sua prosperidade àquele alto ponto a que a situação, e as suas produções parecem chamá-lo. Estes mesmos princípios ficam corroborados com o meu antigo, fiel, e grande aliado,

Sua Majestade Britânica, adotei nos tratados a Aliança e Comércio, que acabo de ajustar com o mesmo Soberano, e nos quais vereis que ambos os Soberanos procuramos igualizar as vantagens concedidas às duas nações, e promover o seu recíproco comércio de que tanto bem deve resultar. Não cuideis que a introdução das manufaturas Britânicas haja de prejudicar a vossa indústria. É hoje verdade demonstrada que toda a manufatura que de nada paga pelas matérias-primas que emprega e que tem fora parte disto os quinze por cento dos direitos das Alfândegas a seu favor, só se não sustenta quando ou o País não é próprio para ela, ou quando ainda tem aquela acumulação de cabedais que exige o estabelecimento de uma semelhante manufatura. O Emprego dos vossos cabedais é por agora justamente aplicado na cultura das vossas terras, no melhoramento das nossas vinhas, na bem entendida manufatura do azeite, na cultura dos prados artificiais, na produção das sedas, que já vos mostrei pelos meus esforços paternais, serem comparáveis às melhores da Europa, sucessivamente depois ireis adiantando as manufaturas que nunca até aqui no Reino, apesar dos gloriosos esforços dos senhores Reis meus predecessores, prosperam ao ponto que deviam pelo sistema restrito, que se adotou, e então conhecereis que esta indústria, na aparência tardia, é a única sólida, e a que toma fortes raízes, e que, progredindo pelos devidos passos intermediais, chega a maior auge e lança então aqueles luminosos raios, que fazem os olhos do vulgo, o que ainda a homens de superiores luzes fizeram crer, que as manufaturas eram tudo, e que para consegui-las o sacrifício da mesma agricultura era útil e conveniente. Para fazer que os vossos cabedais achem útil emprego na agricultura, e que assim se organize o sistema da vossa futura prosperidade, tenho dado ordens aos Governadores do Reino, para que se ocupem dos meios com que se poderão fixar os dízimos, a fim de que as terras não sofram um gravame intolerável; com que se poderão minorar ou alterar o sistema das jugadas, quartos e terços; com que se poderão fazer resgatáveis os foros, que tanto peso fazem as terras, depois de postas em cultura; com que poderão minorar-se, ou suprimir-se, os forais, que são em algumas partes do Reino de um peso intolerável, o que tudo deve fazer-se lentamente, para que de tais operações resulte todo o bem sem se sentir inconveniente algum. A diminuição dos direitos das Alfândegas há de produzir uma grande entrada de manufaturas estrangeiras; mas quem vende muito, também necessariamente compra muito, e para ter um grande comércio de exportação, é necessário também permitir uma grande importação, e a experiência vos fará ver que, aumentando-se a vossa agricultura, não hão de arruinar-se as vossas manufaturas na sua totalidade; e se alguma houve que se abandone, podeis estar certos, que é uma prova que esta manufatura não tinha bases sólidas, nem dava uma vantagem real ao Estado.

Além das facilidades concedidas pelas isenções de direitos às fábricas do Reino, também lhes conservei o de aprovisionarem as minhas tropas; no que vereis a minha particular atenção a dirigir sempre o sistema liberal, adotado para o fim de sustentar e promover a indústria dos meus vassalos. Assim vereis prosperar a vossa agricultura; progressivamente formar-se uma indústria sólida, e que nada tema da rivalidade das outras nações; levantar-se um grande comércio, e uma proporcional Marinha, e vireis a servir de depósito aos imensos produtos do Brasil, que crescerão em razão dos princípios liberais, que adotei, de que enfim resultará uma grandeza de prosperidade nacional de muito superior a toda aquela que antes se vos podia procurar, apesar dos esforços que sempre fiz para conseguir o mesmo fim, e que eram contrariados pelo vício radical do sistema restritivo, que então se julgava favorável, quando, realmente, era sobremaneira danoso à prosperidade nacional. A experiência do que sucedeu sempre às nações, que na prática mais se adaptarão aos princípios liberais, que tenho abraçado, afiançam a verdade destes princípios, e não temais vos venha dano do que o vosso Soberano manda estabelecer entre vós; persuadindo-vos que com os olhos sempre aplicados a tudo o que pode promover a vossa felicidade, jamais deixará de obviar a qualquer inconveniente, que possa resultar dos princípios que manda estabelecer, guiado pela experiência das nações, que merecem servir de modelo às outras. Tais são os votos do nosso Soberano, que vos deseja uma grande futura felicidade, na certeza, que cumprireis exatamente as reais ordens, que a tal respeito mando executar pelas competentes autoridades. Escrito no Palácio do Rio de Janeiro, em 7 de março de 1810.

Príncipe com guarda.
Para o Clero, Nobreza e Povo.

AGUIAR, Pinto de. A abertura dos portos. *Cairu e os ingleses. Salvador: Livraria Progresso Editora, 1960, p. 163-166.*

13. O impacto da abertura dos portos e dos tratados de 1810 em Portugal

1.º) A despovoação do mesmo Reino, que principiou pela saudosa retirada de Vossa Majestade (VM), da Sua Real Família, e da Corte para o Rio de Janeiro, e da emigração dos que saíram no tempo do intruso governo. Pela saída das Tropas Portuguesas que Junot mandou marchar para França em 1808; pela perda de Gente causada por uma guerra sanguinolenta de seis anos, em que houveram repetidas invasões de um inimigo bárbaro; devendo constar-se na dita perda não só os Indivíduos que morreram ou ficaram inválidos no Serviço Militar, mas os que foram vítimas das epidemias e pestes resultantes da mesma guerra, e aqueles que para se subtraírem ao recrutamento se ausentaram perpetuamente de seus lares; pela contínua emigração para o Reino do Brasil, já de pretendentes, que vão solicitar na Corte os seus Despachos, já de Oficiais de VM se transportam para o Brasil nas duas Expedições de 1816 e 1817, nas quais além do número de soldados embarcados se devem contar as Mulheres de muitos deles, e os criados de Oficiais, etc.

Desta despovoação resulta a diminuição de braços industriosos, e por conseguinte, a menos soma de produções de terrenos, e das artes mecânicas neste Reino; e assim como da mudança de Fidalgos e Capitalistas para o Brasil, resulta passarem para lá as suas rendas; causando por isso a diminuição do capital da Nação em prejuízo do trabalho útil que as mesmas rendas punham aqui em movimento.

2.º) A separação de todos os rendimentos Reais do Reino Unido, que não pertencem já a Portugal. Esta separação, que compreende todos os tributos provenientes do Reino do Brasil, Ilhas e Domínios de VM na Ásia, e África, tem necessariamente produzido no Erário de Portugal uma falta considerável na receita, comparada com a dos tempos anteriores.

3.º) A grande decadência do Comércio por efeito da abertura dos portos do Brasil aos navios de todas as Nações, que fazem agora diretamente para ali as suas especulações, que antes praticavam pelo entreposto de Portugal, e recebem os lucros dos fretes, comissões, etc. que então pertenciam aos Negociantes Portugueses, em grave prejuízo do nosso Comércio e Marinha, e de todos os braços que neles se empregavam.

4.º) A decadência da Indústria Nacional, não só pelo menor número de consumidores, mas porque a livre introdução de todos os gêneros de manufatura Britânica, que compreende os artigos pertencentes a vestuário, móveis, carruagens, etc. tem paralisado os trabalhos dos Oficiais que se empregavam nestas manufaturas. Tanto isto é verdade, que se faz indispensável procurarem-se meios para tirar do ócio milhares de Pessoas, que pedem de que subsistir; e isto quando a povoação é diminuta.

5.º) A extraordinária diminuição de capitais, sendo notório que a maior parte dos Homens ricos tem posto o seu dinheiro nos Fundos de Inglaterra; já pela dificuldade de os empregarem aqui utilmente em especulações de Comércio, já pela desconfiança em que vivem, receando que a prolongada ausência de VM no Reino do Brasil produza algum transtorno, que lhes seja funesto. De que resulta preferirem o juro de pouco mais de 3%, que lhes rendem os ditos capitais nos Fundos de Inglaterra, ao juro de 6%, que aqui se lhes oferece no Empréstimo, que se acha aberto.

INSTITUTO do Arquivo Nacional da Torre do Tombo (IANTT). Arquivo Nacional do Brasil. Elenco. Contas dos Governadores do Reino, v. 17, Conta n. 524, 7 abr. 1818. Apud CAETANO, António Alves. "A Guerra Peninsular e a Economia Portuguesa". *Comunicação apresentada no Congresso Internacional Comemorativo da Guerra Peninsular*, 7 a 9 de novembro de 2007, Fundação Calouste Gulbenkian, Lisboa, p. 21.

Referências

Fontes

BALANÇA Geral do Commercio do Reyno de Portugal com os seus Dominios e Nações Estrangeiras. Anos: 1777-1787-1796-1797-1798-1799-1800-1801-1802-1805 (resumo) 1812-1813-1815-1816-1817-1818. Biblioteca Nacional do Rio de Janeiro, Seção de Manuscritos.

BALANÇA Geral do Commercio do Reyno de Portugal com os seus Dominios e Nações Estrangeiras. Anos: 1796-1808-1810-1811-1812-1814. Instituto Histórico e Geográfico Brasileiro.

BALANÇA Geral do Commercio do Reyno de Portugal com os seus Dominios e Nações Estrangeiras. Ano de 1809. Biblioteca do Itamaraty.

BALANÇA Geral do Commercio do Reyno de Portugal com os seus Dominios e Nações Estrangeiras. Anos: 1803-1804-1805-1806-1807-1809. Lisboa, Instituto Nacional de Estatística.

CARTA circular de Guilherme Warren e Cia. a destinatário não identificado sobre o futuro do estabelecimento de uma casa de comércio e agência no Rio de Janeiro, para facilitar a saída das produções do Brasil aos portos de costume, Londres, 2 de fevereiro de 1808. Biblioteca Nacional do Rio de Janeiro, Coleção Linhares, 29, 20, 1, n. 113 a 114, microfilme 554.

CARTA de 30 de maio de 1801. Rio de Janeiro: Arquivo Público do Rio de Janeiro.

CARTA de Robert Walpole a Lord Greenville, 12 de outubro de 1791, PRO: FO 6/14. In: MAXWELL, Kenneth. "The Atlantic in the Eighteenth Century: a southern perspective on the need to return to the Big Picture". *Transactions of the Royal Historical Society*, 6th series, v. 3, 1993. p. 229.

Coleção Linhares, lata 2, Biblioteca Nacional do Rio de Janeiro, 1803.

Colleção das Leis do Brasil, Rio de Janeiro, 1891. Biblioteca da FFCLH/USP.

DISCURSOS de William Pitt. In: PITT, William; HATHAWAY, W.S (ed.). *The speeches of the Right Honourable William Pitt, in the House of Commons*. London: Longman, Hurst, Rees, Orme, and Brown, 1817. Disponível em: <https://archive.org/details/speechesofrighttho1pittuoft>. Acesso em: dez/2021; e PITT, William; COUPLAND, R. (ed.). *The War Speeches of William Pitt, The Younger*. Oxford: Oxford University Press, 1915. Disponível em: <https://archive.org/details/in.ernet.dli.2015.209912>. Acesso em dez/2021.

DISCURSOS de George Canning. In: CANNING, George; WALSH, Robert (ed.). *Select Speeches of the Right Honorable George Canning. A Preliminary Bibliographical Sketch and Extrats from his Writings and Speeches*. Philadelphia: Desilver & Co., 1835. Disponível em: <https://archive.org/details/selectspeechesofoocann>. Acesso em: dez. /2021.

Dropmore Papers, v. CCCCXXXI, Add. 59285 [held at the British Library Manuscripts Room], *An outline of a scheme to transport the Prince Regent of Portugal, or his son, to Brazil and to send a military force to assist the emancipation of Spanish and Portuguese America and the opening up of South America to British trade*, 1805, before 25 June 1806.

INSTITUTO do Arquivo Nacional da Torre do Tombo (IANTT). Arquivo Nacional do Brasil. Elenco. Contas dos Governadores do Reino, v. 17, Conta n. 524, 7 abr. 1818. Apud CAETANO, António Alves. "A Guerra Peninsular e a Economia Portuguesa". *Comunicação apresentada no Congresso Internacional Comemorativo da Guerra Peninsular*, 7 a 9 de novembro de 2007, Fundação Calouste Gulbenkian, Lisboa.

INTRODUÇÃO da Balança Geral do Commercio do Reyno de Portugal e seus Domínios, 1802, 1805, 1806, 1807. Rio de Janeiro; Lisboa: Biblioteca Nacional do Rio de Janeiro; Instituto Nacional de Estatística de Lisboa.

MANIFESTO de primeiro de maio de 1808. Rio de Janeiro. Apud D'EÇA, Vicente de Almeida. *A Abertura dos Portos do Brazil*. Lisboa: Typographia da Livraria Ferin, 1908.

MANIFESTO de 7 de março de 1810, sobre o tratado de comércio com a Grã-Bretanha. In: AGUIAR, Pinto. *A Abertura dos Portos*. Salvador: Livraria Progresso Editora, 1960, p. 163-166.

National Archives, *Foreign Office*, 63/56, Portugal, Strangford a Canning, n. 67.

National Archives, *Foreign Office*, Hort to Grenville, 63/15, Lisboa, 4 de agosto de 1792.

National Archives, *Foreign Office*, Walpole to Carmarthen, 63/6, Lisboa, 3 de agosto de 1785.

National Archives, *Foreign Office*, 63/55, Portugal, Strangford a Canning, n. 47, em 20 de agosto de 1807.

National Archives, *Foreign Office*, 63/55, Portugal, Domingos de Sousa Coutinho a Canning, 28 de agosto de 1807.

National Archives, *Foreign Office*, 63/56, Portugal, Canning a Strangford, n. 9, 22 de outubro de 1807.

National Archives, *Foreign Office*, 63/56, Portugal, Strangford a Canning, n. 80, 28 de outubro de 1807.

National Archives, *Foreign Office*, 63/56, Portugal, Canning a Sir Sidney Smith, 6 de novembro de 1807.

National Archives, *Foreign Office*, 63/56, Portugal, Canning a Strangford, n. 13, 9 de novembro de 1807.

National Archives, *Foreign Office*, 63/56, Portugal, Strangford a Canning, n. 103, 30 de novembro de 1807.

National Archives, *Foreign Office*, 63/59, Canning a Strangford, n. 2, 17 de abril de 1808.

National Archives, *Foreign Office*, 63/68, Canning a Stranford, n. 2, 1.º de março de 1809.

Papéis da Coleção Linhares, lata 2. Rio de Janeiro: Biblioteca Nacional do Rio de Janeiro.

Public Record Office, Exportation from Great Britain by Countries, Customs 8/1.

Public Record Office, Exportation from Great Britain by Countries, Customs 8/3.

Public Record Office, Exportation from Great Britain by Countries, Customs, 8/12.

Bibliografia

AGUIAR, Pinto de. *A abertura dos Portos. Cairu e os Ingleses*. Salvador: Livraria Progresso Editora, p. 163-166.

ALEXANDRE, Manuel Valentim. *Os Sentidos do Império. Questão Nacional e Questão Colonial na Crise do Antigo Regime Português*. Porto: Afrontamento, 1993.

_____. *Velhos Brasis, novas Áfricas*. Porto: Edições Afrontamento, 2000.

ALLEN, R. C. *The British Industrial Revolution in Global Perspective*. Cambridge: CUP, 2009.

ALMADA, José de. *A Aliança Inglesa. Subsídios para o seu estudo*. Lisboa: Imprensa Nacional, 1946, v. I.

ALMEIDA, Rufino P. *A Empresa Comercial e Industrial Germano Stein S.A. (1883-1983): estudo histórico-econômico-financeiro de uma empresa centenária*. 1985. 696 f. Tese de Doutorado (História Econômica), USP, São Paulo.

AMEAL, João. *Breve Resumo da História de Portugal*. Lisboa: Editora Tavares Martins, 1939.

ARANHA, Brito. *Nota Acerca das Invasões Francezas em Portugal*. Lisboa: Academia Real das Sciencias, 1909.

ARAUJO, Ana Cristina B. de. "O Reino Unido de Portugal, Brasil e Algarves, 1815-1822". *Revista de História das Ideias*, Coimbra, Faculdade de Letras, 1992.

ARRUDA, José Jobson de Andrade. *A Grande Revolução Inglesa*. São Paulo: Hucitec, 1996.

_____. "A Prática Econômica Setecentista no Seu Dimensionamento Regional". *Revista Brasileira de História*, n. 10, 1985.

_____. “Brazilian Raw cotton as a strategic factor in global textile manufacturing during the Industrial Revolution”. *America Latina en la Historia Económica*, v. 23, n. 2, p. 167-203, maio de 2016.

_____. “Commercial Trends Within the Luso-Brazilian Empire: Brazil's Integration in the World Market”. In: FISCHER, Wolfram (ed.). *Emergence of a World Economy, 1500-1914*. Bamberg: International Congress of Economic History Association, 1986, v. 1.

_____. “Decadência ou crise do Império Luso-brasileiro: o novo padrão de colonização do século XVIII”, *Actas dos IV Cursos Internacionais de Verão*, Cascais, v. 3, p. 213-218, 1998.

_____. *Historiografia: Teoria e Prática*. São Paulo: Alameda, 2014.

_____. *O Brasil no Comércio Colonial*. São Paulo: Ática, 1980.

_____. “Tensões Sociais e Conflito Político: D. Pedro e a Mediação Conciliadora”, *Actas do Congresso Internacional D. Pedro Imperador do Brasil, Rei de Portugal. Do Absolutismo ao Liberalismo*. Lisboa: Universidade do Porto/ CNCDP, 2001.

AZEVEDO, Francisca Nogueira de. *Carlota Joaquina na Corte do Brasil*. Rio de Janeiro: Civilização Brasileira, 2003.

AZEVEDO, João Lucio. *O Marquês de Pombal e a sua Época*. São Paulo: Alameda, 2004.

BEAUCLAIR, Geraldo. *Raízes da Indústria no Brasil*. Rio de Janeiro: Studio F&S Editora, 1992.

BETHELL, Leslie. *The Abolition of the Brazilian Slave Trade*. Cambridge: Cambridge University Press, 1970.

BLACK, Jeremy. *A System of Ambition. British foreign policy, 1660-1793*. London: Longman, 1991

BOURDON, Albert-Alain. *História de Portugal*. Coimbra: Livraria Almedina, 1973.

BRAUDEL, Fernand. *Civilização Material, Economia e Capitalismo: Séculos XV-XVIII*. São Paulo: Martins Fontes, 3 vols., 1995-1997.

BRESSONE, Tania Maria (org.). *D. João e o Oitocentismo*. Rio de Janeiro: Contra Capa Editora, 2011.

BUESCU, Mircea. *História Económica do Brasil.* Rio de Janeiro: Ed. Apec, 1970.

CAETANO, António Alves. *A Economia Portuguesa no Tempo de Napoleão – Constantes e Linhas de Força.* Lisboa: Tribuna, 2008.

_____. "A Guerra Peninsular e a Economia Portuguesa". *Comunicação apresentada no Congresso Internacional Comemorativo da Guerra Peninsular,* 7 a 9 de novembro de 2007, Fundação Calouste Gulbenkian, Lisboa.

_____. "O Comércio da Ásia e as Invasões Francesas: Encontros e Desencontros com o Brasil, 1803-1812". *Revista de História Económica e Social,* n. 2, segunda série, 2.º sem. 2001.

_____. *O Porto de Lisboa e o Bloqueio Continental (1806-1812).* Lisboa: Academia de Marinha, 2004.

CAIN, P. J.; HOPKINS, A. G. *British Imperialism: Innovation and Expansion, 1688-1914.* London: Longman, 1993.

_____. "The Political Economy of British Expansion Overseas, 1750-1914". *Economic History Review,* second series, v. XXXIII, n. 4, nov. 1980.

CALDEIRA, Arlindo; FEROS, António. "Black africans and the Iberian Penínsulas (1400-1820)". In: BOUZA, Fernando *et al.* (eds.). *The Iberian World. 1450-1820.* London/NewYork: Routledge-World, 2020.

CALÓGERAS, J. Pandiá. *Formação Histórica do Brasil.* São Paulo: Companhia Editora Nacional, 1960.

CANNING, George; WALSH, Robert (ed.). *Select Speeches of the Right Honorable George Canning. A Preliminary Bibliographical Sketch and Extrats from his Writings and Speeches.* Philadelphia: Desilver & Co., 1835. Disponível em: <https://archive.org/details/selectspeechesof-oocann>. Acesso em: dez. /2021.

CARDOSO, José Luís. "Nas Malhas do Império: A Economia Política e a Política Colonial de D. Rodrigo de Souza Coutinho". In: CARDOSO, José Luís (Coord). *A Economia Política e os Dilemas do Império Luso-Brasileiro (1790-1822).* Lisboa: CNCDP, 2001.

CARREIRA, Liberato de Castro. *História Financeira e Orçamentária do Império do Brasil.* Brasília/Rio de Janeiro: Senado Federal, 1980.

CARVALHO, Ayres de. *Os Três Arquitectos da Ajuda. Do "Rocaille" ao Neoclássico*. Lisboa: Academia Nacional de Belas Artes, 1979.

CATELLI JUNIOR, Roberto. *Poder Local – Consolidação e Revolta: Sorocaba, 1823-1842*. 1993. Dissertação (Mestrado em História Econômica) - São Paulo, USP.

CASTRO, Armando. *A dominação Inglesa em Portugal*. Porto: Edições Afrontamento, 1974.

CATROGA, Fernando. "Ritualizações da História". In: TORGAL, Luís Reis; MENDES, José Amaro; CATROGA, Fernando. *História da História em Portugal. Séculos XIX-XX*. Lisboa: Círculo de Leitores, 1996, p. 616-617.

CHAUNY, Pierre. *Histoire et Décadence*. Paris: Librairie Académique Perrin, 1981.

CHERNOV, Ron. *Alexander Hamilton*. Nova York: Penguin Books, 2005.

COLE, W. A. "Trends in the Eighteenth-Century Smuggling". *The Economic Review*, v. X, n. 3, p. 395-410, 1958.

COLOMBOS, C. J. *The International Law of the Sea*. London: Longmans, 1959.

CORDEIRO, José Manuel Lopes. "Economia e Guerra no Período Napoleônico". *Ler História*, Lisboa, n. 36, 1999.

CORREA, Francisco António. *História Econômica de Portugal*. Lisboa: Empresa Nacional de Publicidade, 1930. p. 205. v. 2.

COSTA, Emília Viotti da. *Brasil em Perspectiva*. Bertrand: Rio de Janeiro, 1990.

COSTA, Hernani Maia. *As Barreiras de São Paulo: estudo histórico das barreiras paulistas no século XIX*. 1984. Dissertação de Mestrado (História Econômica) - São Paulo, USP.

COUTINHO, Rodrigo de Sousa. *Textos Políticos, Económicos e Financeiros (1783-1811)*. Lisboa: Banco de Portugal, 1993, t. II.

CROUZET, François (ed.). *Capital Formation in Industrial Revolution*. London: Methuen, 1972.

CROUZET, Maurice. "Towards an Export Economy: British Exports During the Industrial Revolution". *Explorations in Entrepreneurial History*, v. XVIII, n. XVIII, p. 63-86, 1980.

D'ANDRADE, Gomes de Freire. *A Dominação Ingleza em Portugal*. Lisboa: João Antonio Rodrigues Fernandes Editor, 1833.

D'EÇA, Vicente de Almeida. *A Abertura dos Portos do Brazil*. Lisboa: Typographia da Livraria Ferin, 1908.

DAVIS, L. E.; ENGERMAN, S. L. *Naval Blockades in Peace and War. An Economic History Since 1750*. Cambridge: CUP, 2006.

DIAS, Maria Odila da Silva. "A Interiorização da Metrópole (1800-1850)". In: MOTA, Carlos Guilherme (org.). 1822: Dimensões. São Paulo: Editora Perspectiva, 1972, p. 161-178.

DICKERSON, Oliver Morton. *The Navigation Acts and the American Revolution*. New York: Octagon Books, 1975.

DIEGO, Emilio de. "España 1808: Napoleón de Héroe a Villano". In: VENTURA, António (Coord.). *Napoleão História & Mito*. Lisboa: Centro de História/Caleidoscópio, 2008. p. 30-31.

DOLLNIKOFF, Mirian. *Caminhos da Conciliação. Poder Provincial em São Paulo (1835-1850)*. Dissertação (Mestrado em História Social) - São Paulo, USP, 1993.

DRESCHER, S. "Le Déclin du Système Esclavagiste Britannique et l'Abolition de la Traite. *Annales Annales. Histoire, Sciences Sociales*, a. 31, n. 2, p. 426-427, mar/abr de 1976.

DUFRAISSE, R. "Regime Douanier, Blocus, Système Continental: essai de mise au point". *Revue d'Histoire Économique et Sociale*, v. XLIV, n. 4, p. 534-535, 1966.

DuPLESSIS, Robert S. *Material Atlantic. Clothing, Commerce, and Colonization in the Atlantic World, 1650-1800*. Cambridge: CUP, 2016.

FALCON, Francisco C. "O Império Luso-Brasileiro e a Questão da Dependência Inglesa. Um estudo de Caso". In: *Estudos de Teoria da História e Historiografia*. v. III – História Luso-Brasileira. São Paulo: Hucitec, 2017, p. 319-342.

FALCON, Francisco C.; NOVAIS, Fernando A. "A Extinção da Escravatura Africana em Portugal no Quadro da Política Económica Pombalina", *VI Anais da ANPUH*, Goiânia, 1971.

FARIA, Miguel Figueira de. "6 June, The king's birthday present: an insight into the history of royal monuments in Portugal at the end of the Ancient Régime". In: CHASTEL-ROUSSEAU, Charlotte (ed.). *Reading the Royal Monument in Eighteenth-Century Europe*. Farnham: Ashgate, 2011.

______. "(Re)Ver Machado de Castro e João José de Aguiar". In: *Actas do IV Congresso de Arte Portuguesa em Homenagem a José de Augusto França*. Lisboa: Associação Portuguesa de Historiadores da Arte, 2014, p. 148-161, especificamente à p. 153. Disponível em: <https://www.apha.pt/wp-content/uploads/docs/Actas%20IV%20CHAP%20final.pdf>. Acesso em dez/2021.

______. "Joaquim Machado de Castro e os Monumentos Reais para o Rio de Janeiro". In: FERREIRA-ALVES, Natália M. (Coord.). *Artistas e Artífices e sua Mobilidade no Mundo de Expressão Portuguesa*. Porto: CEPESE; Universidade do Porto. Faculdade de Letras, 2007, p. 413-421. Disponível em: <https://www.cepese.pt/portal/pt/publicacoes/obras/artistas-e-artifices-e-sua-mobilidade-no-mundo-de-expressao-portuguesa/joaquim-machado-de-castro-e-os-monumentos-reais-para-o-rio-de-janeiro>. Acesso em dez/2021.

FERLINI, Vera Lucia. "Fazendas e Engenhos do Litoral Vicentino: traços de uma economia esquecida (séculos XVI-XVIII)". *História*, São Paulo, v. 39, p. 1-30, 2020.

FERNANDES, Florestan. *Circuito Fechado*. São Paulo: Hucitec, 1796.

FERREIRA, Armando S. *1821, O Regresso do Rei: A Viagem de D. João VI e a Chegada da Corte a Portugal*. Lisboa: Planeta, 2021.

FISHER, H. E. S. *The Portugal Trade: Anglo-Portuguese Commerce, 1700-1770*. Cambridge: Cambridge University Press, 1971.

FONSECA, Jorge. "A Historiografia sobre os Escravos em Portugal". *Revista de História das Ideias*, v. 33, p. 191-218, 2014.

______. *Escravos e Senhores na Lisboa Quinhentista*. Lisboa: Colibri, 2010.

FREITAS, Caio de. *George Canning e o Brasil. Influência da Diplomacia Inglesa na Formação Brasileira*. São Paulo: Companhia Editora Nacional, 1958.

FREYRE, Gilberto. *Ingleses no Brasil. Aspectos da influência britânica sobre a vida, a paisagem e a cultura do Brasil.* São Paulo: José Olympio Editora, 1948.

FRUTUOSO, Eduardo *et al. O Movimento do Porto de Lisboa e o Comércio Luso-Brasileiro (1769-1936).* Lisboa: CNCDP, 2001.

FURTADO, Celso. *Formação Econômica do Brasil.* Rio de Janeiro: Fundo de Cultura, 1966.

GODINHO, Vitorino Magalhães. *Prix et Monnaies au Portugal.* Paris: Librairie Armand Colin, 1955.

GUIMARÃES, Lúcia Maria Paschoal. "A Casa de Bragança nos seus domínios Americanos: abordagens historiográficas". In: BRESSONE, Tania Maria (org.). *D. João VI e o Oitocentismo.* Rio de Janeiro: Contra Capa, 2011, p. 127-140.

HECKSCHER, Eli F. *The Continental System.* Gloucester: Peter Smith, 1964.

HENRIQUES, Mendo de Castro. "D. João VI, Monarca Luso-Brasileiro". In: LIGHT, Kenneth *et al., A Transferência da Capital e Corte para o Brasil.* Rio de Janeiro: Tribuna da História, 2007, p. 199-243.

HOLANDA, Sérgio Buarque de (dir.). *História Geral da Civilização Brasileira.* São Paulo: Difel, 1965. v. 2 – O Brasil Monárquico.

IGLÉSIAS, Francisco. "Artesanato, Manufaturas e Indústria", *III Anais da ANPUH*, Franca, p. 105-134, 1966.

_____. *Trajetória Política do Brasil, 1500-1964.* São Paulo: Companhia das Letras, 1993.

INIKORI, Joseph. *Africans and the Industrial Revolution in England: A Study of International Trade and Economic Development.* Cambridge: Cambridge University Press, 2002.

JOÃO, Maria Isabel. "D. João VI e seu Reinado na Historiografia Oitocentista Portuguesa". *Anos 90: Revista do Programa de Pós-Graduação em História da URGS*, v. 17, n. 32, p. 121-136, dez. 2010.

KENNEDY, Paul. "Trafalgar in World History: From the Armada to the Second World War". In: CANNADINE, David (ed.). *Trafalgar in History A Battle and its Afterlife.* London: Palgrave MacMillan, 2006, p. 179-183.

_____. *The Rise and Fall of British Naval Mastery*. New York: Amherst; Prometheus Books, 1986.

KOSELLECK, Reinhart. *Futuro Passado. Contribuição à Semântica dos Tempos Históricos*. Rio de Janeiro: Contraponto; PUC-Rio, 2006.

LEE, Stephen M. *George Canning and Liberal Torysm, 1801-1827*. London: Royal Historical Society, 2008.

LEMIRE, Beverly. *Cotton*. Oxford: Berg, 2011.

_____. *Fashion's Favourite: the Cotton Trade and the Consumer in Britain, 1660-1800*. Oxford: OUP and Pasold Research Fund, 1991.

_____. *Global trade and the Transformation of Consumer Culture. The Material World Remade, 1500-1820*. Cambridge: CUP, 2018.

_____(ed.). *The British Cotton Trade, 1660-1815*. London: Pickering & Chatto, 2009.

LIBBY, Douglas. *Transformação e Trabalho em uma Economia Escravista: Minas Gerais no Século XIX*. São Paulo: Editora Brasiliense, 1988.

LIGHT, Kenneth H. *The migration of the Royal Family of Portugal to Brazil in 1807/08*. Rio de Janeiro: Edição do autor, 1995.

LIGHT, Kenneth *et al. A Transferência da Capital e Corte para o Brasil, 1807-1808*. Rio de Janeiro: Tribuna da História, 2007.

LIMA, Heitor Ferreira. *História Político-Econômica e Industrial do Brasil*. São Paulo: Companhia Editora Nacional, 1970.

LIMA, José Inácio de Abreu. *Compêndio de História do Brasil*. Rio de Janeiro: Lemmertz, 1843.

LIMA, Manuel de Oliveira. *Dom João VI no Brasil*. Rio de Janeiro: Tipografia do Jornal do Comércio, 1908, v. 1. Disponível em: <https://archive.org/details/domjoovinobrazio1limagoog>. Acesso em: dez./2021.

LUSTOSA, Isabel. *Pedro I*. São Paulo: Companhia das Letras, 2006.

LUSTOSA, Isabel; PIÑEIRO, Théo Lobarinhas. *Pátria e Comércio. Negociantes Portugueses no Rio de Janeiro Joanino*. Rio de Janeiro: Ouro Sobre Azul, 2008.

LUZ, Nícia Vilela. *A luta pela industrialização no Brasil*. São Paulo: Difel, 1961.

LYNCH, John. "As origens da independência da América Espanhola". In: BETHELL, Leslie (org.). *História da América Latina*, v. III. São Paulo: EDUSP, 2009.

LYRA, Maria de Lourdes Viana. *A Utopia do Poderoso Império. Portugal e Brasil: bastidores da política 1798-1822*. Rio de Janeiro: Sette Letras, 1994.

MACARTHUR, Bryan (ed.). *The Penguin Book of Historic Speeches*. London: Penguin Books, 1995.

MACEDO, Jorge Borges de. *O Bloqueio Continental. Economia e Guerra Peninsular*. Lisboa: Gradiva, 1990.

______. *Problemas de História da Indústria Portuguesa no Século XVIII*. Lisboa: Associação Industrial Portuguesa, 1963.

MALAFAIA, Eurico de Ataíde. *A Guerra Peninsular – Da gênese ao seu Termo (1793-1813)*. Braga: Universidade do Minho, 2007.

MANCHESTER, Alan K. *Preeminência Inglesa no Brasil*. São Paulo: Brasiliense, 1973.

MANN, Michael. *O império da Incoerência. A Natureza do Poder Americano*. Rio de Janeiro: Record, 2004.

MARTINS, Ana Canas Delgado. *Governação e Arquivos: D. João XVI no Brasil. Lisboa: Instituto dos Arquivos Nacionais/Torre do Tombo*. 2007. 439 f. Tese (Doutorado em História) - School of Archives Library and Information Studies of University College, Londres.

MARTINS, Ana Canas Delgado; KUSHNIR, Beatriz; NEVES, Lúcia Bastos P. *et al.* "Entrevista com a doutora Ana Cannas, XI diretora do Arquivo Histórico Ultramarino". *Revista do Arquivo Geral da Cidade do Rio de Janeiro*, n. 2, p. 136-151, 2008. Disponível em: <http://wpro.rio.rj.gov.br/revistaagcrj/entrevista-com-a-doutora-ana-cannas-xi-diretora-do-arquivo-historico-ultramarino-lisboa/>. Acesso em: dez./ 2021.

MARTINS, João Pedro de Oliveira. *Histórias de Portugal*. Lisboa: Palas Editores, 1986. v. 2.

MARTINS, Paulo. *A Representação e Seus Limites. Pictura Loquens, Poesis Tacens*. São Paulo: Edusp, 2021.

______. *Imagem e Poder: Considerações Sobre a Representação de Otávio Augusto*. São Paulo: EDUSP, 2011.

MARTINS, Roberto B. *Crescendo em Silêncio. A incrível Economia Escravista de Minas Gerais no Século XIX*. Belo Horizonte: ICAM-ABPHE, 2018.

MATHIAS, Peter. "A Formação de uma Economia Mundial 1500-1914". *Ler História*, Lisboa, nº 11, 1987.

MATTOS, Ilmar Roloff. "Do Império do Brasil ao Império do Brasil". In: SILVA, Francisco Ribeiro da (org.). *Estudos em Homenagem a Luís António de Oliveira Ramos*. Porto: Faculdade de Letras da Universidade do Porto, s.d., v. 2.

_____. *O Tempo Saquarema*. Rio de Janeiro: Hucitec, 2004.

MAURO, Frédéric. "A Conjuntura Atlântica e a Independência do Brasil". In: MOTA, Carlos Guilherme (org.). *1822: Dimensões*. São Paulo: Perspectiva, 1972.

_____. *Do Brasil à América*. São Paulo: Perspectiva, 1975.

MAXWELL, Kenneth. "The Atlantic in the Eighteenth Century: a southern perspective on the need to return to the Big Picture". *Transactions of the Royal Historical Society*, 6th series, v. 3, 1993.

MAXWELL, Kenneth; SILVA, Maria Beatriz. "Condicionalismo da independência do Brasil". In: SILVA, Maria Beatriz; SERRÃO, Joel e MARQUES, A. H. de Oliveira. *O Império Luso-Brasileiro, 1750-1822*, vol. VIII da Nova História da Expansão Portuguesa. Lisboa: Estampa, 1986.

MELLO, Evaldo Cabral de. *Rubro Veio: O Imaginário da Revolução Pernambucana*. São Paulo: Alameda, 2008

_____. *Um Imenso Portugal: História e Historiografia*. São Paulo: Editora 34, 2002.

MELVIN, F. E. *Napoleon's Navigation System: a Study of Trade Control During the Continental Blockade*. New York: D. Appleton, 1919.

MITCHEL, B. R.; DEANE, P. *Abstract of British Historical Statistics*. Cambridge: Cambridge University Press, 1971.

MONTEIRO, Tobias do Rego. *História do Império: a Elaboração da Independência*. Brasília: Instituto Nacional do Livro, 1972. t. I. v. I.

NEVES, Guilherme Pereira das. "Do Império Luso-Brasileiro ao Império do Brasil", *Ler História*, Lisboa, v.27-28, p. 75-102, 1995.

NEVES, José Acúrcio das. *História Geral da Invasão dos Franceses em Portugal e da Restauração deste Reino*. Lisboa: Edições Afrontamento, 2008.

_____. *Variedades sobre Objectos Relativos às Artes, Comércio e Manufacturas consideradas segundo os principios da Economia Politica*. Lisboa: Impressão Régia, 1814-1817, 4 v. t. 1(1814). Disponível em: <https://archive.org/details/variedadessobreo01neve>. Acesso em: dez./2021.

NEVES, Lúcia M. Bastos P. *Corcundas e Constitucionais: a Cultura Política da Independência do Brasil*. Rio de Janeiro: Revan, 2003.

_____. *Napoleão Bonaparte: Imaginário e Política em Portugal (c. 1808-1810)*. São Paulo: Alameda, 2008.

NEWITT, Malyn; ROBSON, Marin. *Lord Beresford e a Intervenção Britânica em Portugal 1807-1820*. Lisboa: ICS, 2004.

NOVAIS, Fernando. *Portugal e Brasil na crise do Antigo Sistema Colonial (1777-1808)*. São Paulo: Hucitec, 1979.

O'BRIEN, Patrick. "European Economic Development: The Contribution of the Periphery". *Economic History Review*, segunda serie, v. XXXV, n. 1, fev. 1982.

_____. "Imperialism and the Rise and Decline of the British Economy, 1688-1989". *New Left Review*, n. 238, p. 51-57, nov./dez. 1999.

O'BRIEN, Patrick; ESCOSSURA, Leandro Prados. "Balance sheets for the Acquisition, Retention and Loss of European Empires Overseas". *Itinerário*, n. 23, p. 25-52, 1999.

_____. "The Costs and Benefits of European from their Empires Overseas". *Revista De Historia Económica / Journal of Iberian and Latin American Economic History*, Madrid, Marcial Pons, v. 16(1), p. 29-89, 1998.

O'ROURKE, Kevin H. "The Worldwide Economic Impact of the French Revolutionary and Napoleonick Wars, 1793-1815", *Journal of Global History*. v. 1, pt. 1, p. 123-149, mar. 2006.

OLIVEIRA JUNIOR, Paulo Cavalcante de. *Negócios de Trapaça: caminhos e descaminhos na América Portuguesa (1700-1750)*. 2002. Tese (Doutorado em História Social) - USP, São Paulo, 2002. Doi: <https://doi.org/10.11606/T.8.2002.tde-12072006-171102>. Acesso em: mar./2021.

OLIVEIRA, Geraldo B. *A Pré-Industrialização Fluminense (1808/1860)*. Tese (Doutorado em História Econômica). USP, São Paulo, 1987.

OLIVEIRA, José Carlos de. *D. João VI Adorador do Deus das Ciências?* Rio de Janeiro: E-Papers Serviços Editoriais, 2005, Coleção Engenho e Arte, v. 8.

PEDREIRA, Jorge. *Estrutura Industrial e Mercado Colonial, Portugal e Brasil (1780-1830)*. Linda-a-Velha: Difel, 1994.

PEDREIRA, Jorge; COSTA, Fernando Dores. *D. João VI*. Lisboa: Círculo de Leitores, 2006.

PEREIRA, Miriam Halpern. "Estado e Sociedade: Pensamento e Acção Política de Mouzinho da Silveira". In: *Obras de Mouzinho da Silveira I*. Lisboa: Fundação Calouste Gulbenkian, 1999.

PHILLIPS, W. Allison. *George Canning; New and Cheaper Issue*. London: Methuen & Co., 1905. Disponível em: <https://archive.org/details/georgecanningnewoophiluoft>. Acesso em: dez./2021.

PIJNING, Ernest. "A New Interpretation of Contraband Trade". *Hispanic American Historical Review*, 81 (3-4), p. 733-738. ago. /nov. 2001. Doi: <https://doi.org/10.1215/00182168-81-3-4-733>. Acesso em: dez./2021.

______. *Controlling Contraband: Mentality, Economy and Society in Eighteenth Century Rio de Janeiro*. 1997. Tese (Doutorado) - Johns Hopkins University, Baltimore.

PIMENTA, João Paulo G. *Estado e Nação no fim dos Impérios Ibéricos do Prata (1808-1828)*. São Paulo: Hucitec, 2002.

PIMENTA, João Paulo Garrido; SLEMIAN, Andrea. *O Nascimento Político do Brasil: as Origens do Estado e da Nação, 1808-1825*. São Paulo: Saraiva, 2003.

PINHO, Elza Garrett. "O escultor João José de Aguiar: O breve sopro da Escultura Neoclássica em Portugal". In: *A Escultura em Portugal. Da Idade Média ao início da Idade Contemporânea*. [Livro de actas do colóquio realizado em Lisboa entre 12 e 13 de março de 2009]. Lisboa: F.C.F.A., 2011.

PINHO, Wanderley. *A Abertura dos Portos*. Salvador: Publicações da Universidade da Bahia, 1961.

PITT, William; HATHAWAY, W. S. (ed.). *The speeches of the Right Honourable William Pitt, in the House of Commons.* London: Longman, Hurst, Rees, Orme, and Brown, 1817. Disponível em: <https://archive.org/details/speechesofrightho1pittuoft>. Acesso em: dez/2021.

PITT, William; COUPLAND, R. (ed.). *The War Speeches of William Pitt, The Younger.* Oxford: Oxford University Press, 1915. Disponível em: <https://archive.org/details/in.ernet.dli.2015.209912>. Acesso em: dez/2021.

POMBO, José Francisco de Rocha. *História do Brasil.* Rio de Janeiro: W. M. Jackson Inc., 1953. v. 1.

PORTUGAL. Comissão Nacional para as Comemorações dos Descobrimentos Portugueses. *D. João VI e o seu tempo.* Lisboa: Comissão Nacional para as Comemorações dos Descobrimentos Portugueses, 1999.

PRADA, Antonio Moliner. "La Imagen de Napoleon en Espana en la Guerra de la Independência (1808-1814)". In: VENTURA, António (coord.). *Napoleão História & Mito.* Lisboa: Centro de História/Caleidoscópio, 2008, p. 65-102.

PRADO Jr., Caio. *Formação do Brasil Contemporâneo.* São Paulo: Brasiliense, 1961.

______. *História Econômica do Brasil.* São Paulo: Brasiliense, 1961.

RAMOS, Luís de Oliveira. *D. Pedro Imperador e Rei. Experiências de um Príncipe (1798-1834).* Lisboa: Edições Inapa, 2002.

RAMOS, Rui. "Invasões francesas, tutela inglesa e monarquia brasileira (1807-1820)". In: RAMOS, Rui; SOUSA, Bernardo Vasconcelos e; MONTEIRO, Nuno Gonçalo (coords.). *História de Portugal.* Lisboa: Esfera dos Livros, 2012.

RANGER, Robin, "The Anglo-French Wars, 1689-1815". In: GRAY, C. S.; BARNETT, R. (eds.). *Seapower and Strategy.* Annapolis: Naval Institute Press, 1989, p. 157-185.

REZZUTTI, Paulo. *D. Leopoldina. A Mulher que Arquitetou a Independência do Brasil.* São Paulo: Leya Editora, 2017.

RIBEIRO, Gladys Sabina. "Os portugueses na Formação da Nação Brasileira – o debate historiográfico deste 1836". *Ler História*, Lisboa, 38, 2000.

RICUPERO, Rodrigo. "O Estabelecimento do Exclusivo Comercial Metropolitano e a Conformação do Antigo Sistema Colonial no Brasil". *História*, São Paulo, v. 35, e. 100, 2016. Doi: <https://doi.org/10.1590/1980-436920160000000100>. Acesso em: dez./2021.

RIELLO, Giorgio. *Cotton. The Fabric that Made the Modern World*. Cambridge: CUP, 2013.

RIELLO, Giorgio; PARTHASSARATHI, Prassanan (eds.). *A Global History of Cotton Textiles, 1200-1850*. Cambridge: CUP, 2009.

RIELLO, Giorgio; ROY, Tirthankar. *How India Clothed the World*. Leiden: E.J. Brill, 2009.

ROMEUF, Jean (dir.). *Diccionário de Ciências Económicas*. Barcelona: Editorial Labor, 1966.

SANTOS, Corcino Medeiros dos. *Relações Comerciais do Rio de Janeiro com Lisboa (1763-1808)*. Rio de Janeiro: Tempo Brasileiro, 1980.

SCHULTZ, Kirsten. *Tropical Versailles: Empire and the Portuguese Royal Court in Rio de Janeiro, 1808-1821*. New York: Routledge, 2001.

SCHWARCZ, Lilia (org.). *A longa Viagem da Biblioteca dos Reis. Do Terremoto de Lisboa à Independência do Brasil*. São Paulo: Companhia das Letras, 2002.

_____. "Eram os franceses missionários?". *Revista de História da Biblioteca Nacional*, a. 3, n. 28, p. 66-69, jan. 2008.

_____. *O Sol do Brasil: Nicolas-Antoine Taunay e os Desventurados Artistas Franceses na Corte de D. João*. São Paulo: Companhia das Letras, 2008.

SERRÃO, Joaquim Veríssimo. *História de Portugal*. Lisboa: Verbo, 1982.

SHAW, L. M. E. *The Anglo-Portuguese Alliance and the English Merchants in Portugal 1654-1810*. London: Ashgate, 1998.

SIDERI, Sandro. *Comércio e Poder: Colonialismo Informal nas Relações Anglo-Portuguesas*. Lisboa: Edições Cosmos/Livraria Martins Fontes, 1978.

_____. *Trade and Power: Informal Colonialism in Anglo-Portuguese Relations*. Rotterdam: Rotterdam University Press, 1970.

SILVA, Ana Rosa Cloclet. *Inventando a Nação*. São Paulo: Hucitec, 2006.

SIMONSEN, Roberto. *História Econômica do Brasil (1500-1820)*. São Paulo: Companhia Editora Nacional, 1969.

SOBOUL, Albert. "La reprise économique e la stabilisation sociale, 1797-1815". In: BRAUDEL, Fernand; LABROUSSE, Ernest. *Histoire Économique et Sociale de la France*. Paris: PUF, 1976. v. 3.

SODRÉ, Nelson Werneck. *Formação Histórica do Brasil*. São Paulo, 1964.

SOUZA, Iara Lis Carvalho. "Pedro I e o Contrato Social". In: *A Independência do Brasil Revisitada*. Diário Oficial do Estado de São Paulo, São Paulo, vol. 108, n. 169, 4 de setembro de 1998.

SOUZA, Laura de Mello. *O Sol e a Sombra. Política e Administração na América Portuguesa do Século XVIII*. São Paulo: Companhia das Letras, 2006.

SOUZA, Octavio Tarquínio. *A Vida de D. Pedro I*. Rio de Janeiro: Libraria José Olympio Editora, 1951, v. 1.

SOUZA, Octavio Tarquínio; HOLANDA, Sérgio Buarque de. *História do Brasil*. Rio de Janeiro: José Olympio Editora, 1944.

STAPLETON, A. G. *George Canning and his Times*. London: John W. Parker, 1859.

STEPHEN, James. *War in Disguise; or, The Frauds of the Neutral Flags*. London: Whittingham/Hatchard, 1805. Disponível em <https://archive.org/details/warindisguiseorfoostep/mode/2up>. Acesso em: dez./2021.

STEVENS, W. O.; WESTCOTT, A. *História do Poderio Marítimo*. São Paulo: Companhia Editora Nacional, 1958.

TASSO, Luís Otávio Pagano. *Entre Metrópole e Colônia. O governo Econômico do Império Luso-Brasileiro*. 2018. Tese (Doutorado em História Econômica) - USP, São Paulo. Doi: <https://doi.org/10.11606/T.8.2019.tde-13092019-160319>. Acesso em: dez./2021.

TRINDADE DE SÁ, Helena de Cássia. *Economia, Fiscalidade e Comércio: a Alfândega do Rio de Janeiro (ca.1750-ca. 1808)*. 2021. Tese (Doutorado em História) - Unirio, Rio de Janeiro.

VARNHAGEN, Francisco Adolfo de. *História Geral do Brasil: antes da sua separação e independência de Portugal*. São Paulo: Melhoramentos, 1957, v. 5.

VENTURA, António (coord.). Napoleão História & Mito. Lisboa: Centro de História/Caleidoscópio, 2008.

VICENTE, António Pedro. "A influência inglesa em Portugal". *Revista de História das Ideias*, Coimbra, n. 10, p. 166, 1988 (Número Especial - A Revolução Francesa e a Península Ibérica).

_____. "A Lenda Negra de Napoleão em Portugal". In: VENTURA, António (coord.). *Napoleão História & Mito*. Lisboa: Centro de História/ Caleidoscópio, 2008, p. 7-24.

_____. *Guerra Peninsular 1801-1814*. Lisboa: QUIDNOVI, 2006.

WILCKEN, Patrick. *Império à Deriva. A corte Portuguesa no Rio de Janeiro, 1808-1821*. Rio de Janeiro: Objetiva, 2005.

Agradecimentos

Parte substancial deste projeto realizou-se a partir dos valiosos comentários dos membros do Projeto Temático FAPESP "Dimensões do Império Português", coordenado pela Prof. Dr. Laura de Mello e Souza; das leituras críticas do Prof. Dr. Hernani Maia Costa e, sobretudo, do meu mestre e amigo Fernando Novais, cuja leitura minuciosa e atilada em muito contribuiu para o refinamento do texto. À Prof. Dr. Vera Lúcia Amaral Ferlini, agradeço pelo empenho em viabilizar a produção desta obra através da Cátedra Jaime Cortesão; o apoio indispensável à sua publicação e o aceite para prefaciá-lo; projeto editorial para o qual tem contado sempre com a parceria da *Publisher* Joana Monteleone, às quais, sensibilizados, agradecemos. Finalizamos com uma menção especial à jornalista da Rede Globo Mônica Sanches, que fez, junto ao jornalista e historiador Patrick Wilken, autor de *O Império à Deriva*, a intermediação para que tivéssemos acesso a excertos relativos ao projeto britânico de ocupação militar do Rio de Janeiro em 1806, parte integrante do documento *Plan to Open New Sources of Commerce* que, na íntegra, compõe a última parte desta obra. Obra esta produzida sob o amparo da Bolsa de Produtividade 1A do CNPq.

Alameda nas redes sociais:
Site: www.alamedaeditorial.com.br
Facebook.com/alamedaeditorial/
Twitter.com/editoraalameda
Instagram.com/editora_alameda/

Esta obra foi impressa em São Paulo no outono de 2022. No texto foi utilizada a fonte Minion Pro em corpo 10,5 e entrelinha de 15,25 pontos.